KURT ROHRBACH

HipHop Techno Heavy Rock

DIE GRUNDLAGEN

EIN ARBEITSBUCH FÜR DEN MUSIKUNTERRICHT
IN DEN KLASSEN 5 BIS 10

INSTITUT FÜR DIDAKTIK POPULÄRER MUSIK
D-21436 OLDERSHAUSEN
VERLAG
MUSIK AUF DER OBERSTUFE
CH-8580 AMRISWIL

Zu diesem Buch sind erhältlich:

- CD mit Original-Songs 
- CD mit Playbacks 
- VHS-Video mit Videoclips 

Originalausgabe
Lektorat: S. Ganz
Notensatz: Finale

ISBN 3-930915-61-8

HipHop
Techno
Heavy Rock
ist der Fortsetzung- und Ergänzungsband zu
Kurt Rohrbach, "**Rockmusik - die Grundlagen**" (im selben Verlag erschienen)
Auf "Rockmusik - die Grundlagen" beziehen sich zahlreiche Hinweise im vorliegenden Buch (⇨ "Rockmusik")
Dazu sind erhältlich:

- CD mit Original-Songs
- Kassette mit Original-Songs
- CD mit Playbacks

Inhaltsverzeichnis

Dieses Buch ist Sandra und Marco gewidmet
K.R:, 96

Vorwort

Spielen wir mal Techno? Punk ist geil! Michael Jackson mag ich nicht. Hören wir doch mal HipHop. Hard Rock ist doof! Ich kenne Pavarotti. Kennst du Grunge? Ich möchte mal Schlagzeug spielen. Ich finde Madonna super! Schau, die Boys von East 17! Nigel Kennedy spielt Geige. Take That sind out. Jetzt spielt doch mal zusammen...!

Jugendliche sind angefüllt und werden überschwemmt mit Musik. Sie lieben die Musik - ihre Musik. Sie hören sie beim Aufstehen, aus dem Walkman auf dem Schulweg, in der Pause, sie schauen VIVA beim Aufgabenmachen, sie tauschen Kassetten und kaufen CDs, sie hören Musik in der Freizeit und beim Schlafengehen...

Die Schüler sind oft Fans einer Band oder einer Sängerin, einige bevorzugen die aktuellsten Trends, die anderen bleiben ihren Stars "treu". Die meisten ändern während der Schulzeit mehrmals ihren Musikgeschmack - das ist zwar gut, doch macht es die Aufgabe der Lehrerschaft auch nicht gerade einfacher. Hat sie die angesagte Band endlich einmal im Radio gehört oder die aktuelle CD gekauft, ist die Top-Band schon wieder out!

Schüler lieben die Musik, die ihrem Alter entspricht. Musik, die aus einem vielfältigen musikkulturellen Zusammenhang entstanden ist, die immer wieder neue Spielformen, neue Ausdrucksmöglichkeiten und andere Interpretationen zuläßt. Jede Altersstufe, jede Gruppierung - also auch jede Schulklasse - bevorzugt ihre eigenen Identifikations-Strukturen, ihre eigenen Inhalte, um sich wohlzufühlen, pflegt ihre ganz spezifischen Hörgewohnheiten und Ausdrucksformen - auch wenn sie dem einen oder anderen überhaupt nicht ins Konzept paßt.

Unser vielseitige, multikulturelle Gesellschaft spiegelt sich auch in den Musikpräferenzen unserer Schüler - und das kann vielen Lehrern Angst machen. Sind sie doch gar nicht in der Lage, diese Vielfalt auch nur kennenzulernen, geschweige denn "in den Griff zu bekommen". Dieses Ziel zu erreichen wäre vermessen, ist ein Ding der Unmöglichkeit. Der angesagten Band nachzujagen, den Tageshit zu präsentieren oder den aktuellsten Trend zu analysieren, das kann nicht der alleinige Inhalt des Musikunterrichts sein. Kein Mensch verlangt vom Musiklehrer den totalen Überblick über alle musikalischen Ausdrucksformen.

In diesem Sinn will (und kann) das vorliegende Buch auch nicht den Stand der aktuellsten Musikszene vermitteln, sondern den Blick öffnen für neue Musikstile, für ungewohnte Interpretationen, für diskussionswürdige Texte und für weitere Ausdrucksmöglichkeiten. Können durch dieses Buch (bisher) vernachlässigte Musikkulturen in den Musikunterricht integriert werden, so ist das Ziel erreicht.

Herzlichen Dank!

Besonders herzlicher Dank und ein ganzer Strauß von Rosen gebührt Sibylle Ganz-Koechlin für die unermüdliche Korrekturarbeit und die zahlreichen Übersetzungen.

Die meisten Fotos sind von Alessandro della Valle.

Herzlichen Dank auch den Schülerinnen und Schülern, welche die Arrangements ausprobiert haben, und den Lehrerinnen und Lehrern aller Schulstufen, welche die Songs an verschiedenen Fortbildungskursen gespielt, gesungen, geprüft und kritisiert haben.

Dank an: Den Verlag (für die große Freiheit), Joachim Schlüter (Produktion der Playbacks), Dieter Lugert (aufbauende Kritik) und alle die mit Tips, Kenntnissen, CDs und Handreichungen mitgeholfen haben, daß dieses Buch entstehen konnte.

Kurt Rohrbach, August 1996

TEIL I

Einleitung

Im Musikunterricht ist alles schwieriger geworden! Diesen Satz hört man von Lehrerinnen und Lehrern, von der Grundschule bis zu den Gymnasien, in Deutschland wie in der Schweiz. Damit verbunden sind zahlreiche Probleme und Sorgen:

- Finanzielle Probleme: Es wird immer schwieriger, für das benötigte Instrumentarium, für Verstärker und Lautsprecherboxen, aber auch für Saiten, Noten und CDs die finanziellen Mittel aufzutreiben. Vielerorts scheint der Musikunterricht nur dann geduldet zu sein, wenn er nicht zuviel kostet.
- Zahlreiche Musik- und Instrumentalstunden fallen dem Rotstift zum Opfer.
- Immer weniger Schülerinnen und Schüler verfügen über die nötige Ausdauer, um an einem Instrument über das Anfängerniveau hinauszukommen.
- Zu Hause wird kaum mehr gesungen. Jugendliche haben kein "traditionelles" Repertoir.
- Radio und - besonders in den letzten Jahren - Musikkanäle im Fernsehen bestimmen, was die Schülerinnen und Schüler hören, sehen, lieben und (bitte schön) auch kaufen sollen.

Zu diesen - bekannten Problemen - häufen sich in den letzten Jahren weitere Schwierigkeiten:

- Der aktuelle Musikstil hat sich so verändert, daß ein großer Teil der Wunsch-Songs von Jugendlichen im Musikunterricht weder gesungen noch gespielt werden kann. Die Kreationen der ganzen "DJ-Culture" (HipHop, House, Techno...) verwenden ein "Instrumentarium" und ein Produktionsverfahren, dem mit der traditionellen Musikdidaktik kaum mehr beizukommen ist.
- Sogar die Rockmusik ist nicht mehr so einfach reproduzierbar: Vorbei sind die Zeiten der gefälligen Beatles-Melodien, der schnulzigen Elvis-Songs und der simplen Disco-Unterhaltung. Die Gitarristen der 90er Jahre haben die Jazzschule absolviert, ihre Hausaufgaben gemacht und beherrschen ihr Instrument so virtuos, wie das ein durchschnittlicher Musiker aus den 60er Jahren nie zu träumen gewagt hätte. Selbstverständlich kann nun sofort eingewendet werden, es gäbe zahlreiche Ausnahmen von dieser Regel! Das beweisen verschiedene Punk-Musiker, die explizit so simpel wie möglich spielen wollen. Aber hier drängen sich dann weitere Probleme in den Vordergrund: brutale und/oder sexistische Texte, die im Musikunterricht nicht verwendet werden können, Gesangsstimmen, welche den jugendlichen Sängerinnen schaden würden, und das Image der Musiker, welches weder von (den meisten) Schülern, noch von Eltern oder Musikpädagogen angestrebt werden will.

Derartige Probleme - und zahlreiche weitere - lassen viele Kolleginnen und Kollegen verzweifeln, resignieren oder sogar gänzlich aufgeben. Dabei sollte aber nicht vergessen werden, daß (trotz der Schwierigkeiten) der Musikunterricht eine der spannendsten Formen des Unterrichtens sein kann:
Wo, außer vielleicht im Geschichtsunterricht, verändert sich der Unterrichtsgegenstand so schnell, wo können die Interessen der Schülerinnen und Schüler so direkt angesprochen werden, wo kann sich die Thematik des Unterrichts so konkret mit der Freizeitbeschäftigung der Jugendlichen überschneiden?

In einem Großteil der neuen Lehrpläne wird ausdrücklich verlangt:

Der Musikunterricht muß auf die Hörgewohnheiten der Schülerinnen und Schüler eingehen.

Diese Forderung ist einerseits eine riesige Belastung für die Lehrkraft, andererseits aber auch eine große Chance und eine Herausforderung, die besonders spannend werden kann. Gleichzeitig ist die Forderung aber auch ein Freibrief, um aus dem immensen, ständig wechselnden Angebot des aktuellen Musiklebens auswählen zu können, Prioritäten zu setzen und neue Erfahrungen zu machen.

Diese Freiheit verlangt natürlich von der Lehrerin und dem Lehrer einerseits ein überdurchschnittliches Engagement betreffend der ständig wechselnden Unterrichtsthematik (die vorerst erarbeitet sein will), andererseits auch ein überdurchschnittliches Maß an Toleranz und Verständnis für die neuen und neuesten Entwicklungen im Bereich der Musikpraxis und der damit verbundenen Instrumenten-Handhabung. Diesen komplexen Anforderungen gerecht zu werden ist tatsächlich ein Problem, das mit der Bereitschaft und dem Willen allein nicht zu bewältigen ist. Besonders für Kollegen, welche neben dem Musikunterricht auch noch andere Fächer unterrichten, fehlt schlichtweg die Zeit, um sich den neuen Musikstilen auch nur annähern zu können.
Dieses Buch soll mithelfen, die Musikströmungen der letzten Jahre kennenzulernen und in nützlicher Frist für den eigenen Musikunterricht verwendbar zu machen. Dazu dienen einerseits die einleitenden Orientierungs-Kapitel, andererseits die Noten, die Tonbeispiele auf der CD und, als immer wichtiger werdender Faktor, das Musikvideo.
Was das Buch nicht liefern kann, ist die Bereitschaft des Musiklehrers, auf die neuen Musikstile einzugehen, sie kennenzulernen und sich (zumindest temporär) über die persönlichen Musikpräferenzen hinwegzusetzen. Was das Buch auch nicht liefern will, ist die uneingeschränkte, kritikfreie Akzeptanz der angesagten Hitparaden-Musik.
Was vorliegt, ist eine Zusammenfassung der Musikentwicklung der letzten Jahre, eine Übersicht der bevorzugten Musik von Schülerinnen und Schülern in der ersten Hälfte der 90er Jahre und gleichzeitig eine Dokumentation zahlreicher interessanter, kontroverser, diskussionswürdiger Songs und Musikgenres dieses Jahrzehnts.
Es hat sich, nicht zuletzt auch beim Schreiben dieses Buches, gezeigt, daß nicht jeder aktuelle Song im Musikunterricht behandelt werden kann. Zu komplex sind oft die Schwierigkeiten und/oder die fehlenden spieltechnischen Fähigkeiten der Schüler, zu radikal gewisse Texte oder zu banal die musikalische Substanz. Zahlreiche Songs wurden aufgenommen, im Musikunterricht, bei Schülerband-Proben und an Lehrerinnen- und Lehrerfortbildungs-Veranstaltungen in der Schweiz und in Deutschland getestet - und wieder verworfen. Die vorliegende Sammlung hat sich aus einer riesigen Fülle von Songs herauskristallisiert, sie hat sich im Unterricht bewährt. Es fehlen viele schöne Songs, und bedeutende Musiker sind teilweise nur am Rand, oder (aus Platzgründen) überhaupt nicht erwähnt.
Der Hauptunterschied zu "Rockmusik" besteht gewiß darin, daß die Musikrichtungen im vorliegenden Band den meisten Lehrerinnen und Lehrern fremder sind als ihren Schülerinnen und Schülern, und daß Musikstile wie Grunge oder Crossover den Unterrichtenden noch fremder sind, als die Musik von Bob Marley und der Beatles. Aus diesem Grund sei noch einmal darauf hingewiesen, daß dem Lehrer kein Stein aus der Krone fällt, wenn ein Schüler über das Leben eines DJs mehr weiß als der Lehrer. Vielmehr ist es wünschenswert, daß die aktuellen Themen von Lehrerin und Klasse gemeinsam erarbeitet werden, daß die Impulse von beiden Seiten kommen und akzeptiert werden.
In dem Sinne sei die Vorlage geschaffen, für einen spannenden, aktuellen und erfolgreichen Musikunterricht!

2. Didaktische Hinweise

Vier Jahre liegen zwischen der Veröffentlichung von "Rockmusik - die Grundlagen" und dem vorliegenden Band. Grundsätzlich kann festgestellt werden, daß sich die musikdidaktischen Überlegungen zu rockmusikalischen Themen, wie sie im "Rockmusik" dargestellt werden, kaum verändert haben. Die Grundsätze, wie sie Lugert und Schütz praktiziert und veröffentlicht haben und wie sie in "Rockmusik" auszugsweise dargestellt werden, gelten auch heute noch.
Hingegen kann festgestellt werden, daß sich in der Schullandschaft einiges verändert hat: Einerseits fällt auf, daß in zahlreichen Volksschulen, vom 5. bis zum 9. Schuljahr das rockmusikspezifische Instrumentarium Einzug gehalten hat und mit einer Selbstverständlichkeit verwendet wird, das viele Kollegen staunen läßt. Vorbei sind die Zeiten, wo es noch fast als Sensation galt, wenn Schülerinnen und Schüler bewiesen, daß sie fähig sind, akzeptable Rockmusik zu interpretieren. Zugleich haben viele Musikschulen ihre Flexibilität bewiesen und damit begonnen, Schlagzeug-, E-Gitarre- und Keyboard-Unterricht in ihren Fächerkanon aufzunehmen. Ebenso zugenommen haben die rockmusik-spezifischen Kursen in der Lehrerinnen- und Lehrerfortbildung.
Ausgenommen in der Entwicklung ist zu einem großen Teil noch immer die Lehrerausbildung (die Ausnahmen bestätigen auch hier die Regel). Hier scheint die Zeit stillgestanden zu sein. Daß sogar die Lehrpläne (Hörgewohnheiten der Schüler berücksichtigen) ignoriert werden stört offensichtlich weder die entsprechenden Musiklehrer, noch die Aufsichtsbehörden. Junglehrer, die nicht selber in einer Band spielen, sind noch immer darauf angewiesen, den elementaren Umgang mit Keyboard und Schlagzeug nach dem Seminar in Fortbildungskursen zu erlernen und sich ein Repertoire an spielbaren Songs mühsam zu erarbeiten.
Die zahlreichen Veränderungen in der Musikpraxis und die laufenden Veränderungen in den Hörgewohnheiten unserer Schülerinnen und Schüler verlangen nach ständig wechselnden Unterrichtsformen: Der topaktuelle Techno/House-Track kann im Unterricht nicht gleich behandelt werden wie der aggressive Gangsta-Rap; und der fröhliche, ausgeflipppte Dancefloor-Titel stellt andere Anforderungen an das Equipment als das laute Heavy Metal-Gewitter.

Es eignen sich auch nicht alle Titel in diesem Buch für dieselben Formationen.
Verschieden Songs (z.B. "Earth Song", "Walking In Memphis" u.a.) können besonders gut im Klassenunterricht eingesetzt werden. Sie eignen sich zum Singen im Chor, mit mehreren Solisten und verlangen nicht unbedingt nach besonderen instrumentalen Fähigkeiten.
Andere Titel ("Young Lust", "Come As You Are" u.a.) eignen sich viel besser für den Bandunterricht. Es sind in erster Linie Sololieder, die sich schlecht von einem Chor interpretieren lassen. Andererseits verlangen die Instrumental-Begleitungen Schüler, welche bereit sind, zu Hause an den Instrumenten zu üben.
In der Regel wird in der Rubrik "zum Arrangement" auf die Zielgruppe hingewiesen. Allerdings haben diese Hinweise keine allgemeine Gültigkeit. Was von der einen Schulklasse noch realisiert werden kann, muß vielleicht von der Parallel-Klasse an die Band abgegeben werden. Dies verlangt natürlich auch eine gewisse Erfahrung des Lehrers, kann aber auch von routinierten Fachkräften nie mit endgültiger Gewißheit vorausgesehen werden.
Im Zweifelsfall gilt: ausprobieren!

Das Instrumentarium

Ein ernstzunehmender Faktor beim Umgang mit dem aktuellen musikalischen Material ist die Frage des Equipments. Für die elementaren Spieltechniken von E-Gitarre, Keyboard, Schlagzeug und Verstärker beachte man bitte "Rockmusik" (Seite 43 ff).
Ein ganz neues Problem stellt sich bei den Musikstilen, welche unter den Sammelbegriff "DJ-Culture" (Disco, House, Techno, HipHop, Dance) fallen.
Die "Hauptinstrumente" dieser Künstler sind der Plattenspieler und das Mischpult. Die Forderung nach einem DJ-Kurs für Lehrer und Schüler ist gar nicht so abwegig, bieten sich doch in diesen Musikrichtungen interessante Ansätze für den Unterricht und einfache Möglichkeiten für den kreativen Umgang der Schüler mit musikalischem Material geradezu an. Aber auch ohne die speziellen DJ-Techniken (siehe Seite 172 f) zu beherrschen ist es möglich, aktuelle Songs im Unterricht zu integrieren. Eventuell kann es sich lohnen, bei der Anschaffung eines neuen Keyboards die Neuentwicklungen (siehe Seite 51 f) in diesem Sektor zu beachten.
Zum "Instrumentarium" eines DJs gehört auch eine umfangreiche Plattensammlung in Form von LPs und/oder CDs. Aus diesem Fundus werden Tracks neu zusammengestellt und verarbeitet. Mehr zu dieser Praxis in den Kapiteln HipHop und House.

Instrumentaltechnik und Praxis

Wie bereits erwähnt, hat die Virtuosität der Instrumentalisten seit den 50er Jahren beträchtlich zugenommen. Auf einen Nenner gebracht, kann festgestellt werden, daß die Beherrschung des Instrumentariums von Anfangszeiten der Rockmusik bis in die heutige Zeit kontinuierlich zugenommen hat. Selbstverständlich gibt es auch die Ausnahmen unter den Musikern und Songs, welche die vorangegangene Verallgemeinerung widerlegen. Generell kann aber davon ausgegangen werden, daß Songs aus den 50er- und 60er Jahren einfacher nachzuspielen sind als die aktuellen Hits. Für die Didaktik des Musikunterrichts hat das verschiedene Konsequenzen:

1.
Obwohl Schüler immer dazu neigen, den angesagten Hit zu spielen, lohnt es sich, besonders bei Anfängerbands, neben den Wunschtiteln der Schüler auch Songs aus der Rockmusik-Geschichte zu interpretieren. Einerseits entsprechen die einzelnen Stimmen den Fähigkeiten der Schüler besser, andererseits zeigt sich das Konzertpublikum den alten Songs gegenüber weniger kritisch, hat den Song weniger präsent "im Ohr", als den aktuellen Hit, der tagtäglich im Radio, im Einkaufszentrum und im Fernsehen gespielt wird.
2.
Häufig müssen Instrumentalparts vereinfacht werden. Besonders bei den Gitarrenstimmen im Hardrock und verschiedenen vom Jazz inspirierten Rocksongs sind die Unterschiede zwischen dem "Vorbild" und den instrumentalen Fertigkeiten der Schüler beträchtlich. Es wäre sicher pädagogisch gleichermaßen unsinnig, den Song aus diesem Grund wegzulassen, wie vom Schüler zu verlangen, daß er ihn getreu der Vorlage spielen soll. In solchen Fällen sind sinnvolle Vereinfachungen unerläßlich. Zwei Möglichkeiten bieten sich an:

- Das Notenmaterial wird so weit vereinfacht, bis es der Schüler spielen kann: Notenanzahl reduzieren, d.h. anstelle der 16tel-Noten den Gitarrenlauf mit 8tel-Noten interpretieren (jede zweite Note weglassen).
- Die schwierigsten Partien streichen und durch eine einfache Phrase (evtl. mit bereits bekannten Motiven) ersetzen.
  - Der Solo-Part wird vom Keyboard übernommen.
  - Gitarrensolo streichen.

3.
Gesangstimmen (M. Jackson, Prince u.v.a) müssen nach unten transponiert werden. In vielen aktuellen Musikstilen erklingen die Gesangsstimmen in immer höheren Sphären; von diversen Studiotechniken gestützt, (Verdoppelung, Hall, Vocoder) werden "dünne" Stimmchen voluminöser und durchsetzungsfähiger. Besonders die jungen Stimmen müssen davor bewahrt werden, mit Forcierung und Zwang in diese Regionen vorzustoßen. Meistens genügt es (besonders für Mädchenstimmen), wenn die Sängerstimme um eine Oktave nach unten transponiert wird. Die ungebrochene Stimme klingt dadurch im gleichen Tonraum wie das Original. Differenzierter muß vorgegangen werden, wenn die Solostimme von Knaben übernommen wird: Nicht so weit nach unten transponieren, daß ein undifferenziertes Gebrumm übrig bleibt. Nach wie vor gilt der Grundsatz für Schülerstimmen in der Rockmusik: **Singe stets so, daß es dir ganz wohl ist, und singe nur in deinem Tonumfang!**
4.
Vor allem klassisch ausgebildete Lehrerinnen und Lehrer haben Mühe mit der Tatsache, daß nur in Ausnahmefällen ein Rocksong zuerst aufgeschrieben und anschließend gespielt wird. Viel häufiger ist die Praxis, daß ein Song im Studio ohne Notenmaterial eingespielt und nachträglich von jemand Außenstehendem herausgehört und aufgeschrieben wird. Weil aber in diesen Musikstilen besondere Gitarrentechniken wie z.B. das "ziehen" der Saiten und die Verzerrung des Klanges durch Effekte, oder das "absichtlich ungenaue" Intonieren einer Gesangstimme angewendet werden, ist es in vielen Fällen völlig unmöglich, das Klangbeispiel in ein vernünftiges Notenbild zu transferieren. Für das Notenmaterial in diesem Buch gilt aus diesem Grund das selbe wie für alle anderen Partituren der Rockmusik:

Die Noten bilden nur ein Gerüst für den Song, sie sind eine Orientierungshilfe für die Interpreten!

Sie müssen **nie** verpflichtend übernommen werden wie Noten der klassischen Literatur. Ein Beispiel, wie mit einem Song und dem dazugehörenden Notenmaterial umgegangen werden kann, zeigen verschieden Bands mit dem Beatles-Song "Come Together" (siehe Seite 82 ff).

Improvisation

5.

Improvisationen, besonders in Instrumental-Soloteilen, sind von den Anfangszeiten bis in die 90er Jahre (und vermutlich darüber hinaus) ein fester Bestandteil der Rockmusik. **Es ist eine Musizierpraxis, die weder neu noch besonders schwierig ist, die aber häufig im Musikunterricht vernachlässigt wird, da sie einerseits nicht ganz einfach zu vermitteln ist, andererseits in der traditionellen Lehrerausbildung an den Rand geschoben oder sogar ignoriert wird.** Dabei ist diese Form des Musizierens für die Schule geradezu ideal, können doch damit sowohl die Anfänger und "Nichtinstrumentalisten" als auch die Fortgeschrittenen ihrem Können entsprechend motiviert und gefördert werden.
Improvisationen waren früher, zu Zeiten Bachs und Händels, sehr beliebt, und auch von Mozart wird berichtet, wie er im Wettstreit mit anderen Musikern improvisierte, zum Vergnügen des Publikums. Im 19. Jahrhundert wurde diese Praxis fast vergessen, oder zumindest nur noch im intimen Musikerkreis praktiziert. Daß auch heute diese Traditionen noch nicht ganz vergessen sind, beweisen einzelne Musiker der E-Musik-Fraktion. Als Beispiel diene der Kirchenorganist in Bern, Edwin Peter, welcher gelegentlich eine zweitaktige Pause in einer Händel-Arie zur fünfminütigen, virtuosen Orgel-Improvisation ausdehnte.
Besondere Beachtung fanden Improvisationen wieder im ausgehenden 19. Jahrhundert bei den schwarzen Musikern. Einerseits aus mangelnden Notenkenntnissen, andererseits aus der "call and response"-Technik (siehe "Rockmusik", Seite 103 ff) entstanden neue, teilweise virtuose Formen der Improvisation, welche von den Jazzmusikern des frühen 20. Jahrhunderts weiter entwickelt wurden. Fast nahtlos übernahmen die Rockmusiker der ersten Generation diese Musizierpraxis.

Für den Musikunterricht stellt sich das Problem, daß die Grundlage für eine gute Improvisation eine fundierte Hörerfahrung ist. Wer gekonnt improvisieren will, benötigt einen reichen Fundus an musikalischen Motiven und spielbaren Riffs. Genau hier wirken sich natürlich die rudimentären Hörerfahrungen der Schüler negativ aus, sie gelangen rasch an die Grenzen ihrer musikalischen Ideensammlung. Einerseits kann diesem Manko mit bewußtem, gezieltem Musikhören entgegengewirkt werden, andererseits können im Musikunterricht die Voraussetzungen geschaffen und das musikalische Grundmaterial für erste Improvisationen bereitgestellt werden.
Einen ersten, möglichen Einstieg zeigen die folgenden Seiten.

Einstieg in die Improvisations-Praxis

20 Übungen

Instrumentallehrer mit Improvisations-Erfahrung sind sich in der Regel einig, daß der sinnvolle Einstieg über die Singstimme und nicht über das Instrument erfolgt.
Sämtliche Notenbeispiele in diesem Kapitel werden selbstverständlich nicht an die Klasse ausgeteilt, sie werden von der Lehrerin, vom Lehrer vorgesungen und von der Klasse gehörmässig übernommen! Die Übungen werden nicht alle in derselben Unterrichtseinheit begonnen, sondern erstrecken sich über mehrere Lektionen.
Die folgenden drei Beispiele werden jeweils zuerst vom Lehrer, dann von der ganzen Klasse gemeinsam gesungen, wobei die leeren Takte rhythmisch korrekt ausgehalten werden. Als rhythmischer Background dient ein Rhythm-Composer, oder besser: die rhythmische Begleitung der ganzen Klasse. Der Fuß stampft die Zählzeiten 1 und 3, mit den Händen die Zählzeiten 2 und 4 klatschen oder schnippen.
Einfache Einstiegs-Übungen ⇨ "Rockmusik", Seite 99

Wenn sich sowohl die rhythmische Begleitung als auch die musikalische Frage (Takte 1 & 2) eingespielt haben, geben die Schüler der Reihe nach die musikalischen Antworten (Takte 3 & 4).
Um die anfänglichen Hemmungen abzubauen, können die Antworten vorerst "im Chor" gegeben werden (von musikalisch reizvoll bis chaotisch).
Die Übungen können binär oder ternär gesungen werden!

Übung 1

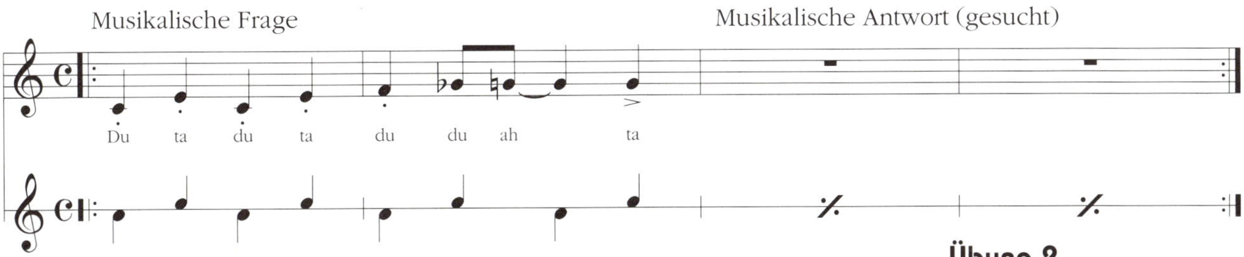

Übung 2

Übung 3

Es wäre nun ein kleiner Schritt, von den zweitaktigen Phrasen zu längeren Melodielinien zu wechseln. Vorerst lohnt es sich aber, die folgenden Übungen auszuprobieren:

Übung 4

Die Klasse stellt sich in einem Kreis auf. Der Lehrer gibt ein ruhiges, ternäres (⇨ "Rockmusik", Seite 31) "Blues-Tempo" vor, die Schüler bewegen sich (am Ort gehen) in diesem Tempo und schnippen (wie oben) mit den Fingern die Zählzeiten 2 & 4. Die nachfolgenden "Instrumente" werden alle vokal, von verschiedenen Schülergruppen, interpretiert. Das nächste Instrument wird erst eingesetzt, wenn die anderen stabil laufen.

Übung 5

Gleiche Motive wie Übung 4, aber in einem **12taktigen Blues-Schema**. Für Schüler, denen das Blues-Schema noch kein Begriff ist, genügt es meistens, wenn der Lehrer am Klavier die Grundakkorde mitspielt.

Beispiel in D-Dur:

D	D	D	D
G	G	D	D
A	G	D	A

Übung 6

Nun werden die Schüler aufgefordert, ihre Instrumental-Stimmen zu variieren. Jemand übernimmt die Lead-Gitarre, die Bläser bauen ihr Riff aus, das Schlagzeug improvisiert im 12. Takt kleine Breaks mit Becken u.a.
Pantomimische Unterstützung fördern den Mut und geben der Kreativität mehr Spielraum (evtl. die Stimmen tauschen).

Übung 7

Als nächstes wird versucht, eine **eigene Blues-Melodie** zu improvisieren. Der rhythmische Background der vorangegangenen Übungen wird übernommen, dazu könnte folgender Text in die Runde gegeben werden:

I got the Blues in my shoes (Text für 2 Takte, dreimal wiederholen)
What can I do, (Ab Takt 9)
when I got the Blues in my shoes.

Der Text wird vorerst nur gesprochen. Einige Punkte sollten beachtet werden:

- Der obige Text (oder ein anderer) kann ganz verschieden phrasiert werden: Mit oder ohne Auftakt, mit oder ohne Wortwiederholungen, Silbendehnung.
  Beispiel:
  I got the Blues, the Blues, the Blues in my shoes

- Unterschiedliche Pausen sind erwünscht, die Schüler sprechen nicht "im Chor", damit Raum bleibt für die Improvisation.

Übung 8

Der Text aus Übung 7 wird über ein Blues-Schema gesungen. Als Hilfe könnten die Akkorde am Klavier mitgespielt werden.
Zu Beginn singen alle Schüler gleichzeitig, was natürlich ein musikalisches Chaos zur Folge hat. Dies ist aber vorerst wichtig, damit die eigene, unausgereifte Improvisation nicht gleich auf zahlreiche kritische Ohren stößt.

Übung 9

Die Übungen 5 und 6 werden nun mit der Übung 8 kombiniert. Eine kleine Gesangsgruppe singt nacheinander ihre **Blues-Improvisation** ins Mikrophon oder pantomimisch ohne Mikrophon. Die anderen Schüler "spielen" singend ihre Instrumente.

Dabei sollte nicht vergessen werden, daß jede Improvisation mit Applaus honoriert wird (wie das im Jazz üblich ist). Die Instrumente begleiten "piano", doch nach der Gesangsimprovisation kann richtig losgefetzt werden!
Mit etwas Übung kann als Endprodukt eine tolle a capella-Nummer entstehen.

Übung 10

Die a capella-Nummer von Übung 9 wird (evtl. nur teilweise) auf **die Instrumente** übertragen, die Band spielt ungefähr das, was sie vorher gesungen haben. Die anderen Schüler singen "ihre" Blues-Melodie.

Übung 11

Die Begleit-Instrumente werden wie bei den obigen Übungen gesungen oder gespielt. Dazu wird der folgende Blues - nicht unbedingt ganz notengetreu! - gesungen.
Anschließend interpretieren zwei Schüler den Song im "call and response"-Stil.

If I Had Possession Over My Judgement Day

T. & M.: Robert Leroy Johnson
© King Of Spades Music, USA

An' I went to the Mountain,
looked as far as my eyes could see,
An' I went to the Mountain,
looked as far as my eyes could see,
Some other man got my woman,
an' these lonesome blues got me.

An' I rolled an' I tumbled
an' I cried the whole night long,
An' I rolled an' I tumbled
an' I cried the whole night long,
Boy, I woke up this mornin'
my biscuit roller gone.

- Ein weiteres Beispiel für diese Praxis ist der Blues "I Woke Up This Morning", von B. B. King (⇨ "Rockmusik", Seite 107)

Übung 12

Die folgende Beispiele haben - vorerst - nichts mit den obigen Übungen zu tun und werden nicht gleich im Anschluß gemacht.
Ausgangssituation: **Jeder Schüler bringt sein eigenes Instrument** von zu Hause mit. Die "Nichtinstrumentalisten" setzen sich an ein Xylophon, ans Klavier oder ein Keyboard. Schüler, die in der Band Gitarre, Baß oder Keyboard spielen, verwenden natürlich das entsprechende Instrument.
An der Tafel steht der "Tonvorrat", eine pentatonische Blues-Tonleiter (evtl. über mehrere Oktaven), auf welche sich alle Instrumente zunächst beschränken werden. Da in der Rockmusik (speziell im Blues-Rock) häufig von oben nach unten improvisiert wird, ist die Tonleiter entsprechend notiert.

pentatonische Blues-Tonleiter

Gemeinsam werden die Töne eingeübt, jeder Schüler spielt auf seinem Instrument. Hilfen für "tasten-unkundige" Schüler sollten nicht verschmäht werden: Evtl. mit Bleistift oder Papier-Klebepunkten die Tasten kennzeichnen. Die Xylophone verfügen nur über die gewünschten Klangstäbe.

Die Tonleiter wird übungshalber mit unterschiedlichen Rhythmen gespielt.
- Mit halben Noten
- Mit 4tel-Noten
- Mit Triolen
- binär / ternär (⇨ "Rockmusik", Seite 31)
- weitere Möglichkeiten

Übung 13

Ein Teil der Schüler spielt eine Bluesbegleitung entsprechend den Übungen 5 ff in C-Dur (⇨ "Rockmusik", Seite 41)

C	**C**	**C**	**C**
F	**F**	**C**	**C**
G	**F**	**C**	**G**

Die anderen Schüler spielen mit ihrem "Tonvorrat" **Improvisationen**. Dabei ist zu beachten - und die Schüler darauf hinzuweisen -, daß das erste Motiv in den weiteren Takten verfolgt werden kann.

Beispiele für Improvisations-Anfänge

Weitere Tips:
- Die Improvisation evtl. zuerst wieder vokal.
- Mut zu Pausen - es muß nicht ständig "klimpern".
- Mut zu Wiederholungen - es gibt berühmte Improvisationen auf einem Ton.
- Motive erfinden
- Wechseln zwischen langen und kurzen Tönen
- Willkürliche, große Sprünge vermeiden

In der Übungsphase spielen die Schüler wiederum mehrmals gleichzeitig. Danach werden die Improvisation einzeln gespielt, angehört und evtl. besprochen und kritisiert.

Übung 14

Die pentatonische Blues-Tonleiter wird in **andere**, beliebige **Tonarten** transponiert. Für Keyboarder und Bläser mit B-Instrumenten kann es - im Gegensatz zu den Gitarristen - auch reizvoll sein, die Tonart Es-Dur zu benützen. Die Tonleiter setzt sich dann aus den Tönen **es - des -b - as - ges - es** zusammen, also aus allen schwarzen Tasten. Die Begleitinstrumente spielen den Blues folglich in Es-Dur:

Es	**Es**	**Es**	**Es**
As	**As**	**Es**	**Es**
B	**As**	**Es**	**B**

Übung 15

Die Übungen 5 ff werden mit Übung 14 kombiniert. Ein vorliegender Blues (oder ein beliebiger Blues mit dem gleichen Harmonieschema) wird gesungen, gespielt und mit eigenen Improvisationen garniert. Es zeigt sich häufig auch, daß zwei oder drei Improvisationen ganz gut zusammenpassen, also gleichzeitig gespielt werden können. Verschiedene Formen ausprobieren, z.B.: Intro (12 Takte) - 2 Strophen singen - Improvisation (1 Strophe) - 2 Strophen singen.

Übung 16

Der "Tonvorrat" wird erweitert, indem andere Tonleitern (siehe Seite 20) verwendet werden, es sei aber auch gleich auf die zu erwartende Schwierigkeit hingewiesen: Bei der pentatonischen Blues-Tonleiter klingt nie ein Ton "falsch", weil jeder der Töne im Akkord-Gefüge stets seinen "vertrauten", traditionellen Platz (Hörgewohnheiten) einnimmt:

	C-Dur-Akkord	**F-Dur-Akkord**	**G-Dur-Akkord**
C	Grundton	Quinte	Quart
B	kl. Septime	Quart	kl. Terz
G	Quint	(Sekund, als Vorhalt)	Grundton
F	Quart	Grundton	(Sekund, als Vorhalt)
Es	kl. Terz	kl. Septime	kl. Sext

In keinem Fall ist also ein Ton "problematisch", weil spätestens im Schlußakkord auch die Vorhalts-Töne wieder aufgelöst werden.
Bei allen anderen Tonleitern, inklusive der pentatonischen Dur-Tonleiter, bilden einzelne Töne Spannungsintervalle, welche von den Schülern meistens nicht oder falsch aufgelöst werden. Dennoch, besonders mit etwas fortgeschritteneren Instrumentalisten, lohnt es sich, zum Vergleich auch einmal andere Tonleitern auszuprobieren.

Übung 17

Es muß nicht immer Blues sein! Den meisten Rockmusikern ist die Situation bekannt: Es treffen sich zwei Gitarristen und ein Bassist zu einer ersten kleinen Session. Was wird gespielt? Blues in D, Blues in A, Blues in E, Blues in...
Es ist absolut empfehlenswert, auch in der Schule mit Blues und einem bewährten Harmonieschema zu beginnen. Doch spätestens nach Übung 16 sollte auch einmal ein anderes Harmonie-Grundgerüst verwendet werden. Beispiele dazu gibt es genug - auch in diesem Buch. Typische und häufig verwendete Harmonieabläufe siehe Seite 26 f.

Übung 18

Verbunden mit unterschiedlichen Harmonievorlagen sind folglich auch **andere rhythmische Grundmuster**. Einfache Vorlagen dazu finden sich im "Rockmusik" auf den Seiten 61ff und 99ff, etwas anspruchsvollere Patterns im vorliegenden Band auf den Seiten 41 f.

Übung 19

Im Hinblick auf **eigene**, interessante und vielleicht auch virtuose **Improvisationen** könnte auch folgender Versuch gewagt werden: Man nehme dazu (nach dem Kochbuchrezept) einen beliebigen Song aus dem Buch und das dazugehörende Playback von der CD. Das harmonische Grundgerüst der Improvisation läßt sich leicht aus der Akkordbezifferung ablesen. Nach obigen Mustern (Tonleitern, Rhythmen) kann versucht werden, die Improvisation zum Playback zu spielen, ohne daß das Original bekannt ist.
In einem zweiten Schritt ersetzt ein Teil der Klasse das Playback mit einer "Live"-Version.
Als letzter Schritt kann das Original - mit Hilfe der Noten und des Tonbeispiels - mit der eigenen Version verglichen werden.

Übung 20

Improvisationen nach Harmonieschemen, welche vom Lehrer oder von Schülergruppen vorgegeben werden.
Vorsicht: beliebige, unüberlegte Harmonieschemen sind - auch für die Improvisation - zum Scheitern verurteilt. Ein zufälliger Glückstreffer ist nach Wahrscheinlichkeits-Rechnung eher selten.
Eher zu empfehlen sind Harmonieabläufe, welche in anderen Songs bereits verwendet wurden (kleines Ratespiel einbauen).
Eine andere, etwas anspruchsvollere Möglichkeit bietet sich in Verbindung mit der Harmonie- und Stufenlehre an. Wenn die Funktionen der Akkorde mit den Schülern besprochen worden sind, könnten sicher auch eigene Akkordfolgen zusammengestellt werden.

Kritikfähigkeit

Beim einem Gang durch das Schulhaus, auf dem Pausenplatz und im Musikunterricht können immer wieder (häufig schlecht fundierte) Kritiken zu Bands und Konzerten gehört werden. Häufig reduziert sich das Urteil auf die Formel "die Band gefällt mir "oder "absoluter Mist". Dabei wird oft ignoriert, daß die musikalische Qualität einer Band und der persönliche Musik-Geschmack auseinanderklaffen dürfen: Ein Punk-Song darf gefallen, auch wenn er musikalisch simpel und textlich dürftig ist. Er fasziniert vielleicht wegen der besonderen Stimmung, dem treibenden Beat oder dem Gitarrengewitter. Andererseits ist es gut möglich, daß ein raffinierter Song der Crusaders, der von improvisatorischen Glanzideen überschäumt, von virtuosen Saxophon-Solis und perfektem Zusammenspiel aller Instrumente geprägt ist, keine Begeisterung aufkommen läßt. Wichtig ist es, die Musik objektiv und vorurteilslos zu beurteilen. Daß dies (auch für Kritiker) nicht ganz einfach ist, beweisen die zwei Zeitungskritiken (Ausschnitt) zu einem **Konzert von Johnny Clegg in Bern**.

Kritik - schärft Ohr und Auge (auch für das eigenen Musizieren)

Konzertkritik ist Information für die Daheimgebliebenen, kann aber auch Standortbestimmung für die Musiker sein.

Johnny Clegg in Bern (aus: Der Bund)
Johnny Clegg vermochte anläßlich seines Berner Konzertes die hohen Erwartungen, welche er in seinem Interview geweckt hatte, nicht zu befriedigen. Trotz einer sehr guten Bühnenpräsenz, einer üppigen Beleuchtung und einer recht gut ausgesteuerten Anlage war mir der Rhythmus zu einförmig, zu baß- und paukenbetont. Der Aufbau der Stücke war immer der gleiche...

Musik für Kopf, Bauch und Beine
(aus: Berner Zeitung)
Johnny Clegg und seine südafrikanische Band Savuka übertrafen alle hochgesteckten Erwartungen und boten ein Konzert, wie es Bern noch selten erlebt hat.
Savukas Botschaft, das Miteinander von Schwarz und Weiß, schwappte vom ersten Ton an wie eine mächtige Welle über den Bühnenrand und zog das Publikum unweigerlich in ihren Bann...

Ohne das Konzert selber gesehen zu haben, ist es müßig, darüber zu diskutieren, welcher der beiden Schreiber denn nun recht hatte. Sinnvoller ist es, daß Schüler selber beginnen, Musik zu kritisieren - und dabei versuchen, einen Song nach bestimmten Kriterien zu beurteilen, **ohne den persönlichen Musikgeschmack ins Zentrum zu stellen**. Bevor ein ganzes Konzert besprochen wird, sollte das Kritisieren an einzelnen Songs, an einer CD oder einem Video geübt und anschließend verglichen werden.
Vorgängig: Aktuelle Konzertkritik und CD-Besprechung lesen, analysieren, besprechen...

CD-Kritik ist Information für den Käufer und kann mithelfen, aus dem riesigen Angebot die gewünschten Platten zu finden.

Was kritisiert werden kann

Musikalische Kriterien: Instrumental-Besetzung, Musikstil, Stimmung der Songs, Zusammenspiel aller Instrumente, Instrumentaltechnik, spezielle Instrumentierungen, Einzelleistungen, Bläser-Einsätze, Gesangs-Stil, Gitarreneffekte, Qualität der Soli, Lautstärke, Abmischung, Konzertablauf, Gesamteindruck...
Weitere Kriterien: Texte (ihre Aussage und die Umsetzung in der Musik), Bühnenpräsenz, Kleidung, Ansagen, Licht, Publikum, Konzertorganisation, Eintrittspreis, Besonderes...
Persönliche Meinung (klar deklarieren)

Schlechtes Beispiel Nr. 2

Betrifft: Ice-T „Ice-T Vi - Return Of The Real“, 1996

Visions, Juni/96, Nr. 47
Ice-T kehrt mit einem sensationellen Album aus den Katakomben seines heimischen Studios zurück....Ein geniales Album, für das es schwer werden wird, dieses Jahr seinesgleichen zu finden.

Spex, Juni/96, Nr. 6
Diese Rückkehr des Realen liest sich als Rückfall ins bestenfalls Adoleszente (Jugendalter, Anm. KR). Ice-T kehrt zum platten Gangstertum zurück, um irgendwelchen Kleinkindern seine Realness zu verkaufen. Hat er sonst nichts mehr? (...) Dies alles erzählt uns ein mündiger Erwachsener, für den es keine mildernden Umstände gibt...

Kleine Musiklehre, oder: Was man wissen sollte (2. Teil)

(⇨ "Rockmusik", Seite 18ff)

Zur Theorie fällt mir ein Sprichwort ein, das man mir beigebracht hat, als ich noch jung war: Es ist besser, zu haben und nicht zu brauchen, als zu brauchen und nicht zu haben. Das trifft auch auf Theorie zu. (Juan Atkins)

Tonleitern

Die sogenannten Kirchentonarten wurden früher (vor der Zeit von J.S. Bach) an Stelle der heutigen Dur/moll-Tonarten verwendet, haben aber heute wieder an Bedeutung gewonnen, da sie häufig von Jazz-und Rockmusikern gebraucht werden.
Die drei Tonleitern Dur, Lydisch und Mixolydisch haben Dur-Charakter; Dorisch, Phrygisch, Aeolisch haben moll-Charakter. Die Bemerkung "Besonderheit" kann mithelfen, die Tonleiter leichter zu erkennen.

Dur (Jonisch)

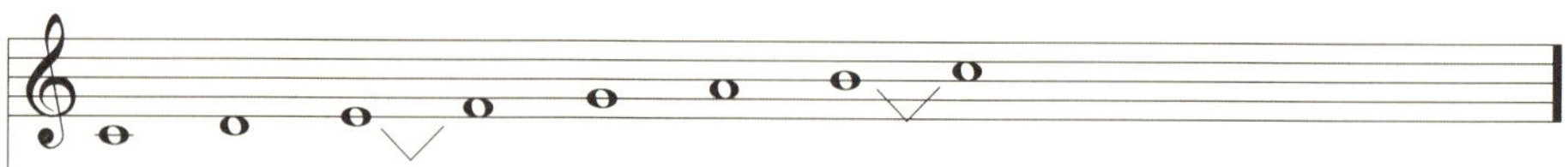

Dorisch
Bes.: Klingt fast wie moll-Tonleiter (ausg. ti/H)

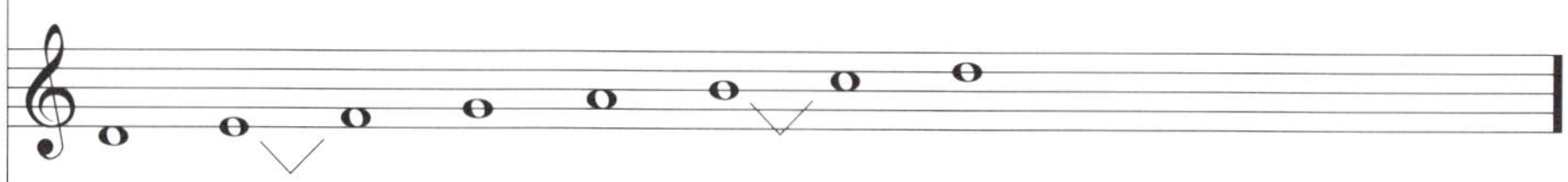

Phrygisch
Bes.: Beginnt mit einem Halbtonschritt

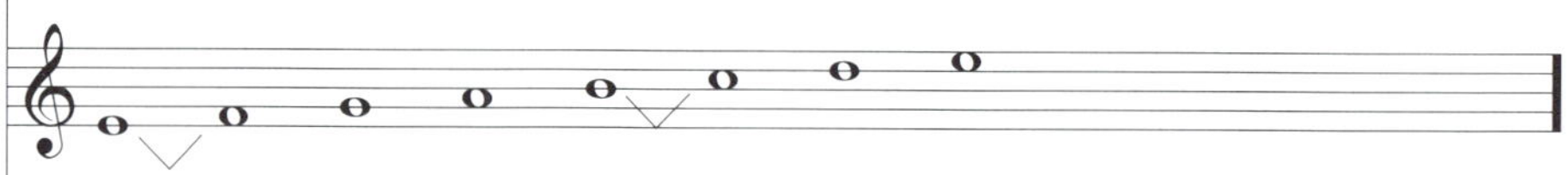

Lydisch
Bes.: Beginnt mit drei Ganztonschritten

Mixolydisch
Bes.: Klingt fast wie Dur-Tonleiter (ausg. fa/F)

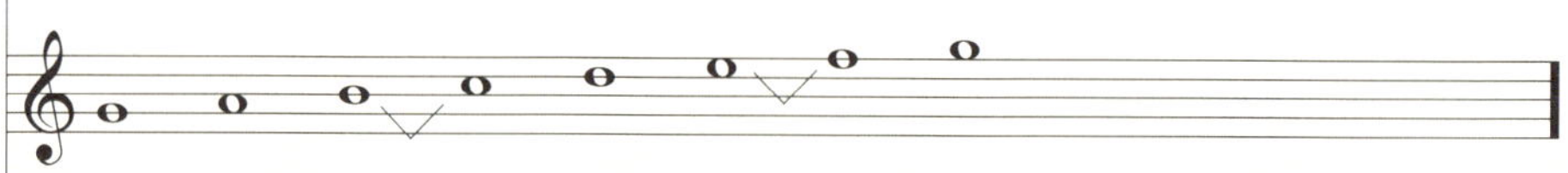

Moll (Aeolisch)

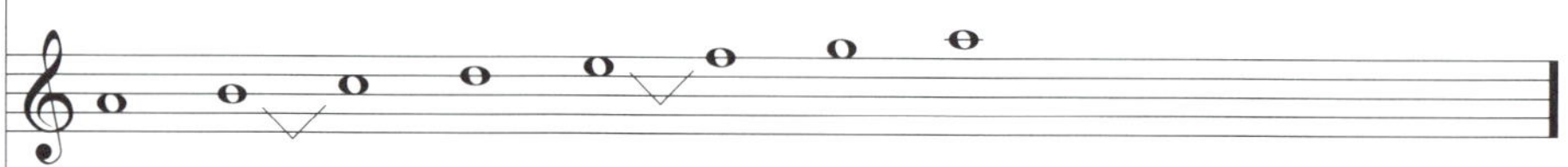

Pentatonische Dur-Tonleiter

Pentatonische moll-Tonleiter

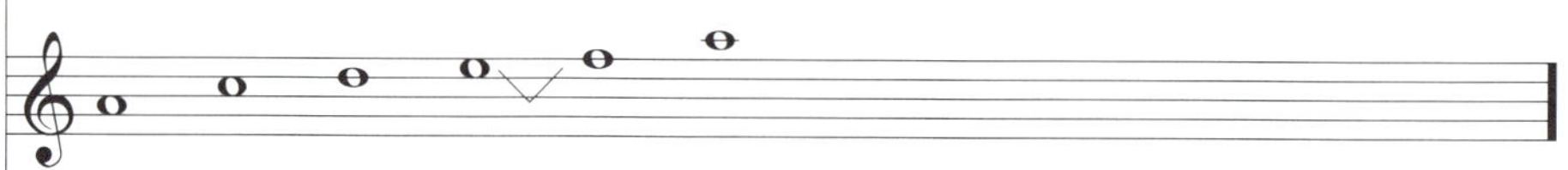

Pentatonische Blues-Tonleiter

Blues-Tonleiter (Möglichkeit)

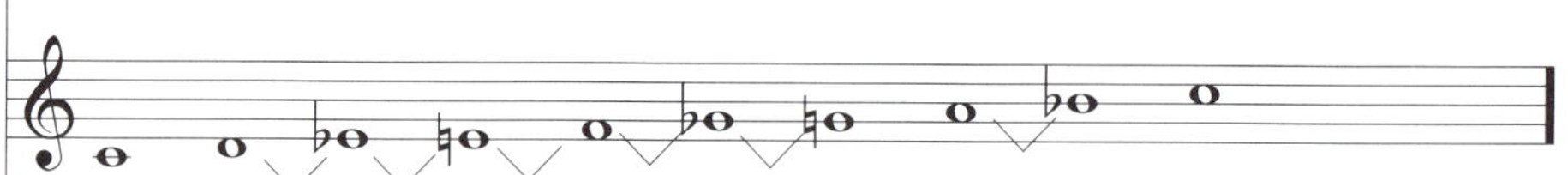

Chromatische Tonleiter

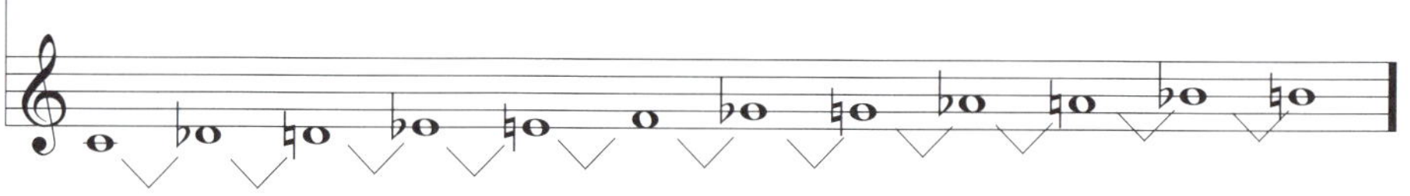

Bemerkungen zu den pentatonischen Tonleitern:
Pentatonische Tonleitern sind Tonleitern aus fünf Tönen (penta, griech.: fünf) mit unterschiedlichem Aufbau. Es sind die ältesten nachweisbaren Tonleitern (Tibet, Afrika, Europa u.a.) In der Popmusik sind sie wichtiges Tonmaterial für Melodien, Improvisationen und Baßlinien.
-Die pentatonische Dur-Tonleiter entsteht durch vierfache Quintenschichtung.
-Die pentatonische moll-Tonleiter beginnt auf dem 5. Ton der Durpentatonik.

Kadenz in Dur

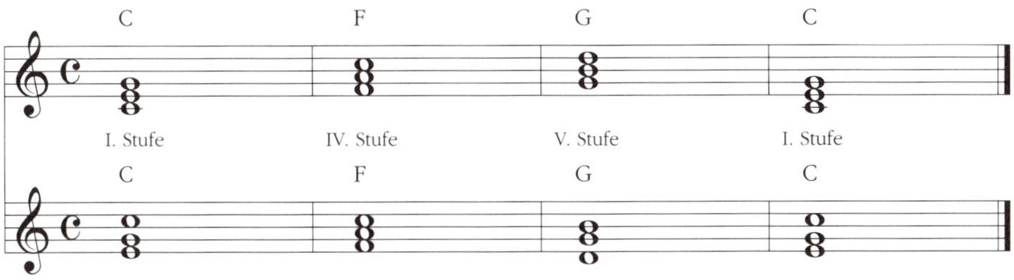

Eine Kadenz (cadere, lat.: fallen) ist eine Akkordfolge mit Schlußwirkung. Die Hauptakkorde auf der I., IV. und V. Stufe (in Dur oder moll) bilden eine häufig gebrauchte Kadenz. Die untere Zeile zeigt, daß die Kadenz normalerweise nicht auf den Grundakkorden, sondern in den Umkehrungen (⇨ "Rockmusik", Seite 22) gespielt wird.

Kadenz in moll

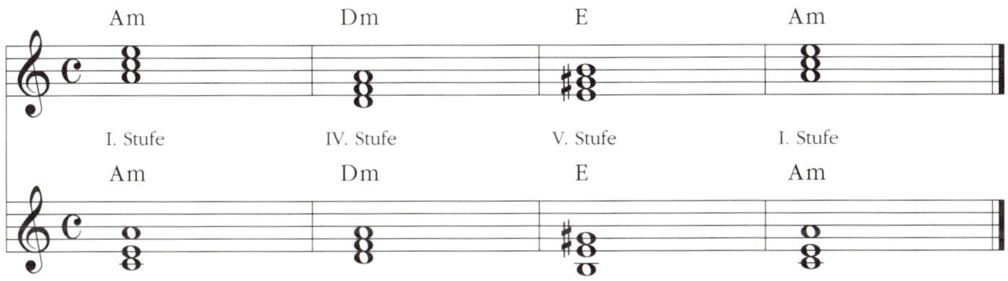

Schreibe und spiele die Kadenzen auch in anderen Tonarten und der 2. Umkehrung!

Vierklänge

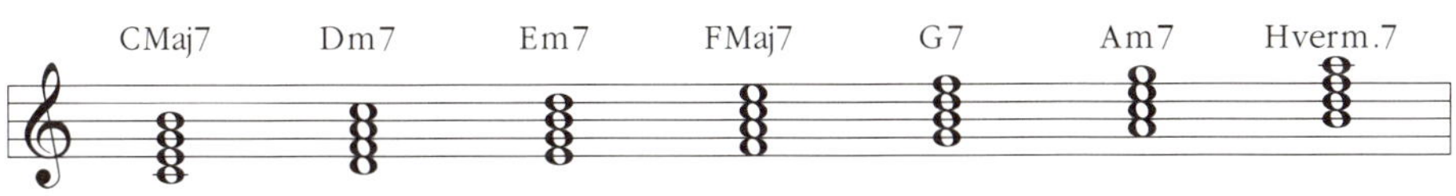

Zur Schreibweise: G7 = Septakkord auf dem Grundton G (GHD, und die **kleine Septime** F.) Wird an Stelle der kleinen Septime eine große gewünscht, so muß das ausdrücklich notiert werden: C Maj 7 = C, E, G, H.
(⇨ "Rockmusik", Seite 23)

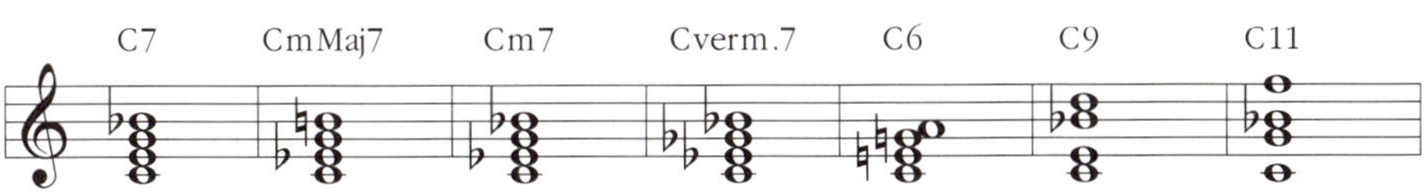

Bei C9, C11, C13 u.a. ist in der Regel (ohne besondere Kennzeichnung) die kleine Septime inklusive. Dafür wird die Terz oder die Quinte weggelassen.
Rhythmen, klatschen, spielen

Rhythmik

Parcours 1

Die folgenden Zeilen können sowohl einzeln als auch miteinander gespielt werden. Werden die Übungen mit Sticks gespielt, ist darauf zu achten, daß die Schläge auf die Zählzeiten mit der **rechten** Hand ausgeführt werden.

Spielereien mit dem "Rhythmus-Parcours 1":

- Sprechen mit "Rhythmus-Sprache" (⇨ "Rockmusik", Seite 19)
- Klatschen, klopfen, mit/ohne Sticks, mit den Füßen...
- Jede Zeile einzeln, mehrmals wiederholen
- Mehrere Zeilen verbinden
- Mehrere Zeilen miteinander (mit unterschiedlichen Instrumenten, Klängen)
- Schlagzeug und/oder Baß spielen dazu einen Rock-Grundrhythmus
- Die Rhythmen auch zu passenden Songs klatschen

Parcours 2

Parcours 2 wird binär (⇨ "Rockmusik", Seite 31) **und ternär gespielt, geklatscht gesungen...**

Cha-Cha-Cha

Der Cha-Cha-Cha gilt allgemein als Weiterentwicklung des eher ruhigen, gemächlichen Mambos (⇨ "Rockmusik", Seite 33). Dank der Einfachheit der rhythmischen Formel des Mambos, eignet er sich für eine Vielzahl verschiedener Variationen. Daraus ist die etwas raffiniertere Struktur des Cha-Cha-Chas entstanden.
Der Tanz geht auf den kubanischen Bandleader Enrique Jorrin (geb. 1926) zurück und wurde von ihm 1953 in Havanna vorgestellt. Charakteristisch sind der straffe Rhythmus mit fast gleichstarken Betonungen aller vier Zählzeiten. Der Tanz, in Europa begeistert aufgenommen, wurde (mit vereinfachten Strukturen) zum Mode- und Turniertanz.

Der Tanz

Dieser Tanz wird von den Südamerikanern mit viel Körpereinsatz in der Beckengegend ausgeführt. Der vereinfachte Tanz-Grundschritt ist relativ einfach:
Ausgangsstellung: lockere Paar-Tanzstellung.

1. Takt		**2. Takt**	
1	r. Fuß sw (seitwärts)	l. Fuß sw	Die Frau beginnt
2	l. Fuß vw	r. Fuß rw	beim **2. Takt**.
3	r. Fuß rw	l. Fuß vw	Der Mann beginnt
4	l. Fuß sw	r. Fuß sw	beim **1. Takt**.
und	r. Fuß schliessen	l. Fuß schliessen	

Son Montuno

Der Son Montuno ist eine spanisch/kubanische Lied- und Tanzform, die 1920 entstand und rasche Verbreitung in Kuba fand. Der Son hat aber eine viel längere Geschichte: Die älteste Form soll aus dem 17. Jahrhundert stammen. Auch in Mexiko gibt es Tanzformen mit der gleichen Benennung.
Der Son cubano setzt sich aus zwei Teilen zusammen: Aus dem Lento (=Vers) und dem Montuno (=Refrain, meist viertaktig). Auf den Montuno geht der Mambo zurück. Die Reihe lautet also: Montuno - Mambo - Cha-Cha-Cha. Der Son bietet dem Instrumentalisten immer viel Spielraum für Improvisationen.

Vergleiche dazu auch **Rumba** (⇨ "Rockmusik", Seite 233)

Patterns in Verbindung mit harmonischen Modellen

Daß in der Rockmusik mit harmonischen Modellen gearbeitet wird, ist eine Tatsache, die zwar nicht neu ist (⇨ "Rockmusik", Seite 38), aber von Anfängerbands häufig zu wenig beachtet wird. Dabei kann diese Methode eine große Hilfe sein, die einerseits den Einstieg in einen Song erleichtert, andererseits eine gewisse Garantie für einen vernünftigen Songaufbau bietet. Harmonische Modelle sind so alt wie die Rockmusik. Sie beschränken sich häufig auf zwei- oder viertaktige Phrasen, können aber auch, wie beim 12-taktigen Blues-Schema, über mehr Takte verfügen. Innerhalb des Harmonieschemas sorgen **rhythmische Patterns** für zusätzliche Struktur. Durch die Sample-Technik und die damit verbunde DJ-Culture, wurden viertaktige Harmonie-Schemen aus naheliegenden Gründen (gesampelt wird eine Phrase, ein eingängiger Riff) immer häufiger verwendet.

Erstes Beispiel: Zweitaktige Phrase aus "Gangsta's Paradise" (siehe Seite 202)

Dieses Pattern, gesampelt aus dem Song "Pasttime Paradise" von Stevie Wonder, dient als Grundlage für den ganzen HipHop-Titel "Gangsta's Paradise".

Weitere Möglichkeiten

- Flöten- und Streicher-Stimme, die beiden prägenden Elemente, werden weggelassen. Die verbleibenden Stimmen dienen als Grundlage für eigene Improvisationen mit beliebigen Instrumenten.
- Transponieren, zum Beispiel nach G-Dur (C - Am - H7 - Em)
- Rhythmische Struktur auswechseln: 16tel-Groove, Rumba, Swing (ternär)...

Suburbia

Der Dance-Hit "Suburbia" des Duos **Pet Shop Boys** von 1986 beschränkt sich zum größten Teil auf das folgende viertaktige Harmoniemodell und den unterlegten Rhythmus. Am Anfang der ersten Strophe wird folgende Variante verwendet:

| **Cm** | **As** | **B♭** | **Es G** |

The Sun

Im Song "The Sun Always Shines On TV" wird von der Gruppe a-ha zu einem großen Teil das folgende harmonische Modell verwendet.

Do You Really

Dieses Pattern im Disco-Reggae-Stil stammt aus dem Song "Do You Really Want To Hurt Me" von der Kult-Gruppe Culture Club.

Alive

"I'm Still Alive" singt die Band Pearl Jam zu diesem zweitaktigen Pattern.

Weitere rhythmische Patterns mit markanten harmonischen Modellen sind auf den Seiten 107, 119, 211, 279.

TEIL II

Die Instrumente

Francis Buchholz, T.M. Stevens

Der Baß

(➪ "Rockmusik", Seite 44 ff)

Die Rockmusik ist in den 90er Jahren merkbar baß- und schlagzeuglastiger geworden. Verschiedene Stilrichtungen (HipHop, Dance u.a.) beschränken sich in zahlreichen Songs sogar ganz auf diese beiden Instrumente.

Dadurch haben Baß und Schlagzeug einerseits bei den Musikern an Bedeutung gewonnen, andererseits achtet auch das Publikum (bewußt oder unbewußt) immer mehr auf das Zusammenspiel der beiden "Grundinstrumente", die den gewünschten Tanz-Groove liefern.

Die zahlreichen jungen Bassisten mit beachtlichem Können sind ein genauso auffälliges Merkmal der aktuellen Szene wie auch der vermehrte Einsatz von fünf- oder sogar sechssaitigen Instrumenten.

Das Equipment

Das **Equipment** des Bassisten hat sich in den letzten Jahren kaum verändert. Vermehrt werden ungeschliffene Saiten, der Stereo-Chorus, 3-Weg-Baßboxen und digitale Echogeräte eingesetzt. Der Einsatz sämtlicher technischer Hilfsmittel ist immer zugleich soundprägend und eine Frage des persönlichen Geschmacks. Vergleicht man das Equipment der Top-Bassisten, so fällt auf, daß einerseits alle von der Zweckmässigkeit ihrer Ausrüstung überzeugt sind, andererseits aber die Unterschiede grösser nicht sein könnten.

Der Baß

Der viersaitige Baß ist nach wie vor der am meisten verwendete Baß in der Musik. Immer öfter wird aber auch der Fünfsaiter mit einer tiefen H-Saite verwendet.

Der Verstärker

Der Röhrenamp: Der Soung klingt etwas wärmer als ein Transistoramp und eignet sich ausgezeichnet für einen obertonarmen Slapsound.
Ein Röhrenamp ist ab 200 Watt sinnvoll.
Nachteil: Sehr schwer.
Der Transistoramp ist schneller im Impuls und klarer im Klang als der Röhrenamp.
Nachteil: Bei Pegelspitzen macht der Amp schnell "dicht" und produziert viele Obertöne.
Das wichtigste ist die Leistung des Amps. Ein leistungsstarkes Gerät liefert auch bei "Zimmerlautstärke" einen druckvolleren und runderen Ton als ein kleiner Amp bei gleicher Lautstärke.

Lautsprecherboxen

2- oder 3-Weg-Baßboxen verhelfen den tiefen Tönen zu mehr Flexibilität. So kann das Instrument für Solos, Akkorde, tiefe Fülltöne usw. auf den gewünschten Baß-Sound eingestellt werden: Voller Baßton - wenig Mitten- und extreme Hochtöne.
Die leere E-Saite hat eine Frequenz von zirka 40 Hertz. Um diese tiefen Töne übertragen zu können, werden spezielle, großflächige Lautsprecher verwendet.
15 Zoll Lautsprecher für die tiefen Töne, 12 Zoll für die Mitten und 10 Zoll für die hohen Töne.

Lautsprecher-Kabel

Als Faustregel kann gelten: Je dicker, desto besser (tiefe Frequenzen werden besser durchgelassen).

Ungeschliffene Saiten

Der drahtige, schneidende Sound wird bestimmt durch die "Roundwound"-Saiten. Verstärkt wird der Effekt durch die Spieltechnik mit dem Plektrum. Dabei sollte man darauf achten, daß relativ dicke Saiten verwendet werden, damit genügend Tragkraft und Fülle des Klanges erhalten bleibt.

Chorus

Der Chorus (evtl. auch als Stereo-Effekt) ist ein Effekt, der von Bassisten am häufigsten verwendet wird. Er gibt dem Baß eine schwebende Räumlichkeit. Vor allzu aufdringlichem Einsatz sei aber gewarnt!
Einsatz: Bei langsamen Songs und evtl. beim Slappen.

Delay

Ein kurz eingestelltes Delay (Echo) gibt dem Baß etwas mehr Fülle, kann aber sehr schnell zu "breiigem" Sound führen. Interessanter kann das lang eingestellte Delay sein. Mit ihm lassen sich raffinierte Echo-Spielereien erzielen.

Oktaver

Der Oktaver produziert zum gespielten Ton noch einen zweiten, der eine Oktave tiefer liegt. Mit diesem Effekt werden die Baßlinien so richtig schwer und drückend.

Kompressor

Der Kompressor ist kein Effektgerät im üblichen Sinn. Er verändert nicht den Klang, sondern sorgt dafür, daß die Anschlagslautstärke gleichmäßiger und der Sound dadurch druckvoller wird. Nur sehr sparsam einsetzen!

Fitness-Training am Baß

Übung 1

Übung 2

Übung 3

Übung 4

Übung 5

Bassisten und ihre Songs

Paul McCartney, 1990

Lady Madonna

Day Tripper

Jack Bruce, Cream

Blues

Big Love

Billy Sheehan, Mr. Big

The Nightfly

Donald Fagen

The Dream

Sting

Die Slap-Technik

Wie entsteht der Ton?

Die Slap-Technik hat das Baß-Spiel revolutioniert und dem Instrument zu einer neuen Dimension verholfen. Eine ähnliche Spielweise wurde auf dem Kontrabaß bereits in den 50er Jahren praktiziert. Erfinder der revolutionären Slap-Technik war der amerikanische Bassist **Larry Graham** (Sly & Family Stone, 1968). **Stanley Clark** (Chick Corea u.a.) setzte die Technik gezielt ein und löste damit ein richtiges "Slap-Fieber" unter den Bassisten aus. Mark King (Level 42), Marcus Miller und John Patitucci haben die Technik weiter entwickelt und machten sie populär. Heute gehört die Slap-Technik zum Handwerkzeug des Bassisten.

Slap

Augenfällig wird die Bewegung, wenn die Mechanik eines Klaviers angeschaut wird: Durch den Druck der Taste wird der Klöppel an die Saite geschlagen und fällt sofort zurück. Genau diese Bewegung führt der Daumen aus. Dazu ist die rechte Hand in "Tramper-Stellung" (Daumen ausgestreckt). Der Daumen schlägt in einem 90° Winkel auf die Saite. Dabei ist nicht die Kraft des Schlages maßgebend, sondern die Schnelligkeit und das augenblickliche Wegfedern des Daumens. Ausprobieren!

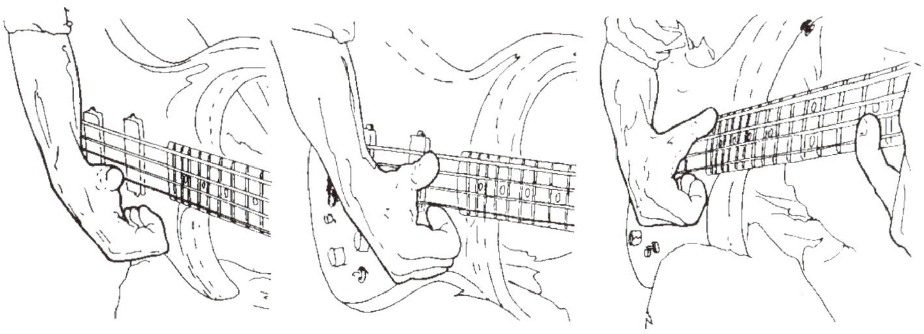

Die Position des Aufschlagens bestimmt den Sound: Schlägt der Daumen in die Region der beiden letzten Bünde, wird der Klang metallisch, hart. Liegt der Aufschlagspunkt zwischen den letzten Bünden und den Tonabnehmern, wird der Klang dicker und verliert an Durchschlagskraft.
Mit ungeschliffenen Saiten und Bäßen mit fünf (oder mehr) Zentimetern Abstand zwischen Griffbrett und Tonabnehmern läßt sich leichter slappen!

Pop

Mit dem Slappen ist der eine Teil der Technik gemeint, der andere wird mit "Popping" (Pop), das Anreißen der Saiten, bezeichnet. Mit dem Zeige- oder Mittelfinger wird die Saite vom Griffbrett weggezogen und losgelassen Dabei schlägt die Saite gegen die Bünde des Griffbretts und erzeugt einen lauten, metallischen Klang.
In den Noten wird Popping mit "P" bezeichnet.

Erste Übungen

Wichtig: Die Saiten müssen nach dem Erklingen mit den Fingern der linken Hand oder dem Handballen der rechten Hand abgedämpft werden!

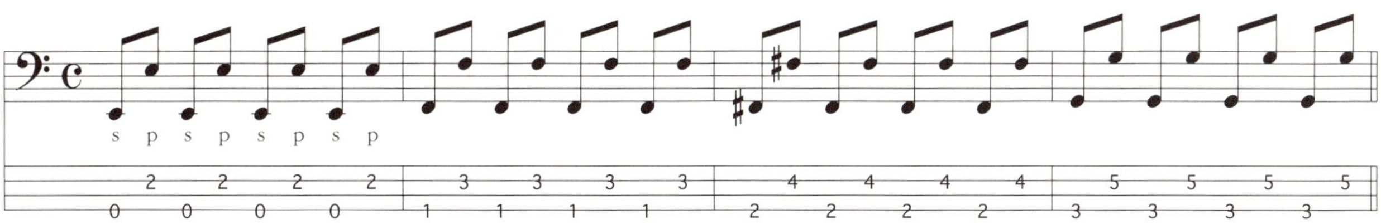

Die Virtuosen mit dem schnellen Daumen

Zur Notation

Notenkopf als Kreuz = Left Hand Dead Notes: Die Töne werden durch das Aufschlagen der Finger (linke Hand) gegen das Griffbrett erzeugt. Anschließend bleiben die Finger locker auf der Saite liegen. Es entsteht ein "Knacken".
Bindebogen = Hammer On: Die Note wird durch das Hämmern eines Fingers der linken Hand auf das Griffbrett angeschlagen.

Mark King, Level 42

Marcus Miller, Sandborn u.a.

Im Stil von
Tower of Power

Im Stil von
James Brown

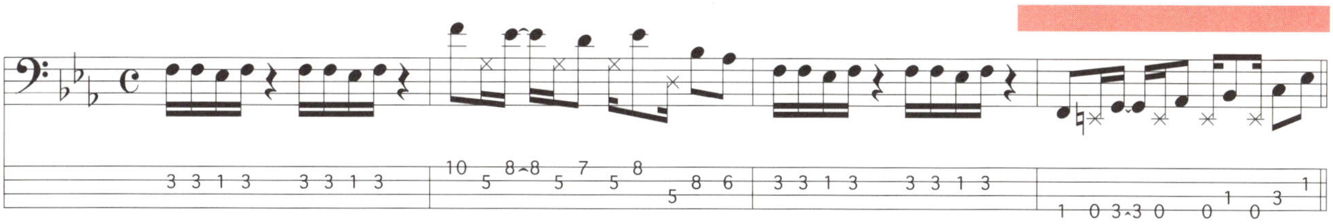

Im Stil von
Stanley Clark

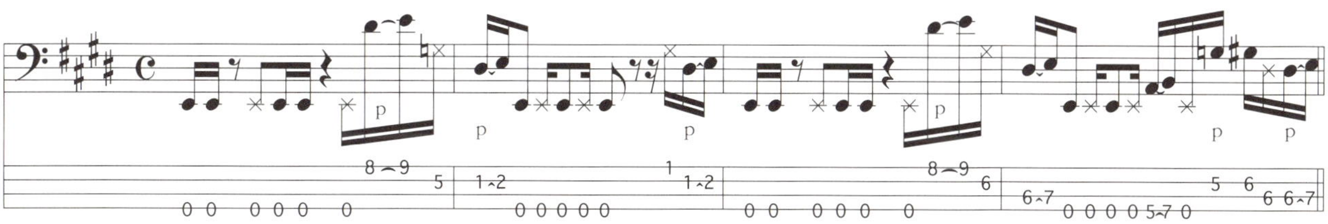

Auch wenn **Larry Graham** (Sly & The Family Stone u.a.) nicht der große Virtuose ist, gilt er als Erfinder der Slaptechnik.

Das Schlagzeug (Drums)

Der "neue" Drummer

(⇨ "Rockmusik", Seite 57 ff)

Obwohl am Schlagzeug auf den ersten Blick in den letzten Jahren nichts Grundlegendes verändert wurde, ist die neueste Musikentwicklung an diesem Instrument auch nicht spurlos vorbeigegangen. Wesentlich waren nicht die Erneuerungen, welche in den Fachzeitschriften des Musikmarktes monatlich angepriesen wurden: Noch brillantere Becken, raffiniertere Hardware, härtere Sticks, unverwüstliche Felle, schönere Lackierungen ... und was sonst noch alles den Verkauf belebt hat. Entscheidender war vielmehr, daß die Instrumenten-Elektronik auch vor dem Rhythmus-Part eines Songs nicht Halt gemacht hat. Längst ist auch bei der Schlagzeugstimme nicht mehr alles "Handarbeit", und vom Schlagzeuger werden immer mehr Kenntnisse betr. Unterhaltungs-Elektronik verlangt:

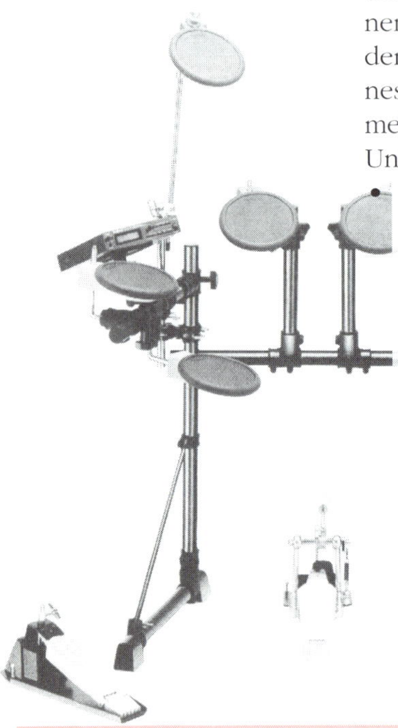

- **Tonabnahme der Trommeln und Becken**: Die große Verkabelung des Drum-Sets hat (in kleineren Lokalen) weniger mit der Lautstärke zu tun als vielmehr mit dem Sound. Eine druckvolle Fuß-Pauke oder eine "verhallte" Snare gehören heute eigentlich "zum guten Schagzeugton". Die Industrie bietet für die Tonabnahme die unterschiedlichsten Systeme an. Das Angebot reicht von der traditionellen Tonabnahme mit speziellen Schlagzeug-Mikrophonen über Tonabnehmer, welche auf die Felle geklebt werden, bis zu elektronischen Drum-Sets, die an Stelle der Trommeln und Becken nur noch Schlagflächen mit integrierten Tonabnehmern aufweisen.

  Aufwendig sind alle Systeme, weil jedes Instrument einzeln abgenommen wird. Die Folge davon sind: Sehr viele Kabel, Effektgeräte, Mischpult für die Vorabmischung - recht große Kosten.

- **MIDI-Gräte**: Obwohl die fortlaufende Perfektionierung der **Drum-Computer** auch manchen Schlagzeuger arbeitslos gemacht hat, gehört es zum Handwerk des Drummers, daß er sich mit den "elektronischen Schlagzeugern" auskennt und sie sinnvoll, als Taktgeber, Percussionist oder Soundlieferant einzusetzen versteht. Häufig wird eine Rhythmusspur vom Computer gespielt, der Schlagzeuger besorgt die markanten Einsätze wie Breaks und Fills, Becken und Hi-Hat-Effekte. Zur besseren Hörkontrolle des Drum-Computers werden meistens Kopfhörer verwendet.
  Von **Percussions-Pads** aus können - via MIDI (⇨ "Rockmusik", Seite 82 ff) - die unterschiedlichsten **Keyboards** und **Sampler** (siehe Seite 51 f) angesteuert und vom Schlagzeuger gespielt werden. So ist es möglich, daß er in seinen Schlagzeug-Parts Percussion, rhythmische Instrumentaleinsätze, aber auch jedes denkbare Geräusch (vom Sampler) integrieren kann.

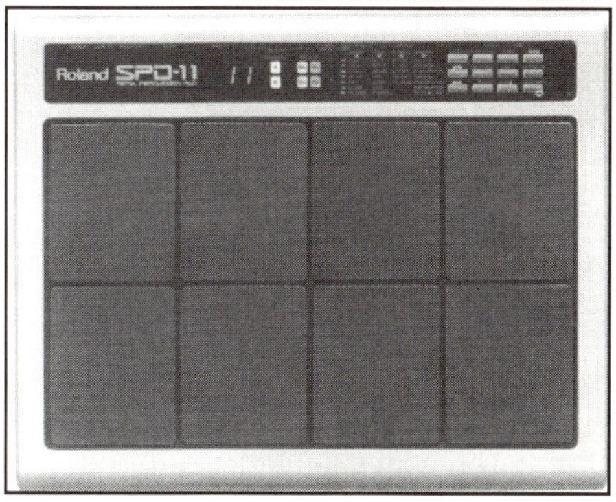

Percussions-Pad

- **Effektgeräte**: In Verbindung von MIDI-Geräten mit digitalen Effektgeräten (Hall, Echo, Equalizer u.a.) bieten sich zahlreiche Soundmodulationen und erweiterte rhythmische Möglichkeiten an.

Auf Grund der Möglichkeiten der letzten Drum-Computer-Generation und der Entwicklung der Musikszene in Richtung Dancefloor ist die Rolle des Schlagzeugers in der aktuellen Musikproduktion äußerst zwiespältig geworden. Die Hörgewohnheiten des (vorwiegend jungen) Publikums haben sich in mehrerer Hinsicht auf einen perfekten Schlagzeug-Groove eingepegelt. Mit einer rigorosen Selbstverständlichkeit wird ein druckvoller, voluminöser Drum-Sound erwartet, der nur noch (siehe oben) mit aufwendiger Technik erreichbar ist; zusätzlich bestimmen bei einem Großteil der Hits Drum-Computer des perfekte Timing. Diese maschinelle Perfektion, die teilweise absichtlich durch sogenanntes "Human-Drumming" wieder abgeschwächt wird, verleiht den Songs eine geradezu mathematische Genauigkeit. Vorbei sind die Zeiten der Schlagzeuger, die - je nach Stimmung - auch einmal das Tempo variieren konnten. Besonders in Studioproduktionen sind weder Tempo- noch Lautstärkeschwankungen erwünscht. Gefragt sind Genauigkeit, Gleichmäßigkeit, Sound-Konstanz, Virtuosität, beliebige Belastbarkeit - und das alles bitte, zu einem vernünftigen Preis.
Diese Bedingungen erfüllt in erster Linie eine Maschine. Der Schlagzeuger, der diesen Anforderungen gerecht wird und zusätzlich noch die menschlichen Vorteile gegenüber der Maschine in die Band einbringt, ist ganz sicher kein Anfänger, sondern ein Top-Drummer!
Die Situation des Schlagzeugers ist folglich sehr prekär. Einerseits wird es für jeden Produzenten immer einfacher, den gewünschten Schlagzeug-Groove mit Hilfe diverser Maschinen gleich selber, billig und schnell einzuspielen, andererseits sollte der Drummer bei Konzerten das perfekte Timing und den raffinierten Sound der Maschinen möglichst genau reproduzieren. Als erschwerender Faktor kommt hinzu, daß die meisten Produzenten ihre Maschinen ganz nach Gutdünken und Gefühl - ohne Kenntnis der Schlagzeuger-spezifischen Möglichkeiten - programmieren und einsetzen. Nicht selten werden dann gleichzeitig Hi-Hat-, Tom- und Beckenschläge übereinander gelagert, oder derart verzwickte Rhythmen produziert, daß sie von einem Menschen mit zwei Armen und zwei Beinen unmöglich gespielt werden können.

Drum-Computer
16 Bit Drum Sampler
MIDI Sequencer

Damit nach diesem (etwas düsteren) Ausblick nicht alle zukünftigen Schlagzeuger ihre Sticks wegwerfen, sei auch noch das "Licht am Ende des Tunnels" erwähnt: Mitte der 90er Jahre verbannten HipHop-Gruppen, Techno-Live-Acts und Dancefloor-Shows ihre Drum-Computer in den Bühnen-Hintergrund und rückten wieder einen (manchmal mehrere) Schlagzeuger in den Vordergrund!

Zur Erinnerung sei auch in diesem Band die häufig verwendete, aber nicht standardisierte Schlagzeug-Notation aufgezeigt..

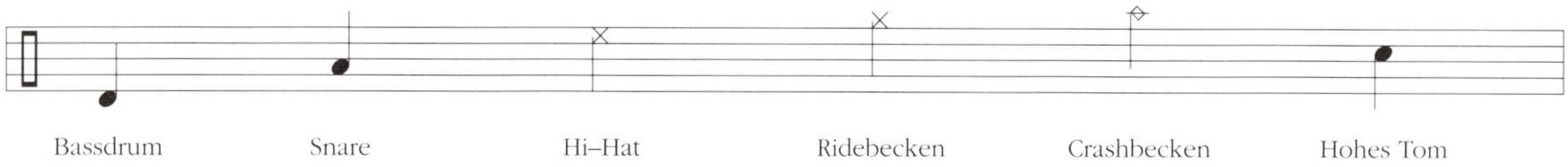

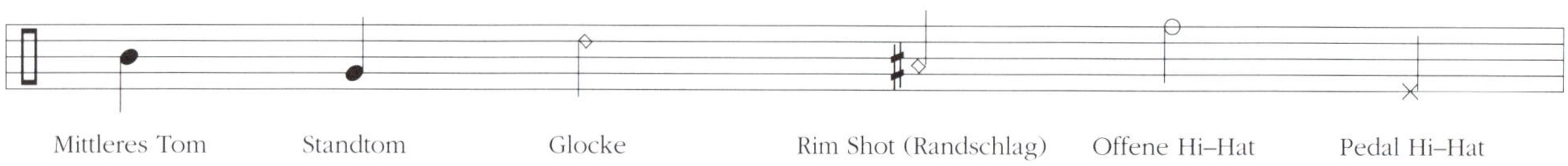

Übungen zum Aufwärmen

Weil das Zusammenspiel von Baß und Schlagzeug in den aktuellen Produktionen eine zentrale Stelle einnimmt, werden in den folgenden Übungen die beiden Instrumente notiert.
Für den gesamten Band-Groove ist es von Vorteil, wenn Schlagzeuger und Bassist möglichst oft gemeinsam üben. Das folgende Notenmaterial kann als Grundlage für gemeinsame Sessions und Improvisationen verwendet werden.

Medium Rock Blues

Motown-Groove

Soul

Disco-Funk

Disco-Funk 2

Robby Ameen

Hard Rock

Hard Rock 2

Large Rock

Stanley Clarke

12/8

Im Stil von

Cream

Stevie Wonder

Phil Collins

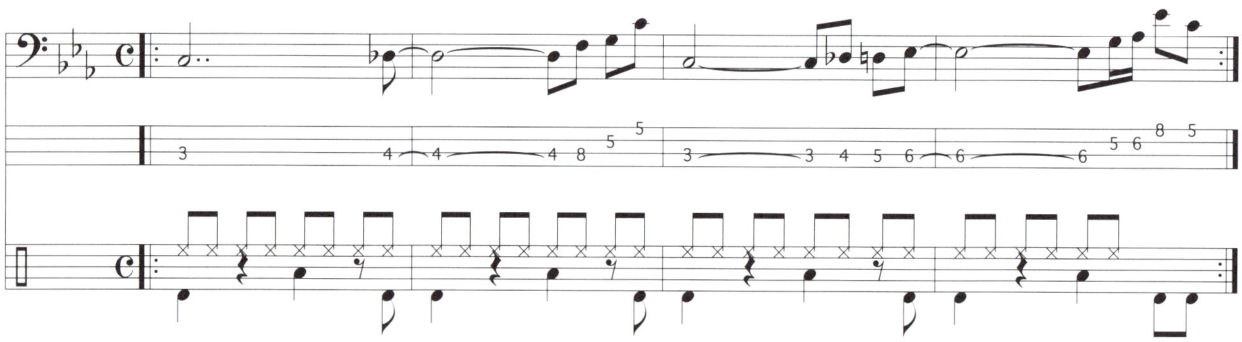

Die Gitarre

Bobby Womack, Ron Wood, Keith Richards (v. l. nach r.)

(⇨ "Rockmusik", Seite 64 ff)

In der ersten Hälfte der 90er Jahre wurde die Hitparade von Songs aus Synthesizer- und Computermusik geprägt. Einige Genres der populären Musik wie Techno und HipHop waren geradezu stolz darauf, Musik zu produzieren, die, ohne Gitarren - und "Guitar-Heroes" - dennoch Erfolg hatten. Zwar war die Gitarre bei populären Bands nie ganz verschwunden, aber die dominante Rolle der Saiteninstrumente in den 70er und 80er Jahren wurde - zumindest temporär - von Samplern und Computern bestritten.

Als Gegenpol zur Micro-Chips-Musik der Home-Studio-Produzenten gelang es 1995/96 vielen jungen Bands, die Gitarre und den E-Baß wieder in den Mittelpunkt zu stellen, und sogar HipHopper und Dancefloor-Liveacts merkten, daß die Bühnenshow mit Instrumentalisten attraktiver wurde als mit DJs alleine.

Das Jahr 1994 war für verschiedene Gitarrenhäuser ein Jubiläumsjahr und illustrierte die Erfolgsgeschichte dieses Instrumentes: 40 Jahre Fender Stratocaster, 15 Jahre Trace Elliot und 25 Jahre Alembic standen neben der 100-Jahr-Feier der Firma Gibson: 1894 gründete der Namensgeber Orville Gibson als Gitarrenbauer in Kalamazoo die Firma und prägte in den folgenden Jahrzehnten, später im Konkurrenz mit Leo Fender, das Design und den Sound der E-Gitarren und E-Bässe. Dem Besucher von Musikmessen (z.B. in Frankfurt) fällt auf, daß jährlich zahlreiche neue Gitarrenmodelle der unterschiedlichsten Marken mit großen Werbeaufwand präsentiert werden. Bei genauerer Betrachtung kann aber festgestellt werden, daß die "revolutionären" Neuerungen sich in der Regel als weitere Variationen der Erfolgsmodelle (Fender und Gibson) aus den 50er und 60er Jahren herausstellen. Sicher sind die Tonabnehmer modifizert, der Hals massiver, das Tremolo zuverlässiger und die Lackierungen bunter geworden, doch grundlegend verändert hat sich am Instrument wenig.

Der MIDI-Virus hat auch auf die Saiteninstrumente übergegriffen und kann als einzige Veränderung in den Grundstrukturen bezeichnet werden.

MIDI-Gitarren

Die Möglichkeiten der MIDI-Instrumente (⇨ "Rockmusik", Seite 82 ff) waren längere Zeit den Keyboardern vorenthalten. Zwar gab es schon sehr früh erste MIDI-Interfaces für Gitarren, doch die (nahezu) problemlose, finanziell tragbare Nutzung dieser Technologie wurde für Gitarristen erst Mitte der 90er Jahre interessant: Ohne großen Aufwand kann auf einer beliebigen Gitarre ein Synthesizer Driver installiert werden.

Jennifer Batten

MIDI Driver von Roland

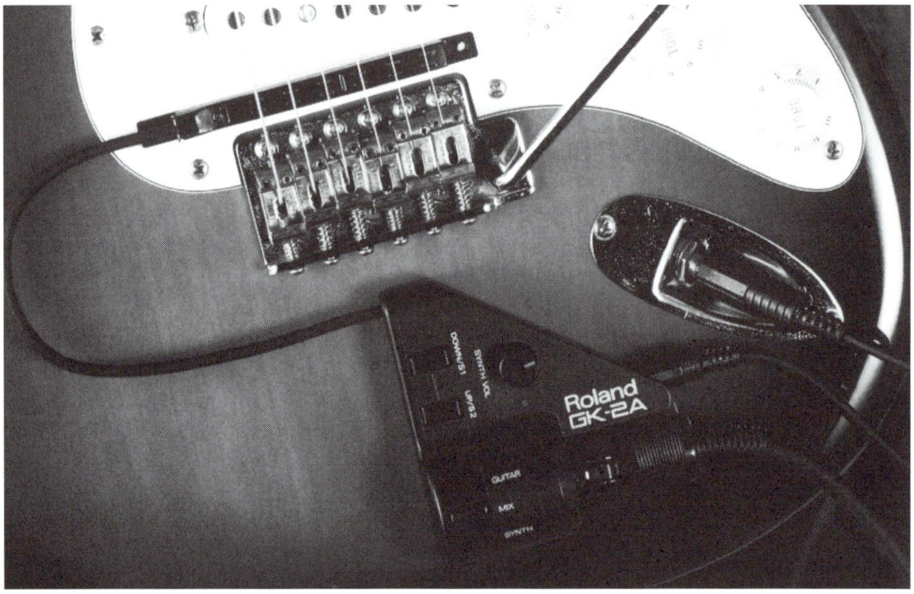

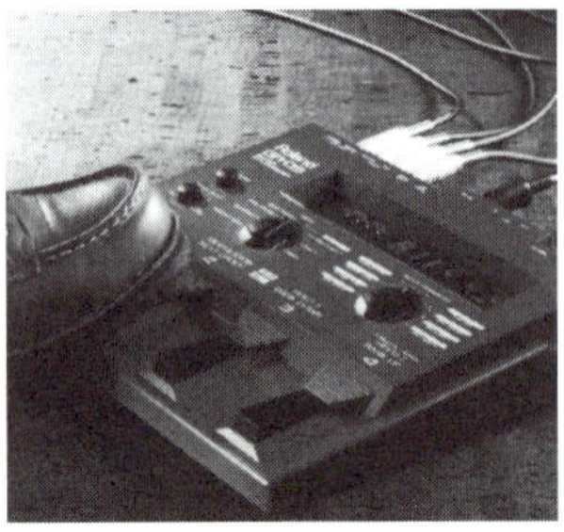

Dieses Gerät steuert beispielsweise einen MIDI-fähigen Gitarren-Synthesizer und ermöglicht es dem Gitarristen, digitale Sounds jedes beliebigen Keyboards zu übernehmen oder mit seinem Gitarrensound zu mischen. Alle Gitarrentechniken wie Saitenziehen, Slapping, Slide u.a. können weiterhin benutzt werden. Einerseits bildet diese Technik eine enorme Erweiterung des Sound-Spektrums, andererseits ermöglicht sie dem Gitarristen (ohne Umweg über die Keyboardtastatur) direkten Zugriff auf die Musiksoftware des Computers.

Effekte

Der wesentliche Unterschied zu Effektgeräten, wie sie in "Rockmusik" vorgestellt wurden, besteht nun darin, daß die Effektgeräte erstens digitale Klänge liefern und zweitens in der Regel MIDI-fähig und benutzer-freundlicher geworden sind.

Joe Satriani

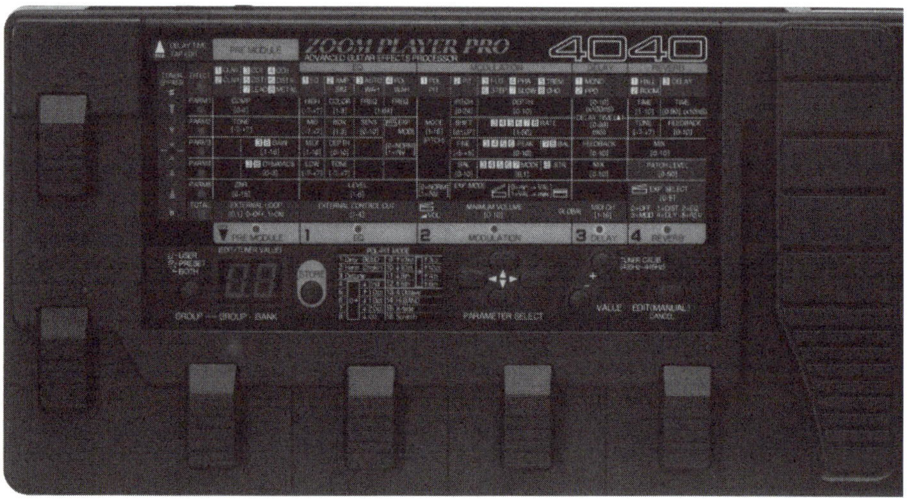

Gitarren-Notation

Die Gitarrenspieltechnik enthält zahlreiche Effekte, die mit der linken, teilweise auch mit der rechten Hand ausgeführt werden. Die folgenden Noten zeigen eine Auswahl aus einer Fülle von Möglichkeiten.

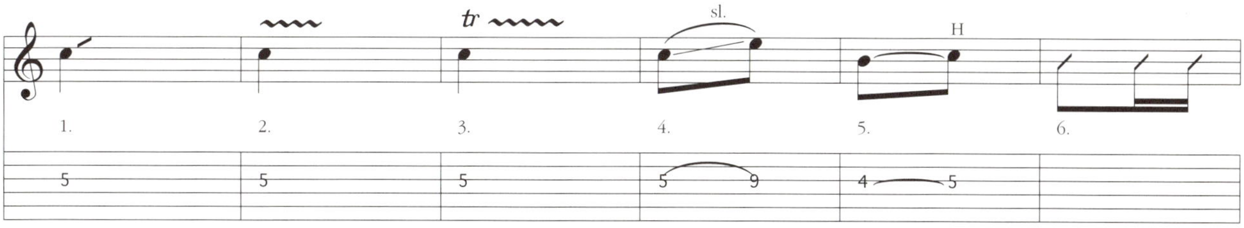

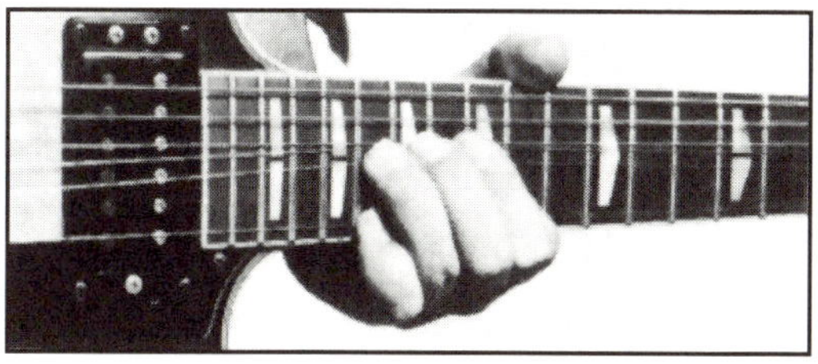

1. Bending — (engl.: biegen, beugen) Die Saite wird seitwärts gedrückt, der Ton in die "Höhe gezogen".
2. Vibrato
3. Tremolo
4. Slide — Glissando-Effekt
5. Hammer-On — Während der erste Ton klingt, die Schwingung für den zweiten Ton verwenden. Mit dem Finger der linken Hand auf die Saite "hämmern".
6. Rhythmische Akkord-Notation

Tabulatur-Notation (➪ "Rockmusik", Seite 68)

Tonleitern

Tonleitern gehören zu den wichtigsten Grundlagen eines Gitarristen. Die folgenden Tonleitern sind ein Auswahl und sollten eingübt werden, bevor mit den Übungen auf den nächsten Seiten bogonnen wird.

Wichtig: Die Beispiele sind in A-Dur. Für H-Tonleitern können die gleichen Schemen - **2 Bünde weiter oben** - verwendet werden.

a-moll, pentatonisch

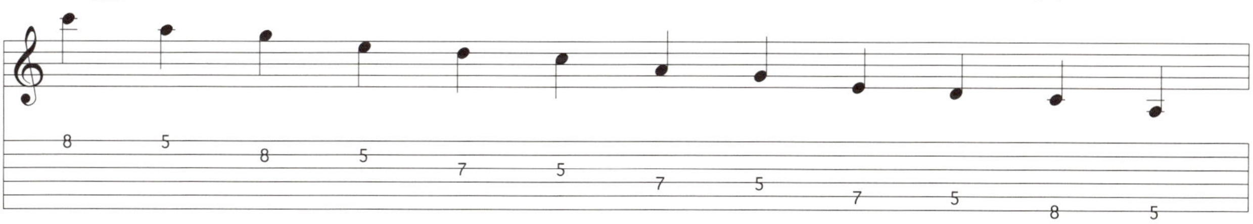

A-Blues

A-Dur, pentatonisch

A-Dur

Robben Ford

1. Übungen

Für die folgenden Übungen kann die pentatonische A-Dur-Tonleiter verwendet werden (zuerst einige Male spielen). Die beiden ersten Takte nach Noten (und Tabulatur) spielen, Takte drei und vier sind frei für Improvisationen.
Die Übungen können ternär und binär gespiet werden!

Übungen mit der Dur-Tonleiter

2. Übungen

3. Übungen

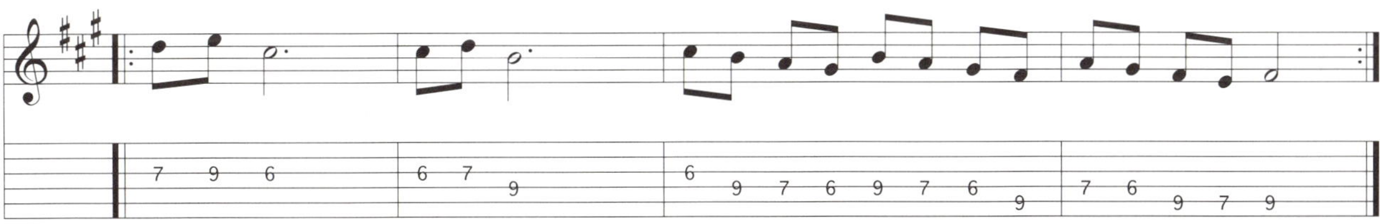

Steve Vai

Zwei berühmte Gitarren-Soli

Europa (Carlos Santana)

Hotel California (Eagles)

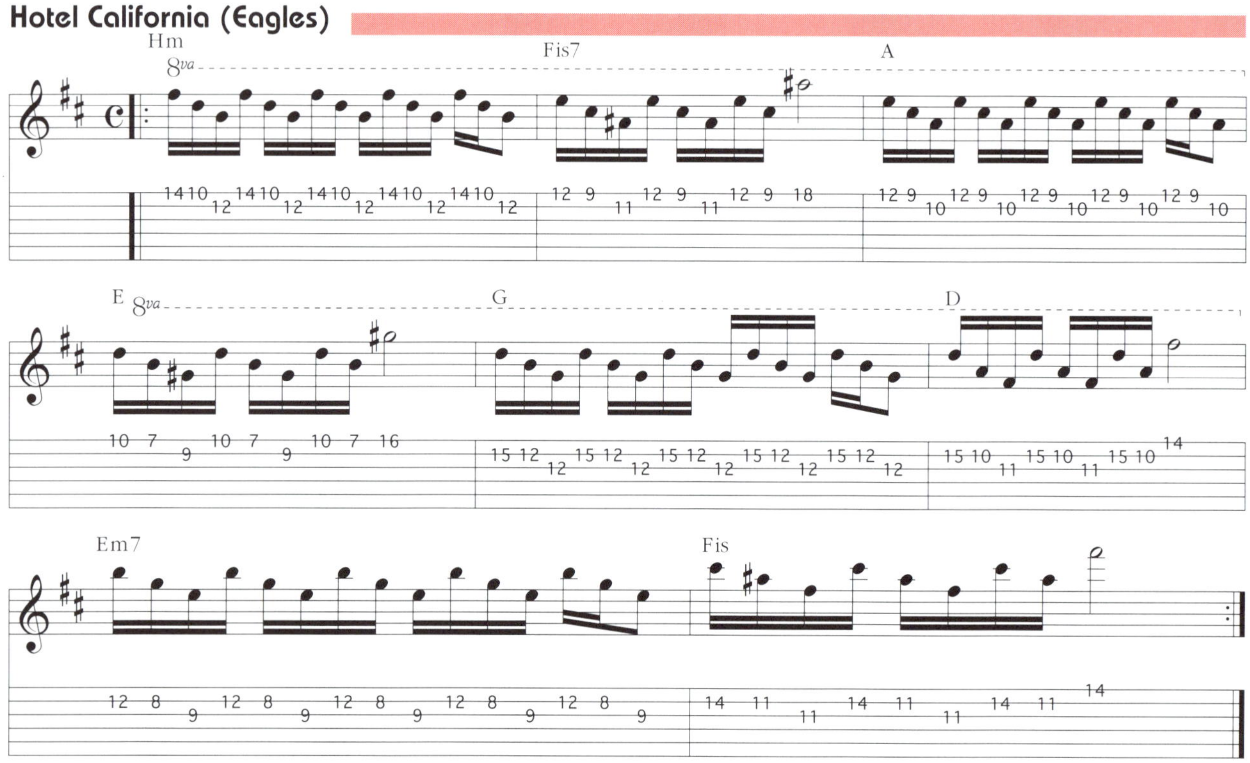

Die Keyboards

(⇨ "Rockmusik", Seite 72ff)

Es wäre falsch zu behaupten, daß in den letzten paar Jahren im Keyboard-Sektor revolutionäre Neuerungen Einzug gehalten hätten (obwohl der Fachhandel das Gegenteil beweisen möchte). Tatsache ist aber, daß die Instrumente, welche unter den Oberbegriff "Keyboard" fallen, in den neueren Produktionen ungemein an Bedeutung gewonnen haben. Auch Bands, welche auf den ersten Blick nicht besonders keyboardlastig erscheinen (z.B. Rolling Stones) stützen sich auf ein beachtliches Keyboard-Arsenal - häufig im Bühnenhintergrund angeordnet. In den Sparten House, Techno, HipHop und insbesondere bei allen Dancefloor-Produktionen spielen Keyboards eine wichtige Rolle. Eine absolut zentrale Funktion nimmt der Sampler ein.

Sampling

Die ersten Sampling-Geräte (Anfang der 80er Jahre) verfügten über einen kleinen Speicher, der bloß einige Sekunden Sampling-Zeit erlaubte, und wurden deshalb von einigen Musikern (mitleidig lächelnd) in die Spielzeugabteilung verbannt.

Mit der rasanten Entwicklung der Computertechnologie und der damit verbundenen Steigerung der Speicherkapazität verlängerte sich einerseits die Sampling-Zeit auf Minuten, andererseits wurde der Umgang mit den Geräten benutzerfreundlicher, einfacher. Was blieb waren die enormen Zahlenmengen, die dieser "Musikcomputer" speichern mußte. Folgende Rechnung kann die Zahlenflut etwas veranschaulichen:

Abtastwert pro Sekunde:	44 100
Zahl der Bits pro Abtastwert	16
2 Kanal-Stereo	(mal 2)

44 100 x 16 x 2 = 1 411 200 Bits pro Sekunde

Fairlight

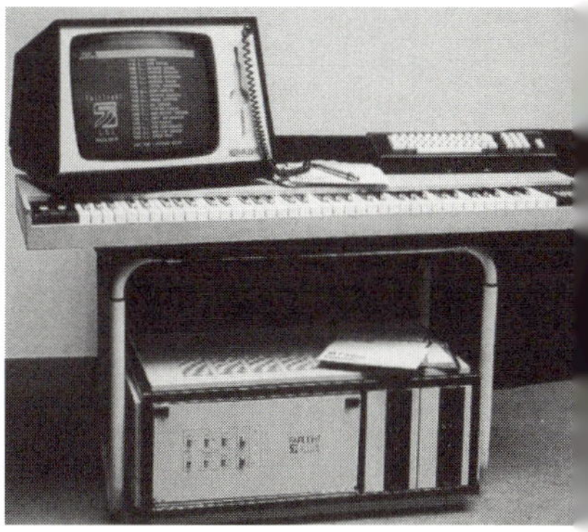

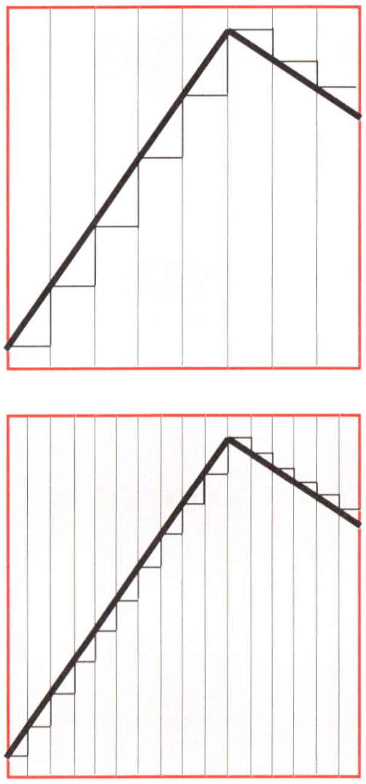

Das Originalgeräusch wird mit einem Mikrophon aufgenommen und **44'100mal** pro Sekunde gemessen.

Die Zahl wurde vom amerikanischen Mathematiker de Shanon festgelegt. Er hat bewiesen, daß sich ein Klang ausreichend genau in digitalen Werten darstellen läßt, wenn er doppelt so häufig abgetastet wird, wie es für die entsprechende Frequenz nötig ist.

Will man den gesamten Bereich der Frequenzen hörbar machen, die eine Mensch hören kann (20 Hz bis 20 kHz) so muß also eine Abtastfrequenz von über 40 kHz verwendet werden.

Diese Abtastfrequenz (in den Handbüchern auch Sampling-Rate genannt) wurde etwas später von den meisten Herstellern auf **44,1 kHz** normiert. Dadurch, daß die Klänge in digitalisierter Form gespeichert werden können, ist es auch möglich, sie mit Hilfe von Computern zu verändern.

Auswirkung der Abtastfrequenz auf die Hüllkurve

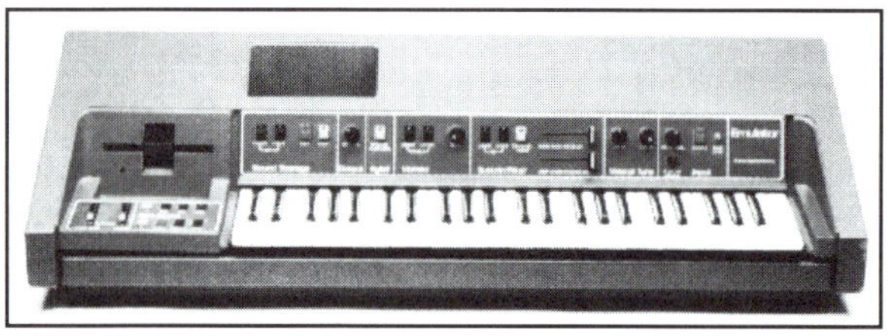

Der E-MU **Emulator** war 1981 der erste reine Sampler, kostete bei der Erstauslieferung ca DM. 30'000.- und hatte eine Sampling-Zeit von 2 Sekunden.

Der erste HipHop-Song, der mit Hilfe eines Samplers produziert wurde heißt "Looking For The Perfect Beat" und stammt von **Afrika Bambaataa**, der den Song 1983 mit dem legendären Emulator aufgenommen hatte. Es war also ein erster Schritt, der von den Plattenspielern weg zum Sampler führte.

Rückblickend war dieses Vorgehen die logische Konsequenz der HipHop-Produzenten. Schleppten sie in der Zeit vor dem Sampler eine riesige Plattenkiste zu den Parties, um kurze Sequenzen und Geräusche in ihre Songs einzubauen, wurde es nun mit dem neuen Gerät viel einfacher: Rhythmen, Breaks, Schreie, Geräusche u.a. konnten in Ruhe zu Hause aufgenommen und modifiziert, und dann bei Bedarf schnell und gezielt wieder eingesetzt zu werden.

Allerdings waren die ersten Sampler für die meisten Musiker noch viel zu teuer. Erschwinglich wurde erst der Akai 1100.

Der **Akai S 1000** wurde erstmals 1988 ausgeliefert, war bis auf 32 MB aufrüst bar und kostete DM 9890.-

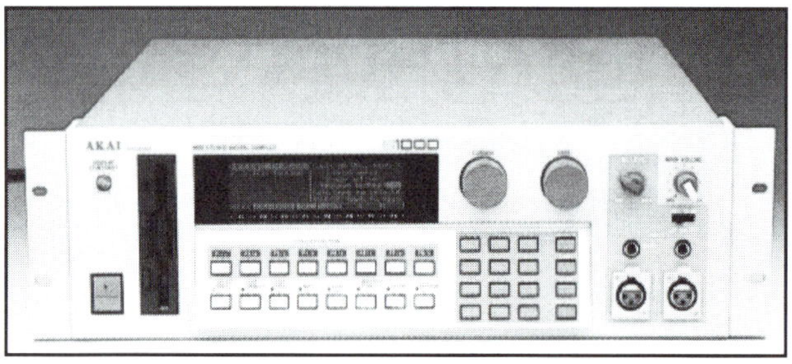

Mit der enormen Flut an gesampelten Ausschnitten aus bestehenden Songs stellten sich auch rechtliche Probleme ein: Wieviel darf aus einem Song ausgeschnitten und neu verwendet werden, ohne daß die **Urheberrechte** verletzt werden? Eindeutige Antworten auf diese Frage stehen im Moment noch aus und beschäftigen weltweit zahlreiche Anwälte.

M/A/R/R/S (siehe Seite 277) setzte den Maßstab für völlig freies, wildes Sampling. Alles sollte versucht werden, jedes Geräusch war würdig gesampelt zu werden, und je wilder und unorthodoxer die Samples aneinandergereiht wurden, desto interessanter wurde das Experiment. Für den Konsumenten wurden die Tracks zum Ratespiel: Woher stammt dieser Break, wer kreischt denn da, aus welchem Song stammt dieses Melodiefragment? Für die Produzenten war es klar, daß sie ein neues Instrument benutzten, auf welchem es, genau wie bei der Gitarre oder dem Baß, Könner und Dilettanten gab. Sie legten Wert darauf, das Instrument nicht als Spielzeug einzusetzen, sondern als Teil ihres kreativen Mixens zu verwenden - sie wurden **Virtuosen des Samplers**, für die nur "beseeltes Sampling" (Beastie Boys) interessant war.

House/Techno-produktionen mit spezieller Hardware

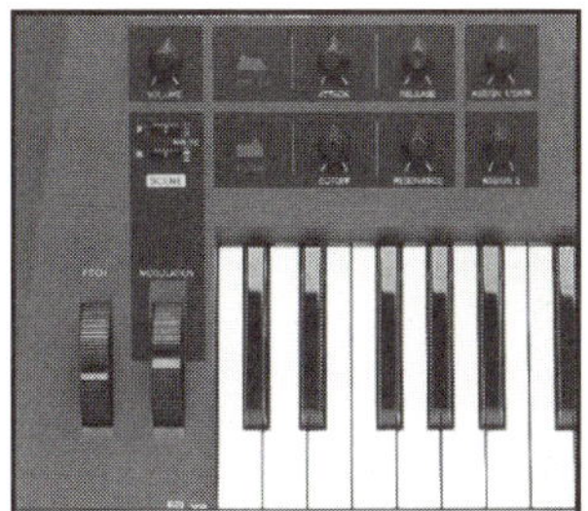

Im Sommer 1996 setzte Yamaha mit dem CS1X neue Maßstäbe für Techno-Keyboards: Der "Control Synthesizer" glänzte mit wirkungsvoller Klangkontrolle, speziellen Sounds, effektvollem Arpeggiator und günstigem Preis.

Ab Mitte der 90er Jahre versuchten die Hersteller elektronischer Instrumente einmal mehr, aus den Entwicklungen in der aktuellen Musikszene Profit zu schlagen und den (Nachwuchs-) DJs und Heim-Studio-Besitzern die "unentbehrliche" Hardware zu liefern. Die Show der Neu-Erscheinungen findet für den europäischen Markt jeweils an der Musikmesse in Frankfurt statt.
1995/96 wurde der Reigen der "speziellen House/Techno-Instrumente" von der Firma Quasimidi in Kirchhain (Deutschland) angeführt. Preiswerte Synthesizer, die speziell auf den Dancefloor-Bereich zugeschnitten waren, setzten neue Maßstäbe und unterschieden sich von den Keyboards der renommierten japanischen Hersteller: "Quasar", sein kleiner Bruder "Technox" und der "Raven" waren die ersten Dancefloor-Instrumente in Europa.

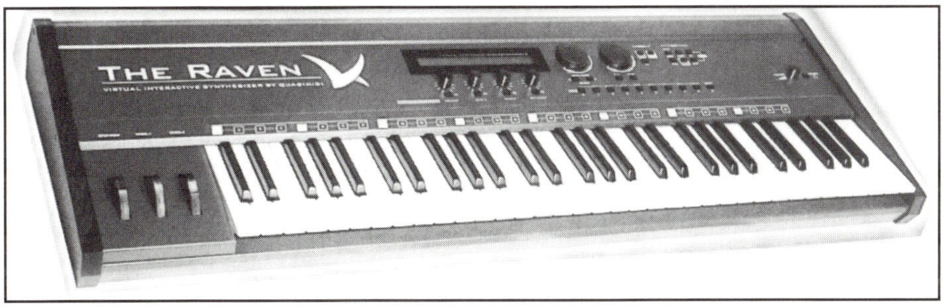

Die Klangauswahl erstreckte sich von den nostalgischen Sounds der ersten Drum-Computer (TR-909, Linn-Drum) über analoge Synthi-Klänge (TB-303, SH-101, Mini-Moog) bis hin zu futuristischen Cyberspace-Klängen. Die Kombination von analogen Klängen und modernster MIDI- und Sample-Technologie verhalfen besonders den weniger erfahrenen, jungen Produzenten zu schnellen Resultaten.

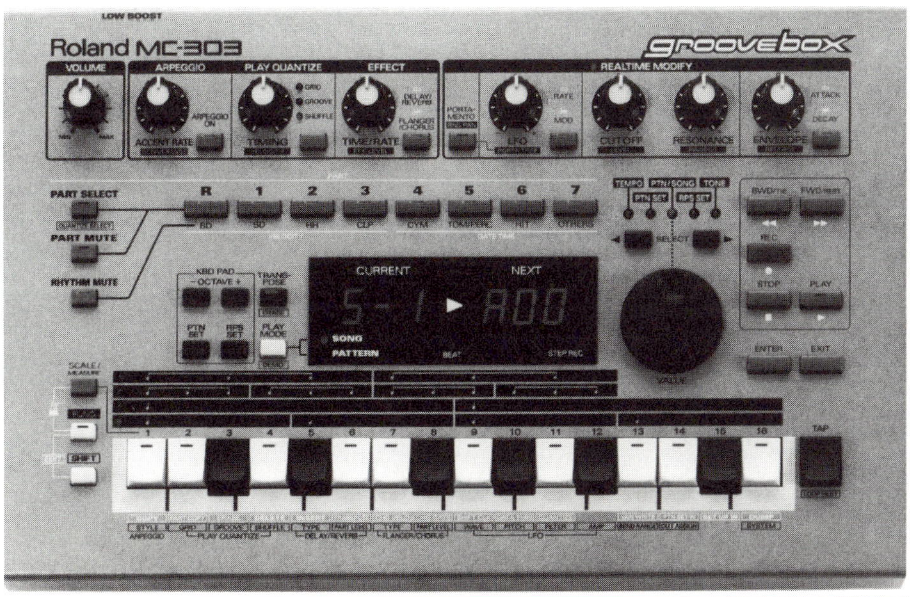

Der **MC-303** (1996) erinnerte an die frühen Beat Boxes, die Ausstattung entstammte den 90er Jahren: Presets, Grooves, Dance-Sounds, MIDI-Anschlüsse.
Das Gerät ist eine Mischung aus einer Drum-Box und einem (analogen) Synthesizer der ersten Generation.

Plattenspieler

Es mag auf den ersten Blick eigenartig erscheinen, wenn unter dem Kapitel Instrumente der Plattenspieler aufgeführt wird. Für viele Songs des Genre HipHop, House u.a., also für die ganze **DJ-Culture** wird der Plattenspieler nicht nur zum Abspielen von Platten verwendet, er ist tatsächlich zu einem Instrument geworden (vergl. dazu Seite 172 f). Einer der bedeutendsten Plattenspieler, der in HipHop-Kreisen geradezu einen legendären Ruf besitzt, ist der Technics 1200 MK 2. Ulf Poschardt beschreibt ihn in seinem Buch DJ-Culture folgendermaßen:

Die DJ-Culture hatte ihr Referenzinstrument bekommen. Eine Wunderwaffe, mit der sich alles anstellen ließ, was sich ein DJ wünschte. Technics hatte unbewußt einen Plattenspieler lanciert, der als Instrument die Musikgeschichte der 80er Jahre prägen sollte.

"1980 brachte Technics den ersten Plattenspieler auf den Markt, der alle Forderungen eines DJs erfüllte. (...) Erstaunlich früh, Ende der 70er Jahre - nachdem Disco die Welt erobert hatte -, begann Technics, einen Plattenspieler zu entwickeln, der ganz auf die Arbeitsbedürfnisse eines DJs zugeschnitten war: mit großer Start-und-Stop-Taste, mit ausfahrbarer Plattenbeleuchtung für die Arbeit im Dunkeln, mit einem daumenbreiten Pitch-Regler, der dank eines äußerst genau arbeitenden Flachbahnpotentiometers eine Drehzahlfeinreglierung von plus acht bis minus acht Prozent zuließ. Hinzu kam ein quarzgeregeltes Stroboskoplicht, das an der Markierung des Plattentellers die Normdrehzahlen 33 1/3 und 45 anzeigte und, bei entsprechenden Veränderungen, mit dem Pitcher, die Abweichung von plus 3,3, plus 6 oder minus 3,3 Prozent anzeigte, wenn die Stellung des Pitchreglers in der Finsternis des Clubs nicht zu erkennen war."

Home-Studio

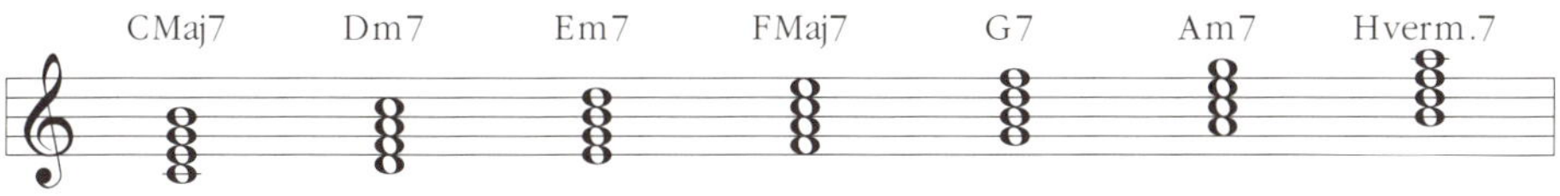

Vierklänge

Übung Vierklänge

"Die Rechte dreimal auf diese Taste hauen, dann einmal auf die, dann wieder dreimal auf die da, einmal auf diese, dann diese sechs Tasten...und schon hast du den Anfang von Beethovens Fünfter."

"Entweder spielt der Junge falsch - oder Beethovens Ruhm ist doch übertrieben."

Slow Dixie

Funky Piano

Five Finger Boogie

nach W. Atwell

Variationen für die rechte Hand

Variationen zum "Five Finger Boogie" (siehe oben) für die rechte Hand:

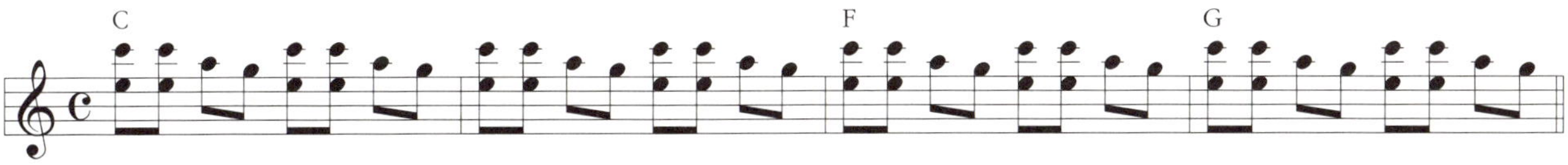

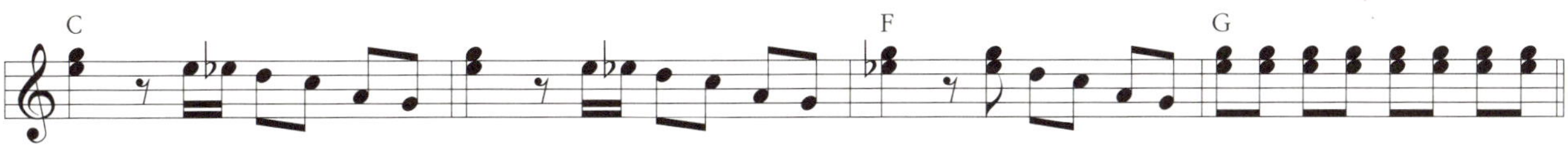

Pop-Standards

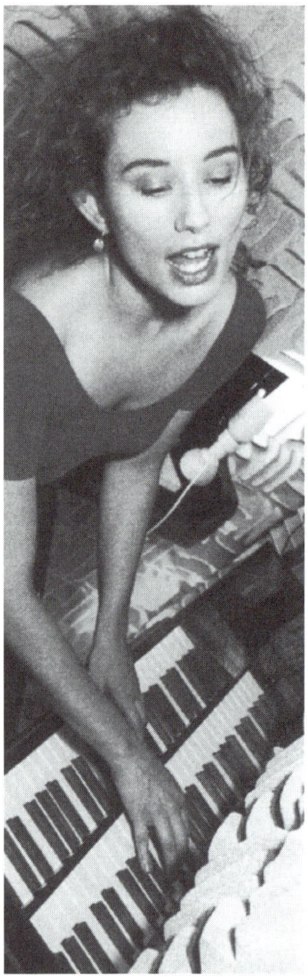

Tori Amos

Achtel-Feeling

Sechzehntel-Feeling

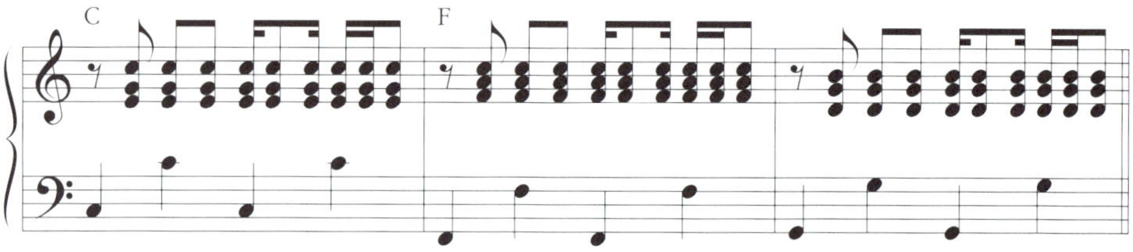

Arpeggios

Achtel-Feeling

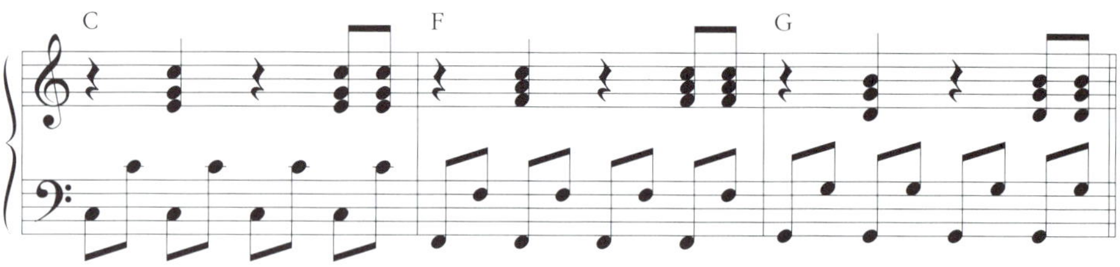

Rhythm & Blues

Funk-Disco

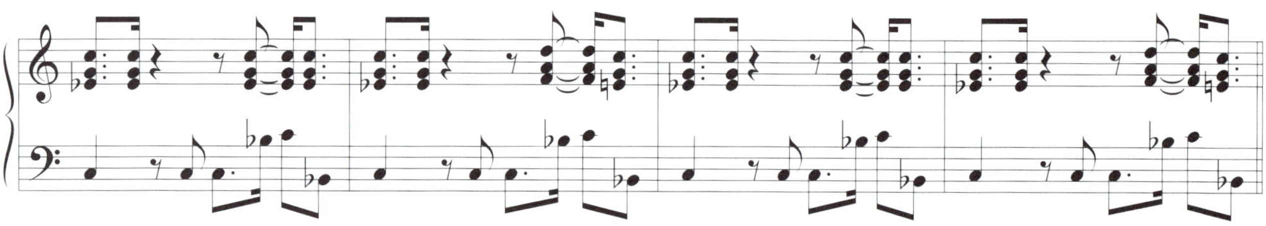

Latin

Die Bläser

C. Clemons + B. Springsteen

(⇨ "Rockmusik", Seite 86 ff)
Meistens werden Blasinstrumente in der Rockmusik für markante, druckvolle Patterns oder ein virtuoses Solo verwendet. Dafür setzten die hervorragenden amerikanischen Bläser seit Jahrzehnten den Maßstab.
Für das Zusammenspiel einer Brass-Section ist nicht in erster Linie die Virtuosität, sondern das rhythmisch exakte, druckvolle Spiel entscheidend. Beispiele für dieses Zusammenspiel enthalten die folgenden Übungen. Dabei ist immer auf saubere Intonation zu achten!
Das erste Übungsstück ist eine markante Stelle aus der Filmmusik von "Star Wars"

Star Wars

Musik: J. Williams

Blues Rock 1

Blues Rock 2

Dieses Riff kann auch als Grundlage für Improvisationen (instrumental oder vokal!) verwendet werden. Dabei pausieren die Bläser zeitweise, damit mehr Raum für die einzelnen Improvisationen geschaffen wird. Quasi als Refrain spielt die ganze Gruppe wiederum das Riff.

Rock

Beispiele für effektvolle Bläsereinsätze finden sich in vielen Songs von James Brown und in diversen Funk-Alben: Chaka Khan, Tower Of Power. Weitere Beispiele, die aber alle in die Kategorie "hohe Schule" gehören: Blood, Sweat and Tears, Crusaders u.a. Reine instrumental Jazz-Rock Bands mit exzellenten Bläsern sind die japanischen Gruppen T-Square und Casiopea.

Ist in einer Band nur ein **einzelner Bläser** vorhanden, werden - für druckvolle Patterns - die ergänzenden Bläserstimmen häufig vom Keyboard übernommen. Mit der entsprechenden Sound-Einstellung und einem exakten Zusammenspiel der beiden Instrumente ergeben sich wirkungsvolle Resultate, die sich besser durchsetzen und dem Saxophon oder der Trompete die nötige Fülle verleihen.

Rock 2

Miles Davis

Daß die Hauptmelodie von einem Blasinstrument übernommen wird, ist die Ausnahme. Viel häufiger wird in einem Song über das Thema improvisiert. Aus diesem Grund lohnt es sich, wenn die Bläser Soli guter Instrumentalisten analysieren und häufig eigene Improvisationen versuchen. Als Einstieg können die Übungen auf Seite 13f verwendet werden.
Zur Fortsetzung des Improvisation-Spiels bieten zahlreiche Bücher gutes Noten- und Tonmaterial an. Beispiel: Herb Geller, "Jazz & Rock Training", eine Improvisations-Anleitung für alle Instrumente, Schott 1989).

W. Claxton

Die Singstimme

(⇨ "Rockmusik", Seite 95 ff)

Madonna

Seit in den letzten Jahren - erfreulicherweise - unzählige Schülerbands entstanden sind, bestätigt sich zunehmend eine eher unerfreuliche Entwicklung: Obwohl gerade die Sängerinnen oder der Sänger auf der Bühne eine zentrale Stellung einnehmen, sind sie häufig die schwächsten Mitglieder der Band, die aus verschiedenen Gründen den typischen "Schüler-Band-Sound" bestimmen:

- Während für die meisten Instrumentalisten das (tägliche?) Üben eine Selbstverständlichkeit ist, beschränken sich viele Sänger auf das bloße Einstudieren der Melodie und finden es teilweise kaum nötig, die Texte auswendig zu lernen, geschweige denn die Stimme wirklich zu pflegen, ein tägliches Stimm-Training zu absolvieren.
- Viele Schülerinnen, die kein Instrument gelernt haben (aus welchen Gründen auch immer) und sich somit auch im musiktheoretischen Bereich kaum zurechtfinden, wollen Sängerin werden.

Es lohnt sich nicht, hier noch weitere Gründe aufzuzählen, viel wichtiger ist es, daß sich Sängerinnen und Sänger ihrer **bedeutenden Stellung in einer Band** bewußt werden, sich entsprechend verhalten und versuchen, einige Grundregeln zu beachten:

- Die wichtigsten Punkte, welche für den Rockgesang unentbehrlich sind, wurden in "Rockmusik" (Seite 95 ff) bereits beschrieben und sollten beachtet werden!
- Besonders die Singstimme braucht sorgfältiges, **tägliches Training**. Mithelfen dazu können die Übungen in "Rockmusik" und im vorliegenden Band, besser wären aber regelmäßige Singstunden!
- Rhythmische Sicherheit - und die damit verbundenen Phrasierungs-Möglichkeiten - erreicht man nur durch systematisches Üben. Dazu beitragen kann das Analysieren des Gesangs hervorragender Sängerinnen und Sänger.
- Es sollte versucht werden, die Phrasierung, die Aussprache und den Rhythmus, nicht aber die Klangfarbe und die Tongebung der Vorbilder zu imitieren.
- Ganz wichtig ist es, daß die Sängerin den eigenen Tonraum kennt und ihn nach und nach (mit entsprechenden Übungen) erweitert.
- Das Spielen eines Instrumentes - und die damit verbundenen Notenkenntnisse - sind von größtem Vorteil!
- Der Sänger einer Band ist in der Regel auch "Frontmann", das heißt: Er steht zuvorderst auf der Bühne, vermittelt ein "Bandimage", wird am meisten beachtet (und kritisiert) und prägt das Geschehen auf der Bühne. Er ist auch immer **Entertainer** (im besten Sinn des Wortes) und muß, bereits im Proberaum, auch folgendes üben: Sinnvolle, witzige, informative Ansagen, passende Bewegungen und Kontakt mit dem Publikum.
  Vergleiche dazu auch "Rockmusik", Seite 317.

Übungen zum Einsingen sollten immer wieder variiert und den veränderten Situationen, Solisten, Chören und dem Alter der Schülerinnen und Schüler angepaßt werden. Die folgenden Beispiele werden in den Tonarten gesungen, welche von den Sängerinnen - ohne die geringste Anstrengung - bewältigt werden können. In der Regel ist es sinnvoll, mit tieferen Tönen zu beginnen - um die Stimme aufzuwärmen - und dann (in Halbtonschritten nach oben) die Übungen in höheren Tonarten zu singen.

Übung 1

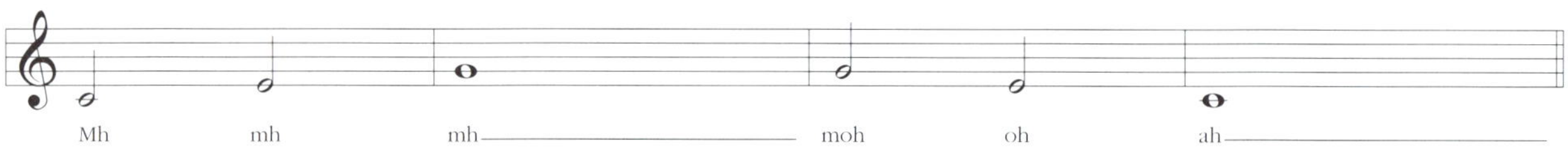

Übung 2

Übung 3

Übung 4

Diese Übung wird in Halbtonschritten tiefer gesungen, um die tieferen Regionen der Stimme "auszuloten". Auch in der Tiefe gilt: nicht forcieren!

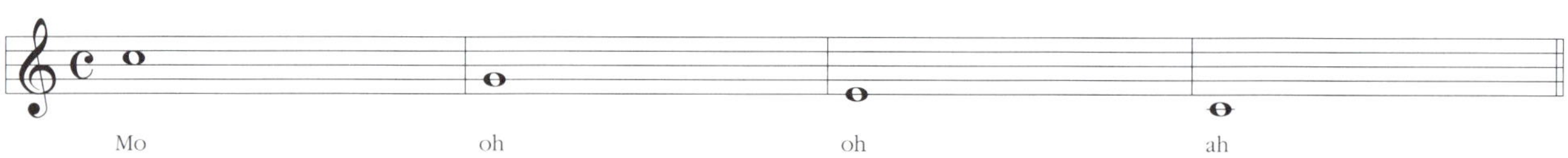

Die folgenden Übungen können mit dem Chor, (oder mit Solisten) gemacht werden. Die Riffs stammen aus bestehenden Songs und sind Beispiele aus der Rock-Literatur. Besonders wichtig: Auf die genaue Aussprache, rhythmische Präzision, akzentuiertes Singen achten. Auch diese kurzen Song-Ausschnitte werden in verschiedenen Tonhöhen gesungen.

- **Der Klang ist im Körper, artikuliert wird vorne, bei den Zähnen!**

Für alle folgenden Übungen gilt: **Die Hauptstimme liegt in der Mittelstimme!**

Übung 5

Übung 6

Übung 7

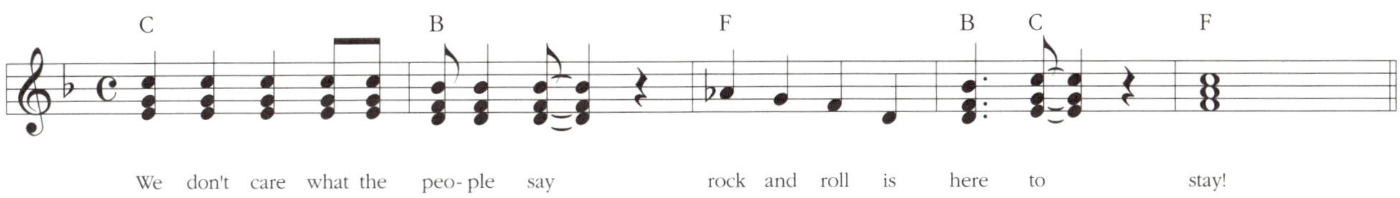

Übung 8

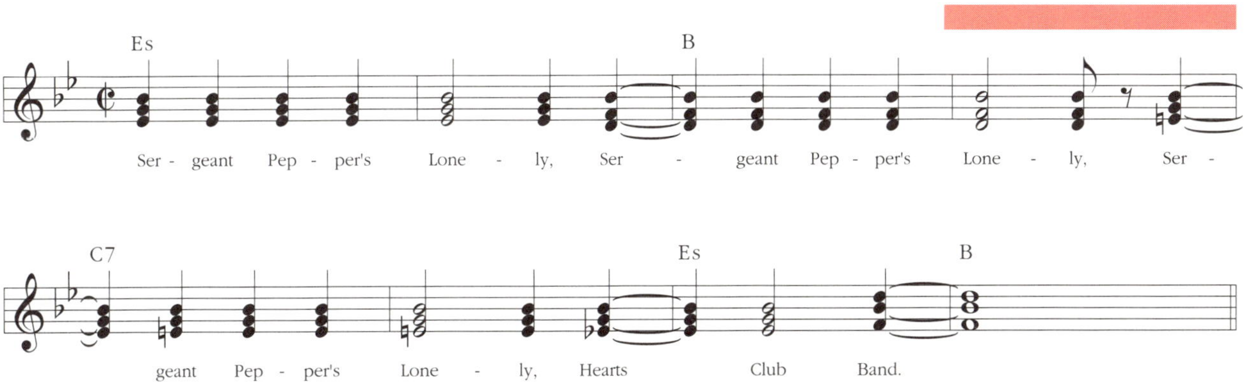

Übung 9

Übung 10 Michael Row The Boat Ashore

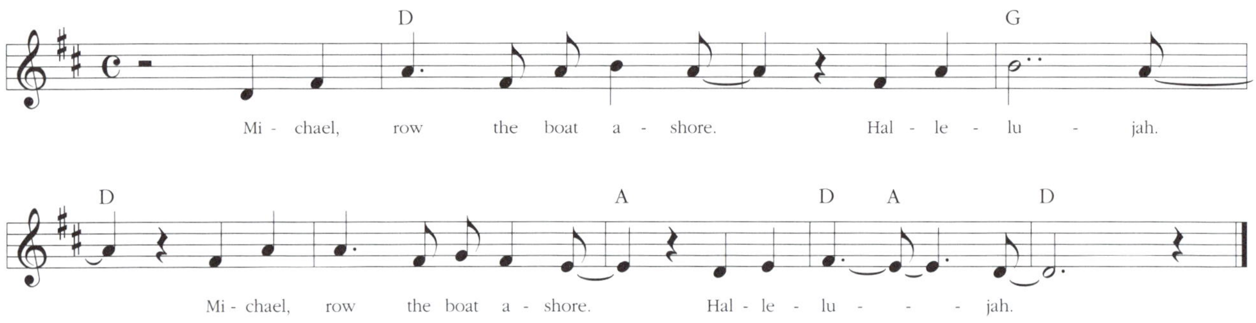

- **Brother lend a helpin' hand...**
- **Sister help to trim the sail...**

Dieser Song kann sowohl als Einsing-Übung (verschiedene Tonarten) wie auch als **Beispiel für Gesangs-Improvisationen** verwendet werden.

Vorgehen:

- Das Lied in verschiedenen Tonarten singen und dabei auf präzise Artikulation und akzentuierte Rhythmik achten.
- Die Harmonien und der Text bleiben bestehen. Mit der Singstimme wird versucht, eigene Wege zu gehen, eine neue Melodie zu erfinden. Zuerst geschieht das vielleicht nur in kleinen Variationen, später kann frei über das Harmonie-Schema improvisiert werden - mit oder ohne Begleit-Band! Mehrmals versuchen und **mutiger werden**, auch wenn mal eine Improvisation mißlingt!
- Die folgenden "neuen" Liedanfänge übernehmen, dann selber weiterfahren.
- Eigene Liedanfänge ausprobieren!

"Neue" Liedanfänge

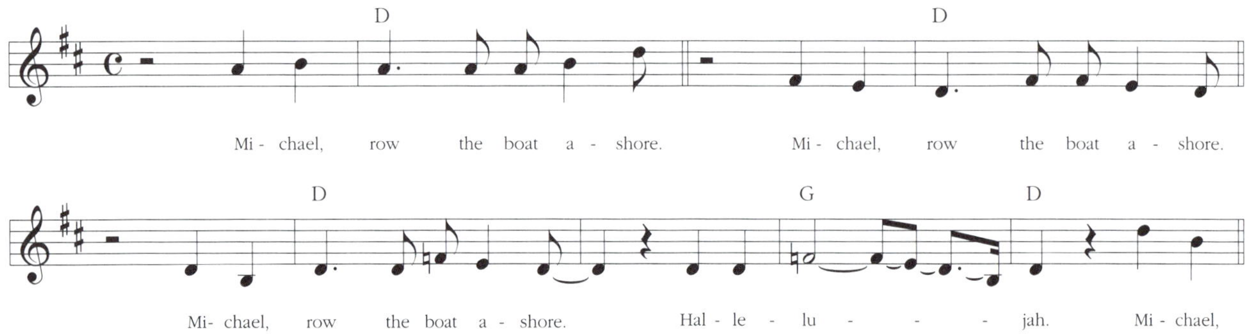

Die Band - und was (auch noch) dazu gehört

(⇨ "Rockmusik", Seite 90, 317)

Sicher ist der musikalische Teil einer Band der zentrale Punkt. Doch immer wieder fällt auf, wie schlecht sich Anfängerbands auf der Bühne präsentieren und wie schnell auch noch routiniertere Bands versuchen, ihre Unsicherheiten hinter einem "coolen" Auftritt zu verstecken. Um die zahlreichen Facetten einer erfolgreichen Bühnenpräsenz zu beschreiben, fehlt in diesem Buch der Platz. Deshalb folgen zu diesem wichtigen Thema einige Aussagen, Hinweise und Gedanken, in der Hoffnung, daß in Schülerbands auch einmal über die **Wirksamkeit des eigenen Auftritts und die optische Präsentation** des Repertoires diskutiert wird.

Die wichtigsten Punkte für den Bühnenauftritt wurden in "Rockmusik" auf Seite 317 bereits zusammengefaßt. Wiederholt sei hier nur der Satz, welchen sich **jedes Bandmitglied** zu Herzen nehmen sollte:

Zeige dem Publikum, daß Du Spaß an der Musik hast!

...und sollte sich einmal die eigene Begeisterung in Grenzen halten, darf nicht vergessen werden, daß jeder Musiker auf der Bühne auch ein wenig Schauspieler sein muß.

Nicht nur das geniale Gitarrenspiel oder die unvergeßliche Stimme prägen den Gesamteindruck eines Konzertes, manchmal verderben sich Bands das Wohlwollen des Publikums mit kleinen "Nebensächlichkeiten", die nie beachtet oder sträflich vernachlässigt wurden. Grund für schlechte Konzertstimmung können auch unsympathische Ansagen, schlechtgelaunte Sängerinnen, "abgestellte" Gitarristen oder das Stargehabe des Bassisten sein.

Zwei Bücher beschreiben bis ins Detail, was eine Band neben dem künstlerischen Teil noch alles beachten sollte. Die Palette reicht von Bandinfo, Bandfoto und Bühnenkleidung über Rechtsfragen bis zu Studioarbeit, Veranstalter und Vertrag. Eines der beiden Bücher müßte für die ganze Band (und den Musiklehrer) griffbereit sein:

Rockbuch

Herausgeber: Rockbüro Süd, ConBrio Verlagsgesellschaft, Regensburg, 1995

Action Rock

- das Schweizer Rockhandbuch, Herausgeber: CH-Rock, Postfach 110, 3084 Wabern, 1996

Der Inhalt der beiden Bücher ist sehr ähnlich, die Zielsetzung entspricht dem vorliegenden Kapitel: Musikmachen ist mehr als "nur" auf der Bühne ein Instrument spielen.

Die folgenden Statements sollten Anstoß für anregende, interne Band-Diskussionen geben:

H. Steinle (Veranstalter): "Die Mehrzahl der Musiker schätzt ihren Beruf nicht richtig ein. Der heißt "Entertainment". Jeder ist nur Bassist oder Trompeter oder Rockmusiker. Ein Jazzer ist verfeindet mit dem Punk, ein Rocker haßt Techno... Über den banalen Rand blickt kaum einer hinaus. Als Entertainer fühlen sich die wenigsten.
Die grundsätzliche Überlegung muß sein: **Ich möchte ein Publikum, wie groß auch immer, unterhalten**. Daran wird kaum gedacht."

P. Harasim (Veranstalter): "Die Bands müssen sich engagieren. Es reicht nicht, wenn sie musikalisch gut spielen, **die Band muß ein Konzept haben**, wie sie sich darstellen soll, wie sie sich auf der Bühne präsentieren kann. Da sind Bands, die einfach müde auf der Bühne stehen, sich nicht bewegen, schlechte Ansagen machen ... und erstaunt sind, wenn das Publikum nicht mitmacht."

Wenn Musiker stilübergreifend tätig sind, heute Rock, morgen HipHop, Blues oder Punk, dann öffnet das auch den Geist und ermöglicht Toleranz.

Phil Tyson (Produzent): "Ich habe das Gefühl, daß viele College-Bands gar nicht wissen, **was sich auf den großen Bühnen abspiel**t. Was wir im Studio machen, ist gute Musik, o.k. Aber auf der Bühne, vor dem Publikum, braucht es noch viel mehr, schau dich doch einmal um, was da alles läuft: Michael Jackson kann tanzen, Kurt Cobain macht seinen irren Gitarren-Flug ins Schlagzeug, die Hardrocker gebärden sich wie Schwerstarbeiter und sogar jeder DJ bewegt sich mehr als der durchschnittliche Nachwuchs-Gitarrist.

Grundeinstellung bei allem ist, daß der Musiker lernen will und sich nicht hinstellen darf mit dem Bewußtsein: "Auf mich wartet ohnehin die ganze Welt." Die Welt wartet nicht.

John Curtis (Manager): "Ich habe oft miterlebt, wie sorgfältig sich auch Bands wie Nirvana und Soundgarden ihre **Bühnen-Klamotten** zusammengestellt haben. Nichts wäre für sie ärgerlicher gewesen, als wenn ein Fan in der ersten Reihe das selbe T-Shirt angehabt hätte."

Oft ist zu beobachten, wie sich junge Bands bei ihren ersten Bühnenaktivitäten überschätzen, indem sie beispielsweise einen zweistündigen Auftritt durchziehen wollen. Einiges cleverer ist es, als Vorgruppe eine **halbe Stunde** zu spielen und dabei die besten Songs aus dem Repertoire zu bringen.
Wichtig ist die **nüchterne Analyse** nach den ersten Auftritten - vorzugsweise zusammen mit erfahrenen Musikern, die die Materie kennen.

Martin Clegg (Veranstalter): "Ich kann mir nicht vorstellen, was die jungen Musiker denken, die sich so unwahrscheinlich "cool" auf die Bühne stellen, Kaugummi kauend an ihrer Gitarre zupfen, das Gesicht mit den Haaren verdecken und selbstvergessen den Dialog mit dem Verstärker pflegen. Das sind doch alles nur Versuche, **die eigene Unsicherheit zu verstecken**.
Schaut man, welche Bands den Durchbruch geschafft haben, oder sich zumindest ein wenig über das Mittelmaß emporheben konnten, so sind es doch immer die, egal in welcher Stilrichtung, welche sich auf der Bühne bewegen konnten, den Kontakt mit dem Publikum suchten...diejenigen die auf der Bühne hart arbeiteten und auch mal die Sau rauslassen konnten."

TEIL III

Rock in den 90er Jahren

B. Springsteen

Rock-Veteranen

Die Stars mit den aufwendigsten Tourneen und den größten Budgets waren in der ersten Hälfte der 90er Jahre sicher die gestandenen Rock'n'Roller der 60er- und 70er Jahre. Unzählige (zum großen Teil erfolgreiche) Comebacks standen neben Gruppen wie den Rolling Stones, welche eigentlich gar nie richtig aufgehört hatten. Sponsoren-Verträge in der Höhe von mehreren Millionen Franken (z.B. Volkswagen für Pink Floyd, Rolling Stones und Bon Jovi) machten es möglich, daß sich die "Supergruppen" gegenseitig mit immer aufwendigeren Bühnen-und Lightshows überboten.

The Beatles

25 Jahre nach ihrer Trennung standen die Beatles im Dezember 1994 wiederum an der Spitze der britischen Album-Charts: Das Doppelalbum "Live At The BBC" wurde bereits in den ersten vier Tagen so häufig verkauft, daß der direkte Sprung auf Platz 1 gelang. Das war aber nur der Startschuß zu einem neuen Beatles-Fieber:
"Ich glaube", schrieb der prominente amerikanische Rockkritiker Greil Marcus Mitte der 70er Jahre über die Trennung der Fab Four, "die Wahrheit liegt darin, daß die Beatles akzeptiert haben, daß sie in keiner Weise wieder das werden können, was sie einmal waren." Doch sie haben sich wieder zusammengetan.

Die erste Single nach 26 Jahren war "Free As A Bird" im Dezember 1995. Die Auskoppelung aus dem ersten Teil der dreiteiligen Anthologie der Beatles verkaufte sich innerhalb von nur vier Monaten über 10 Millionen Mal.
Die zweite "neue" Single "Real Love", ebenfalls von John Lennon geschrieben, wurde im Februar 96 vorgestellt und landete - selbstverständlich - weltweit in den Hitparaden. Die Neuveröffentlichungen waren bis ins letzte Detail geplant. Sie umfaßten drei Doppel-CDs sowie eine TV-Dokumentar-Serie, welche die Geschichte der Beatles aufrollte. Die erste Doppel-CD "The Beatles Anthology 1" erschien im November 1995, der zweite Teil im folgenden Jahr und auf "The Beatles Anthology 3" wurde beim Druck dieses Buches noch gewartet.
Weitere Zahlen zu den Fab Four:

- Rund 600 (zu einem großen Teil unveröffentlichte) Aufnahmen wurden von den Beatles katalogisiert.
- Weltweit wurden (nach Schätzungen) zirka 1 Milliarde Beatles-Platten verkauft.

Pink Floyd

Von 1967 bis 1973 waren Pink Floyd (⇨ "Rockmusik", Seite 175) eine der kreativsten Gruppen. Den größten Erfolg hatten sie mit dem Album "The Dark Side Of The Moon". Obwohl 20 Jahre später von der eigentlichen Gründer-Formation nur noch Rick Wright übrigblieb (David Gilmour und Nick Mason sind später dazugekommen), waren die Eintrittskarten für die bombastische Welttournee 1994 (von VW gesponsert) innerhalb kürzester Zeit ausverkauft. Das aufwendige, multimediale Bühnenspektakel überbot sich mit visuellen Reizen aus hunderten von Scheinwerfern, Videoprojektionen und pyrotechnischen Effekten und degradierte die Musiker über längere Strecken zu Statisten. Dazu Wright: "Wir stellen unsere Musik in den Vordergrund." Fazit: Das ideale Konzert für die Kids des Musik-Video-Zeitalters.

The Rolling Stones

Der personifizierte Rock'n'Roll, die Rolling Stones (⇨ "Rockmusik", Seite 167, 187ff), zeigten auch auf der 1995er Voodoo Lounge-Welt-Tournee den gültigen Maßstab für Rockmusik. In elfköpfiger Besetzung, unterstützt von einem immensen Materialaufwand, rockte die dienstälteste Band (34 Jahre auf den Bühnen der Welt) in den größten Stadien, als ginge es darum, eine neue Karriere aufzubauen. Die ausgeklügelte, perfekt inszenierte und aufwendige Show sowie die spielerische Perfektion, ließen mit ihrer Unverfrorenheit und Direktheit alle Newcomer-Bands alt aussehen.

Der Rockzirkus hatte Dimensionen angenommen, die noch vor einigen Jahren unvorstellbar waren: Die, von VW gesponserte, Voodoo Lounge-Crew umfaßte 250 Personen, verlegte 12 km Stromkabel für 1500 Scheinwerfer, die Verstärkung besorgte ein 1,5 Millionen Watt-System.

The Eagles

Mit den Eagles ("Hotel California") hatte sich nach 14 Jahren eine der ganz großen USA-Bands wieder vereint. Ein MTV-Unplugged-Konzert und eine ausverkaufte USA-Tour waren die ersten Ergebnisse. Zwei CDs (mit alten, teilweise neu abgemischten Songs) ließen den California-Sound aus den 70er Jahren wieder aufleben. 1996 setzten sie ihre "World Freezes Over World Tour" fort.

Tina Turner

Tina Turner (⇨ "Rockmusik", Seite 260) verkündete 1989 mit ihrem Album "Foreign Affair" und der darauf folgenden Tournee 1990 das Ende ihrer erfolgreichen Karriere. Doch fünf Jahre später folgte die große Dame des Rock 'n' Roll dem Ruf des "neuen" James Bond und übernahm die Titelmelodie des Films "GoldenEye". Dabei schien sie wieder auf den Geschmack gekommen zu sein, denn im folgenden Jahr startete sie erneut eine Welt-Tournee, im Gepäck die CD "Wildest Dreams". Geschrieben wurden die Songs von einem Gipfeltreffen der Pop- und Rock-Szene: Pet Shop Boys, Sheryl Crow, Trevor Horn, Sting, Antonio Banderas u.a.

und viele mehr...

Simon & Garfunkel
Das 1965 gegründete Flower-Power-Duo Simon & Garfunkel mit den harmonischen Ohrwürmern ("Bridge Over Troubled Water", 1970) tat sich, nach Simons erfolgreicher Solokarriere, wieder zusammen und ließ die alten Hits wieder auferstehen - allerdings nur in den USA.
In die lange Liste der wiederauferstandenen Gruppen und nimmermüden Interpreten gehörten auch die **Sex Pistols, John Lee Hooker, Sting, David Bowie, Kiss...**
Für Rapper, Techno-Kids oder die Dancefloor-Szene waren die Beatles & Co. (siehe oben) nicht von Bedeutung. Dennoch kann behauptet werden, daß ohne die großen Vorgänger ein Teil der jungen Musikszene nicht denkbar wäre.
Rapper, die in ihren Reimen den täglichen Überlebenskampf in den Straßen beschreiben, haben sich musikalisch schon immer an ihren Wurzeln (Soul, Funk) orientiert. DJs aus den Dance-Metropolen haben ihren Background in den Anfängen der technoiden Musik.
Der internationale Trend entfernt sich langsam aber sicher von den Strukturen der Rockmusik, wie sie von den 50er bis in die 80er Jahre Gültigkeit hatten: Durch den Umstand, daß auch bestandene Gruppen die typischen Rhythmusstrukturen der Rapper und DJs in die neuen Songs eingebaut haben, änderten sich die Hörgewohnheiten. Der Einsatz von alten und neuen Synthesizern, von Drum-Computern und der Sampling- und Homerecording-Technik ermöglichte neue Wege des Songschreibens und Komponierens. Entstanden sind immer mehr groovebetonte, harmonisch eher karg gestaltete Songs mit rhythmischem Sprechgesang und zahlreichen oft wiederholten Motiven. Handwerkliches Geschick auf den Instrumenten und Wohlklang stehen nun nicht mehr im Vordergrund.
Die würdigen Nachfolger für die großen Acts vergangener Jahre sind noch nicht mit eindeutiger Sicherheit gefunden worden. Die Zeit wird zeigen, ob die "neuen" Beatles auf eine der folgenden Seiten zu finden sind.

Junge Rockgruppen - zwischen Punk und Crossover

Der weltweite Mega-Erfolg von "Out Of Time" (R.E.M., 1991) signalisierte einen Wechsel in der Musikszene. Heimlich, still und leise war da über Nacht eine ganze Palette an Musikstilen vom Massengeschmack absorbiert worden. **College Rock, Rap, Trash, Metal und Industrial** - all die schrägen, subversiven Klänge, die irgendwer mal unter dem Sammelbegriff "Alternative" zusammengefaßt hatte, stürmten auf einmal die Charts, waren salon- und damit massenfähig geworden. Innerhalb weniger Wochen verkaufte eine Band wie Nirvana mehr Platten als R.E.M. in den ersten 10 Jahren zusammen - und klang dabei kompromißloser und unverdaulicher als alles, was bisher auf dem Musikmarkt erschienen war.

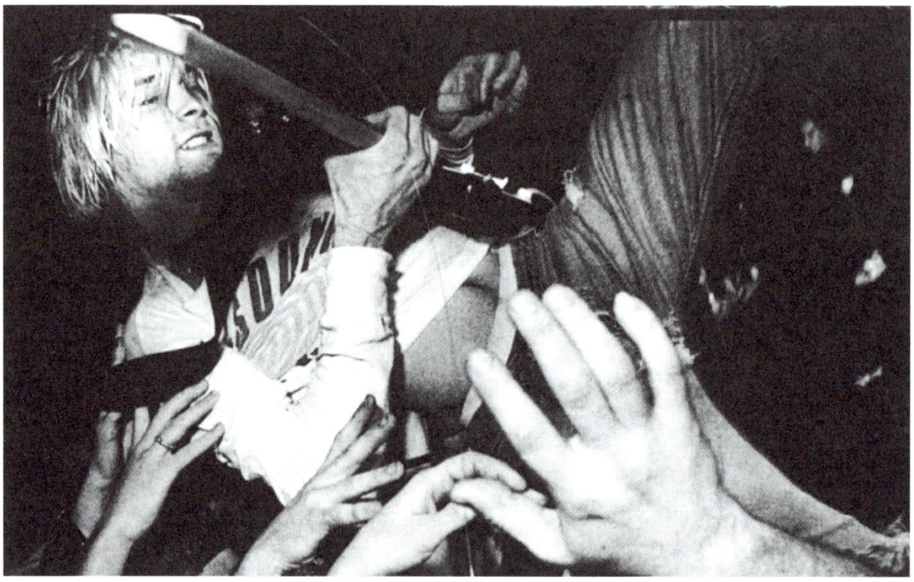

Punk

Die Musik der Sexpistols, Damned und anderer, die in den 70er Jahren als Punk Furore machte (⇨ "Rockmusik", Seite 219) fand ihre Nachfolger in verschiedenen Punk- oder "Neo-Punk"-Gruppen wie den unverwüstlichen **Toten Hosen** aus Deutschland. Mit Bands wie **Green Day, Offspring und Rancid** war 1994 ein ähnliches Phänomen zu beobachten wie 1991, als **Nirvana** aus dem Nichts zu Weltstars avancierten: Drei Jahre später hieß das magische Wort aber (wieder einmal) Punk.
Weder musikalisch noch textlich waren die Neo-Punker mit den Hauptvertretern aus den 70er Jahren identisch. An den Konzerten in den 90er Jahren traf man auch immer seltener auf Fans mit Ohren- und Nasenringen. Der Frust gehörte zwar immer noch dazu, die Zukunft sah immer noch nicht rosig aus. Doch die **Punker der 90er** übten sich nicht mehr in Selbstaufgabe und Pessimismus, sondern forderten mit aggressiver Musik, prangerten soziale Mißstände an und versuchten sich, mit harten Gitarrenriffs abzureagieren.
Waren **Green Day** 1994 noch die Vorgruppe der Toten Hosen, entpuppte sich das amerikanische Trio schon im folgenden Jahr als absoluter Headliner.
Die amerikanischen Kraft-Punker der 90er Jahre waren von anderem Format als ihre Vorgänger: Oft Musiker mit Hochschulabschluß, wußten sie sowohl mit den Instrumenten und der Technik umzugehen als auch mit den Mechanismen des Musikbusiness'. Daß das rüde Benehmen bei Interviews und TV-Shows geblieben war, machte sie für viele Fans nur noch interessanter.
Die kompromißloseste Band (sowohl von der Musik als auch vom Image her) auf der amerikanischen Punkwelle war Mitte der 90er Jahre das Quartett **Rancid**, welches den frühen Punkern am nächsten war und vor allem in Amerika Fans hatte.
Eher auf der Linie von Green Day waren Offspring ("Nachwuchs"). Das Quartett wurde schon Mitte der 80er Jahre gegründet und vereinigte neben seinen Punk-Attitüden auch Grunge-, Rap- und Rockelemente in seiner Musik.

Tote Hosen

Zahlreich sind auch die Bands am deutschen Punkhimmel: Gagu aus Hamburg, Die Heiligen Drei Könige oder die Ärzte aus Berlin u.a. Doch die erfolgreichste Band dieses Genres in Deutschland waren die **Toten Hosen**.

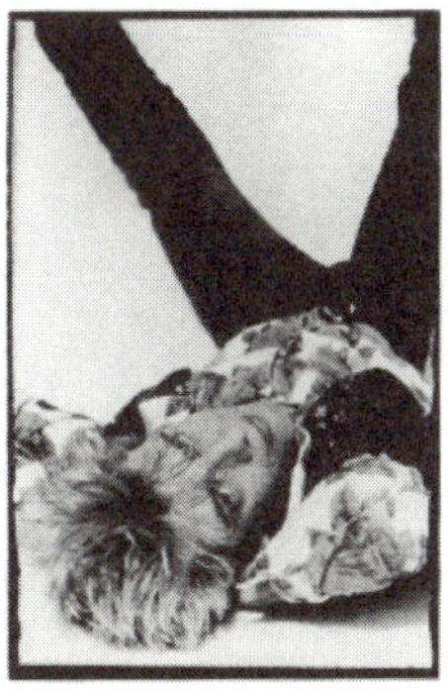

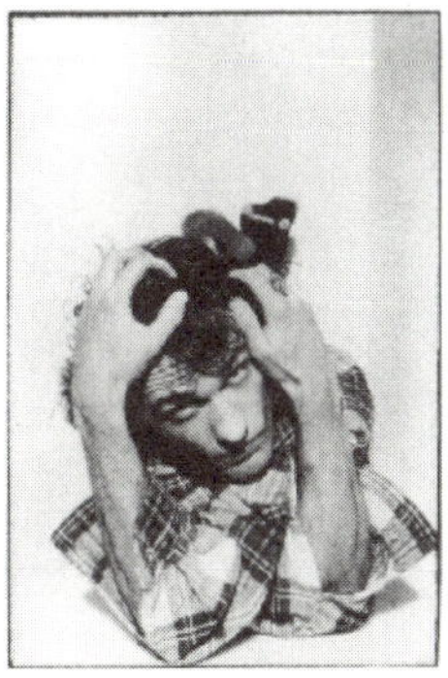

1982 gegründet, glänzte die Band zu Beginn mit verpatzten Auftritten und miserablem Gitarrenspiel. Doch im Unterschied zu anderen Punk-Bands, welche mit einem Knall beginnen und sich nicht mehr steigern können, gelang es dem Sänger Campino und seiner Crew, sich stetig zu verbessern und die größten Erfolge in den 90er Jahre zu feiern.
1996 konnten sie acht Wochen nach der Veröffentlichung des Albums "Opium fürs Volk" die Platin-Auszeichnung für mehr als 500 000 verkaufte Exemplare entgegennehmen; und sogar in Argentinien kam, im Anschluß an ein Konzert in Buenos Aires, die CD unter dem Titel "Opio para el pueblo" in die Charts.

Green Day

Bekannt wurde Green Day in Europa 1994, als Vorgruppe der Toten Hosen. Im folgenden Jahr spielten sie auf dem verregneten 25-Jahr-Jubiläum in Woodstock. Mit ihren Drei-Minuten-Heulern begeisterten sie das Pogo-tanzende Publikum und feuerten die Schlammschlacht an. Am Schluß sahen die hüpfenden Punker aus wie dem Schlamm entstiegene Fabelwesen - aber das Publikum hatte seinen Spaß.
"Wir sind zu tief im Untergrund verwurzelt, um über Nacht Rockstars, richtige Arschlöcher also, zu werden." Dieser Spruch des Sängers war sehr rasch überholt!
Mit dem Album "Dookie" (1995) hatten Green Day einen weltweiten Erfolg und konnten innerhalb eines Jahres über 10 Millionen Einheiten verkaufen. Für die Hardcore-Punker war das ehemalige "Bürger-Alptraum"-Trio wieder abgeschrieben. Soviel kommerzieller Erfolg und soviel Ehre (Grammy-Nominierung und "artist of the year" im "Rolling Stone") konnte nicht Punk sein!

Billy Joe Armstrong (Gesang, Gitarre)
Mike Dirnt (Baß)
Tre Cool (Schlagzeug)

Green Day-Musik zeichnete sich durch riffbetonte Patterns und interessante, teilweise ungewöhnliche Phrasierungen aus. Der dreschende Beat, oft in rasendem Tempo, treibt den teilweise harmonischen Chorgesang und den pumpenden Baß - manchmal fast zu schön, um Punk zu sein. Einzig die Texte (Frustration, Sinnlosigkeit, Langeweile) entsprachen den gewohnten Punk-Klischees.
Offensichtlich war der Erfolg so bemerkenswert, daß für sie sogar ein neuer Begriff geprägt wurde: "Punk-Metal".
Nach der Grunge-Welle schwappte die Punk Welle Ende 1994 wieder auf. Und genau auf dieser Welle schwammen Green Day mit und infiszierten mit ihren konfusen Texten, Punk-Rhythmen und Clash/ Ramones-Anleihen auch die Schüler in der Schweiz und in Deutschland. 1996 folgte das zweite - in drei Wochen produzierte - Album "Insomniac".

Dub

Mit einer gewissen Regelmäßigkeit taucht in den Charts immer wieder Musik aus der Karibik auf. Erinnert sei nur an die Calypso-Gesänge eines Harry Belafonte, an den Reggae von Bob Marley oder an die frühen DJs und Toaster Dance-Music.
Auch Mitte der 90er Jahre hielt eine DJ-Musik mit wummernden Bässen, seltsamen Geräuschen und einer schleppenden Langsamkeit Einzug in die europäischen Tanzpaläste: der DUB (in Übersee bekannt seit den 70er Jahren).
Die Verbindung zu Punk war für viele weiß Musikhörer eine Motivation, sich mit Dub zu beschäftigen. Für die Mischung aus repetitiven Beats, Anflügen einer Melodieführung und einer zusätzlichen Ebene aus seltsamen Geräuschen (Kratzen, Blubbern, Fiepen) konnten sich viele begeistern, die schon lange auf eher progressiven Sounds standen. Dazu kam, daß eine ganze Reihe von Punk-Bands Reggae-Nummern in ihr Repertoire aufnahmen (Clash "Police & Thieves", "Black Market Clash").
Dadurch, daß sich Dub mehr für Sounds als für herkömmliche Komposition interessiert, wirkt das Ergebnis fremd: Über eine abgespeckte Songstruktur werden zusätzliche Soundebenen geschichtet, wobei die entstandene Collage vielfältige Hörangebote macht. Darin liegt auch ein Bezug zur aktuellen Ambient- und Trance-Szene.
Anspieltip: "King Size Dub" mit Mixes von den Revolutionary Dub Warriors und Zion Train.

Grunge

Chicago steht für Blues, der Country-Fan pilgert nach Nashville, Motown gehört nach Detroit, Heavy Metal (zu einem großen Teil) nach Los Angeles, und ein neues Paar entstand in den frühen 90er Jahren: **Grunge gehört nach Seattle**. Nach der Definition von Nirvana-Sänger Kurt Cobain (siehe Seite 101) hört sich das folgendermaßen an: "Nimm Black Sabbath und Black Flag, gib eine Menge The Knack und Bay City Rollers dazu - und du erhältst Nirvana".
Heavy Metal und Punk waren sich Ende der 80er Jahre nähergekommen. Speed, Death und Trash der Gruppen Slayer & Co mischten sich mit der musikalischen Sprengkraft der Post-Punk-Gruppen wie Sonic Youth und anderen. Die neu entstandenen Punk-Metal Mischungen hatten weder mit dem Stadion-Rock von Guns 'n' Roses bis Led Zeppelin, noch mit den Bürgerschrecken von den Sexpistols bis zu den Einstürzenden Neubauten viel zu tun. Dennoch nahmen sich die Gruppen aus Seattle (z.B. Nirvana) von beiden Richtungen die musikalischen Elemente, welche ihnen gerade paßten, und vermieden gleichzeitig das Macho-Gehabe der "Vorbilder". Der Chef des Independent-Labels SubPop, David Poneman, hängte dann seinen Neuproduktionen das Etikett "Grunge" an. Unter dieser Flagge segelten anschließend

auch Gruppen, die nicht in den selben Stall gehörten: Neben Nirvana (siehe Seite 101) waren das **Alice In Chains**, die noch am nächsten bei Heavy Metal standen, die musikalisch eher blassen **Pearl Jam** und - die international erfolgreichsten - **Soundgarden**. 1992/93 war Grunge nicht nur die Erfolgsgarantie für neue Bands, sondern auch für Mode (karierte Holzfäller-Hemden, klobige Boots und strähnige Haare), Filme und Fernsehsendungen.

Soundgarden

Film zur Grunge-Szene

"Georgia" (1996), Regie Ulu Grosbard
Der Überlebenskampf der Schwestern und Sängerinnen Georgia und Sadie in der pulsierenden Grunge-Metropole Seattle ist das Thema des Films.

Crossover

Der Begriff Crossover wird im Zusammenhang mit der Rockmusik eindeutig überstrapaziert und stiftet Verwirrung:

- In den **50er Jahren** wurde er für Musik verwendet, die Elemente aus diversen Stilrichtungen enthielt und damit kommerzielle Möglichkeiten in anderen Konsumentenkreisen erschloß. Die wurde vor allem von schwarzen Musikern praktiziert, welche auch den weißen Markt erobern wollten. (⇨ "Rockmusik", 50er Jahre, Seite 101ff)
- Im übertragenen Sinn wurde derselbe Begriff für **Verbindungen zwischen Jazz und Rock** verwendet und hatte eine ähnliche Bedeutung wie die Begriffe Jazz-Rock, Fusion oder Electric Jazz.
- Auf der Suche nach immer neuen Stilarten kam der Begriff im Zusammenhang mit Bands wie **Rage Against The Machine, Red Hot Chili Peppers oder H-Blockx** wieder auf, und sollte vermutlich darauf hinweisen, daß die Musik dieser Bands einen Crossover zwischen verschieden Stilarten (Hardrock, HipHop, Funk) aufzeigten.

Rage Against The Machine

Gemeinsam waren diesen Bands Merkmale wie überraschende, fulminante Breaks, funkige Rhythmen und harte Gitarren. 1995/96 gehörte es schon fast "zum guten Ton", daß praktisch jede neugegründete Jugend-Band auf die Frage nach der Musikrichtung mit "Crossover" antwortete. Eine Band, die sich diesen "Musikstil" auf die Flaggen geschrieben hatte, war **Rage Against The Machine**. Das erste Album der "Politband" löste 1992 ein musikalisches Erdbeben aus. Als eine der ersten Bands verbanden sie knallharte Gitarren mit Sprechgesang; eine Metal-Rap-Fusion, wie sie vorher kaum vorstellbar gewesen war. Angesichts des Resultats waren Kritiker und Fans gleichermaßen begeistert. Sänger Zack de la Rocha, Gitarrist Tom Morello, Bassist Timmy C. und Drummer Brad Wilk hatten aber mit der zweiten CD allzu lange gewartet. Als im März 1996 "Evil Empire" erschien, waren die Ikonen des Crossovers von zahlreichen Epigonen wie Clawfinger u.a. überholt worden. Die Songs auf der neuen CD waren zwar immer noch voller Kraft und Virtuosität, aber der Sound war weder neu noch außergewöhnlich. Der Geniestreich der ersten Platte war zur Hypothek geworden, die nicht eingelöst werden konnte.

Red Hot Chili Peppers

Ihr erstes Album "The Red Hot Chili Pepers" erschien 1984 und verblüffte die Musikwelt mit einem Stilgemisch von Heavy Metal, Punk und Funkgroove, das sehr bald weltweit Nachahmer und die Bezeichnung Crossover fand. Der Produzent George Clinton zeichnete ein Jahr später für das Album "Freaky Styley" verantwortlich, dem 1987 "The Abbey Road EP" und "The Uplift Mofo Party Plan" folgten.
Auch nach dem Herointod des Gitarristen Hillel Slovak gelang es ihnen, weitere musikalische Höhepunkte zu produzieren, und trotz ihrer oft bizarren Bühnenshow geniessen sie Respekt in allen Szenen.
1989 wurde das Album "Mother's Milk" vergoldet, und zwei Jahre später konnten sie sich, zusammen mit dem Star-Produzenten Rick Rubin (siehe Seite 177), noch einmal gewaltig steigern: "Blood Sugar Sex Magic" war wohl eine der bedeutendsten Platten der 90er Jahre.
Das '95er Album "One Hot Minute", wiederum von Rick Rubin eingespielt, schaffte es in die internationalen Charts, war aber ein Rock-Album - die RHCP kopierten sich nicht selber! Zu der damit verbundenen Tour zählte ein ausverkauftes Konzert im Hallenstadion Zürich. In der folgenden Zeitungskritik schilderte "Der Bund", was man von einem RHCP-Konzert erwarten durfte:

...das Quartett drückte einfach ab, gnadenlos wurde mit "Give It Away" der Tarif des Abends durchgegeben: Mit äußerstem Einsatz wurde gleich zu Beginn klargestellt, was die Peppers unter "energiegeladen" verstehen. Mit einer schon fast mathematischen Präzision zeigten die vier, was das Zusammenfügen von vertrackten Rhythmen, harmonischer Vielfalt und kompetentester Instrumentenbeherrschung für ein Resultat zeitigen können.
Kräftiger kann Rock kaum noch sein. Erweitert man die Gleichung mit Spielfreude und gekonnten Tonverfremdungen, wird es aber bald kompliziert und unüberschaubar: Die vier Peppers haben mittlerweile mit ihrem Spiel das Stadium der Professur erreicht und ihr kompromißloses und atemberaubendes Konglomerat aus Funk, Rock, Metal und Noise wohl auf die höchstmögliche Stufe gebracht, die noch als Popmusik bezeichnet werden kann.

Crossover

H-Blockx

Aufsteiger

In Deutschland meldeten sich ebenfalls mehrere Gruppen in die Fraktion der Red Hot Chili Peppers & Co.: Die deutschen Bands wie **H-Blockx, Gunjah oder Stroke** versuchten es gar nicht erst mit deutschen Texten, sondern sangen englisch, was von den Fans vorbehaltlos akzeptiert wurde.

1995 dominierte das Video "Move" die Musik-Fernsehstationen und machte die Band über Nacht zu Teen-Stars. Der Musikstil von H-Blockx (gegründet 1991) läßt sich nicht so einfach schubladisieren. So sind die Boys aus Münster (Westfalen), die sich am Gymnasium kennengelernt haben, in der Hard Rock-Szene genauso vertreten wie am Gurten-Festival in Bern und an Crossover-Konzerten.
MC-H (Gesang); Dave (Rap/Gesang); Tim (Gitarre); Gudze (Baß); Mason (Drums).
Ihr erstes Album "Time To Move" (1994) war mehr als ein Achtungserfolg und auf der Bühne tobten sie mit ihrer harten, lauten, feuchtfröhlichen Show, Anheizer und Abräumer zugleich, nur unterbrochen von einigen Statements (z.B. gegen Haß auf Minderheiten). Gudze: "H-Blockx ist nichts für bestuhlte Hallen und introvertierte Zuhörer. Bei uns sollte man die Sau rauslassen und tanzen." Der Sound soll für Boarder (im Schnee oder in der Pipe) das Größte sein!

Jamiroquai
Die englischen 70er Jahre Revival-Spezialisten wurden dank zahlreicher Ohrwürmer frenetisch gefeiert: Zum Beispiel die frischen, ungekünstelten Weltverbesserungs-Hymnen "When We Gonna Learn" und "Too Young To Die". Vor allem Jason Kay, das Energiebündel und der Star der Band, wurde zum Idol, und seine Schlabberklamotten, im eigenen Öko-Label vermarktet, zur alternativen Mode im Kampf gegen die Synthetik. 1994 folgte dann das etwas kompliziertere Album "The Return Of The Space Cowboy", das weder die hohen Erwartungen erfüllte, noch so richtig tanzbar war.

Sheryl Crow

In einer Musikerfamilie aufgewachsen, wurde Sheryl Crow (nur für zwei Jahre) Musiklehrerin, bevor sie 1986 nach Los Angeles zog. Die Karriere der 1962 geborenen Südstaatlerin (Kennett, Missouri), die selber Gitarre und Keyboard spielt, begann im Schatten von George Harrison und Michael Jackson. Als Background-Sängerin begleitete sie "Jacko" auf seiner "Bad"-Tour. Im Herbst 1993 brachte sie ihr Album "Tuesday Night Music Club" heraus, das ihr weltweite Beachtung verschaffte und über 4 Millionen Mal verkauft wurde. 1995 wurde sie bei der Grammy-Verleihung für ihre Single "All I Wanna Do" als "beste neue Künstlerin", "beste Popsängerin" und für die "beste Aufnahme des Jahres" ausgezeichnet.
Die Songs von Sheryl Crow vereinigen Folk, Country, Soul, Blues und Funk, entwikkeln sich rasch zu Ohrwürmern und sprechen ein breites Publikum an.

The Cranberries

Die Erfolgsgeschichte des irischen Quartetts The Cranberries begann 1993 mit dem Debütalbum "Everybody Else Is Doing It So Why Can't We?". Es hielt sich über zwei Jahre in den "Billboard"-Charts und ging weltweit mehr als fünf Millionen Mal über die Ladentische. 1994 folgte der Bestseller "No Need To Argue", welcher u.a. den Hit "Zombie" enthielt. Die Cranberries waren 95/96 mit ihrem Verschnitt aus Melancholie, Folk und 70er Jahre-Sound die absoluten Top-Stars, zierten die Titelseiten der Magazine und ihre Welt-Tournee wurde ein Erfolg.

Im Mittelpunkt ihrer Songs stand stets die Stimme von Dolores O'Riordan, neben dem Schlagzeuger Fergal Lawler, dem Gitarristen Noel Hogan und dem Bassisten Mike Hogan. Produzent Bruce Fairbairn (Aerosmith, AC/DC, Van Halen) nahm mit den Cranberries im Herbst 1995 in nur vier Wochen in Dublin das Album "To The Faithful Departed" auf, das im Mai 1996 in den Verkauf kam.

Die Ärzte

Bela B (dr./voc.), Farin Urlaun (g./voc.), Rodrigo Gonzales (b)
Die Punk-Band aus Berlin hatte 1993 mit "Die Bestie in Menschengestalt" zwar nicht ihr erstes Album, aber ihren ersten Erfolg.
Zwei Jahre später wurden sie mit "Planet Punk" (und der Unterstützung von Viva) zur deutschen Supergruppe des (gemässigten) Punk.
Nach eigener Einschätzung lieferten die Ärzte 1996 "das schönste deutsche Konzeptalbum nach 'Tabaluga', ein Kontrastprogramm zwischen Punk und Pop" und ihren besten Tonträger: "Le Frisur" zeigt sich als Achterbahnfahrt des guten Geschmacks.

Videoclips machen Hits

(➩ "Rockmusik", Seite 261)
Am 1. Mai 1995 wurde das Angebot der Musiksender in Deutschland mit **VH-1** erweitert. Der Rock- und Popkanal sendete anfänglich nur über Kabel. Nach Definition des Senders war die Zielgruppe die 24 bis 49jährigen. Zu diesem Zeitpunkt erreichte der Sender in Amerika bereits 52 Millionen Haushalte (55% aller Kabelhaushalte). Sängerinnen wie Sheryl Crow oder Melissa Etheridge, aber auch Hootie & the Blowfish waren das beste Beispiel dafür, daß auch VH-1 in der Lage war, Künstler aus der großen Masse in die A-Liga zu katapultieren. So wurden beispielsweise innerhalb von zwei Stunden (in Zusammenarbeit mit Ticketmaster) 40'000 Karten für die Melissa Etheridge-Sommer-Tour „on air" verkauft.

Die Musiksender waren ganz offensichtlich eine Konkurrenz für den Handel mit **Musikvideos.** 1991 wurden beispielsweise in Deutschland 1'341'700 Musikvideos abgesetzt, was einem Wertumsatz von mehr als 40 Millionen DM entsprach. Seit diesem Verkaufsrekord ging der Umsatz stetig zurück und war 1995 bei 718'200 Stück, bei einem Umsatz von 21 Millionen DM.

Fast jede Band macht heute **mindestens ein Video pro Album**. Die Masse der gedrehten Clips und die wenigen Stationen (im deutschsprachigen Raum), die sie auch senden, machen das Videogeschäft zu einem Roulettespiel. Mit **VIVA I und II**, **MTV** und **VH-1** gab es 1996 vier Sender für Video-Clips. Weitere Privatsender und die staatlichen Sender können kaum mitgerechnet werden, da sie nur sehr selten eine kleine Auswahl an Clips bieten. Zum Vergleich sei erwähnt, daß es zirka zwanzigmal so viele Radiostationen gibt, welche die entsprechenden Songs ausstrahlen. Damit ein Clip professionell aussieht und somit auch tatsächlich gesendet wird, ist der Aufwand in den letzten Jahren enorm gestiegen. Es ist schon fast üblich, daß sechsstellige Summen für einen neuen Clip - der in drei bis vier Tagen gedreht wird - bezahlt werden, denn ein Musikvideo, das nicht gesendet wird, ist verschwendetes Geld.

Dazu wird es immer schwieriger, besonders auffällige Videos zu produzieren: Früher wurde darüber berichtet, wenn Clips in neue Dimensionen vorstießen: Das teuerste, das längste, die gefährlichsten Stunts, die meisten Mitwirkenden...

Doch trotz all dieser Superlative hat sich immer wieder herausgestellt, daß der springende Punkt die Idee (und die Umsetzung davon) ist. Besonders gute Beispiele lieferte in den letzten Jahren Michael Jackson. Seine Videos setzen sich - in vielen Teilen - von der großen Menge anderer Produktionen ab. Beispiele: „Thriller", „Bad", „Earth Song" u.a.

Auch indizierte, im Fernsehen nicht gezeigte Musikvideos finden viele Käufer. Das bewies Madonna (➩ "Rockmusik", Seite 257) - sowohl zuständig für manchen Skandal als auch für manchen guten Song („You'll see", 1996) - mit ihrem erotischen Video-Clip zum Hit „Justify My Love", der im amerikanischen TV nicht zu sehen war, sich in den Staaten aber innerhalb kürzester Zeit 400'000mal verkaufen ließ.

Letztlich unterscheiden sich die Musik-Fernsehkanäle nur in der Präsentation der einzelnen Sende-Gefässe. Mal etwas witziger und frecher, mal etwas mehr (aber meistens etwas weniger) Hintergrund-Informationen, mal etwas alberner. Allen gemeinsam sind: die aktuellen (z.T. stündlich wiederholten) Videohits, die langen und häufigen Werbeblöcke, die krampfhafte Suche nach den neuesten Trends, die jugendlichen Präsentatoren und Moderatorinnen und die mehrmaligen Wiederholungen der Sendungen.

Das Konzept hört sich auch recht simpel an:

> ***„Wir besitzen keine Tradition im Umgang mit Popkultur und wollen nur eins: Zuverlässig 24 Stunden am Tag die Kids mit Musik ansprechen."***
> (Dieter Gorny, Chef des Kölner-Senders VIVA)

Daten, Personen, Fakten

Konzertbesuche und Anzahl Konzerte im Zeitraum von Januar 1994 bis Juni 1995

Die Gesellschaft für Konsumforschung in Deutschland (GfK) hat in ihrer Studie zum Verhalten von Konzert- und Veranstaltuns-besuchern u.a. folgende Zahlen veröffentlicht:

Pop/Rock	26% der Bevölkerung	11 Konzerte
Kirchenkonzerte	17% der Bevölkerung	4,4 Konzerte
Oper/Operette	16 % der Bevölkerung	4,1 Konzerte
Musicals	15 %	2,7
Klassische Konzerte	13 %	4,8
Volksmusik	8 %	4
zum Vergleich		
Film/Kino	43%	6,4 Filme
Sportveranstaltungen	27 %	13,4 Spiele/Wettkämpfe

Grammy-Verleihung

1995

Grammy Award 1995
Gleich mehrere der begehrten 86 Trophäen gingen an **Bruce Springsteen**. Für seinen Song „Streets Of Philadelphia" wurde er gleich viermal ausgezeichnet. Je zwei Grammys erhielten Sheryl Crow, Tony Bennett und Soundgarden.
Melissa Etheridge wurde als beste Rocksängerin ausgezeichnet.

MTV-Preise 1995
Michael Jackson, die isländische Sängerin Björk und die irische Gruppe U2 sind mit dem europäischen Musikpreis des Senders MTV ausgezeichnet worden.
Das beste Lied hatte nach Einschätzung der MTV-Zuschauer die irische Gruppe Cranberries mit „Zombie". East 17 wurde für die beste Tanzdarbietung und Take That für die beste Live-Darbietung ausgezeichnet.
In den Mittelpunkt der Veranstaltung rückten die Stars Frankreichs vierten Atomtest im Südpazifik.

1996

Grammy Award 1996
Die Rocksängerin **Alanis Morisette** hat überraschend deutlich über Popstar Mariah Carey triumphiert und wurde für Ihr Album „Jagged Little Pill" in vier der insgesamt 88 Kategorien ausgezeichnet. Bei den Männern siegte Seal mit „Kiss From A Rose" dreifach. Hootie and the Blowfish wurden als beste neue Künstler ausgezeichnet und Michael Jackson mußte sich mit einem Grammy für das beste Kurzvideo („Scream") begnügen. Das Rap Trio TLC und Stevie Wonder erhielten je zwei Grammy. Coolio bekam den Preis für das beste Rap-Solo, desgleichen Nirvana für ihre letzte Produktion mit Kurt Cobain.
Weiter wurden geehrt: Pearl Jam (Hard Rock), John Lee Hooker (Blues), Annie Lennox (Popgesang).

Hit-Paraden (Album)

Jahreshitparade 1993

Deutschland		Schweiz	
1. Whitney Houston	The Bodyguard	1. Bon Jovi	Keep The Faith
2. Bon Jovi	Keep The Faith	2. Eros Ramazzotti	Tutte storie
3. Ace Of Base	Happy Nation	3. Ace Of Base	Happy Nation
		4. Whitney Houston	The Bodyguard
10. Herbert Grönemeier			
12. Tote Hosen		15. Stephan Eicher	Carcassonne
19. Pur		16. Peter Reber	I wünsche dir
20. Die Fantastischen Vier		19. Patent Ochsner	Fischer
22. Die Prinzen		24. Peach Weber	Nix wie Gäx

Hit-Paraden (Album)

Jahreshitparade 1994, Schweiz

1.	Mariah Carey	Music Box
2.	Bryan Adams	So Far So Good
3.	Pink Floyd	The Division Bell
4.	Züri West	Züri West

14. Gotthard, 19. Sina, 23. Patent Ochsner, 30. Dodo Hug

Jahreshitparade 1994, Deutschland

1.	Mariah Carey	Music Box
2.	Bryan Adams	So Far So Good
3.	Pink Floyd	The Division Bell

13. Pur, 15. Westernhagen 16. Die Ärzte 20. Die Toten Hosen

Jahreshitparade1995, Schweiz

1.	The Kelly Family	Over The Hump
2.	Céline Dion	D'Eux
3.	The Cranberries	No Need To Argue

35. Krokus, 39. Natacha, 41. Sina

Jahreshitparade 1995, Deutschland

1.	The Kelly Family	Over The Hump
2.	The Cranberries	No Need To Argue
3.	Pur	Abenteuerland

6. Die Doofen, 8. Die Schlümpfe, 9. Westernhagen

Der absolute Spitzenreiter bei den Singles war „Conquest Of Paradise“ von Vangelis (Deutschland: Platz 1, Schweiz: Platz 2)

Discoverordnung

Im Januar 1996 legte der Schweizer Bundesrat die Schallgrenzwerte für Musik auf **93 Dezibel** fest und gab auch neue Bestimmungen für die Disco-Beleuchtung heraus. In Zukunft darf die Musik auf Technopartys, an Konzerten in Discos usw. nicht stärker als 93 Dezibel aufgedreht werden. Das schreibt die sogenannte Discoverordnung vor. Allerdings wurden auch gleich Ausnahmeregelungen bekannt gegeben: Wenn der Veranstalter auf die gehörschädigende Wirkung aufmerksam macht und Gehörschütze zum Selbstkostenpreis abgibt, sind Stundenwerte bis 100 Dezibel erlaubt. 125 Dezibel dürfen aber nie überschritten werden.

Quotenregelung in Frankreich

Seit Januar 1996 wirft die französische Medienaufsicht ein wachsames Auge auf Radiostationen, die überwiegend auf eine jugendliche Hörerschaft ausgerichtet sind. Für alle Sender gilt seit dem 1. Januar die von der Regierung zum Schutz der französischen Kultur ersonnene Quote: **40%** des zwischen 6.30 und 22.30 Uhr ausgestrahlten Musikprogramms muß **aus französischen Produktionen** stammen. Wer die Regelung mißachtet, dem drohen Bußen und der Entzug der Sendelizenz. Nach dem Motto „dem Nachwuchs eine Chance“ werden die Radiostationen zudem angehalten, die Hälfte der 40% mit Musik „junger Talente“ zu bestreiten.

Rock 'n' Roll-Museum

In der amerikanischen Stadt Cleveland wurde im September 1995 das erste Rockmuseum der Welt eingeweiht. Im 92 Millionen Dollar-Bau finden sich Bühnenrequisiten, Instrumente, Filmdokumente, Computer (mit Star-Infos gespeichert) und die „Hall of Fame“.

Klassik und Pop

Trend 1995: Die Violin-Lolita Vanessa Mae wird vermarktet wie ein Pop-Star; mittelalterliche Choräle und düster wabbernde Sakral-Sinfonien erobern die Hitparaden. Computersoftware-Firmen locken mit „Beethoven interaktiv“. Das **Geschäft mit der Klassik im Pop-Gewand** floriert und beschert dem Publikum Bach-Fugen auf MTV und Benediktiner-Gesänge auf Techno-Partys.

Boygroups

Sie sind jung, sie sehen gut aus, und sie lächeln sich in die Mädchenherzen. Die Boygroups (Gameboys fürs Mädchenzimmer) sind in den 90er Jahren ganz sicher die großen Verdiener. Ob sie auch brauchbare Musiker und Sänger sind, interessiert eigentlich niemanden.
Eine der ersten dieser Gruppen, die weltweit riesigen Erfolg hatten, waren die New Kids On The Block (⇨ "Rockmusik", Seite 294) Weitere, ähnlich "aufgebaute“ Gruppen schossen wie Pilze aus dem Boden.
Die Masche präsentiert sich bei allen Gruppen sehr ähnlich: Die singenden Tänzer, meistens um die zwanzig, eröffnen ihre Playback-Show mit Lasergewitter, Nebel und dem obligaten Kreischteppich der Fans. Zwischen Stampfschlagern und Schmusesongs werden die Strahlemänner mit Stofftieren und Liebesbriefen beworfen, bevor ein sprachloses Glücksmädchen auf die Bühne gehievt wird.

Caught In The Act

Take That

Die Teddybär-Fürsten aus Manchester wandten sich nach einem kometenhaften Aufstieg schon im Frühjahr 1996 (offizell: 13. Februar) wieder dem Ruhestand zu. Als die Hiobsbotschaft über alle Musikkanäle verbreitet wurde, lagen sich Tausende von weinenden Mädchen in den Armen, und VIVA (Musik-TV) hatte als Trösterin alle Hände voll zu tun, um die Selbstmordkandidatinnen von ihrem Vorhaben abzuhalten. Die Songs mit Gary Barow, Robert Peter Williams, Mark Anthony Patrick Owen, Howard Paul Donald und Jason Thomas Orange schafften alle den Sprung in die Hit-Listen, das Album "Nobody Else“ hielt sich 1995 in Deutschland mehrere Wochen auf Platz 1. Manager: Nigel Martin Smith.

Caught In The Act

Eloy - der zweitgrößte Herzensbrecher der Teenagerband aus Holland. Übertroffen wird er nur von Sonnyboy Lee, der Mitte der 90er Jahre bei sämtlichen "Bravo“-Umfragen immer oben ausschwingt. Natürlich gehören auch das muskelbepackte Energiebündel Benjamin und der Leadsänger Bastiaan zu Caught In The Act, was soviel heißt wie "beim Liebesakt erwischt". Die Band kletterte 1995 in die internationalen Charts, nachdem die Boys durch die RTL-Serie "Gute Zeiten, schlechte Zeiten“ bekannt geworden waren.
Die "vier zu Fleisch gewordenen Abziehbilder von Barbies ewigem Freund Ken“ (Stern) singen harmonische Weltverbesserungsschlager, auf der Bühne unterstützt von einem mächtigen Playback-Sound. Was es sonst noch über die Gruppe zu sagen gibt: Sie macht alle Mädchen glücklich.

Boyzone

Die fünf jungen Sänger aus Irland brachten mit ihrem Hit "Love Me For A Reason“ nicht nur die britischen, sondern auch die deutschen und schweizerischen Girlies zum Kreischen.

Backstreet Boys

"We are the best and sweetest boys" sangen die fünf Seitenstraßenjungs aus den USA. Auch sie waren eine maßgeschneiderte Band für Teenager-Herzen und versuchten nach dem Ende von Take That deren Fans zu übernehmen. Im Baseball-Look sangen sie unter Teddybären-Beschuß ihren Hit "I Will Never Break Your Heart Again“.

East 17 (siehe Seite 136)

Songs und Arrangements

Come Together

Das Original

Der Song "Come Together", entstand 1969, stammt aus der Feder des erfolgreichen Komponisten-Duos John Lennon und Paul McCartney. The Beatles (⇨ "Rockmusik", Seite 163, 183) haben das Lied mehrmals veröffentlicht, unter anderem auf der LP "Abbey Road" (September 1969) und als Single. Der Titel erreichte im Herbst 1969 in verschiedenen Charts die Spitzenposition: USA, Deutschland, England (siehe auch Seite 69 f). "Come Together" wird von Musikern häufig als einer der besten Beatles-Songs bezeichnet. Vermutlich aus diesem Grund wurde er von verschiedenen Bands ins Repertoire aufgenommen und neu interpretiert. Bei genauerer Betrachtung der verschiedenen Interpretationen fallen einerseits die unterschiedlichen musikalischen Schwerpunkte auf, andererseits ergibt sich daraus eine "kleine Geschichte der Rockmusik".

Bearbeitungen

Vergleiche das Original des Beatles Songs "Come Together" mit den Bearbeitungen

Bearbeitung	Was wird übernommen	Eigene Stilmittel	Meine Meinung
 **Michael Jackson**			
 **Aerosmith**			
 **Marcus Miller**			
Weitere Besispiele: **- Hothouse Flowers** **- Gotthard** (vergl. auch: Red Hot Chili Pepers/Give It Away)			

Come Together

Text & Musik: John Lennon/Paul McCartney
Transkription: Kurt Rohrbach

Intro 1

1. Strophe

Intro 2
Dm
V
G
P
B
Dr
Shoo,
shoo,
shoo,
shoo.
2. Strophe
V
Ch
G
B
Dr
He wear no shoe-shine, he got
toe - jam foot-ball, he got
mon - key fin - ger, he shoot
Co - ca Co - la, he say,
A7
"I know you
you know me."
One thing I can tell you is you
got to be free.
Come to-geth-

Refrain
Hm
A7
G7
A7
Dm
er, right now, over me.
V
Ch
G
B
Dr
Instr.
1.
2.
P
Solo
A7

Form

Intro 1
1. Strophe
Intro 2
2. Strophe
Refrain
3. Strophe
Refrain
Instr./Solo
4. Strophe
Refrain
Solo ad.lib.

Gitarren-Solo

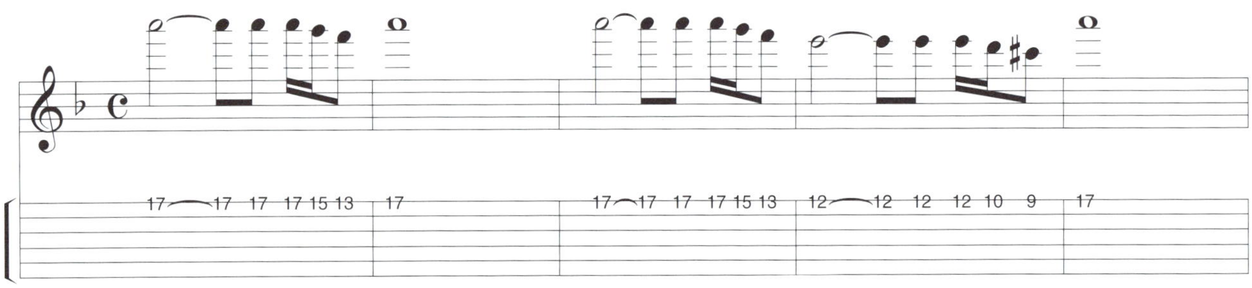

Come Together

Dieser Text läßt sich schwer übersetzen und ist auch für englische "Zeitgenossen" von Lennon und McCartney nur teilweise erschließbar. An den Stellen, wo eine Übersetzung der rauschhaften Bilder und Assoziationen zum Ratespiel ausgeartet wäre, wurde deshalb auf eine deutsche Version verzichtet.
Der Song sollte zuerst als eine Art Wahlkampfhymne für Timothy Leary (den "Drogenpapst") verwendet werden. Leary wollte als Gouverneur kandidieren. Die Wahlhymne wurde nicht realisiert, geblieben vom politischen Text ist nur "One thing I can tell you is you got to be free".

Come Together
1. Strophe
Here come old flattop, he come grooving up slowly,
he got Joo Joo eyeball, he one holy roller,
he got hair down to his knee. Got to be a joker,
he just do what he please.
2. Strophe
He wear no shoeshine, he got toe jam football,
he got monkey finger, he shoot Coca Cola, he say,
„I know you you know me."
One thing I can tell you is you got to be free.
Refrain
Come together, right now, over me.
3. Strophe
He bag production, he got Walrus gumboot.
He got Ono sideboard, he one spinal cracker,
he got feet down below his knee.
Hold you in his armchair, you can feel his disease.
Come together...
4. Strophe
He roller coaster, he got early warning,
he got Muddy Waters, He one Mojo filter,
He say one and one and one is three.
Got to be good looking, ,cause he so hard to see.
Come together...

Sinngemässe Übersetzung

Da kommt der alte Flachkopf dahergeschlurft
Er hat riesengroße Augäpfel, sieht aus wie ein Heiliger
Mit Haaren bis zu den Knien. Muß ein eigenwilliger Typ sein
er macht einfach was er will.

Trägt keine Schuhe
ist ein Langfinger, er schießt Coca Cola (Kokain)
er sagt: Ich kenne dich, du kennst mich
etwas kann ich dir sagen: du mußt frei sein
kommt zusammen/versammelt euch sofort.

Er ist eine Nervensäge
Hat Füsse unter den Knien
wenn er dich umarmt, spürst du seine Krankheit.

Er ist ein Herumtreiber, ein gebranntes Kind

Behauptet, eins und eins und eins sei drei.
Mußt gut hinschauen, weil er so schwer zu sehen ist.

Zum Arrangement

Die Beatles demonstrieren in diesem Song eindrücklich, wie mit wenigen, prägnanten Elementen ein Song gestaltet wird: Eine einfache, wirkungsvolle Baßlinie, die Achtelpausen in der Singstimme (Strophe), die Breaks in den Takten 11 und 12 (23 und 24), die unterschiedlichen Schlagzeugstimmen in Strophe und Refrain...
Dabei sind die einzelnen Elemente weder kompliziert noch besonders virtuos - aber wirkungsvoll. Beachtenswert ist auch die Unterschiedlichkeit von Strophe und Refrain, die dennoch eine Einheit bilden.

Beim Vergleich der verschiedenen Interpretationen fällt auf, daß jede Version ihre Stärken und Schwächen hat: Der Bassist Marcus Miller bringt einige neue Akzente, bei Aerosmith wirkt der Gesang eher unbeholfen, wenig überzeugend, und Michael Jackson verändert Form und Stimmen kaum, macht aber den Song moderner, tanzbarer.
"Come Together" kann sicher von vielen Schülerbands nachgespielt werden, die instrumentalen Anforderungen sind nicht allzu hoch. In einem zweiten Schritt könnte dann versucht werden, eine eigene Version zu finden. Dabei können die Präferenzen einzelner Musiker berücksichtigt werden, die schon lange einmal Punk, HipHop oder Grunge spielen wollten. **Das musikalische Material und den Text liefert der vorliegende Song - die Stilmittel werden im gewünschten Genre geholt.**
Hinweis: Mit dem gewünschten Groove beginnen (Schlagzeug, Rhythmusgitarre, evtl. Keyboard).

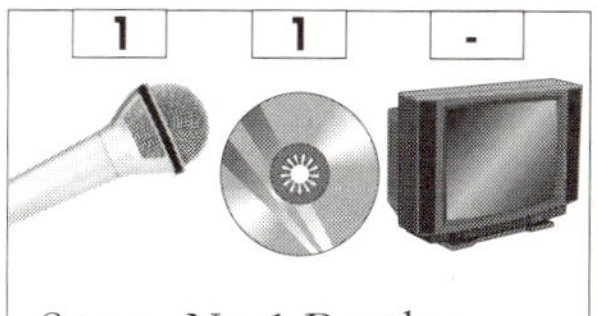

Song: Nr. 1 Beatles
Nr. 2 M. Jackson
Nr. 3 Aerosmith
Nr. 4 M. Miller

Walking In Memphis

Das Original

Der stimmungsvolle Song "Walking in Memphis" aus dem Jahr 1991 stammt vom Amerikaner **Marc Cohn**. Sein sparsam instrumentiertes Arrangement wird vom Klavier dominiert. Die weiteren Instrumente (Hammond-Orgel, Gitarre, Baß, Drums) und der Chor werden differenziert und punktuell eingesetzt.

Polo Hofer

Der Schweizer **Polo Hofer** (⇨ "Rockmusik", Seite 225) hat 1992 den Song im Schweizer Dialekt in das Album "Travailler c'est trop dur" aufgenommen. Die Schmetterband liefert den bodenständigen Rock-Groove, betimmt durch Schlagzeug, Baß, Gitarre. Die Orgel und der Chor werden bei dieser Version mehr in den Vordergrund gerückt.

Cher

Die Sängerin Cher übernahm 1995 das Original - mit minimalen Änderungen - auf ihrem Album "It's A Man's World". **Cherilyn Sarkasian La Pierre** wurde 1946 in Kalifornien geboren. Sie hatte ihre Karriere bei Phil Spector begonnen. Erste Erfolge konnte sie 1965 mit dem Duo Sonny & Cher (mit Sonny Bono) verbuchen, gleichzeitig gelang ihr aber auch mit dem Solotitel "All I Really Want To Do" der Sprung in die englischen Charts. Nach zahlreichen Hits und der Scheidung von Sonny wurde es vorerst ruhig um Cher.
Mitte der 80er Jahre schaffte sie den Wechsel ins Filmgeschäft. Das anfängliche Lächeln der Kritiker verging rasch, als sie 1988 den Oscar für "Mondsüchtig" erhielt. Auch in den 90er Jahren gelang ihr als Sängerin der Sprung auf Platz 1 mit dem "Shoop Shoop Song".
Chers Version von "Walking In Memphis" wird durch die dominante Bass Drum und den Baß bestimmt. Dadurch verliert das Arrangement viel von seiner Transparenz, wird aber für das Tanzpublikum in den Discos geeignet.

Beim Vergleich der drei Versionen (Cohn/Hofer/Cher) gefällt vielen Jugendlichen die neuste Version (Cher) am besten. Was nicht weiter erstaunlich ist, entspricht doch der Song in dieser Variante dem "beat-gewohnten" Publikum am ehesten.

Zum Video

Das schwarz/weiß (wie in den 50er Jahren) gedrehte Video ist weder besonders originell noch besonders sorgfältig gemacht. Als kleines Quiz kann versucht werden die "Fehler" des Regisseurs zu entdecken:

Im Song		**Im Video**
Walking in Memphis	⇨	Cher sitzt die ganze Zeit auf dem Trittbrett des Busses
Touched down in the land...	⇨	Fährt mit dem "Grayhound", dem Bus
In the middle of the pouring rain	⇨	Die Sonne scheint
Ein E-Baß	⇨	Kontrabaß

Zum Arrangement

Das führende Instrument ist das **Klavier**. Baß, Schlagzeug, Hammond-Orgel und Gitarre werden sparsam eingesetzt. Besondere Sorgfalt muß dem Wechsel der Harmonien gewidmet werden. Meistens wechselt Cohn die Akkorde nicht auf den Beat, sondern (Beispiel: Intro) auf die Zählzeiten 2+ und 4+.
Die **Baß-Stimme** ist in der linken Hand des Pianos notiert (unterste Stimme). Die **Hammond** und/oder Synthi-Stimme füllt vorwiegend den Band-Sound und kann mit Liegetönen aus der Akkord-Bezifferung gelesen werden. Wirkungsvoll sind auch kleine Effekte wie der Schellenring auf die Zählzeit 4 im 2. Refrain.
Sollte die notierte Klavierstimme zu schwierig sein, kann auch nach der Bezifferung (mit Akkord-Zerlegung) gespielt werden.

Vergleich

Es lohnt sich, die drei Versionen genau zu vergleichen. Die **Schmetter-Band** von Polo Hofer setzt Akzente mit der Slide-Gitarre, dem "Rock-Groove" und der dominanten Hammond-Orgel. Bei **Cher** wird der Rhythmus den Hörerwartungen des jungen Publikums angepaßt: Hervorhebung von Schlagzeug (besonders Fußpauke) und Baß, geeignet für die Tanzszene in den Discos.
Nach dem Vergleich sollte eine **eigene Version** besprochen und angestrebt werden. Beispiel: Wir nehmen den Rhythmus bei Cher, die Orgel und die Gitarre bei Polo und Form und Text bei Marc Cohn.

Walking In Memphis

1. Strophe
Put on my blue suede shoes
And I boarded the plane.
Touched down in the land of the Delta Blues
In the middle of the pouring rain.
W. C. Handy - won't you look down over me?
Yeah, I got a first class ticket,
But I'm as blue as a boy can be.
Refrain
Then I'm walking in Memphis,
Walking with my feet ten feet off Beal.
Walking in Memphis,
But do I really feel the way I feel?

2. Strophe
Saw the ghost of Elvis on Union Avenue..
Followed him up to the gates of Graceland,
Then I watched him walk right through.
Now security they did not see him.
They just hovered ,round his tomb.
But there's a pretty little thing
Waiting for the King.
Down in the Jungle Room
Refrain

Bridge
They've got catfish on the table.
They've got gospel in the air.
And Reverend Green be glad to see you
When you haven't got a prayer.
But boy you've got a prayer in Memphis.

3. Strophe
Now, Muriel plays piano
Every Friday at the Hollywood.
And they broughlt me down to see her,
And they asked me if I would -
Do a little number.
And I sang with all my might.
And she said,
„Tell me, are you a Christian child?"
And I said, „Ma'am I am tonight."
Refrain

Singemäße Übersetzung

1. Strophe
Zog meine blauen Wildlederschuhe an
Und stieg ins Flugzeug
Landete im Land des Delta Blues
Mitten im strömenden Regen
W C. Handy, willst du nicht auf mich herabschauen
Ja - ich habe ein Erstklaß-Ticket
Aber ich bin so trübsinnig wie man nur sein kann
Refrain
Dann spaziere ich in Memphis herum
Spaziere mit den Füßen drei Meter vom Beale weg
In Memphis herumgehen, tatsächlich
Ich fühle mich so unbeschreiblich

2. Strophe
Sah Elvis' Geist in der Union Avenue
Folgte ihm bis an die Tore von Graceland
Und sah ihn dort hindurchgehen
Also die Sicherheitsbeamten, die haben ihn nicht gesehen. Die lungerten bloß an seinem Grab herum
Aber da wartet ein hübsches kleines Ding
Auf den King (Elvis)
Unten im„Dschungelzimmer"
Refrain

Bridge
Sie haben Fisch auf dem Tisch
Und Gospels liegen in der Luft
Pfarrer Green wird sich freuen, dich zu sehen
Wenn du kein Gebet mehr weißt
Aber in Memphis kommt dir bestimmt ein Gebet in den Sinn

3. Strophe
Jetzt spielt Muriel Klavier
Jeden Freitag im Hollywood
Und sie nahmen mich mit, um sie zu sehen
Und fragten mich, ob ich
Eine kleine Nummer machen würde
Und ich sang mit aller Kraft
Und sie sagte:
„Sag mir, bist du ein guter Christ?"
Und ich antwortete:
„Heute nacht bin ich es, Madame."
Refrain

Schweizer Dialekt

1. Strophe
ha myni beschte Schue agleit
bi ygschtige in e Jet.
aacho im Land vom Delta-Blues,
bi glandet wo's grad grägnet het.
Es Bild vom Otis Redding
het obenabe gluegt uf mi
ha zwar es 1. Klass-Billet gha,
aber s'isch mir glych chly komisch gsii.
Refrain
u jetz bini in Memphis!
es isch als wär i irgendwie amne Ziel!
i bi in Memphis!
und es isch es unbeschryblechs Gfüehl!

2. Strophe
I ha dr Geischt vom Elvis gseh uf dr U.-Av.
bi ihm nache bis nach Graceland,
bim Ygang louft är eifach zue.
D'Wachtmannschaft het gar nüt gmerkt,
het sech versammlet a sym Grab
und es hübsches blonds Ding,
sehnt sech nach em King,
schteit da u wartet ab.
Refrain

Bridge
Sie hei Hummer uf de Tische
hei Gospel am Radio
dr Pfarrer Green dä hilft dir gärn
we'd wosch cho bäte oder so.
s'git geng öppis z'bäte in Memphis

3. Strophe
u d'miss Muriel spielt d'Orgle
am Frytig im Hollywood-Café
sie hei mi mitgno für ga z'lose
hei mir gseit, sie würde's gärn gseh
wenn i öpis chönnt singe
da hani gsunge so guet i cha
da fragt sie:
säg, bisch du ou e Chrischt?
i säge: hüt am Abe, ja!
Refrain

Walking In Memphis

Text & Musik: Marc Cohn
Transkription: Kurt Rohrbach

V
P
B
Ch
Dr
G C Am F G C Am
I got a first class tick-et, But I'm as blue as a boy can be. Then I'm walk-ing in Mem-
Refrain
F G C Am F G C Am
phis, I was walk-ing with my feet ten feet off of Beale. Walk-ing in Mem-
Walk - ing in Mem - phis Woh woh woh
Nur 2. Mal
F G C Am F G G7
phis but do I real-ly feel the way I feel?
Walk - ing in Mem - phis
2. Strophe
C G7 C G7
Saw the ghost of El - vis On Un - ion Av - e -

C G7 C G7
nue. Fol-lowed him up to the gates of Grace - land, then I watched him walk right through.
C F G7 C Am F G7 C
Now, se - cu-ri-ty, they did not see him. They just hov - ered 'round his
Am F G C Am F
tomb. But there's a pret-ty lit-tle thing Wait - ing for the King, Down in the Jun-gle Room.
C
When I was walk - ing in Mem
Bridge
C7 C7sus C7 C7sus C7
They've got cat - fish on the ta - ble.
V
P
B
Dr

Form

Form

Intro	Piano
1. Strophe	
Refrain	Piano, Synthi
2. Strophe	Drums, Baß, Synthi (Hammond)
Refrain	Band, Schellenring
Bridge	
Intro (Variation)	
3. Strophe	
Refrain (2 Mal)	Chor
Intro	
1. Strophe (Teil)	

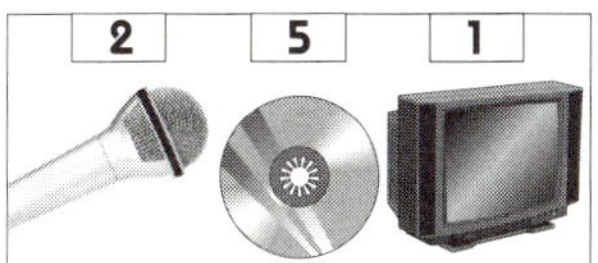

Song: Nr. 5 Cohn
Nr. 6 Polo Hofer
Nr. 7 Cher

Keep The Faith

Die Band Bon Jovi kombinierte das Image einer Hard Rock-Band mit dem Spaß und dem Feeling einer Teeny-Gruppe. Sie kreierten aus verschiedensten Rock-Stilarten und Harmoniegesang eine Mischung, welche die Jugendlichen und ihre Eltern gleichermaßen ansprach.

Bon Jovi

Bandleader **Bon Jovi** wurde am 2. März 1962 in Perth Amboy (New Jersey) als John Francis Bongiovi geboren. Mit seinem Freund David Rashbaum gründete er bereits zu High-School-Zeiten eine erste Band. (Atlantic City Expressway).
Um 1983 formierte sich die **Band Bon Jovi**:
Richie Sambora, g
David Bryan, alias David Rashbaum, key
Alec John Such, b
Tico Torres, d
Schon sehr früh bewegten sie sich musikalisch im Grenzbereich zwischen Rock und Hard Rock und bekamen 1983 einen ersten Plattenvertrag. Von verschiedenen Medien auch als "Springsteen für das Mickey Mouse-Programm" oder "Heavy Metal-Herzensbrecher" bezeichnet, war Bon Jovi bald ein Magnet für eine ständig wachsende Fangemeinschaft.
Der erste große Erfolg gelang 1987 mit dem Album **"Slipper When Wet"**: Aus 35 Songs hatten Fans die endgültige Auswahl für die LP getroffen. Diese Publikumsverbundenheit wurde mit 12 Millionen verkauften Alben belohnt. Die LP wurde in den USA sogar das bestverkaufte Album des Jahres. Nun folgte rasch ein Hit auf den anderen, und mit ausgedehnten Touren (82 Konzerte) bewies die Band, daß sie in der Gunst des breiten Publikums ganz oben standen.
Bon Jovi: "Wir fühlten uns wie auf einem Zug, der mit 120 Meilen die Stunde daherbraust. Und wir konnten einfach nicht abspringen."
Bald machten sich - besonders bei Bon Jovi - der Tourstress und der ständige Erfolgsdruck bemerkbar. Abwechslung brachten die Filmarbeit für "Young Gun II" und das Soloalbum "Blaze Of Glory", unter dem Namen Jon Bon Jovi veröffentlicht. Auch dieses Album wurde in den USA Nummer 1.
Interne Streitigkeiten bewirkten eine zeitweilige Auflösung der Band, doch bereits 1992 folgte ein neues Erfolgsalbum ("Keep The Faith") und zwei Jahre später die CD "Cross Road" mit Hits vergangener Jahre.
Spätestens seit der ausgedehnten Tour '95 gehört die Band auch in ganz Europa zu den absoluten Superstars.

Zum Arrangement

Aus Platzgründen wurden in der Partitur jeweils nur die neuen Motive notiert.
Achtung: Instrumenten-Bezeichnung (Abkürzungen) am Zeilenanfang beachten!

- Die Rhythmusgitarre ist teilweise nicht einfach. Anfänger können eine einfachere, auf 16tel-Noten aufgebaute Begleitung ihrem Können anpassen.
- Form: siehe Seite 99 / Vollständiger Text: siehe Seite 100
- Das Gitarrensolo wurde nicht aufgeschrieben. Die Improvisation erstreckt sich über 16 Takte, zu folgendem Harmonieschema:

||: **G**	| **B**	| **C**	| **G**	:||
| **G**	| **B**	| **C**	| **G**	|
| **G**	| **B**	| **C**	| **Es** **F**	|

Keep The Faith

Text & Musik: Bon Jovi, R. Sambora, D. Child
Transkription: Kurt Rohrbach

Gm B C Gm
ther, please be-lieve me, I am lay-ing down my gun. I am
bro-ken like an ar-row. For-give me. For-give your way-ward son.
B C Es F
Eve-
Gm B C Gm
moth-er moth-er please be-lieve
ry-bod-y needs some-bod-y to love. Eve-ry-bod-y needs some-bod-y to hate. Eve-
B C Es F
me. It is hard to hold on when there's no one to lean on.
ry-bod-y's bitch-ing 'cause they can't get e-nough.
Chorus
G5 B F C
Faith: Know you're gon-na live through the rain. Lord we've got-ta keep the faith.
V
G
Sy
Ch
P
B
Dr

G5 B F C
To Coda
V
Faith: Don't you let your love turn to hate. Now we've got - ta keep the faith.
1.
Gm
Keep the faith. Keep the faith. Lord, we've got-ta keep the faith.
G
Dr
B C Gm
Tell me ba
2. G5 B F C
Faith: Don't you let your love turn to hate. Lord we've got - ta keep the faith.
Keep the faith. Keep the faith. Oh, we've got-ta keep the faith.
Ch
the faith.
F5
Keep the faith. Keep the faith. Lord we've got - ta keep the faith.
the faith.
Sy

F
Ooh yeah. Ooh yeah. Yeah, yeah yeah.
Bridge
Git. Solo 16 Takte
I've been walk-in' in the foot steps of so-
ci-e-tie's lies. I don't like what I see no more. Some-times I wish I was blind. Some-
times I wait for-ev-er to stand out in the rain, So no-one sees me cry-in', Try-ing to wash a-way this pain. Moth-er, Fa-
Eve-
G B C G
ther, there's things I've done I can't e-rase. Eve-ry night we fall from grace.
ry-bod-y needs some-bod-y to love. Eve-ry-bod-y needs some-bod-y to hate. Eve-
Es F D.S. al Coda
Hard, with the world in your face. Try to hold on, try to hold on.
ry-bod-y's bitch-ing 'cause they can't get e-nough. Eve-ry-bod-y please, eve-ry-bod-y keep the faith.
B C
V
G
Dr
Ch
P

Text
(siehe Seite 100)
Form
Intro
1. Strophe
Chorus
2. Strophe
Chorus
Gitarrensolo
Bridge
Chorus
Coda

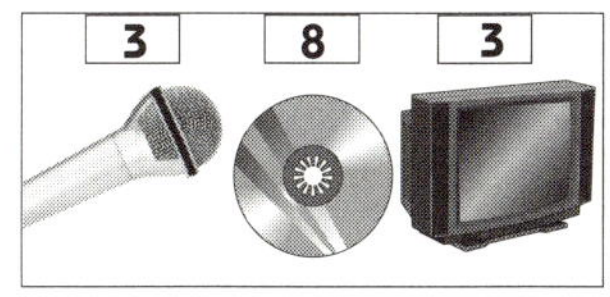

Keep The Faith
1. Strophe
Mother mother, tell your children,
That their time has just begun.
I have suffered for my anger,
There are wars that can't be won.
Father father, please believe me,
I am laying down my gun.
I am broken like an arrow.
Forgive me.
Forgive your wayward son.

Everybody needs somebody to love.
(mother mother)
Everybody needs somebody to hate.
(please believe me)
Everybody's bitching ,cause they can't get enough.
It is hard to hold on
When there's no one to lean on.
Chorus
Faith: Know you're gonna live through the rain.
Lord we've gotta keep the faith.
Faith: Don't you let your love turn to hate.
Now we've gotta keep the faith.
Keep the faith.
Keep the faith.
Lord we've gotta keep the faith.
2. Strophe
Tell me baby, when I hurt you,
Do you keep it all inside?
Do you tell me all's forgiven?
Just hide behind your pride,
Everybody needs somebody to love.
(mother mother)
Everybody needs somebody to hate.
(please believe me)
Everybody's bitching ,cause the times are tough.
Well it's hard to be strong
When there's no one to dream on.
Chorus
Faith: Know you're gonna live through the rain.
Lord, we've gotta keep the faith.
Faith: Don't you know it's never too late.
Right now we've gotta keep the faith.
Faith: Don't you let your love turn to hate.
Lord we've gotta keep the faith.
Keep the faith....
Ooh yeah. Ooh yeah. Yeah, yeah yeah.
Bridge (Spoken:)
I've been walkin' in the foot steps
of society's lies.
I don't like what I see no more.
Sometimes I wish I was blind.
Sometimes I wait forever
to stand out in the rain,
So no one sees me cryin',
Trying to wash away this pain.
Strophe
Mother, Father,
there's things I've done I can't erase.
Every night we fall from grace.
Hard, with the world in your face.
Try to hold on, try to hold on.
Refrain
Lord we've gotta keep the faith.

Bewahre den Glauben (das Vertrauen)
1. Strophe
Mutter, Mutter sag deinen Kindern,
dass ihre Zeit gerade erst begonnen hat
Ich habe für meine Wut gelitten,
Es gibt Schlachten, die man nicht gewinnen kann
Vater, Vater bitte glaube mir,
dass ich das Kriegsbeil begrabe
Ich bin gebrochen wie ein Pfeil
Vergib' mir
Vergib' deinem widerspenstigen Sohn

Alle brauchen jemanden zum Liebhaben
(Mutter, Mutter)
Alle brauchen jemanden zum Hassen
(bitte glaub' mir)
Alle motzen, weil sie nicht genug kriegen können
Und es ist schwer durchzuhalten
Wenn man sich auf niemanden stützen kann
Chorus
Glaube: du weißt, daß du den Regen überstehst
Du mußt einfach den Glauben bewahren
Glaube: laß deine Liebe nicht zu Haß werden
Gerade jetzt müssen wir
Den Glauben bewahren
Den Glauben bewahren
Herr, wir müssen den Glauben bewahren
2. Strophe
Sag' mir, Baby, wenn ich dir weh tue
Behältst du alles für dich?
Sagst du mir, es sei alles vergeben
Und versteckst du dich einfach hinter deinem Stolz ?
Alle brauchen jemanden zum Liebhaben
(Mutter, Vater)
Alle brauchen jemanden zum Hassen
(bitte verlaß' mich nicht)
Alle leiden weil die Zeiten hart sind
Ja -es ist schwer, stark zu sein,
Wenn man von niemandem träumen kann
Chorus
Glaube: du weißt, daß du den Regen überstehst
Du mußt einfach den Glauben nicht verlieren
Glaube: Es ist noch nicht zu spät,
du mußt den Glauben bewahren
Glaube : laß' deine Liebe nicht zu Haß werden
Herr, wir müssen den Glauben bewahren
Den Glauben bewahren

Bridge
Wenn ich die Spuren
aller Lügen der Gesellschaft verfolge
Gefällt mir gar nicht, was ich sehe
Manchmal wünsche ich, ich wäre blind
Manchmal warte ich ewig,
Um im Regen zu stehen,
Damit niemand sieht, wie ich weine
Und versuche, den Schmerz wegfließen zu lassen
Strophe
Mutter, Vater
Es gibt Dinge, die ich getan
und nicht ungeschehen machen kann
Jede Nacht verlieren wir ein wenig an Gunst
Es ist hart, in der Wirklichkeit durchzuhalten
Refrain

Come As You Are

Nirvana

Sänger und Gitarrist **Kurt Cobain** (*1967 in Aberdeen, † 5. April 1994), Bassist **Chris Novoselic** (*1965 in Herzegowina), Schlagzeuger **Dave Grohl** (*1969 in Washington).

Der große Aufsteiger im Jahr 1991 war die Gruppe Nirvana aus Aberdeen im Bundesstaat Washington. Mit ihrem ersten Hit "Smells Like Teen" schaffte die Gruppe den Sprung in die internationalen Charts. Die folgende Single "Come As You Are" erreichte immerhin noch Platz 10 der englischen Hitparade. Der Song erschien auch auf dem 91er Album "Nevermind", welches sich über vier Millionen Mal verkaufte. Fast gleichzeitig wurden frühere Songs der Gruppe auf den Markt geworfen, in der Hoffnung, daß die neuen Fans auch die alten Platten kaufen würden.
Die Band zeichnete sich vor allem durch brachiale Härte und Rauheit aus. Das soll auch der Grund der Streitigkeiten mit der Plattenfirma Geffen Record gewesen sein. Im September 1992 gewannen Nirvana den MTV Music Video Award als "Best New Artist" und "Best Alternative Video".
Cobain heiratete die Sängerin Courtney Love. Auch wegen immer wiederkehrender Drogenexzesse landete das Paar häufig in den Schlagzeilen. 1993 erschien das Album "In Utero", welches auch in einzelne Hitparaden gelangte. Im Sog von Nirwana wurden Soundgarden, Alice In Chains und Pearl Jam zu wichtigen Bands.
Am 8. April 1994 wurde Kurt Cobain tot in seiner Wohnung in Seattle aufgefunden. Die polizeilichen Ermittlungen ergaben, daß er sich am 5. April erschossen hatte. In seinem Abschiedsbrief schrieb Cobain: *"Seit so vielen Jahren habe ich die Erregung nicht mehr verspürt, die einen erfaßt, wenn man Musik kreiert, wenn man wirklich etwas schreibt."*
Im Herbst des selben Jahres erschien dann das Album "Unplugged In New York", das in vielen europäischen Ländern und den USA auf Platz eins vorstieß.

Zum Arrangement

Der recht einfache Aufbau, das eingängige Gitarrensolo und die vielen Wiederholungen machen den Song zu einem idealen Stück für die Schulband. Die Singstimme kann ohne Probleme auch um eine Oktave tiefer intoniert werden.
"Come As You Are" ist auf zwei verschiedenen Alben veröffentlicht worden. Das vorliegende Notenbeispiel orientiert sich an der Studioversion, erschienen auf dem Album "Nevermind". (Zweite Version auf "Unplugged In New York", 1994)
Notiert ist die Lead-Gitarre, eine zweite Gitarrenstimme unterstützt zeitweise die Schlagzeug-Rhythmen. Achtung! Im Original sind die Gitarren einen Ganzton tiefer gestimmt. **E-Saite = D / A-Saite = G / D-Saite = C**
G-Saite = F / H-Saite = A / E-Saite = E

Der Song kann in der normalen Stimmung (nach den Noten) gespielt werden, klingt aber einen Ganzton höher als das Tonbeispiel. Die Keyboards könnten (mit Rock-Organ) als Unterstützung der Harmonien mitwirken.

Come As You Are

Text & Musik: Kurt Cobain, Chris Novoselic, David Grohl
Transkription: Kurt Rohrbach

Form

Intro	4 Takte	**Coda**	
	4 Takte	Chorus 2	8 Takte
1. Strophe	16 Takte	Intro	8 Takte
Chorus 1	4 Takte	Git. Solo (4 X)	4 Takte
	4 Takte	Chorus 1	8 Takte
2 Strophe	8 Takte	Chorus 2	12 Takte
Chorus 1	4 Takte	Intro	8 Takte
	4 Takte	Schlußakkord	1 Takt

Text

Come As You Are

1. Strophe
Come as you are,
as you were,
as I want you to be;
as a friend,
as a friend,
as an old enemy.
Take your time,
hurry up,
the choice is yours,
don't be late.
Take a rest as a friend
as an old memoria.

2. Strophe
Come doued in mud,
soaked in bleach,
as I want
you to be:
as a trend,
as a friend
as an old memoria.

Chorus
And I swear
that I don't have a gun.
No, I dont't have a gun.

Komm, so wie du bist

1. Strophe
Komm, so wie du bist,
wie du warst,
wie ich möchte, daß du bist;
als Freund,
als Freund,
als alter (ehemaliger) Feind.
Nimm' dir Zeit,
beeil' dich,
du hast die Wahl,
komm nicht zu spät.
Ruh' dich aus als Freund,
als alte Erinnerung.

2. Strophe
Komm ganz verdreckt
oder frisch gewaschen,
so wie ich
dich haben möchte :
als Trend,
als Freund,
als alte Erinnerung.

Chorus
Und ich schwöre
daß ich kein Gewehr habe.
Nein, ich habe kein Gewehr.

Zum Video

Der internationale Erfolg von Nirvana basierte sicher nicht in erster Linie auf den musikalischen Live-Qualitäten des Trios. Kurt Cobain machte kein Hehl aus seinen Drogen-Problemen, welche sich immer wieder auf seine Auftritte und sein Privatleben auswirkten und vermutlich auch seinen frühen Tod herbeiführten.
Der kurze Konzert-Auschnitt zeigt eine Band, welche einen denkbar schlechten Eindruck macht, dokumentiert aber auch, daß vom Publikum nicht immer "nur" musikalische Qualität verlangt wird. Lebensgefühl - vom Chaos bis zur perfekten Organisation - und Ablehnung des konventionellen Music-Business sind für (einen Teil) des Publikums häufig ebenso wichtig wie virtuose Instrumentalisten und schöne Stimmen.
Anschließend folgt der mediengerechte Video-Clip für das MTV-Publikum.

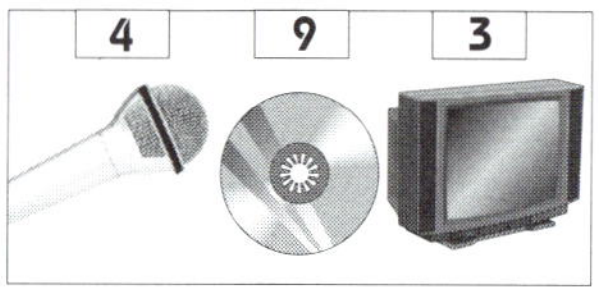

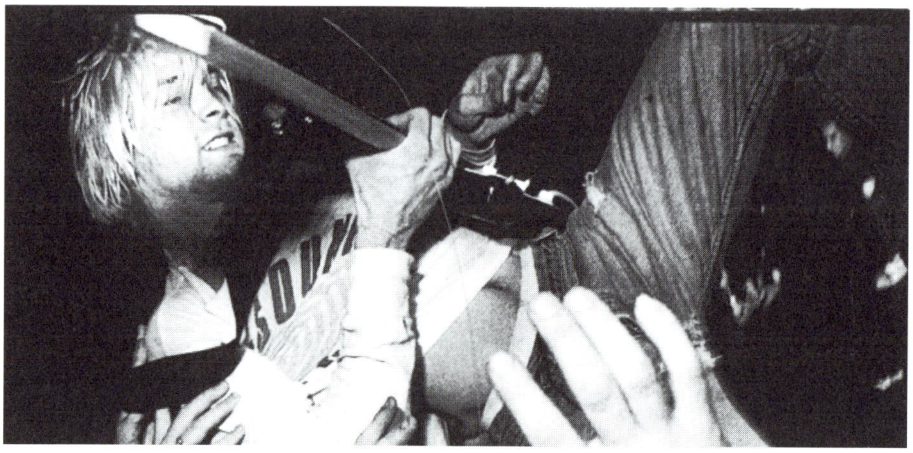

X Colpa Di Chi?

Zucchero

Aldelmo Fornaciari alias **Zucchero** ist Mitte der 90er Jahre - nicht nur in Italien - ein Superstar. Er wurde 1956 geboren, studierte in Bologna Tiermedizin und begann in dieser Zeit mit Songschreiben, Gitarrespielen und Singen. Ende der 70er Jahre gründete er seine erste Band. Die Erfolge stellten sich aber vorerst mit Songs ein, welche er für andere geschrieben hatte. 1987 erschien auf seiner LP "Blue's" der Titel "Senza una donna". Doch erst drei Jahre später, als er mit Paul Young den Song noch einmal aufnahm, gelang Zucchero der internationale Durchbruch.
Mit Randy Crawford produzierte er 1992 den internationalen Hit "Diamante" und sogar mit Luciano Pavarotti und dem Titel "Miserere" gelang Zucchero der Sprung in die europäischen Charts.
Zuccheros größter Erfolg war das Album "Spirito Di Vino" (1995), mit welchem er in den meisten europäischen Hitparaden vertreten war. Aus diesem Album stammt der Titel "X Colpa Di Chi?".

Zum Arrangement

Auf den ersten Blick (in das Notenmaterial) scheint der Song recht schwierig zu sein. Bei genauem Hinhören zeigt sich aber, daß "X Colpa Di Chi?" aus Einzelteilen - teilweise programmierten Keyboard-Pattern - zusammengesetzt ist, welche sich mit etwas Übung recht gut nachspielen lassen.
Wie im Blues üblich, werden in den Gesangspausen kurze Instrumental-Improvisationen von der Gitarre, dem Piano oder der Hammond-Orgel eingespielt. Diese Einwürfe wurden in der Notation nicht berücksichtigt. Zum Kennenlernen lohnt es sich, diese kurzen Einspielungen im Notenmaterial zu markieren. Später sollte von den Instrumentalisten versucht werden, ähnliche Einwürfe zu kreieren.
Als Grundtonart wäre - beachtet man den Schluß - auch E-Dur möglich. A-Dur ist aber, nicht zuletzt wegen den Bläserstimmen, sinnvoller.

Gitarrenstimmen

Die beiden Gitarrenstimmen könnten auch - entsprechende Sounds einstellen - mit Keyboards gespielt werden. Anfänger ignorieren die Rhythmen ab Takt 13 und spielen nach der Akkordbezifferung.
Das auffällige, kurze Gitarrensolo in den Takten 41/42 wird von Rockgitarristen häufig verwendet. Beispiel: Auf dem Album "On Every Street" (1991) von den Dire Straits spielte Mark Knopfler im Song "Calling Elvis" das identische Gitarrensolo.

Gesang

Singstimme: Mit seiner gepreßten, etwas heiseren Stimme singt Zucchero recht hoch. Es darf (aus Rücksicht auf die jungen Stimmen) nicht das Ziel sein, die Stimme des italienischen Sängers zu imitieren. Aus diesem Grund wurde die Hauptmelodie eine Oktave tiefer als das Original notiert.

Perkussion

Der 16tel-Rhythmus des Schellenrings scheint einfach, wirkt aber nur dann, wenn er sehr präzise gespielt wird.

Zum Video

Das witzige, fröhliche und sehr professionell produzierte Video zeigt einerseits Zuccheros Band "in Concert", andererseits werden verschiedene Textgedanken im Bild wieder aufgenommen: So bezieht sich der "Hoochie Coochie Man" auf den gleichnamigen Bluestitel von Muddy Waters. Im House Of Blues findet man natürlich auch die Blues Brothers (mit den obligaten schwarzen Hüten und Sonnenbrillen) und der italienische Bauernhof wechselt fast übergangslos in eine "bluesgemässe Südstaaten-Szene". **Die kurzen Tanzszenen auf der Bühne könnten als Grundlage für eine eigene Tanzchoreographie dienen!**

Daß endlich wieder einmal auf einem Video Text, Musik und Bild einen direkten Zusammenhang haben, ist besonders lobenswert.

X Colpa Di Chi?

Text & Musik: Zucchero Fornaciari
Transkription: Kurt Rohrbach

Strophe
E7 A7 E7 A7 E7 A7 E7 A7
V Key G 1 P B Dr
Fun - ky gal - lo, co - me so - no bel - lo sta - mat - ti - na non c'è
E7 A7 E7 A7 E7 A7 E7 A7
più la mia mo - ros - a e so - no più leg - ge - ro di u - na piu - ma. Oh e in -
A D A7 D H E H H7
tan - to Zi - o Ru - fus sta coi suoi pen - sie - ri in te - sta por - tan - do in gi - ro la vi - ta a fa - re la pi - pi per col - pa di
Chorus
E7 A7 E7 A7 E7 A7 E7 D A
chi chi chi chi chi - chi - chi - ri - chi sta - not - te vo - glio sta - re ac - ce - so e di - re sem - pre di si per col - pa di

V
Key
G 1
Br
P
B
E7 A7 E7 A7 E7 A7 C D A
chi chi chi chi chi-chi-chi ri-chi I'm a hoot-chiee coot-chiee man, hoot-chiee coot-chiee man yeah!
Bridge
E Hm/E D/E A
Tie - ni il tem-po non ho tem-po. I wan-na dance all night.
E Hm/E D/E A
Il sen - ti-men-to è trop - po den-so I wan-na dance all night.

Form
Intro
1. Strophe
Chorus
Intro
2. Strophe
Chorus
Bridge
3. Strophe
Chorus
Bridge
Coda

Text

X colpa di chi?
1. Strophe
Funky gallo, come sono bello stamattina
non c'è più la mia morosa
e sono più leggero di una piuma.
oh e intanto Zio Rufus sta
coi suoi pensieri in testa
portando in giro la vita a fare la pipi
Chorus
per colpa di chi chi chi chi chichichirichi
stanotte voglio stare acceso
e dire sempre di si
per colpa di chi chi chi chi chichichirichi
I'm a hootchiee cootchiee man,
hootchiee cootchiee man yeah
Yeah it's rolling!
2. Strophe
Funky gallo, come sono in ballo questa sera
ho voglia di sudare e sono più goloso di una mela
Oh avanti o popolo con la chitarra rossa
che intanto il tempo passa e lei non torna più
Chorus
Per colpa di chi chi chi chi chichichirichi...
Bridge
Tieni il tempo
non ho tempo.
I wanna dance all night.
Bridge
Il sentimento è troppo denso
I wanna dance all night.
3. Strophe
Funky gallo, coi pensieri sconci nelle dita
forse sono in fallo, ma mi piace molto Madre Rita.
Oh avanti o popolo con la Lambretta rossa
che intanto il tempo passa e lei non torna più
Chorus
per colpa di chi chi chi chi chichichirichi...
Bridge
Il sentimento è troppo denso.
I wanna dance all night
Coda
Tieni il tempo
(che) non ho tempo.
I wanna dance all night.

Sono in fiamme le mie donne.
I wanna dance all night
Fun Time!

Sinngemässe Übersetzung M. Schürch
Wer ist schuld?

Funky-Hahn, wie bin ich heute morgen schön
meine Geliebte ist nicht mehr da
und ich bin leichter als eine Feder.
Oh, und unterdessen steht Onkel Rufus
mit seinen Gedanken im Kopf
bringt das Leben pissend in Schwung.

Wer ist schuld kikikikikikiriki
heute nacht will ich feurig/lebhaft sein
und immer ja sagen.
Wer ist schuld kikikikikiriki
ich bin ein hootchiee cootchiee Mann
hootchiee cootchiee Mann, yeah
Yeah es rollt

Funky-Hahn, wie ich auf dem Spiel stehe heute abend
ich habe Lust zu schwitzen und bin gierig nach einem Apfel.
Oh, vorwärts Volk mit der roten Gitarre,
dass inzwischen die Zeit vergeht und sie nicht mehr zurückkehrt.

Wer ist schuld kikikikikiriki

du hältst die Zeit
Ich habe keine Zeit
ich will die ganze Nacht tanzen.

Das Gefühl ist zu dicht/voll gedrängt
ich will die ganze Nacht tanzen.

Funky-Hahn mit unanstandigen Gedanken in den Fingern
vielleicht bin ich im Irrtum, aber mir gefällt Mutter Rita sehr.
Oh, vorwärts o Volk mit der roten Lambretta
dass inzwischen die Zeit vergeht und sie nicht mehr zurückkehrt.

Wer ist schuld kikikikikikiriki

Das Gefühl ist zu dicht/voll gedrängt
ich will die ganze Nacht tanzen

halte/du hältst die Zeit
(dass) ich nicht Zeit habe
Ich will die ganze Nacht tanzen

Meine Frauen sind entflammt
ich will die ganze Nacht tanzen
lustige Zeit

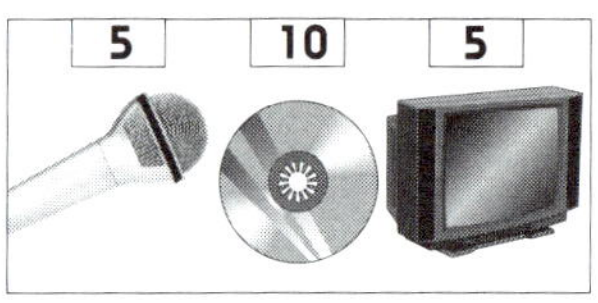

West End Girls

Pet Shop Boys

Christopher Sean Lowe (*1959, Keyboards) und **Neil Francis Tennant** (*1954, Gesang) sind das erfolgreichste englische Duo der 80er Jahre. Der Historiker und Ex-Herausgeber der Zeitschrift "Smash Hits" ist für das Schreiben und Singen der Songs zuständig, und der ehemalige Architekt Lowe komponiert und instrumentiert die zahlreichen Hits.

Den Einzug in die Hitlisten hielten die Pet Shop Boys 1986 mit "West End Girls" (USA Platz 1, GB Platz 1, Deutschland Platz 2). Der Song markierte den Auftakt zu einer langen Reihe von Disco-Hits, welchen ein detailliert geplantes Studiokonzept zugrunde lag. Der Debüt-LP "Please" (1986) folgten zahlreiche weitere Alben wie "Disco" (1986), "Actually" (1987), "Introspective" (1988), "Behaviour" (1990), "Very" (1993). Das kühl kalkulierte Songmaterial der *"englischen Hitstrategen" (Stern)* wurde in der Regel von der Presse als *"Ansammlung von Easy Listening-Discosongs mit lächerlichen, spießigen Texten"* (Trouser Press) bezeichnet, erreichte aber ebenso sicher die internationalen Charts. Aufgewertet wurden die Songs durch teilweise aufwendig und trickreich produzierte Videos mit symbolträchtigen Bildern: eine Mischung aus Kunst und Theatralik, Glamour und Disco.

1989 absolvierte das Duo die erste Europa- und Asien-Tournee, auf welcher Lowe und Tennant das unsichere Agieren auf der Bühne mit einem extravaganten, imposanten Multimediakonzept kompensierten. Mehreren Nummer 1-Hits folgte 1993 der Welterfolg "Go West" (ein Song von Jaques Morali, aufgebaut auf der sowjetischen Nationalhymne - mit Bezug auf die amerikanische Schwulenbewegung) aus dem Album "Very".

1995 widmeten Lowe und Tennant ihre Aufmerksamkeit Tina Turner und betätigten sich als Mitproduzenten und Komponisten ("Confidential", "Whatever You Want") beim 96er-Album der großen Rock 'n' Roll-Dame.

West End Girls

Sometimes you're better off dead
There's a gun in your hand
It's pointing at your head
You think you're mad, too unstable
Kicking in chairs and knocking down tables
In a restaurant, in a West End town
Call the police, there's a madman around
Running down, underground,
To a dive bar, in a West End town

Manchmal wärst du besser tot
Ein Gewehr in der Hand
Das auf deinen Kopf zeigt
Du denkst, du seist verrückt, zu labil
In einem Restaurant in einer West End -Stadt
trittst du auf die Stühle und wirfst Tische um
Ruft die Polizei, da läuft ein Verrückter herum
Er rennt hinunter
zu einer schäbigen Bar, in einer West-End-Stadt

Chorus:
In a West End town a dead end world
The East End boys, West End girls
In a West End town a dead end world
The East End boys, West End girls
West End girls

Chorus:
In einer West-End-Stadt ist die Welt eine Sackgasse
Die East-End Jungs, West-End Mädchen
In einer West-End-Stadt ist das eine Sackgasse

Too many shadows, whispering voices
Faces on posters, too many choices
If, when, why, what? How much have you got?
Have you got it,
Do you get it - if so how often?
Which do you choose - a hard or soft option?
(How much do you need?)

Zu viele Schatten, flüsternde Stimmen
Gesichter auf Postern, zuviel Auswahl
Wenn, wann, warum, was ? Wieviel hast du ?
Hast du's,
Bekommst du's - wenn ja, wie oft ?
Wofür entscheidest du dich - den harten oder den sanften Weg ? (Wieviel brauchst du ?)

Chorus

Chorus

You've got a heart of glass
Or a heart of stone
Just you wait till I get you home
You've got no future, got no past
Here today, built to last
In every city in every nation
From Lake Geneva to the Finland station

Du hast ein gläsernes Herz
Oder ein Herz aus Stein
Wart nur, bis ich dich nachhause kriege
Du hast keine Zukunft und keine Vergangenheit. Aber das hier wird andauern
In jeder Stadt und jedem Land
Vom Genfersee bis nach Finnland

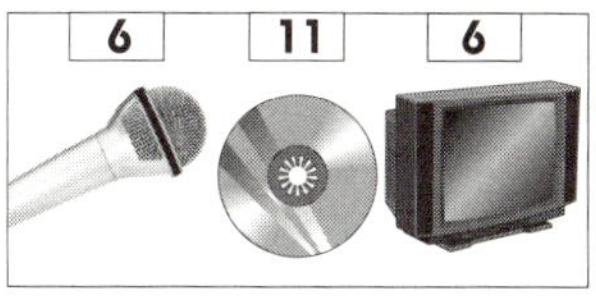

West End Girls

Text & Musik:N. Tennant & C. Lowe
Transkription: Kurt Rohrbach

Intro

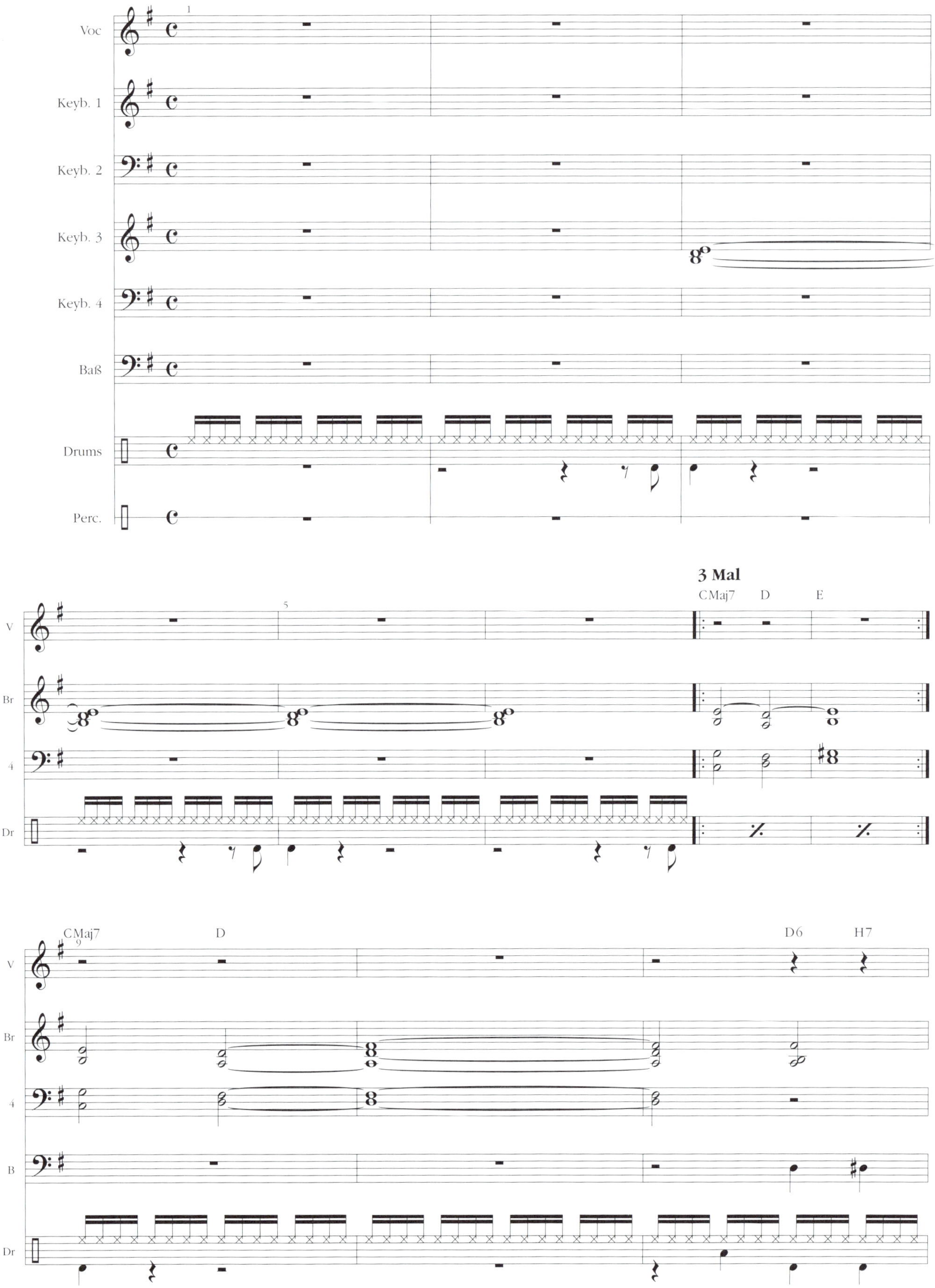

Strophe

Sometimes you're better off dead There's a gun in your hand It's pointing at your head You think you're mad, too unstable
Kicking in chairs and knocking down tables In a

restaurant, in a West End town Call the police, there's a madman around Running down, underground, To a dive bar, in a West End town

Chorus
Hm7
Am7
West End town a dead end world
The East End boys and West End girls
In a
Trompete (3. Mal)
V
1
2
Br
4
B
Dr
Hm7
Am7
1.
D6 H7
West End town a dead end world
The East End boys and West End girls
West End
2.
D6 H7
E
D6 H7 E
West End girls
West End girls
➩ 3. Strophe
➩ Coda

Bridge

Em9
37
Am7
V
1
Trompete
2
Br
4
B
Dr
Em9
Am7
1
2
Br
4
B
Em7
45
Am7
V
(How much do you need?)
In a
1
B

3. Strophe

heart of glass Or a heart of stone Just you wait till I get you home You've got no future, got no past Here today, built to last in

every city in every nation from Lake Geneva to the Finland station

Coda

Form
Intro
1. Strophe
Chorus
2. Strophe
Chorus
Bridge
3. Strophe
Chorus
Coda

Earth Song

Michael Jackson

Zum Jahreswechsel 1995/96 schaffte **Michael Jackson** (⇨ "Rockmusik", Seite 255) wieder einmal internationale Schlagzeilen. Das Erfreuliche daran war, daß es diesmal weder um Gesichtsoperationen oder undurchsichtige Kindergeschichten, noch um Heirats- und Scheidungsgerüchte ging, sondern darum, was Jackson immer noch besonders gut konnte: Songs schreiben.
Pünktlich zu Weihnachten 95 veröffentlichte er sein Doppel-Album **"History"** (Past, Present And Future) und landete damit natürlich wieder in sämtlichen Hit-Paraden. Die 30 Songs, darunter auch ein Duett mit seiner Schwester Janet Jackson, lieferten 150 Minuten Musik. Die eine Hälfte der Titel waren neu, die andere stammte aus früheren Alben. Der herausragende Song, ein Hit in sämtlichen Charts, war "Earth Song", lanciert mit einem Video, das auch noch zu Beginn des Jahres 1996 fast täglich auf sämtlichen TV-Musikkanälen zu sehen war. Aus diesem Grund war es nicht besonders erstaunlich, daß im Januar 96 der "Earth Song" anläßlich einer Schülerumfrage in verschiedenen Berner Schulhäusern (5.-9. Schuljahr) als absoluter Favorit hervorging. Eher erstaunlich war dabei, daß auch die "eingefleischten HipHop- und Techno-Fans" dem Song viele Punkte gaben.

Zum Arrangement

Das **Notenbeispiel ist einen Halbton tiefer** als das Original notiert. Grund: Die Originaltonart ist Ges-Dur (Vorzeichen: 6 b), die notierte Tonart ist F-Dur (Vorzeichen: 1b). Weitere Abweichungen resultieren aus der Lesbarkeit der Noten: Die Singstimme wurde eine Oktave tiefer, die Baß-Stimme zu einem großen Teil eine Oktave höher als das Original notiert.

Wie gewohnt arbeitete Jackson mit den hervorragendsten Musikern und den routiniertesten Studio-Technikern. Das zeigt sich auch am vorliegenden Song: die Instrumente sind weder besonders virtuos, noch besonders dominant. Dafür werden sie sparsam (Beispiel: Harfe, Gitarre) und effekt- und druckvoll (Keyboards) eingesetzt. Die Instrumentalisten halten sich zwar zurück (Baß), zeigen aber an spielerischen Details, daß sie selbstverständlich neben der einfachen Grundstimme zu gekonnten, lockeren Einwürfen fähig sind.
Der Song eignet sich aus zwei Gründen besonders gut, um von einer Schulklasse interpretiert zu werden (vergleiche auch "We Are The World", ⇨ "Rockmusik", Seite 271 ff).

- Die Verse 3 - 6 werden von verschiedenen Vorsängerinnen und -Sängern interpretiert, die Choreinwürfe übernimmt die Klasse.
- Die Instrumental-Stimmen sind auch von wenig erfahrenen Musikern zu realisieren. Beispiel: Die Keyboardstimme kann, mit einem vollen Sound aus "warmen Streicherstimmen" auf den Akkordtönen, auch ganz einfach nach der Akkordbezifferung gespielt werden.

Die **Hi-Hat-Stimme** von Takt 17 bis 24 wird beim ersten Durchgang mit einem Schellenring gespielt, beim zweiten Durchgang spielt die Hi-Hat regelmäßige Achtel.
Die Form des Songs ist aus dem Text (siehe Seite 118) ersichtlich.

Zum Vorgehen

Als Einstieg eignet sich die Stelle ab 3. Vers (Takt 38) besonders gut. Die Klasse singt den Chor-Part "What about us". Obwohl die Stelle einstimmig notiert ist, empfiehlt es sich, gleich die Dreiklänge a-moll und D-Dur zu üben, und die Stelle dreistimmig zu singen. **1. Stimme: d - c / 2. Stimme: fis - e / 3. Stimme: a - g**
Mit dieser Stimmenführung entsteht (im Zusammenklang mit der Klavierbeigleitung) in a-moll automatisch ein am7-Akkord. Dazwischen werden die Einwürfe der Hauptstimme mit den zwei Tönen a und c "improvisiert". **Jeder Schüler singt eine Zeile**. Dabei ist zu beachten, daß dieser Songteil zu einem großen Teil vom Power-Gesang Jacksons lebt. Es muß klar werden, daß die Stimme - wie auch die Bilder auf dem Video - viel Energie ausstrahlt. Nach und nach können Schlagzeug, Baß (evtl. auf den Grundtönen) und Keyboards dazugenommen werden.
Mit jüngeren Schülern könnten Strophe und Refrain auch nur mit Klavierbegleitung, ab Vers 3 mit den weiteren Instrumenten gespielt werden.

Earth Song

Vers 1:
What about sunrise,
What about rain,
What about all the things
that you said we were to gain?
What about killing fields,
Is there a time,
What about all the things
that you said was yours and mine?
Did you ever stop to notice
all the blood we've shed before?
Did you ever stop to notice
the crying Earth, the weeping shores?
Refrain
Ah, ah, ooh, ooh, ah. ah. ooh.
Vers 2
What have we done to the world,
look what we've done?
What about all the peace,
that you pledge your only son?
What about flowering fields,
is there a time?
What about all the dreams
that you said was yours and mine?
Did you ever stop to notice
all the children dead from war?
Did you ever stop to notice
the crying Earth, the weeping shores?
Refrain
Bridge
I used to dream,
I used to glance beyond the stars
Now I don't know where we are,
although I know we've drifted far.
Refrain / **Refrain** (Halbton höher)
Vers 3
Hey, what about yesterday?
(What about us?)
What about the seas?
The heavens are falling down.
I can't even breathe.
What about the bleeding Earth?
Can't we feel it's wounds?
What about nature's worth?
It's our planet's womb.
Vers 4
What about animals?
(What about it?)
We've turned kingdoms to dust?
(What about us?)
What about elephants?
Have we lost their trust?
What about crying whales?
We're ravaging the seas,
What about forest trails, (Ooh, ooh.)
Burnt despite our pleas?
Vers 5
What about the holy land,
(What about it?)
Torn apart by greed?
What about the common man,
Can't we set him free?
What about the children dying?
Can't you hear them cry?
Where did we go wrong?
Someone tell me why.
Vers 6
What about babies
(What about it?)
What about the days?
What about all their joy?
What about the man?
What about the crying man?
What about Abraham?
What about death again?
Do we give a damn?

Vers 1
Was ist denn mit dem Sonnenaufgang
und dem Regen
Was ist denn mit all den Dingen
von denen du sagtest, wir hätten sie noch vor uns ?
Was ist mit den Schlachtfeldern,
gibt es eine Zeit dafür ?
Was ist mit all den Dingen
von denen du gesagt hast, sie gehörten uns beiden ?
Hast du je innegehalten und all das Blut gesehen,
das wir schon vergossen haben ?
Hast du je die schreiende Erde wahrgenommen,
die weinenden Küsten ?
Refrain

Vers 2
Was haben wir der Welt angetan,
sieh' was wir getan haben
Was ist mit dem Frieden
dem du deinen einzigen Sohn anvertraust
Was ist mit blühenden Feldern,
gibt es eine Zeit dafür ?
Was ist mit all den Träumen,
die wir doch
gemeinsam träumen wollten ?
Hast du je all die Kinder bemerkt,
die im Krieg getötet wurden ?
Hast du je die schreiende Erde wahrgenommen,
die weinenden Küsten ? **Refrain**
Bridge
Früher habe ich noch geträumt
Ich habe hinter die Sterne geschaut
Jetzt weiß ich nicht, wo wir sind, obwohl
Ich weiß, daß wir weit abgetrieben worden sind
Refrain
Vers 3
Hey - was ist mit gestern ?
(Was ist mit uns ?)
Was ist mit den Meeren ?
Der Himmel fällt herunter.
Ich kann nicht einmal atmen.
Was ist mit der blutenden Erde ?
Können wir ihre Wunden denn nicht fühlen ?
Was ist mit unserer Wertschätzung für die Natur ?
Sie ist die Gebärmutter (der Schutz) unseres Planeten.
Vers 4
Was ist mit den Tieren ?
(Was ist damit?)
Haben wir Königreiche zerstört ?
(Was ist mit uns ?)
Was ist mit den Elefanten ?
Haben wir ihr Vertrauen verloren ?
Was ist mit den weinenden Walen ?
Wir zerstören die Meere,
Was ist mit den Pfaden,
Die trotz unserer Bitten in den Wald geschlagen wurden ?
Vers 5
Was ist mit dem Heiligen Land,
(Was ist damit ?)
Vom Glauben zerrissen ?
Was ist mit den gewöhnlichen Menschen,
Können wir ihnen keine Freiheit geben ?
Was ist mit den sterbenden Kindern ?
Kannst du sie nicht weinen hören ?
Was haben wir falsch gemacht (wo haben wir uns geirrt ?)
Jemand soll mir sagen, warum.
Vers 6
Was ist mit Babies ?
(Was ist damit ?)
Was ist mit den Tagen
und all ihren Freuden ?
Was ist mit dem Menschen ?
Dem schreienden Menschen ?
Was ist mit Abraham ?
Und wieder mit dem Tod ?
Schert's uns einen Dreck ?

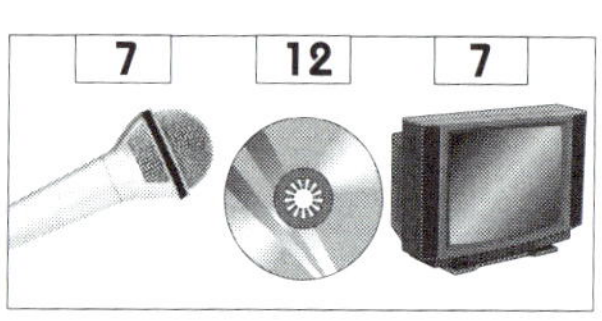

Earth Song

Text & Musik: Michael Jackson
Transkription: Kurt Rohrbach

Cm7 F B Gm Cm D
e-ver stop to no-tice all the blood we've shed be-fore? Did you ev-er stop to no-tice the cry-ing Earth, the weep - ing shores? Ah,
Refrain
Gm C Gm C Gm C Gm C
ah, ooh, ooh, Ah,
Gm C Gm C Gm C D
ah, ooh.
V
P
G
B
Dr

Bridge
Cm F B Gm Cm
V
I used to dream, I used to glance be-yond the stars. Now I don't know where we are, al -
P
B
Dr
D
D.S. al Coda
Am D Am D
though I know we've drift - ed far. Ah, Ah, ah, ooh,
Am D Am D Am D Am D Am D
ooh, Ah, ah, ooh.

Vers 3

E Am D Am D
Hey, what a-bout yes - ter-day? (What a-bout us?) What a-bout the seas? (What a-bout
Am D Am D Am D
us?) The heav - ens are fall - ing down. (What a-bout us?) I can't e-ven breathe. (What a-bout us?) What a-bout the bleed-ing Earth? (What a-bout
Am D Am D E
us?) Can't we feel it's wounds? (What a-bout us?) What a-bout na-ture's worth? (Ooh, ooh) It's our plan-et's womb. (What a-bout

J' irai où tu iras

Ihre Karriere begann Céline als kleines Mädchen. Sie wuchs als 14. Kind in der Familie Dion auf und beschäftigte sich, wie auch ihre anderen Geschwister, schon sehr früh mit Musik.
Mit 12 Jahren bannte sie ihr erstes Lied ("Ce n'était qu'un rêve") zu Hause in der Küche auf Band. Kurze Zeit später hörte der Manager René Angelil (den sie 1994 heiratete) das Band, und ein Jahr später ermöglichte er Céline die Produktion einer ersten Schallplatte. Diese kam 1981 unter dem Titel "La voix du bon Dieu" auf den Markt. Von jenem Zeitpunkt an begann die Karriere der Céline Dion. Die ersten Gold- und Platinauszeichnungen, Felix-Trophäen und eine goldene Medaille in Tokio heimste sie 1987 für die erste CD "Incognito" ein.
600 Millionen Zuschauer sahen ihren Siegeszug beim 33. Grand Prix d'Eurovision 1988, als sie für die Schweiz den Wettbewerb gewann.
Das hervorragende Debüt in englischer Sprache gelang ihr mit dem Album "Unison", welches mit namhaften Produzenten (David Foster, Andy Goldmark u.a.) eingespielt und über eine Million Mal verkauft wurde. Die Sängerin komponiert nicht selbst, sie kann mittlerweile aus einem riesigen Angebot auswählen.
An der Oscar-Verleihung 1992 interpretierte die Kanadierin zusammen mit Peabo Bryson das Titelstück des Walt-Disney-Trickfilms **"Beauty And The Beast"**, wofür sie einen Oscar für den besten Film-Song kassierten. Zur gleichen Zeit erschien ihr zweites Album in englischer Sprache, unter dem Titel "Céline Dion". Es ging über 3 Millionen Mal über den Ladentisch.
Gerade in diesem Album wird deutlich, daß die Stärke der zierlichen Powerfrau ihre Stimme ist.

Céline Dion

"Ich kann mich sehr glücklich schätzen, eine solche Familie zu haben. Sie hat mich immer und überall unterstützt. Das war und ist immer noch sehr wichtig für mich. Meine Familie hat immer an mich geglaubt."
Céline Dion

> **"Die Stimmbänder sind wie jeder andere Muskel auch. Um ein gutes Resultat erzielen zu können, muß man trainieren"**
> (C. Dion)

Das nächste Album (8 Millionen) "The Color Of My Love" enthielt zwei große Hits: "The Power Of Love" und "Think Twice". Der zweite Titel wurde als Single ausgekoppelt. Mit dem Album und der Single stellte Céline in England einen neuen Rekord auf: Sieben Wochen lang lagen beide Titel auf Platz eins und zwei der britischen Charts. Der frühere Rekord der Beatles lag bei fünf Wochen.
1995 wurde ein neues, spezielles Album in französischer Sprache von Céline Dion auf den Markt gebracht: "D' Eux" wurde von Jean-Jacques Goldman ausschließlich für sie geschrieben. Anschließend unternahm sie eine umfangreiche Tournee durch die USA und ganz Europa.
Ein Jahr später folgte wiederum ein Album in englischer Sprache. "Falling Into Love" und fand international sehr großes Interesse; Céline Dion hatte den Durchbruch geschafft.

Zum Chanson

"J'irai où tu iras" ist das schnellste Rockchanson auf dem Album **"D'Eux"**. Céline Dion demonstriert auch hier, daß sie ihre Einflüsse im schwarzen Soul und Rhythm & Blues gefunden hat. Als Gesangs-Partner amtiert der französische Komponist, Arrangeur und **multimediale Superstar Jean-Jacques Goldman**.
Der internationale Siegeszug der Sängerin hat bewirkt, daß die Schülerinnen und Schüler verschiedene Titel bereits kennen. In diesem Zusammenhang lohnt es sich, vorgängig einmal eine kleine "Bestandesaufnahme" in der Schulklasse durchzuführen, um abzuklären, wie präsent die französische Musikszene in unseren Schulen ist.

Wird die Musik unseres Nachbarlandes ignoriert, oder sind (durch die verschiedenen Hit-Paraden-Plazierungen der vergangenen Monate) Namen wie Patricia Kaas, Jean-Jacques Goldman, Renaud, Sens Unik und Céline Dion bekannt und vielleicht beliebt? Oder ist es sogar so, daß eine Abneigung gegenüber der französischen Szene existiert, weil die Texte nicht verstanden werden? (Anmerkung: welche Schüler verstehen denn die Slang-Texte der HipHop-Szene?)

Musik-Französisch

Hier bietet sich wieder einmal Gelegenheit für eine Zusammenarbeit, für ein fächerübergreifendes Thema in der Musik und dem **Französisch-Unterricht**! Eine große Auswahl französischer Chansons bietet sich an, im Fremdsprachen-Unterricht übersetzt, gehört, besprochen und gesungen zu werden. Für die sprachliche Gewandtheit und die Erweiterung des Wortschatzes ist ein Lied ein dankbares Objekt und erlaubt einen spielerischen Umgang mit der fremden Sprache. (siehe auch "Chansons pour toi"-Hefte)

Zum Text

Der Text von "J'irai où tu iras" ist recht anspruchsvoll und nicht auf Anhieb verständlich. Je nach den Französischkenntnissen der Schulklasse empfiehlt es sich, die sinngemässe deutsche Übersetzung beizugeben. Vor allem sollte klar werden, daß dieses Chanson **als Duett** gesungen wird (Célin Dion, Jean-Jacques Goldman). Das immer wiederkehrende Thema Nummer eins in französischen Chansons ist, wie sollte es anders sein, natürlich "l'amour", die Liebe.

Die Hauptmelodie des Chansons eignet sich wohl kaum für einen Chor. Aus diesem Grund kann auf eine ganz präzise Einstudierung der Melodie mit der Klasse verzichtet werden. Viel wichtiger ist es, daß sich die Sängerinnen und Sänger zwar vom Original leiten lassen, aber versuchen, ihre eigene Interpretation anzustreben. Das können sie anschließend mit dem Playback versuchen. Hinweis: **Es ist für die Schüler einfacher, den fortlaufenden Text zu lesen, als den Text unter den Noten.**

Zum Arrangement

Das Chanson besteht aus vier Hauptteilen: Strophe Teil A + B, Refrain, und Bridge. Der Arrangeur hat die Teile jedes Mal einwenig anders instrumentiert, Goldman würzte gekonnt und sparsam, um dem Song Abwechslung und Steigerung zu geben. Das könnte ein Grund sein, als Einstieg in das Lied nicht mit dem Text zu beginnen, sondern mit der Form und der Instrumentierung:

Der Background-Chor kann, nachdem er mit der ganzen Klasse einstudiert worden ist, von einem Teil der Schüler interpretiert werden. Dabei ist **besonders auf das genaue Timing zu achten**! Es lohnt sich, die Chorstimmen mit dem Playback einzuüben.

Intro	(4 Takte)	2 Gitarren (die eine mit Disortion, verzerrt)
1. Strophe	Teil A	Klavier, Gitarren, wenig Keyboard, Hi-Hat (oder Cabasa) auf die Off-Beats (eins **und**...)
	Teil B	ohne Gitarren, Klavier, Chor (ganz im Hintergrund), Klatschen
Refrain		Dazu: Chor mit einem neuen Motiv, tiefes Tom, Gitarren
2. Strophe	Teil A	Dazu: Schlagzeug, Baß, Chor, Schellenring
	Teil B	
Refrain		
Bridge 1		Füllakkorde mit Keyboard, wichtiges Break in der letzten Zeile
Instrumentalteil		(8 Takte) Fußpauke, Samples, Geräusche, Stimmen
Bridge 2		ohne letzte Zeile. Bleibt in D-Dur! Gitarren
1. Strophe	Teil A	Fußpauke, 2. Stimme, 2. Teil: Alle Instrumente
	Teil B	
Refrain / Refrain		

Die Noten zu den Instrumenten wurden teilweise etwas vereinfacht dargestellt. Es sei auch noch einmal darauf hingewiesen, daß die verschiedenen Instrumente nicht alle gleichzeitig erscheinen. Beispiel: Im B-Teil der ersten Strophe erscheinen das Klatschen, der Background-Chor und die Gitarren nicht jedes Mal.

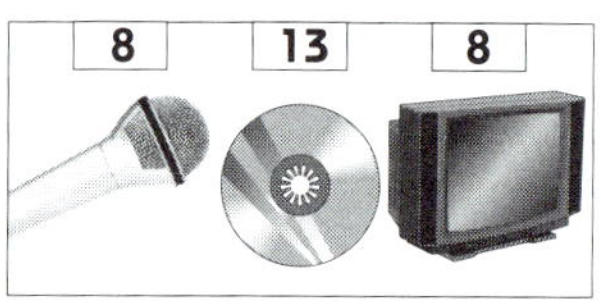

Die Männerstimme ist eine Oktave tiefer notiert, weil sie sonst für die meisten Schüler zu hoch wäre.

J' irai où tu iras

Text & Musik: Jean-Jacques Goldman
Transkription: Kurt Rohrbach

Intro

1. Strophe A

Em D C G
V Ch Gi P B
tor-rents sont vio-lence et les neiges sont é-ter-nelles. Chez moi les
Uh Uh Uh uh uh uh
G
loups sont à nos portes et tous les en-fants les com-prennent. On en-tend
Uh Uh Uh uh Uh uh
Em D C G
les cris de New York et les bâ-teaux sur la seine. Va pour tes
Uh uh Uh uh Uh uh

B
Em D C G
V
fo - rêts, tes loups, des gratte - ciel Va pour les tor - rents tes neiges é - ter - nelles. J'ha - bite où
Ch
Oh o
klatschen
P
B
Em D C
Refrain
Cisdim
tes yeux brillent où ton sang coule, où des bras me serrent. J'i - rai où tu i - ras,
Oh o
G C G C
mon pa - ys se - ra toi. J'i - rai où tu i - ras,
Uh uh uh uh Uh uh uh uh
Tiefes Tom
Dr

Em
D
G
33
V
qu' im- por - te la plac - e qu'im- por - te l'en - droit.
Je veux des
Ch
Gi
P
B
Dr

Bridge 1

D
Em
Prends tes clic et tes clac et tes rêves et ta vie tes mots, tes ta - ber- nacles et ta
Es
D
lan- gue d'i - ci. L'es- campette et la poudre et la fil - le de l'air. Mon - tre- moi tes e - dens, mon- tre
moi tes en- fers, tes nord et puis tes sud et tes zes- tes d'ou- est.

J'irai où tu iras
1. Strophe, A
Chez moi les forêts se balancent
et les toits grattent le ciel.
Les eaux des torrents sont violence
et les neiges sont éternelles.
Chez moi les loups sont à nos portes
et tous les enfants les comprennent.
On entend les cris de New York
et les bâteaux sur la Seine.
B
Va pour tes forêts, tes loups, tes gratte-ciel
Va pour les torrents, tes neiges éternelles.
J'habite où tes yeux brillent où ton sang coule,
où des bras me serrent.

Refrain
J'irai où tu iras, mon pays sera toi.
J'irai où tu iras, qu' importe la place
qu'importe l'endroit.

2. Strophe, A
Je veux des cocotiers, des plages
et des palmiers sous le vent.
Le feu du soleil au visage
et le bleu des océans.
Je veux des chameaux, des mirages
et des déserts envoûtants
des caravanes et des voyages
comme sur les dépliants.
B
Va pour des cocotiers, tes rivages
va pour des lagons tout bleu balançant
J'habite où l'amour est un village,
la où l'on m'attend.
Refrain

Bridge
Prends tes clic et tes clac et tes rêves et ta vie
tes mots, tes tabernacles et ta langue d'ici.
L'escampette et la poudre et la fille de l'air.
Montre-moi tes edens, montre moi tes enfers,
tes nord et puis tes sud et tes zestes d'ouest.

1. Strophe
Bridge 2
Qu'importe j'irai où bon te semble
J'aime tes envies, j'aime ta lumière.
Tous les paysages te ressemblent
Quand tu les éclaires.
Refrain

Ich gehe, wohin du gehst (Sinngemässe Übersetzung)
1. Strophe, A
Bei mir wiegen sich die Wälder im Wind
die Dächer berühren den Himmel
Die Wildbäche stürzen ungestüm zu Tal
der Schnee bleibt ewig liegen
Bei mir stehen die Wölfe vor der Türe
und alle Kinder verstehen sie
Ich höre die Schreie New Yorks
und die Schiffe auf der Seine
B
Geh nur zu deinen Wäldern, deinen Wolkenkratzern
Geh zu deinen Wildbächen, deinem ewigen Schnee
Ich bin dort zu Hause, wo deine Augen funkeln,
dort, wo dein Blut fliesst, dort, wo deine Arme mich festhalten

Refrain
Ich gehe, wohin du gehst, du bist meine Heimat
Ich gehe, wohin du gehst,
wo dieser Ort auch immer sein mag

2. Strophe, A
Ich will Kokospalmen, Strände sehen,
Palmen, die sich im Wind wiegen
Ich will die Glut der Sonne auf meinem Gesicht spüren
und das Blau der Ozeane
Ich will Kamele sehen und eine Fata Morgana
ich will mich verzaubern lassen von den Wüsten,
den Karawanen und den Reisen, so wie auf den Reise-
prospekten beschrieben sind.
B
Geh nur zu deinen Palmen, deinen Stränden
Geh zu deinen blauen Lagunen
Ich bin dort zu Hause, wo die Liebe ein Dorf ist,
dort, wo ich erwartet werde
Refrain

Bridge
Nimm deine Siebensachen, deine Träume, dein Leben,
deine Worte, nimm alles, was dir heilig ist, deine Sprache
Mach dich aus dem Staub
Zeige mir dein Paradies, zeige mir deine Hölle
Zeige mir alle Orte dieser Welt

1. Strophe
Bridge 2
Ich gehe dorthin, wo du es für richtig hältst
Ich liebe deine Sehnsucht, dein Licht
Alle Orte dieser Welt nehmen deine Züge an
sobald du sie bewohnst und Wirklichkeit werden lässt
Refrain

Rock 'n' Roll Star

Auf der Erfolgswelle junger Gruppen, welche von Spontaneität und einem gewissen musikalischen Minimalismus geprägt waren, schwammen diverse Gruppen mit, welche unter dem Sammelbegriff **Brit-Pop** unterschiedliche Erfolge verbuchen konnten. Aus der großen Menge traten die **Bands Oasis und Blur** hervor.

Das Quartett Blur wurde 1989 in London gegründet und versuchte sich zuerst in der Dance-Scene. Im Frühjahr 1993 erschien ihre zweite CD, welche musikalisch ganz anders klang als die vorangegangenen Titel: Sie lehnten sich musikalisch an die typisch britischen Gruppen der 60er und frühen 70er Jahre (Beatles, Pink Floyd u.a.) und mischten dieser Musik oft einen Schuß Sex-Pistols bei. Die Gruppe war ein Senkrechtstarter mit verschiedenen Nummer-1-Hits. Sie hatten in ihrem Genre eigentlich nur eine Konkurrenz, und die kam aus dem eigenen Land: Oasis.

Mitte der 90er Jahre entbrannte in England eine **Hysterie** um die beiden Gruppen, die vergleichbar mit derjenigen der Beatles- und Rolling Stones-Fans war. Ein Großteil der Jugendlichen war entweder Fan von Blur oder von Oasis. Es wurden beispielsweise Wetten abgeschlossen welche Band als nächste auf das Siegerpodest der englischen Hitparade steigen würde.

Oasis

Zu Oasis gehören der Sänger Liam Gallagher (Gesang), Noel Gallagher (Gitarre), Paul Arthurs (Gitarre), Paul McGuigan, Baß, und Tony McCarrol (Schlagzeug). Die Band wurde 1991 gegründet und konnte schon im Frühjahr 1994 mit "Supersonic" ihre erste Chartnotierung verbuchen. In wenigen Monaten wurden sie - dank der uneingeschränkten Unterstützung der englischen Medien - die "Lieblinge der Nation" und kletterten mit "Live Forever" auf die vordersten Ränge der Hitparade. Nach verschiedenen Verkaufserfolgen veröffentlichten sie im selben Jahr das erste Album "Definitely Maybe" (mit dem ersten Titel "Rock 'n' Roll Star"). Die CD erreichte auf Anhieb Platz Nummer 1 in den britischen Charts. 1995 begann der Wettlauf mit Blur.

Zum Arrangement

"Rock 'n' Roll Star" ist ein Titel einer jugendlichen Band, welche von Jugendlichen ohne virtuose Instrumentaltechniken nachgespielt werden kann. Auffällig sind die einfachen Gitarrenläufe, die Melodie (erinnert irgendwie an frühe Beatles-Songs) und die etwas ungewöhnliche Form des Songs. Recht ungewöhnlich ist Wechsel auf die Viertel-Triolen gegen Ende des Songs. Dieser Teil sollte speziell eingeübt werden, wobei besonders auf das rhythmische Zusammenspiel der Instrumente geachtet werden muß.

- Die zweite Gitarre (mit viel Distortion) schrummt die Akkorde mit, die erste Gitarre brilliert höchstens durch ihre Einfachheit.
- Mädchen können die Melodie ohne Probleme auch **eine Oktave tiefer singen**, für Knaben ist diese Methode nicht zu empfehlen, da der spontane Gesang sehr schnell zu einem diffusen Gebrumm wird.
- Der Schellenring: Kann als spezieller Effekt dazugenommen werden: Ab Takt 9, auf die Zählzeiten 2 und 4.
- Form genau beachten.

Textlich braucht es vermutlich keine große Einführung; daß ein Sänger ein Rock 'n' Roll Star werden will, können sicher die meisten Jugendlichen bestens verstehen.

Rock 'n' Roll Star

Text & Musik: Noel Gallagher
Transkription: Kurt Rohrbach

Cism A H E
V
G 1
G 2
B
Dr
Strophe
H E H E
I live my life in the ci - ty
There'sno ea - sy way out
Cism A H E
The day's mo - ving just too fast for me
H E H E
I need some time in the sun - shine
I got - ta slow it night down
Cism A H
The day's mo - ving just too fast for me
I

Gism E H Hsus4 H Hsus4 H
live my life for the stars that shine People say it's just a waste of time
V
G 1
B
Gism E H
When they said I should feed my head That to me was just a day in bed I'll
Gism E H
take my car and drive real far They're not con-cer-ned a-bout the way we are
A Fis
in my mind my dreams are real Now you con-cerned a-bout the way I feel To-night
Chorus
A E H
I'm a Rock 'n' Roll star To-night
A E H 1. E
I'm a Rock 'n' Roll star
2./3. H A E H
To-night I'm a Rock 'n' Roll star
A E
You're not down with who I am Look at you now you roll

1. Solo
H
E
H
V
G 1
B
in my hands to - night
E
Cism
A
H
D.S. al Coda
Coda
2. Solo
H
A
To - night
Fis
E
Fis
E
G 2
Dr

Form

Intro 1	8 Takte
Intro 2	8 Takte
1. Strophe	16 Takte
	16 Takte
Chorus	8 Takte
1. Strophe	16 Takte
	16 Takte
Chorus	16 Takte
1. Solo	14 Takte
Chorus	11 Takte
Coda	
2. Solo	16 Takte
	8 Takte
Schluß	8 Takte
Fade Out	

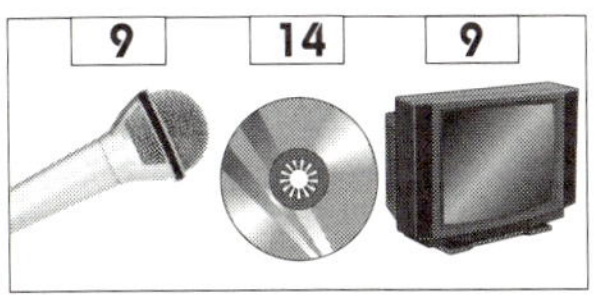

Rock 'n' Roll Star
1. Strophe
Live my life in the city
There's no easy way out
The day's moving just too fast for me
Need some time in the sunshine
Gotta slow it right down
The day's moving just too fast for me

I live my life for the stars that shine
People say it's just a waste of time
When they said I should just feed my head
That to me was just a day in bed
I'll take my car and I'll drive real far
To where they're not concerned about the way we are
,Cos in my mind my dreams are real
Are you concerned about the way I feel
Chorus
Tonight I'm a Rock 'n' Roll star

Rock 'n' Roll Star

Ich lebe in der City
Da gibt's keinen einfachen Ausweg
Es geht mir einfach alles zu schnell
Ich brauche ein bißchen Zeit an der Sonne
Muss' es gemütlicher nehmen
Es geht mir einfach alles zu schnell.

Ich lebe für die leuchtenden Sterne
Die Leute behaupten, das sei nur Zeitverschwendung
Als sie sagten, nur mein Kopf brauche Nahrung
War das für mich ein sinnloser Tag
Ich werde ins Auto steigen und ganz weit weg fahren
An einen Ort, wo sich niemand drum kümmert, wie wir sind. In meinem Kopf sind die Träume nämlich wahr
Bist du besorgt um mich ?
Chorus
Heute abend bin ich ein Rock 'n' Roll Star

Let It Rain

Mit Hits wie "Let It Rain" und "Stay Another Day" setzten sich **East 17** von der großen Menge der Boygroups wie Take That u.a. ab. Das Londoner Stadtmagazin "Time Out" schrieb einst über das Debütalbum des Pop-Quartetts: ",Walthamstow' hebt sich wie ein Leuchtfeuer in einem Meer voller Scheisse heraus." Mit konstantem Erfolg und harter Arbeit an ihrer Karriere sorgten die Boys aus dem Londoner Stadtteil E 17 für immer mehr Chart-Notierungen.

Inspiriert von Prince, Soul und dem Rhythm and Blues hatte Rapper und Songschreiber Anthony Mortimer 1991 in Walthamstow Freunde aus der Nachbarschaft und der Schule zusammengetrommelt, um seine Band zu gründen. So fand er in Sänger Brian Lee Harvey, Keyboarder John Darren Hendy und Rapper Terry Mark Coldwell die richtige Besetzung, die seine Wünsche und Ideen realisieren sollte. Innerhalb eines Jahres konnte er einen Vertrag bei London Records an Land ziehen, und nach einer Schultournee erreichte die Debütsingle "House Of Love" 1992 die britische Top Ten. Bald danach konnten sie den Erfolg auch auf andere europäische Länder ausdehnen.

Mit dem '94er Album "Steam" erreichte East 17 praktisch alle europäischen Hitlisten und hob sich definitiv vom Einheitsbrei der anderen Boygroups ab.

1996 folgte das Album "Up All Night", wiederum eine Mischung aus tanzbaren Titeln, eingängigen Melodien und gut dosierten Synthi-Einwürfen.

East 17

Zum Arrangement

"Let It Rain" mit einer Band nachzuspielen, ist ein lohnendes Experiment. Einerseits sollten das Einüben des Gesangs und die kurzen Melodielinien der Keyboards keine allzu großen Schwierigkeiten bereiten, andererseits wurde dieser Song mit dem (inzwischen üblichen) Produktionsverfahren, mit mehreren Samplern, Drumcomputern und analogen Synthis, zusammengestellt. Dadurch ergeben sich für die Reproduktion mit einem konventionellen Instrumentarium einige Probleme. Beispiel: Die schwebenden (mit Filtern modulierten) Keyboard-Klänge im Intro. Die rhythmischen Strukturen werden vom Sequenzer gesteuert.

Für das Nachspielen dieser Klänge kann kein allgemein gültiges Rezept abgegeben werden, denn das Resultat ist ganz wesentlich von den vorhandenen Keyboards abhängig. Am einfachsten ist es mit analogen Synthesizern, wo die Filter beliebig verändert werden können, oder mit den Rave- und HipHop-tauglichen Keyboards der neuesten Generation (siehe Seite 53).

Das Resultat kann aber noch mehr Spaß machen, wenn das Original absichtlich nicht genau kopiert wird, sondern mit den eigenen Möglichkeiten manipuliert wird!

Hinweise:

- Dem gesprochenen Text (vor den Noten) zur allgemeinen Orientierung bereits den Beat (evtl. mit Sticks) unterlegen.
- Auch den Baß mit Keyboard spielen.
- Am Schlagzeug kann der "normale" Grundschlag - nicht zu dominant - gespielt werden.
- Die Sprech- und Singstimmen auf mehrere Interpreten verteilen.

Form

Intro
Chorus
Instr. Teil
1. Strophe
Bridge
Chorus
Instr. Teil
2. Strophe
Bridge
Chorus
Instr. Teil
Chorus, Chorus

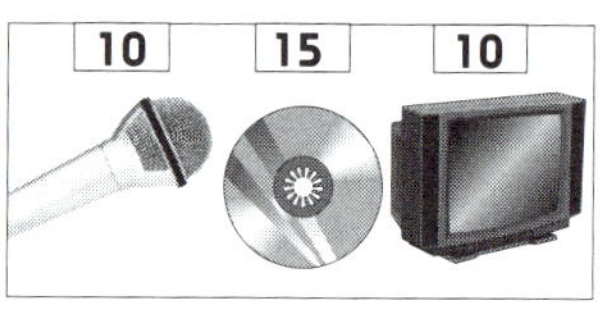

Let It Rain

Text & Musik: Mortimer, Kean, Harding, Curnow
Transkription: Kurt Rohrbach

Let It Rain

Gesprochen:

As we walk through the corridor of creation,
we see lands divide, nation against nation,
like comets they collide and we pray,
we pray for the unseen
to be seen by the eyes of man.
When heaven and earth are hand in hand,
Thy will be done.

Chorus

Love, let it rain, love, let it rain.

1. Strophe

Damn, get set for damage,
prepare the soul to control and manage,
cut the groove, make it rough like a chainsaw,
inject a beat, eat meat like a carnivore.
Trumpets sound and the wrath pours down,
angels dance to the new groove in town.
Clouds part, sky opens wide,
no place to run and no place to hide.

Chorus

Love rains down on me,
don't want to see it,
just wanna feel it.
Love knows no bondary
gotta believe it
and you'll receive it.

2. Strophe

Tribes 14 4 on the mount
Like an exodus to the final count
Music is blasting, silence everlasting
The call of the cosmos got the planets dancing
To send a new vibe, new ray, new day
A spiritual experience is gonna come your way
A vision, a vibe with a touch too tender
Your love to the lord, now it's time to surrender.

Laß es regnen

Wie wir durch die Schneise der Schöpfung wandern
sehen wir, wie sich Länder teilen, Nation gegen Nation
sie kollidieren wie Kometen und wir beten,
beten für die Ungesehenen, die nicht Beachteten,
daß die Menschheit sie sehen möge.
Wenn der Himmel und die Erde sich die Hand reichen,
Sei dein Wille geschehen.

Chorus

Liebe, laß es regnen.

1. Strophe

Verdammt, sei(d) gefaßt auf Schäden,
bereitet die Seele darauf vor, das alles zu bewältigen
durchbrecht den Groove und macht ihn hart/grob wie eine
Kettensäge.Werft einen Takt dazwischen, eßt wie die Fleisch-
fresser. Trompeten ertönen und der Zorn zerfliesst,
Engel tanzen zum neuen Groove in der Stadt.
Die Wolken teilen sich, der Himmel öffnet sich,
unmöglich, sich zu verstecken oder zu fliehen.

Chorus

Liebe regnet auf mich herab,
ich will sie nicht sehen,
nur fühlen will ich sie.
Die Liebe kennt keine Grenzen
das musst du glauben
dann wirst du sie auch empfangen/erfahren.

2. Strophe

Völkerstämme auf dem Aufstieg
wie ein Exodus zur endgültigen (Volks-)zählung
Musik auf vollen Touren, immerwährende Stille
Der Ruf des Kosmos bringt die Planeten zum Tanzen
Sie senden eine neue Atmosphäre, einen neuen Strahl, eine neue
Epoche. Ein spirituelles Erlebnis kommt auf euch zu
Eine Vision, eine Schwingung mit einem zarten Hauch
die Zeit ist gekommen, dich deiner Liebe zum Herrn hinzugeben

TEIL IV

Hard Rock

Hard Rock - Musik für starke Nerven

Als 1992 "Rockmusik - die Grundlagen" erschien, schrieb "Der Bund" - völlig zu Recht - in seiner Rezension: *(...) Gerade in den extremen Rockbereichen sind Schüler und Lehrer auf sorgfältige Insformationen angewiesen. Schade, daß - im sonst so klug aufgebauten Buch - Hardrock so stiefmüterlich behandelt wird...*

Diese Kritik war richtig, vermutlich konnte aber die Rezensentin nicht ahnen, aus welchem Grund weder der Musikstil noch die entsprechenden Songs ins Buch aufgenommen wurden. Eine kurze Erläuterung sei hier erlaubt, nicht zuletzt deshalb, weil das Hauptargument in direktem Zusammenhang mit diesem Kapitel steht:

"Rockmusik" richtete sich in erster Linie an Schülerbands, also an Gruppen und Schulklassen, welche - zusammen mit ihren Lehrern - erste Banderfahrungen in der Rockmusik machen wollten. Besonders in den Abteilungen Hard Rock, Heavy Metal und ähnlichen Stilarten steht und fällt ein Song mit schnellen, zum Teil äußerst virtuosen Gitarrenläufen, die in rasendem Tempo - mit verschiedenen spieltechnischen Effekten - eine tragende Funktion einnehmen. Mit diesen gitarristischen Anforderungen wären die meisten Schüler maßlos überfordert.

Selbstverständlich sind in der Zwischenzeit die spieltechnischen Anforderungen nicht geringer geworden - eher das Gegenteil ist der Fall. Es kann aber davon ausgegangen werden, daß der vorliegende Band auch von Schülern benutzt wird, die ihre ersten Gehversuche auf der Gitarre mit Erfolg absolviert haben, und die Erfahrung hat gezeigt, daß früher oder später bei jeder Band der Wunsch auftaucht, auch Musik der etwas härteren Sorte zu spielen - und diesem Wunsch sei im folgenden Kapitel entsprochen.

„Heavy Metal-Musiker sind erzkonservative Menschen. Die wollen ihren verzerrten Sound, und wenn man etwas daran ändern möchte - unmöglich."
(P. MacTaggart, Tontechniker)

Hard Rock

Rein musikalisch gesehen unterscheidet sich **Hard Rock** kaum von anderen Rock-Genres. Bemerkenswert ist der ausgiebige Gebrauch von **Verzerrern** (div. Effektgeräte), **übersteuerten Gitarrenverstärkern** und (häufig) brachialer **Lautstärk**e. Ebenso wichtig sind für die Fans die Kleidung, die (häufig) langen Haare, die charakteristischen Posen und das Auftreten der Musiker an den Konzerten.

Zahlreiche Bands tummeln sich im Grenzbereich zwischen Hardrock und weiteren Rock-Stilen. So kommt es relativ häufig vor, daß Gruppen für eine gewisse Zeit ihrer Karriere dem Hard Rock zugeordnet werden, später aber dann nicht mehr (Beispiel: Scorpions); oder daß Bands, welche eher aus der Punk- oder Grunge-Ecke kommen, an Hard Rock-Festivals auftreten (Pearl Jam, Soundgarden)

Unter den Hard Rock- Musikern befinden sich nicht wenige **exzellente Virtuosen**, die zu Unrecht von oberflächlichen Kritikern in denselben Topf geworfen werden, wie die (auch vorhandenen) stumpfsinnigen, niveaulosen Nacheiferer.

Headbanger wird der fanatische **Heavy Metal-Fan** genannt. Er tanzt wild gestikulierend, imaginär Gitarre-spielend direkt vor den PA-Boxen und schüttelt seinen Kopf im Takt der Musik.

Heavy Metal

Der Begriff entstand in den 70er Jahren und bezeichnet die noch etwas **härtere Form des Hard Rocks**. Genaue musikalische Definitionen existieren nicht, die Grenzen zum Hard Rock sind fließend. Eher entscheidend ist das Image, das oft von **Aggressivität und Gewalt** geprägt ist. Verschiedene Bands legen aber besonderen Wert darauf, nicht mißverstanden zu werden: Sie unterstützen die Gewalt nicht! Sie zeigen auf den Covers ihrer Platten eher das, was die Fans gern sehen wollen: Drachen, Zombies, Totenköpfe, Phantasie-Maschinen, Gitarren als umfunktionierte Gewehre - alles in bunten, grellen Farben.

Auffallend ist, daß Heavy Metal fast ausnahmslos von weißen Musikern gemacht wird, zu einem großen Teil von ausgezeichneten Gitarristen.

Siehe Black Sabbath, Alice Cooper, Anthrax, Bad Religion, Blue Öyster, Iron Maiden, Judas Priest u.v.a.

Speed Metal
Trash Metal

Letztlich nur eine noch schnellere, noch lautere Form des Hard Rocks.

In der Folge wird Hard Rock als Oberbegriff für alle weiteren Spielarten diese Genres verwendet.

Hardrock in der Schule?

Vor allem bei Schülern (seltener bei Schülerinnen) des 8. und 9. Schuljahres taucht immer wieder der Wunsch auf, Hard Rock zu hören oder zu spielen. Dieser Wunsch kann tatsächlich aus den **Hörgewohnheiten der Schüler** resultieren, er kann aber bewußt auch als **Provokation** ausgesprochen werden, da die Unsicherheit oder die Ablehnung der Lehrperson diesem Musikstil gegenüber bekannt ist. Die häufig gehörte allgemeine Ablehnung Erwachsener gegenüber dem Hard Rock beruht aber häufig einerseits auf mangelnden Kenntnissen, andererseits auf einseitigen Berichterstattungen über Auswüchse, wie sie in diesem Musikgenre tatsächlich vorkommen. Die Bemerkung sei aber erlaubt, daß üble Entgleisungen auch in anderen Musikgattungen vorkommen, daß aber deswegen nicht das ganze Umfeld diskriminiert wird. Wer würde schon die ganze Volksmusik-Szene wegen einzelner rechtsextremer Gruppen verunglimpfen, wer möchte auf die Mozart'sche Musik verzichten, nur weil der Meister zwischendurch sexistische Liedchen schrieb, oder welcher Marschmusik-Freund möchte auf das Trommler-Corps verzichten, das nun wirklich gehörschädigend ist.
Auch im Hard Rock (und noch mehr in den verwandten Stilarten) gibt es - und das sei nicht verschwiegen - eine Menge Musik, Texte, Bilder und Verhaltensmuster die jenseits der Toleranzgrenze liegen.

Wenn nun von Hard Rock die Rede ist, wenn in diesem Buch Bands und Songs vorgestellt werden, so sind damit nicht alle verwerflichen Extreme eingeschlossen; es wurde bewußt und absichtlich **eine Auswahl** getroffen!

Das Hard Rock-Magazin „Rock Hard" schrieb im Editorial der Juli Ausgabe 1995:
...Wir wollen uns hier weder krampfhaft rechtfertigen noch uns selbst bemitleiden - aber zumindest klarstellen, daß wir gewisse Bands nicht aus irgendeiner „Laune" heraus boykottieren. Wenn wir uns dazu entschließen, Anzeigen zu bestimmten Themen abzulehnen und auf Interviews oder Plattenkritiken zu verzichten (wie bei einigen Vertretern der Black- und Death Metal-Szene geschehen), dann haben wir unsere Gründe dafür.
Man mag uns Zensur und Meinungsmache vorwerfen - aber darum geht es letztlich nicht...wir wollen auch nicht den Moralapostel spielen - aber sobald sich jemand in der Öffentlichkeit in bedenklicher und menschenverachtender Weise äußert, haben wir das Recht, zu entscheiden, ob wir die betreffende Person im Rock Hard zu Wort kommen lassen oder nicht.

Es versteht sich wohl von selbst, daß die Haltung (des Magazins) bei der Behandlung von Hard Rock im Musikunterricht unterstützt und gefördert wird, und daß der Rahmen sogar noch etwas enger gesteckt werden darf als in einem Hard Rock-Magazin.

Feedback: engl. für Rückkoppelung. Entweder ein absichtlich erzeugter Effekt (mit Gitarre und Verstärker) oder eine unbeabsichtigte, unerwünschte Erscheinung in Live-Konzerten. Schallwellen aus einem nahen Lautsprecher treffen auf ein Mikrophon (oder auf das Pick-Up der Gitarre). Sie gelangen dadurch wieder über den Verstärker zu den Lautsprechern u.s.w.

Feedback-Geschichten

Die Legende erzählt, daß **Jimi Hendrix** nach einer langen Session seinen Amp nicht zudrehte. Als er am nächsten Tag seinen Verstärker wieder einstellte, begann seine Gitarre wundersame Heultöne von sich zu geben, was Hendrix völlig entzückte.

Das bekannteste Stück, in welchem Feedback eingesetzt wird, ist Hendrix' apokalyptische Version der amerikanischen Nationalhymne anläßlich des Woodstock-Festivals 1969.

Carlos Santana testete beim Soundcheck seinen Standort auf der Bühne genau und ließ Markierungen auf dem Bühnenboden anbringen, damit seine Feedback-Klänge nicht dem Zufall überlassen wurden.

Slayer

Doro

Es ist äußerst schwierig, einen Musikstil zu beschreiben, der so kontrovers, so breitgefächert und so undefinierbar ist wie Hard Rock. Die Unterschiede zwischen den einzelnen Bands (und vor allem ihr Image) sind so gewaltig wie in keinem anderen Stil. Die Abgrenzungen sind offensichtlich auch für einschlägige Journalisten (und die Fans) unklar. Wie könnte es sonst geschehen, daß relativ "sanfte" Rocker wie Bon Jovi und Queen sowohl in einem Heavy Metal-Lexikon (über 500 Bands verzeichnet!), als auch in den einschlägigen Hard Rock-Magazinen neben Bands wie Motörhead, Death, Sodom oder Overkill erscheinen, andererseits Bands wie Scorpions oder Aerosmith von den gleichen Schreibern als Schlager-Combo bezeichnet werden. Wichtig ist sicher nicht, wer von diesen Gruppen nun tatsächlich welchem Stil angehört, wichtig ist aber die Erkenntnis, daß **die Grenzen sehr offen sind**.

Was Hard Rock für sie bedeutet, haben Scott Ian und Frank Bello von Anthrax folgendermaßen zu erläutern versucht:

AGAINST EVERYONE

"Wenn ich an Heavy Metal denke, denke ich automatisch an 1981. Ich denke an Iron Maiden, Judas Priest, Motörhead, AC/DC - die New Wave Of British Heavy Metal. Das hat meiner Meinung nach nichts mit 1983 zu tun. Kann man Metallica noch als Heavy Metal-Band bezeichnen? Wir alle waren 1981 Metal-Bands, etwa bis 1985. Es muß 1986 gewesen sein, als Metallica, Slayer, Megadeth und wir - jeder für sich - eine eigene Nische fanden und uns musikalisch voneinander entfernten...Am besten wäre, man würde es einfach nur ‚Rock' nennen, oder Hard Rock, oder Rock 'n' Roll - es ist einfach harte Musik."

Nach "Sachlexikon Rockmusik":

Hard Rock ist eine Stilrichtung, in welcher der Beat im Viervierteltakt stark hervorgehoben und häufig das Blues-Schema in Harmonik und formalem Verlauf herangezogen wird...

Als Hard Rock wurden in der Geschichte der Rockmusik schon verschiedene Arten von Musik bezeichnet; zumeist wurde der Begriff auf eine ***kompromißlose Musik*** *bezogen, die Anbiederungen an ein nicht ausschließlich aus Fans bestehendes Publikum vermied. Auch stilüberschreitende Kompositionen wird man bei Hard Rock-Bands eher als Ausnahme finden.*

In diesem Sinne kann man The Who, Led Zeppelin, The Jimi Hendrix Experience, Deep Purple als die ersten Hard Rock-gruppen sehen, die diesen Rockstil Mitte der 60er Jahre begründeten.

Slayer

Definitionen

In „Bildgeschichte der Rockmusik":

Wie von seinen Verleumdern seit jeher behauptet wird, ist der 'Schwermetall'-Rock nichts weiter als ein Haufen Lärm; das sei keine Musik, das sei reine Verzerrung - und genau deshalb finden seine Anhänger ihn reizvoll.

Raven

Was weiter oben bereits angedeutet wurde, bestätigen die verschiedenen Statements zum Thema Hard Rock. Dieser Musikstil unterscheidet sich nicht in musikalischer Hinsicht von 'Rock' im allgemeinen.

Verzerrte Gitarren, übersteuerte Verstärker, überdimensionierte Lautstärke und der Viervierteltakt im Blues-Schema finden sich in Hunderten von Rocksongs.
Die entscheidende Abgrenzung manifestiert sich also einerseits in den Extremen (Tempo, Lautstärke, Verzerrer...) und einzelnen markanten Pattern, andererseits in der Kleidung, im Auftreten auf der Bühne, in den Bildern auf den Platten-Covers, in der Darstellung der Musiker (Fotos), teilweise in der Sprache und den Song-Texten...

Hardrock im Musikunterricht

Interessant, oft ernüchternd (für beide Seiten), aufschlußreich und informativ kann im Unterricht eine Diskussion zum Thema 'Hard Rock' sein:
Ausgangslage: Schülerinnen und Schüler bringen Material zum Thema ‚Hard Rock' in den Unterricht.

- Die **Fans** erläutern mit Platten, Videos und Bildern, was sie an dieser Musik fasziniert. Waren sie schon an Konzerten? Besitzen sie eigene CDs (oder nur vom Bruder ausgeliehen)? Gibt es auch Bands, die sie ablehnen? ...und wo ist da die Grenze?
- Andere Schüler versuchen darzustellen, warum sie diese Musik **ablehnen**. Wenn möglich auch mit Bildern und Tonbeispielen.
- Die anschließende (sachliche) Diskussion kann auch dann vom Lehrer geführt werden, wenn er kein Spezialist zu diesem Thema ist.

Mögliche Gesprächsthemen

- Der Text aus "Rock Hard" (siehe Seite 141). Wie stellen sich die Schüler dazu?
- Warum nennt sich eine Band Blood, Böhse Onkelz, Exorcist, Sadist, Blasphemy, Napalm, Terrorizer, Wehrmacht, Executioner, Overkill... (alles Namen von Gruppen!)
- Höre den Titel "Young Lust" von Aerosmith (Tonbeispiel 17). Warum ist einigen Schülern der Titel schon zu hart, während er für die anderen nur am Rande als Hard Rock gilt?
- Betrachte das Video von **AC/DC**, evtl. mit abgestelltem Ton (Videobeispiel 13): Welches sind typische Hard Rock-Posen? Vergleiche dazu typische Posen in anderen Musikstilen.
- Gibt es Passagen in den Musikbeispielen, die besonders hart, virtuos, melodiös, ansprechend oder mißlungen sind?
- Was fasziniert an der übertriebenen Lautstärke? Sind die Folgen bewußt? (vergleiche dazu ⇨ "Rockmusik", Seite 321)
- Hard Rock-Mode
- Vergleich: Hard Rock - Crossover - Punk - HipHop - House ...

Tips für die Hardrock-Band

Nick Holmes (Paradise Lost)

Scorpions

- Sänger: **Nicht in erster Linie das Original kopieren!** Die Stimme darf nicht strapaziert werden. Ausgehen von akzentuiertem, rhythmisch pointiertem Sprechgesang (wie Rap). Zuerst nur die Teile singen, die dem eigenen Stimmumfang entsprechen. Zu hohe Motive improvisierend umgestalten. Die Band muß in der Wahl der Grundtonart auf die stimmlichen Fähigkeiten des Sängers Rücksicht nehmen.
- **Keyboard**: Häufig werden Hammond-Orgel (Rock-Organ) oder piano-ähnliche Sounds eingesetzt. Futuristische Phantasieklänge sind eher selten.
- **Baß**: Häufig wird der Baß mit einem Plektrum gespielt. Wenig routinierten Bassisten kann das helfen, auch in schnellen Passagen rhythmisch genau und trotzdem mit einem "knakkigen" Sound zu spielen.
- **Schlagzeug**: Nicht Bedingung - aber häufig eingesetzt - werden **Doppel-Bass Drum**. Verschiedene Schlagzeuger verwenden zwei unabhängige Bass Drums, andere bevorzugen ein spezielles Doppel-Pedal für eine Trommel.

Jimi Hendrix

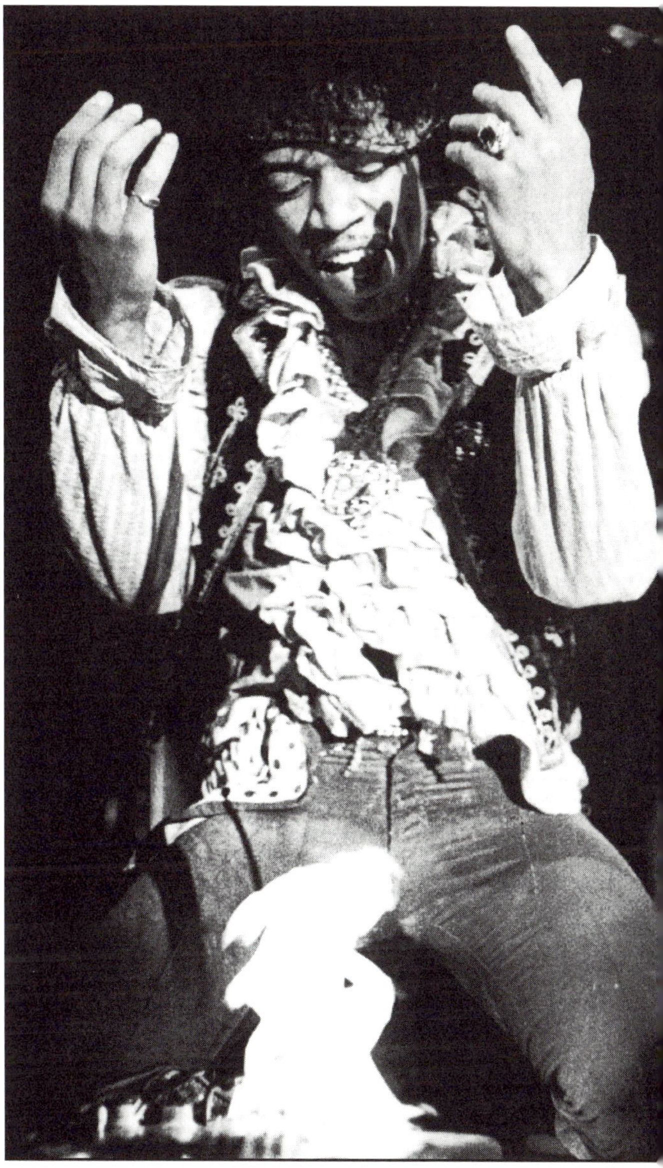

Als der **unumstritten größte Gitarrist** der Rockwelt gilt Jimi Hendrix (⇨ "Rockmusik", Seite 174). Er war sicher nicht im heutigen Sinn ein Hard Rock-Gitarrist, aber er war der Wegbereiter, der virtuose Fingerakrobatiker, der sämtliche Spielarten und Klang-Manipulationen demonstrierte. Der Linkshänder spielte den schnellsten Blues, traktierte die Saiten mit den Zähnen und der Zunge, spielte seine weiße Telecaster hinter dem Rücken, ließ das Instrument in gewaltigen Feedback-Eruptionen quietschen, pfeifen, kratzen, heulen und zündete es zum Schluß mit Feuerzeugbenzin an.

Johnny Allen Hendrix (der Enkel einer Cherokee-Indianerin) wurde am 27. November 1942 in Seattle geboren. Das Tänzerehepaar Hendrix ging bald auseinander, und nach seinem Fronteinsatz nahm der Vater den Dreijährigen zu sich und ließ ihn auf den Namen James Marshall Hendrix umtaufen.

Mit sechzehn Jahren verließ Hendrix die Schule begann sich für Rock'n'Roll zu begeistern, er mußte dann aber zur Armee, in den Süden der USA. Nach seiner Entlassung tingelte er durch Louisiana und Mississippi, spielte mit den unterschiedlichsten Musikern und war begeistert von B.B. King.

Den ersten professionellen Einstieg ins Musikbusiness verdankte er 1963 Little Richard (⇨ "Rockmusik", Seite 115) . Doch auf der Südstaaten-Tournee zeigte sich bald, daß der selbsternannte "King Of Rock'n'Roll" keinen initiativen Gitarristen neben sich dulden konnte. Hendrix schloß sich für kurze Zeit der Band von Ike & Tina Turner (⇨ "Rockmusik", Seite 260) an. Innerhalb von zwei Jahren spielte Jimi mit den Supremes, Albert King, Jackie Wilson, Muddy Waters, King Curtis, Paul Hammond, den Isley Brothers und vielen anderen.

Ab 1965 trat er mit seiner eigenen Band, **Jimmy James & The Blue Flames,** vor staunendem Publikum in New York auf. Seine Virtuosität, die egomanische Show und der heisere Gesang faszinierten besonders die zahlreichen Gitarristen im Club. So auch den Ex-Animals-Bassisten (⇨ "Rockmusik", Seite 169) Chas Chandler und dessen Partner Michael Jeffrey. Die beiden übernahmen fortan das Management Hendrix' und kassierten in der Folge 30% (!) der Einnahmen aus allen Hendrix-Veröffentlichungen. Chandler verschaffte Hendrix eine Arbeitserlaubnis für England, und im September 1966 flog der Gitarrist nach London, wo er mit Mitch Michel (Schlagzeug) und Noel Redding (Baß) das Trio **Jimi Hendrix Experience** gründete. Die ersten Erfolge waren "Hey Joe" und "Purple Haze". Innerhalb eines Jahres wurde Hendrix zum **Star, zum Propheten der Hippie-Generation, zum aufregendsten Gitarristen**, eilte von TV-Auftritten zu Presse-Terminen und reiste für Konzerte durch die halbe Welt. Die Zeit reichte sogar noch für zwei erfolgreiche Alben: "Are You Experienced?" und "Axis Bold As Love".

Sein hektischer, unsolider Lebenswandel, die respektlose Haltung gegenüber dem Establishment, Drogen-Exzesse und seine exotischen Kleidung verhalfen ihm, neben dem fulminanten Gitarrenspiel, zum Superstar-Status, zur Inkarnation des Underground-Helden.

1968 war **"Electric Ladyland"** - das schon bald zur Kultalbum werde sollte - der Anlaß für eine Menge Ärger: Hendrix zerstritt sich mit seinen Musikern, und wegen 19 nackter Damen auf dem Cover liefen sowohl Englands Plattenhändler wie auch Amerikas Frauenorganisationen Sturm.

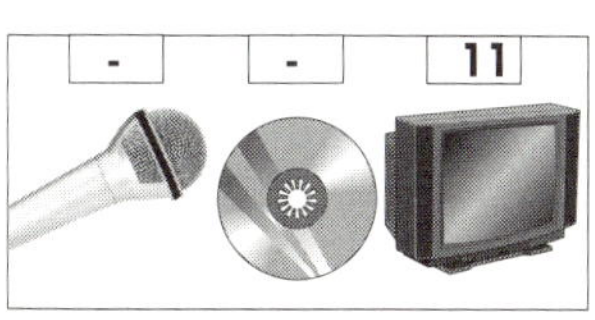

Hendrix ging nach New York und richtete dort sein Studio "Electric Lady" ein. Unter den zahlreichen Konzerten sei das Gastspiel in Toronto erwähnt, für welches er die damalige Traum-Gage von 100'000 Dollar erhielt.

Einen großen Teil des Geldes kassierte aber Michael Jeffrey, der Chandlers Rechte für 300 000 Dollar gekauft hatte. Die dreiwöchige Tour 1969 durch die USA brachte zwar rund 1,5 Millionen Dollar, Hendrix konnte die Konzerte aber nur mit einem immensen Drogenkonsum durchstehen. Im Mai wurde er vom kanadischen Zoll wegen Hasch- und Heroinbesitzes verhaftet und gegen Kaution wieder freigelassen. Am legendären **Woodstock-Festival** zelebrierte Hendrix vor fast 500'000 Zuschauern seine verzerrte, apokalyptische Vision der amerikanischen Nationalhymne "Star Spangled Banner".
Sein Gesundheitszustand verschlechterte sich zusehends und erlaubte ihm, neben katastrophalen, unter Drogen gespielten Konzerten, nur noch zwei Höhepunkte: Am Silvesterabend 1969 stand er für ein einziges, auf Platte festgehaltenes Konzert mit der Band Of Gypsies auf der Bühne des Fillmore East in New York; dann entstand das letzte Studioalbum "The Cry Of Love". Die beiden LPs wurden ein Erfolg, doch Jimi Hendrix erlebte das nicht mehr. Er starb am 18. September 1970 an den Folgen übermäßigen Schlaftabletten-Konsums in seinem Apartment in London. Nach seinem Tod wurde der Plattenmarkt von unzähligen, qualitativ oft miserablen und schlecht "überarbeiteten" Platten überschwemmt. Der Streit zwischen den Erben und den Managern war auch Mitte der 90er Jahre noch nicht abgeschlossen.

Metallica

Die Band wurde 1981 in Los Angeles gegründet und gehörte in der zweiten Hälfte der 80er Jahre zweifellos zu den innovativsten Bands des **Speed Metal**. Doch Metallica läßt sich nicht in ein bestimmtes Schema pressen, weil sich jedes neue Album (teilweise grundlegend) von den vorangegangenen unterscheidet. So verliert die Band zwar jeweils einen Teil ihrer Fans, gewinnt aber andere (oft jüngere) hinzu. Mit dieser "Tradition" mußten sich auch (die konservativen) Speed Metal-Fans 1996 abfinden, als, nach fünfjähriger Pause, das Album "Load" erschien und bestätigte, daß Metallica zwar noch immer wuchtige Gitarren-Riffs einspielten, aber die Etikette "Metall" tatsächlich überholt war. Hit: "Enter Sandman" (1991).

Deutschland

Ein gezielter Umgang mit der deutschen Sprache findet sich auch im Bereich der relativ jungen deutschen Heavy Metal-Szene. Nachdem schon Bands wie **Schweißer, Eisenvater und Fleischmann Heavy Metal** ins Deutsche übersetzt hatten, gaben **Rammstein** aus dem ehemaligen Ostberlin und **Kind Tot** aus Wuppertal aktuelle Beispiele des neuen deutschen Metals. Rammsteins Debüt "Herzeleid" sticht als präzises, brachiales Werk heraus: Gewalttätige Bilder werden in stark reduzierter Lyrik scharf artikuliert. Dazu der Keyboarder Christian Lorenz: "Mit Rammstein machen wir unser eigenes Ding, wir sind reduziert, kraftvoll und deutsch."

Scorpions ist die seit Jahrzehnten international erfolgreichste deutsche Band.

Mitte der 90er Jahre blühte der Hard Rock im deutschsprachigen Raum - unter der Bezeichnung **Hardcore** - mit jungen Bands und neuem Image - wieder auf. Ein relativ gut dotierter Underground-Handel richtet sich vor allem an Insider. Schon etwas bekannter sind z.B. die **Ryker's** aus Kassel. Sie veröffentlichten "Ground Zero", ein Album von brachialer Gewalt und ungewohnter Härte, unterstützt von zwei (sicher nicht VIVA-kompatiblen) Videos.
Daneben spielen **Böhse Onkelz** aus Frankfurt schon fast "konventionellen" Hard Rock. Die Band, 1980 gegründet, konnte/wollte sich anfänglich stilistisch nicht festlegen und stand irgendwo zwischen Punk, Hardcore und der Skinheads-Szene. Als sie 1993 beim "Rock gegen Rechts"-Festival auftreten wollten, wurde das von Maffay, Lindenberg u.a. zwar verhindert, führte aber dazu, das die Böhsen Onkelz im selben Jahr zwei eigene "Rock gegen Rechts"-Festivals organisierten. Die Band hat seit ihrer Gründung ein Dutzend LPs und CDs veröffentlicht und kann auf eine wachsende Fan-Gemeinschaft zählen.
Das Debütalbum "Eisenkopf" der **Schweißer** verkaufte sich zwar nicht millionenfach, brachte der Münchner Band aber viel Prestige und Einladungen an die großen Metal-Open-Airs. 1996 erschien ihre zweite CD "Willkommen im Club".

Die erste deutsche Rockband, welche **internationale Erfolge** - von den USA bis Japan und ganz Europa - vorweisen kann, sind die **Scorpions**. Kann die Band mittlerweile auf Millionen von Fans und verkauften Platten verweisen, stößt sie bei Kritikern der verschiedensten Lager immer wieder auf Ablehnung. So bezeichnet sie Matthias Herr in seinem "Heavy Metal Lexikon, Vol. 1" als "...zu geldgierigen Clowns verkommenen einstigen Hard Rock'n'Rollern".

Rudolf Schenker gründete 1965 im niedersächsischen Sarstedt die Scorpions, mit dem Ziel, Beat-Musik zu machen. Doch der Erfolg ließ lange auf sich warten: "Lonesome Crow" hieß 1972 das Debütalbum, gefolgt von "Fly To The Rainbow" (1974) und "In Trance" (1975). Aber erst "**Virgin Killer**", ein Jahr später, markierte den definitiven Durchbruch der Scorpions und wurde ihr erstes Goldalbum in Japan. "Taken By Force" (1977) und das Livedokument der ersten Japan-Tournee, "Tokyo Tapes" (1978), festigten den internationalen Ruf der Band nachhaltig. Der Sprung in die britischen Charts folgte 1979 mit "Lovedrive".

Scorpions

Nach verschiedenen Wechseln in der Besetzung setzte sich 1980 die Band folgendermaßen zusammen: Klaus Meine (Gesang), Rudolf Schenker (Gitarre), Matthias Jabs (Gitarre), Francis Buchholz (Baß) und Hermann Rarebell (Schlagzeug).

In die Billboard-Charts gelangten die Scorpions mit "Blackout" (1982) , verbunden mit verschiedenen Konzerten in den USA. 1985 spielten sie am ersten "Rock in Rio"-Festival vor 350 000 Fans. Der melodiöse Hardrock war nun ihr Markenzeichen geworden, was ihnen in diesen Jahren die größten Erfolge und breiteste Anerkennung verschaffte.

Die melodiöse Ballade "Still Loving You" aus dem '84er Album "Love At First Sting" brachte ihnen einerseits zahlreiche neue Fans, verpaßte der Band aber ein Image, von welchem sich die Rocker der harten Fraktion mit Grauen abwendeten. Das Album "Savage Amusement" öffnete den Scorpions auch den Weg gegen Osten, was in 10 ausverkauften Konzerten in Leningrad einen Höhepunkt fand. 1989 spielten die Fünf anläßlich des "Moscow Peace"- Festivals im Lenin-Stadion. Dieses Ereignis und sein politisches Umfeld führte schließlich 1990 zur Glasnost-Hymne "Wind Of Change". Auf "Face The Heat" 1993 zupfte bereits der Hamburger Ralph Rieckermann die Saiten des Basses, und auch auf der folgenden Welttournee war er dabei. Eine weitere Tour, die CD "Pure Instinct" im Gepäck, führte 1996 von Europa nach Südostasien, USA, Rußland, Australien, Neuseeland, Mittel- und Südamerika.

Doro

Doro Pesch wurde 1964 in der Nähe von Düsseldorf geboren, gründete mit 17 Jahren ihre erste Band, aus der sich 1983 die Hard Rock-Band **Warlock** entwickelte. Im Sommer 1986 eröffnete sie mit ihrer Band das britische "Monsters Of Rock"-Festival und schaffte damit als eine der ersten deutschen Frauen den Durchbruch in die bisherige Männerdomäne. Im Oktober 1987 erschien "Triumph & Agony", ein Album, von dem im ersten Jahr mehr als 400'000 Einheiten verkauft werden konnten.

Nach der Auflösung von Warlock arbeitete Doro an ihrer **Solokarriere** und produzierte ihre Songs teilweise in New York und Philadelphia. Das Album "Doro" hielt sich ganze 20 Wochen in den Charts. Nach weiteren Alben folgte 1993 das neunte Album "Angels Never Die".

Die Kritiken sowohl ihrer Konzerte als auch ihrer Platten waren - während ihrer ganzen Karriere - so kontrovers wie bei keiner anderen Sängerin. So standen neben den überschwenglichen Kritiken in diversen Magazinen die Verrisse im Heavy Metal Lexikon Vol. 4.

Schweiz

Marc Storace

Obwohl es natürlich auch in der Schweiz zahlreiche Hard Rock-Bands gegeben hat - und immer noch neue entstehen, seien hier als Beispiel die zwei bekanntesten erwähnt:

Krokus

Die Solothurner Gruppe Krokus versuchte im Frühling 1994 ein Comeback. Die erfolgreichsten Schweizer Hardrocker stiegen, gestärkt nach langer Pause, wieder auf die "Bretter, die die Welt bedeuten". Doch trotz wohlwollender Medien-Unterstützung und den Highlights aus 10 Krokus-Alben schafften sie es nicht, an die Erfolge vergangener Zeiten anzuknüpfen.

1979 hatte Krokus, mit ihrem charismatischen Sänger Marc Storace, Fernando von Arb (Gitarre), und Chris von Rohr (Baß) den Durchbruch gebracht: 60 000 verkaufte Hardrock-LPs (allein auf dem kleinen Schweizer Markt) waren beachtlich. Anschließende Tourneen durch Europa und die USA etablierten die Band in der internationalen Schwermetall-Szene. Die 80er LP **"Metal Rendez-Vous"** war ein Volltreffer, welcher Krokus in die erste Liga der Hardrocker katapultierte und nur noch von **"Headhunter"** (LP 1983) überboten wurde. Interne Streitigkeiten führten zu verschiedenen Wechseln und zur Auflösung der Band.

Gotthard

Schon ihr erstes Mini-Album "Gotthard" (1992) hatte das in Lugano ansässige Quartett unter professionellen Bedingungen eingespielt und landete damit für 15 Wochen in der Schweizer Hitparade. Für die Einspielung des zweiten Albums "Dial Hard" (1994) flog die Band mit ihrem Produzenten, dem ehemaligen Krokus-Bassisten Chris von Rohr, für acht Wochen nach Los Angeles. Die anschließenden Tourneen in der Schweiz, Deutschland und Japan verschafften der Band internationale Anerkennung und eine wachsende Fan-Gemeinde.
1996 konnte sich Gotthard mit "G." nochmals steigern. Die Aufnahmen wurden diesmal im renommierten A&M Studio in Hollywood gemacht. Das Album sprang in der Hit-Parade von Null auf Eins und erlangte nach sechs Wochen die Platin-Auszeichnung für 50 000 verkaufte CDs in der Schweiz.

Leo Leoni, Gitarre (*1966)
Steve Lee, Gesang (*1963)
Marc Lynn, Baß (*1964)
Hena Habegger, Schlagzeug (*1967)

Smoke On The Water

Allgemein gilt die britische Hard-Rock-Band **Deep Purple** als eine der ersten und eine der besten in diesem Genre. Sie ist auch noch heute Vorbild für junge Musiker, welche sich dem Rock der härteren Sorte zugewendet haben. Auffallend ist, daß die Musiker dieser Band weniger ihr Image (lange Haare, Lederjacken) als die Qualität ihrer Musik pflegten. Die Deep Purple-Musiker konnten zum Teil auf eine klassische Ausbildung zurückschauen (z.B. Jon Lord), oder hatten bereits vor der Gründung (1968) reiche Banderfahrung. Die unterschiedlichen Besetzungen von 1968 bis in die 90er Jahre wird von den Musikern als Mark I, Mark II usw. bezeichnet. Die meisten Fans sind sich einig, daß Mark II als die beste Besetzung bezeichnet werden darf. Dazu gehören: **Ritchie Blackmore** (Gitarre, *14.4.1945); **Ian Gillan** (Gesang, *19.8.1945); **Roger Glover** (Baß, *30.11.1945); **Jon Lord** (Keyboards, *9.6.1941); **Ian Paice** (Schlagzeug, *29.6.1948).

Deep Purple

Weitere Musiker kamen im Laufe der Jahre dazu, wurden ihrerseits ersetzt und machten zeitweise wieder der "Standard"-Besetzung Platz: Rod Evans, Gesang; Nick Simper, Baß; Glenn Hughes, Baß; David Coverdale, Gesang; Tommy Bolin, Gitarre; Joe Lynn Turner, Gesang; Steve Morse, Gitarre.
Schon sehr früh kursierten Gerüchte über die internen Streitigkeiten der Band, welche offensichtlich häufig mit der Person von Blackmore zu tun hatten. Trotzdem gelangen Deep Purple bald wegweisende Alben.
Das erste Album entstand im 4-Spur Verfahren in nur 18 Stunden. "Shades Of Deep Purple" enthielt den Titel "Hush". Mit hartem, orgellastigen Rock und harten Gitarrenriffs glückte die erste Hitparaden-Notierung im August 1968, allerdings nicht in England, sondern in den USA.

Um 1969 wurden Deep Purple, besonders wegen den Orgeleskapaden Jon Lords (Konzert auch mit dem Royal Philharmonic Orchestra u.a.), dem Classic Rock zugeordnet. Im andauernden Streit zwischen Lord und Blackmore ging der Gitarrist in den frühen 70er Jahren offenbar als Sieger hervor. Die Band pflegte nun einen harten, kompromißlosen Heavy-Rock, der für die damalige Zeit absolut umwerfend war. Die bedeutendsten Alben datieren aus dieser Zeit: Dazu gehören "Deep Purple In Rock", "Fireball", "Machine Head" und "Black Night". Die Alben erreichten alle Edelmetall-Status und weltweite Spitzenpositionen in den Charts. Nun folgten ausgedehnte Riesentourneen mit gigantischem finanziellen Aufwnd.
Nach weiteren Alben, weiteren Streitigkeiten und der musikalischen Stagnation widmeten sich die einzelnen Musiker immer mehr erfolgreichen Soloprojekten.
Ein zweiter Höhepunkt gelang Deep Purple - wiederum in der Mark II-Besetzung - als sie sich 1984 zusammenrauften und die LP Perfect Strangers veröffentlichten.
Nach zahlreichen Wechseln erschien 1993 erneut eine CD in der Mark II-Besetzung: "The Battle Rages On..." und aus dem gleichen Jahr stammte die Live-CD "Come Hell Or High Water". Nach dem eher mäßigen Erfolg trat Blackmore aus der Band aus und machte Platz für den virtuosen Gitarristen Steve Morse.

Zum Arrangement

Geradezu zum Markenzeichen von Deep Purple wurde der Titel **"Smoke On The Water"** aus dem gleichnamigen Album von 1973. Der Song hat einen klaren Aufbau und eignet sich als Einstieg in die Musik der Hard Rock-Bands besonders gut. Verschiedene Instrumente können nach Belieben vereinfacht werden:

- An Stelle der Grundtonart g-moll könnte - aus Rücksicht auf die Gesangsstimme - auch die Grundtonart e-moll gewählt werden. Dieser Tonartwechsel sollte nicht allzu schwierig sein. Es empfiehlt sich, gleich mit der ganzen Band den Tonartwechsel in die Partitur zu schreiben:

g	⇨	**e**
c	⇨	**a**
B	⇨	**G**
F	⇨	**D**
C	⇨	**A**
As	⇨	**F**

- Gitarristen und Bassisten spielen alles 3 Bünde tiefer, und die Keyboarderin kann sogar "Key-Transpose" benützen.
- Den Gitarrensound genügend beachten: Distortion und Halleffekte!
- Fast jedes Keyboard hat einen Hammondorgel-Klang, der dem Sound von Jon Lords Instrument (1972!) recht nahe kommt.
- Auf den Seiten 154 f sind die wichtigsten Gitarren-Läufe auch in Tabulatur notiert!

Zum Video:
Das Video wurde 1993 anläßlich eines Konzerts in Birmingham aufgenommen. Diese Live-Version unterscheidet sich in verschiedenen Teilen von der Studio-Version von 1973.

Form/Text

Intro

1. Strophe

We all came out to Montreux	Wir kamen alle nach Montreux
On the Lake Geneva shoreline	Am Ufer des Genfersees
To make records with the mobil	Um Platten mit dem Mobil zu machen
We didn't have much time.	Wir hatten nicht viel Zeit.
Frank Zappa and the Mothers	Frank Zappa und die Mothers
Were at the best place around	Waren am besten Ort auf dem Platz
But some stupid with a flare gun	Aber irgendein Dummkopf brannte mit einer
Burned the place to the ground.	Leuchtrakete alles ab
Chorus	
Smoke on the water	Rauch auf dem Wasser
Fire in the sky	Feuer am Himmel
Smoke on the water.	Rauch auf dem Wasser
2. Strophe	
It burned down the gambling house	Das Spielcasino brannte ab
Hit bad with an awfull sound	Schwer getroffen, mit einem scheußlichen Geräusch
A fucking cop was running in and out	Ein verdammter Bulle rannte ein und aus
He was pulling kids out the ground.	Er zog die Kids heraus.
When it all was over	Als alles vorbei war
We had to find another place	mußten wir einen andern Ort finden
Swiss time was running out	Die Zeit in der Schweiz war schon fast zu Ende
It seemed that we would lose the race	Es schien, als würden wir das Rennen verlieren
Chorus	
Smoke on the water...	Rauch auf dem Wasser...
Gitarrensolo (siehe Seite 155)	
4 Takte Intro	
3. Strophe	
We have been up at the Grand Hotel	Wir waren oben im Grand Hotel
It was empty, cold and bare	Es war leer, kalt und kahl
With the rolling fucked stones laying just outside	Draußen lagen die verdammten Rolling Stones
Making our music there	Und machten unsere Musik dort
A few red lights	Ein paar rote Lichter
A few old beds	Ein paar alte Betten
We made a place to sweat	Wir haben uns eingerichtet
No matter what we get on aur bills	Egal, was auf der Rechnung stehen wird
I know, I know, we'll never forget	ich weiß, wir werden's nie vergessen

Chorus

Schluß-Improvisation (g-moll)

Smoke On The Water

Text & Musik: Ian Paice, John Lord, Ian Gillan, Ritchie Blackmore, Roger Glover
Transkription: Kurt Rohrbach

Intro 1

Strophe
V
G
B
Sy
Dr
Gm
F
We all came out to Mon - treux On the Lake Ge - ne - va shore -
line To make re - cords with the mo - bil We didn't have much time.
Frank Zap - pa and the Moth - ers Were at the best place a - round
But some stu - pid with a flare gun Burned the place to the ground.

Chorus

V
G
B
Sy
Dr
C
As
Gm
1.
Smoke on the wat - er fire in the sky
Smoke on the wat - er.
Cm B
Cm B Gm
2.
8vb
(8vb)
mit Pauke

Gitarren -Riff

Gitarren-Solo

Young Lust

Um es gleich vorwegzunehmen: Aerosmith war auf der Bühne immer eine harte, laute Band. Eine echte Hard-Rock-Band waren sie nie, auch wenn in vielen Zeitschriften anderes behauptet wurde. Dazu Joe Perry: *"Man hat uns immer als ‚The Grandfathers Of Heavy Metal' und ‚The Heavy Metal Band Of The Seventies' bezeichnet... Wir haben in unserer Laufbahn nicht ein einziges Heavy Metal-Album veröffentlicht. Sicher haben wir einige Songs, die man als Heavy Metal bezeichnen könnte, aber nur deshalb, weil wir die Gitarren aufgedreht haben."*

Eine der populärsten amerikanischen Rockbands, Aerosmith, wurde 1970 gegründet. Die Gruppe arbeitete hart und spielte rund um Boston bei jeder Gelegenheit, die sich ihr bot. Mit ihrem geradlinigen, kompromißlosen Hardrock gelang es ihnen, eine immer größer werdende Fan-Gemeinde anzulocken. Während der Konzerte entlang der Ostküste konnten sie zwar einen Plattenvertrag mit CBS abschließen, der Erfolg ließ aber vorerst noch auf sich warten.

Aerosmith

Steven Tyler, alias Steven Victor Tallarico	**Gesang, *26.3.1948**
Joe Perry	**Gitarre, *10.9.1950**
Brad Whitford	**Gitarre, *23.2.1952**
Tom Hamilton	**Baß, *31.12.1951**
Joey Kramer	**Schlagzeug, *21.6.1950**

Ihr LP-Debüt "Aerosmith" erschien in den USA im Januar 1973, in Europa im Oktober 1974, eine Sammlung von eher einfachen Blues-Rock-Nummern. Die steigende Popularität verdankte die Band weiterhin den unzähligen, gut besuchten Live-Auftritten und den verschiedenen Support-Touren mit Deep Purple, The Kinks und vielen anderen.

Dem exzentrischen **Frontman Steven Taylor** wurde immer wieder vorgeworfen, er sei eine Kopie von Mick Jagger. Aber nach mehreren Platten fanden Aerosmith ihren eigenständigen Stil und damit auch den wachsenden Erfolg. Mit "Dream On" gelang ihnen ein erster Sprung in die Charts, doch erst das 75er Album "Toys In The Attic" brachte den Durchbruch. Von nun an brachen sie alle Besucherrekorde (80'000 Zuschauer im Pontiac Stadion, Detroit) und etablierten sich als eine der führenden Hardrock-Bands Amerikas. Die drei folgenden Alben erreichten Spitzenpositionen in den internationalen Charts: "Rocks", "Draw The Line", "Live Bootleg". 1976 wurde Aerosmith als die erfolgreichste Band (vor Dylan und Springsteen) in Amerika gefeiert. Bei den Briten gelang ihnen aber ein Jahr später der Durchbruch nicht. Halbleere Hallen und eine unmotivierte Band führten zu einem finanziellen Desaster und zu vernichtenden Kritiken. Schlagzeilen machten sie dafür um so häufiger wegen zahlreichen Drogenexzessen.

Gegen Ende der 70er Jahre war Aerosmith auf einem ersten Höhepunkt, doch Streitigkeiten und Soloprojekte führten dazu, daß die Band auseinanderfiel.

Im April 1984 kam es zu einer **Reunion der Erfolgsband** und einem beispiellosen Comeback. Auf das Album "Done With Mirrors", ein wahres Hardrockgewitter, folgte eine ausverkaufte USA-Tour. Der Stern von Aerosmith erreichte ungeahnte Höhen, nicht zuletzt wegen der **Zusammenarbeit mit Run DMC** (siehe Seite 198) und dem Titel "Walk This Way". **Die Fusion von HipHop und Hardrock brachte beiden Gruppen einen beachtlichen Publikumszuwachs.**

1987 nahmen Aerosmith ihr erfolgreichstes Album auf: "Permanent Vacation" (mit den Hits "Dude" und "Angel"). Und diesmal schafften sie auch den Sprung in die

englischen Charts. Für viele Fans gilt das Album "Pump" von 1989 als das ausgereifteste (Erster Song: "Young Lust"). In Europa wurde es anläßlich einer ausgedehnten Tour mit The Cult präsentiert.
Ein weiterer Höhepunkt, mindesten was die Plattenumsätze betraf, folgte im Sommer 1993 mit dem **Album "Get A Grip"**.
Mitte der 90er Jahre erreichte die Gruppe einen neuen Zenit, getragen von einem ganz jungen Publikum und ihrem Hit "Cryin'", für welchen sie 1995 einen Grammy erhielten.

Zum Arrangement

Young Lust weist verschiedene Stilmittel auf, welche für den Hardrock typisch sind: Verzerrte, aggressive Gitarren, Power-Gesang, Doppel-Fußpauke, sehr schnelles Tempo. Wie bereits in der Einleitung zum vorliegenden Kapitel erwähnt, ist der Song zum Nachspielen für eine Schülerband nicht einfach. Aus diesem Grund können - als Einstieg in die Thematik - auch einzelne Teile isoliert geübt werden, zum Beispiel die Strophe.
Besonders die Noten für die Gitarre sind als Stütze - und nicht als Vorlage im klassischen Sinn - zu gebrauchen. Damit die Gitarre auch wirklich "rockig" klingt, müssen **Effektgeräte** (Verzerrer, Distortion) verwendet werden.
Die **Tonart** ist nicht genau definierbar, da verschiede Riffs (nach üblicher Gitarrenpraxis) einfach auf dem Griffbrett nach oben oder unten verschoben werden. Dadurch entstehen Rückungen, wie sie in der klassischen Harmonielehre vermieden werden.
Zum Einsteigen in den Song lohnt es sich, genügend Zeit in das Intro und die erste Strophe zu investieren und erst später die weiteren Teile zu integrieren.
Die Form ist etwas ungewöhnlich. Hinweis: Schüler können sich am besten nach dem Text orientieren.

- **Schlagzeug**: Die schnellen 8tel-Noten auf der Pauke können nur mit einer Doppel-Fußpauke (2 Pedale) realisiert werden. Ohne diese Einrichtung werden 4tel-Noten gespielt.
- **Gesang**: Wie in jedem Song sollte auch im Hardrock in erster Linie zur Stimme Sorge getragen werden! Das Ziel kann hier nicht sein, die Stimme von Steven Taylor möglichst genau zu imitieren. Viel wichtiger ist es rhythmisch genau, sehr akzentuiert und aus dem Körper zu singen. Aus diesem Grund wurde die Gesangsstimme eine Oktave tiefer notiert.
- Im **Baß** wird häufig das tiefe D gebraucht. Dafür wird die tiefste Saite umgestimmt: E ⇨ D
- **Gitarren**-Tabulatur auf Seite 163 f.

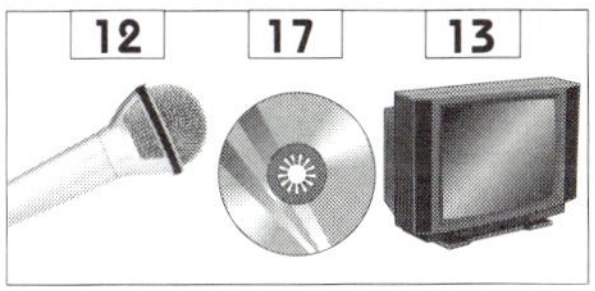

Form

Intro	
1. Strophe	ab T. 13
2. Strophe	ab T. 13
Bridge 1	ab T. 27
Solo 1	ab T. 35
3. Strophe	ab T. 13
Bridge 1	T. 27- 34
Bridge 2	ab T. 53
Solo 2	ab T. 69
Bridge 3	ab T. 85
4. Strophe	ab T. 53
5. Strophe	ab T. 13

Young Lust

Text & Musik: Steven Tyler, Joe Perry, Jim Vallance
Transkription: Kurt Rohrbach

1./2. Strophe

A
Lust hap - py just to be in lust Nev - er have to eat no
dust Ev - ery - bod - y talk - in' 'bout
D
1. G
Young
2.
E
Bridge 1
Ah
Young
G 4.
E
A lit - tle bit of nas - ty You
look a lit - tle slea - zy But don't get any on you

Solo 1
D G C A
V
G 1
G 2
B
Dr
37
41
45
49
E
3
Young

Bridge 2

D
V
now Al - ways get - ting strong - er nev - er get - ting weak - er
G 1
G 2
B
Dr
V
My love is get - ting long - er I'll keep it in the street girl
B
Dr
E
V
Nev - er keep a se - cret nev - er been guilt - y
B
Dr
D
V
nev - er get lone - ly Ne - ver get no peace hop - pin' on the po - lice
B
Dr

Solo 2
A
69
V
G 1
G 2
B
Dr
73
D
G
E
3
3
Bridge 3
A
85
Streak - in' down the back - way
Streak - in' down the al - ley way
89
D
G
Got to do it my way

1. Strophe
Young Lust happy just to be in lust
Never have to eat no dust
Everybody talkin' ,bout
Young Lust, you're dyin' in the street but inside
Oh you're guilty way before you been tried
and it's crazy but you're diggin'it

2. Strophe
Young Lust, you feel a little summer time blues
Oh (it's) easy when there's nothing to lose
And baby you'll be missing out
Young Lust, sometimes you need it so bad
It's enough to drive a young girl mad
So whatcha gonna do about it

Bridge 1
A little bit of nasty
You look a little sleazy
But don't get any on you

Solo 1

Sinngemäße Übersetzung
Neue Lust - Eine neue, frische Begierde, froh,
Kannst mit allen mithalten
Alle reden von der neuen Lust
Auf der Straße läßt du dir nichts anmerken
Aber es hat dich arg erwischt - verrückt,
aber du kommst schon damit zurecht.

Neue Lust - eine leichte sömmerliche Melancholie
Eigentlich ganz einfach, wenn du nichts zu verlieren hast
und (ohne sie) verpasst du etwas
Neue Lust - manchmal brauchst du's so dringend
Es macht ein junges Mädchen ganz verrückt
Also - was willst du dagegen tun?

Ein bisschen verwegen,
ein wenig schäbig schaust du aus
Aber laß' dich nicht drankriegen

3. Strophe	
Y.L. you better keep your doll inside	Neue Lust - Du behälst dein Püppchen besser drinnen
Or you're genna get a dose of my pride	oder du kriegst es mit mir zu tun - yeah
Yeah everybody talks about it.	Alle reden darüber
Y.L. once you have it you can never go back	N.L. - wenn's dich mal gepackt hat gibt's kein zurück mehr
Don't you ever let ,em give you no slack	Werde ja nicht nachlässig,
When you're sneaking down the alley way	wenn du in der Gasse herumschleichst
Bridge 1	
Checkin' on the ladies	Wenn ich die Damen auskundschafte,
Who didn't bring their bosses	die ohne ihre Typen unterwegs sind,
Who love to get in trouble	und die sich noch so gerne in Schwierigkeiten bringen
I got to see you see you later	Wir sehen uns noch (später)!
Meet me in the alley now	Komm auf die Gasse
Bridge 2	
Always getting stronger	Immer stärker,
never getting weaker	nie schwächer (wird meine Lust)
My love is getting longer	Meine Liebe wird länger
I'll keep it in the street girl	ich werde dran bleiben
Never keep a secret	und mache kein Hehl daraus
never been guilty	Ich werde nie einsam
(I) never get lonely	Halte nichts davon,
Never get no peace hoppin' on the police	mit der Polizei zusammenzuarbeiten
Solo 2	
Bridge 3	
Streakin' down the backway	
Streakin' down the alley way	Flitze durch die Gassen
Got to do it my way	Muß es auf meine Art tun
Do it in the sunshine	zum Beispiel an der Sonne oder warum nicht
Hanging from the clothesline	mal von der Wäscheleine hängend?
Find another tree to climb	Es braucht immer wieder mal was Neues.
4. Strophe	
Y.L. here's no time for lovin' Young Lust	Junge Lust, keine Zeit zum Lieben
I don't want (any) other Young Lust	Ich will nichts anderes-
I'm a pushin' and shovin', yeah	einfach ran
Young Lust, come on now just don't wait	Neue Begierde - wart bloß nicht ab.
All your fishin' only gonna get bait	Laß' nichts anbrennen
Everybody body doin' it, yeah	Alle tun's - yeah
5. Strophe	
Young Lust	Junge, frische Lust - es macht keinen Spaß, so
huntin' out late bitch	spät noch auf der Suche zu sein
Sometimes you gotta scratch that itch	Manchmal muß man dem Verlangen einfach nachgeben
So whatcha gonna do about it.	Also - was willst du dafür/dagegen tun?
Yeah...	

Solo 2 (Git. 2)

Hard As A Rock

Die beiden Brüder **Angus und Malcolm Young** gründeten 1973 in Melbourne (Australien) die Band AC/DC. Mit den beiden Alben "High Voltage" und "TNT" hatte die Band Mitte der 70er Jahre die ersten Erfolge in ihrem Heimatland. Schon damals war der 1,55m kleine Gitarrist in der samtenen Schuljungenuniform das Aushängeschild der Band und blieb es bis in die 90er Jahre.
Die Euphorie, welche die Band in Australien auslöste, übertrug sich 1976 auf ganz Europa, als AC/DC ihre ersten Konzerte in England und Deutschland (als Vorgruppe von Suzy Quatro) gaben.
Die Erfolgskurve der Band stieg nun kontinuierlich an und fand ihren ersten Höhepunkt 1979 mit dem Album "Highway To Hell" und mehreren imposanten Welt-Tourneen. Der bluesbeeinflußte Hardrock mit seinen stampfenden Rhythmen und den markanten Riffs beförderte AC/DC in die erste Liga der Rock-Bands. Gleichzeitig vergrößerte sich die Kluft zwischen geringschätzender Fachkritik und jubelnden, enthusiastischen Fans. Der erste Rückschlag erfolgte mit dem Tod des trinkfreudigen Sängers Bon Scott. Er wurde durch Brian Johnson ersetzt. Mit ihm konnte sich AC/DC noch einmal steigern und 1980 das Album "Back In Black" veröffentlichen. Der überragende Hit darauf war "Hells Bells", welcher auf der Bühne mit einer 1 $^1/_2$ Tonnen schweren Glocke eingeläutet wurde.
Die AC/DC-Konzerte wurden zwar weiterhin stürmisch gefeiert, doch die folgenden Alben verzeichneten einen markanten Rückgang der Verkaufszahlen. Bis 1990 blieb die Band im Hintergrund des internationalen Musikgeschäftes. Mit "The Razor's Edge" gelang es aber, an die früheren Erfolge anzuschließen und zu beweisen, daß AC/DC zu den stabilsten und erfolgreichsten Hard Rock-Bands gehörten.
Im September 1991 spielten sie (mit Metallica und Pantera) vor 750'000 Zuschauern auf einem Moskauer Flugplatz, und ein Jahr später setzten sie mit "Live" ihre Hard Rock-Tradition fort.
1995 überraschten AC/DC, inzwischen Altmeister der harten Musik, mit ihrem "Ballbreaker"-Album, 21 Jahre nach ihrem ersten Auftritt, mit weit über 30 Millionen verkauften Platten und fünf Jahre nach ihrem letzten Album. Der Produzent Rick Rubin (siehe Seite 177) bewies, daß alte Rocker auch jünger werden konnten, und produzierte Preßluft-Hammer-Musik. Besetzung: Angus Young (Lead Gitarre), Malcolm Young (Rhythmus Gitarre), Brian Johnson (Gesang), Cliff Williams (Baß), Phil Rudd (Schlagzeug).

AC/DC

AC/DC: Alternating Current/ Direct Current = Wechselstrom/Gleichstrom

Der Song **"Hard As A Rock"** ist im 95er Album "Ballbreaker" enthalten. Auch in diesem simplen, aber wuchtigen Song zeigen AC/DC, wie sie Hard-Rock verstehen: Eingängige, einfache Gitarren-Riffs, eine Power-Stimme, die Schlagwörter ins Mikrophon schreit und ein druckvoller Boden von Schlagzeug und Baß. Unterstützt wird diese simple Botschaft auf der Bühne und im Video von der überdimensionalen Eisenkugel (früher die große Glocke).

- Die beiden Gitarren benötigen viel Sustain und Distortion. Die Riffs sind aber auch von weniger routinierten Gitarristen mit etwas Übung zu realisieren.
- Es versteht sich wohl von selbst, daß die gepreßte Kratz-Stimme Johnsons nicht imitiert werden darf. Der Song klingt aber auch mit vernünftiger, rhythmisch pointierter Gesangs-Stimme noch sehr kraftvoll. (Wurde eine Oktave tiefer notiert.)
- Im Song werden die verschiedenen Gitarren-Motive mehrmals verwendet, wurden aber nicht jedesmal notiert. Beispiel: Die Gitarre spielt im Chorus das gleiche Motiv wie im Intro! Tabulatur siehe Seite 168.

Zum Arrangement

Form

Intro	
1. Strophe	
Chorus 1	12 Takte
2. Strophe	
Chorus 2	20 Takte
Gitarren-Solo	
Zwischenteil	8 Takte
Coda (wie Chorus)	

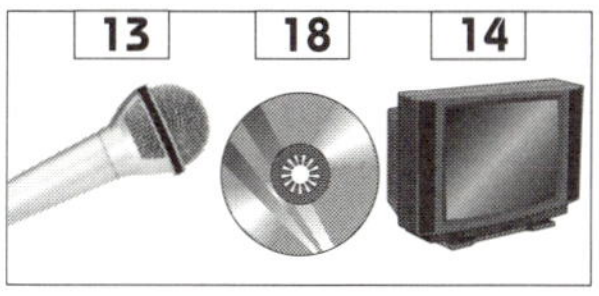

Hard As A Rock

Text & Musik: Malcolm Young/Angus Young
Transkription: Kurt Rohrbach

Chorus

Gitarren Solo (12 Takte)

A rollin' rock, electric shock,
she gives a lickin' that don't stop.
She line ,em up, push you around,
smokin' rings goin' ,round and 'round.
Her hot potatoes will elevate ya.
Her bad behavior will leave
you standin' proud and hard as a rock.

Hard as a rock, well it's harder than a rock.

The lightnin' rod, strike it hot.
It's gonna hit ya like the Rushmore rock.
No nicotine and no pipe dreams,
so low and dirty it's adarn right mean.
Hell elevator, dear, I'll see you later.
No, I ain't gonna take it,
I'm bustin' out.

Hard as a rock...

Intro

Intro und Strophe

Chorus

Git 2, Strophe

Chorus, Ausgang 2

Ein rollender Stein, ein elektrischer Schock
Versetzt die einen Schlag, der nicht aufhören will
Sie stellt sie auf und schubst dich herum
Rauchschwaden schweben in der Luft
Ihr heißer Anblick wird dich erheben
Ihrem schlechten Benehmen
wirst du stolz standhalten. Steinhart

Hart wie Stein, härter als Stein

Schmiede den blitzenden Stab, solange er heiß ist
Er wird dich treffen wie der Rushmore Rock
Kein Nikotin und keine Illusion
So seicht und schmutzig, geradezu gemein
Im Lift zur Hölle sehen wir uns dann
Nein, das mache ich nicht mit,
Ich verzieh' mich. Steinhart

Hart wie Stein, härter als Stein

TEIL V

Rap / Hip

RAP

Aus dem englischen: to rap = klopfen, schlagen, pochen, auch auf die Finger schlagen (nach Wörterbuch). Seit den 40er Jahren als Bezeichnung für das rhythmische Sprechen mit oder ohne Musik. Jemand der rappt, "reißt das Maul weit auf".

HIP HOP

Nach dem Wörterbuch von Fab 5 Freddy wurde das Wort zuerst von DJ Hollywood benutzt. Er schrie ins Mikrophon: "Do the hip-hop the hippy hippy hippy hop and you don't stop".
Nach dem Buch "The New Beats" bezeichnete das Wort zu Zeiten von Malcolm X die Tanzpartys der Jugendlichen.
Nach Afrika Bambaataa: Er hat den Begriff 1974 erfunden.
Bezeichnet heute die aktuelle Form der Rap-Musik und das gesamte kulturelle Umfeld: Stil, Mode, Breakdancing, Graffiti, Ideologien.

Weiße waren bei der Geburt von HipHop nicht anwesend.

Über schwarze Musik zu schreiben, scheint noch problematischer zu sein als über andere Musik. Die Schreiberei hat oft zur Folge, daß der lebendige Vorgang und die authentischen Gefühle so weit reduziert werden, daß alle bedeutenden Inhalte verpuffen. Was Rap ist, kann man wohl erklären, gewisse Begleiterscheinungen beschreiben; aber in Worte fassen kann man es nicht. Ein Schwarzer würde sagen:
Ich mache es, fertig. Das ist Rap.
Ende der 60er Jahre entwickelte sich etwas Neues in den deprimierenden städtischen Slums von New York (Harlem und South Bronx), die von gewalttätigen Straßengangs terrorisiert wurden:
Diskjockeys, wie z.B. der Jamaikaner Kool Herc (gilt als erster HipHop-DJ, siehe auch S. 191), begannen, auf den Straßen und in Parks der Bronx ihre mobilen "sound systems" einzurichten, wobei sie die Elektrizität an Straßenlaternen abzapften.

Mit lauter funk-music und lockeren Sprüchen fanden sie schnell ihr Publikum. Sie reihten nicht einfach eine Platte an die andere, sondern koppelten sie bei instrumentalen Breaks, indem sie zwischen den beiden Plattenspielern hin und her blendeten. Auf der Basis von fertigen Produkten entstand eine "Musik des Augenblicks". Aus den Soundsystems wurde ein Instrument, die Grundlage einer neuen Musik.
Die Idee des Breakbeats war einfach, aber bahnbrechend! Bislang hatten die DJs einen Song als eine Einheit genommen. Herc und seine Nachfolger verstanden die Lieder nur noch als Selbstbedienungsladen, wo sie sich, um ihre eigene Suppe zu kochen, ganz frei bedienten . **Die alte Musik wurde zu Beilagen und Gewürzen für die neue Musik.** Die bisherige Musikgeschichte wurde durchforstet, geprüft und neu zusammengesetzt.
Während des Booms der Discotheken verlagerten sie ihre Tätigkeit in die Clubs und Lagerhallen. Dort lieferten sich oft mehrere DJs harte Zweikämpfe und versuchten, das Publikum auf ihre Seite zu ziehen (vergleiche dazu die "jazz battles" der Jazzbands in den 20er und 30er Jahren). Diese Wettkämpfe und das Imponiergehabe sind wichtige Voraussetzungen für den Rap.

Rap bedeutet:
Sprüche klopfen, quasseln, auf sein Recht pochen. Dieses Imponiergehabe ist bei den schwarzen Jugendlichen (und Erwachsenen) sehr populär.

Go, rap to that guy! bedeutet soviel wie: Rede den Kerl in die Knie, übertrumpfe ihn!

Das "rapping" ist die Kunst, jemanden durch verbale Techniken so zu beschwätzen, daß man ihn dazu bringt, etwas zu tun, was er ursprünglich gar nicht vorgehabt hat.
Mit Hilfe von kurzen Bemerkungen versucht man einen Partner oder Gegner aus dem Gleichgewicht zu bringen, den anderen „aus den Socken „ zu heben.

Rock Steady Crew

Breakdance

Die Anhänger dieser neuen Kultur wurden **B-Boys** genannt. Anfangs waren das die Jungen aus der Bronx, die Breakdance tanzten, also mit akrobatischen Tanzeinlagen das Publikum unterhielten. Gegen Ende der 80er Jahre wurden alle männlichen Anhänger des HipHop, in der entsprechenden Mode gekleidet, als B-Boys bezeichnet. Zu Rap gehörte schon sehr früh auch Breakdancing und Moonwalking auf den

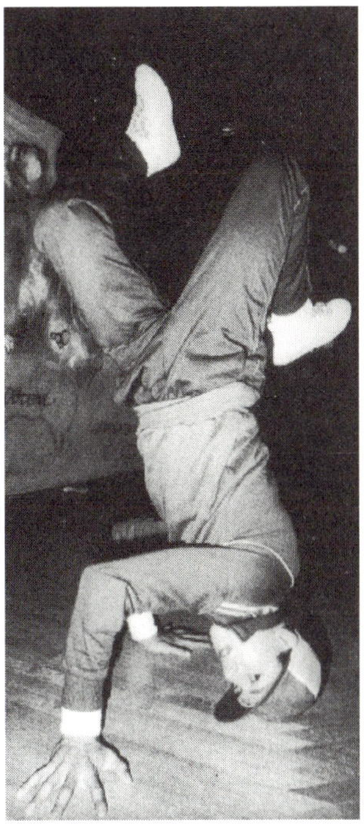

Straßen. Dabei waren oft bereits kleine Jungs, welche die verrücktesten Figuren auf einem Stück Pappe als Tanzboden, vorführten. Häufig wurden die Darbietungen von einer ganzen Gruppe bestritten: Einige schlugen mit den Händen den Beat, betätigten Kassettengerät oder Drum-Machine, ein Solist zeigte für eine, zwei Minuten seine akrobatischen Einlagen, bis er von einem anderen abgelöst wurde.

Nach einem traditionellen Ritual, das zumindest aus den Südstaaten, wenn nicht aus Westafrika stammt, bildeten die Tänzer einen Kreis, in dessen Mitte der Solist seinen Auftritt hatte. **Das Wort "Break" oder "Breaking" ist ein Musik- und Tanzbegriff, der auch schon eine lange Geschichte hat.** Manche Lieder, wie "Buck Dancer's Lament" aus den frühen Jahren dieses Jahrhunderts, hatten eine zweitaktige Pause (=Break) nach jeweils acht Takten, für den Tanzbreak, bei dem ein Tänzer eine kleine Solo-Einlage aus improvisierten Schritten vorführte.

Das Tanzen war ein erbitterter Wettbewerb, ein Sportanlaß, und die Konkurrenz war groß. Für diesen Tanz der B-Boys eigneten sich Turnschuhe am besten. Die drei Streifen und die Pumas kamen in Mode.

Die Elemente des HipHop wurden von verschiedenen Faktoren geprägt: auf der einen Seite prallten alte und neue kulturelle Mischformen auf die neueste Musiktechnologie, auf der anderen Seite bestimmte der Überlebenskampf der Straße in der Bronx (New York) Texte und Verhaltensmuster. **Für die Jugendlichen der Bronx, umgeben von Sozialwohnungen und ausgebrannten Ruinen, war der HipHop nicht zuletzt auch eine Alternative zu den täglichen Bandenkriegen.** Aus den Gangs wurden Crews, die versuchten, sich gegenseitig das Publikum "abzustehlen".

Graffiti

In einem Zeitraum von fünf Jahren entwickelten die Crews den HipHop. Denn solange niemand in New York, Amerika oder dem Rest der Welt irgendetwas über die sogenannten schwarzen "Ghettos" wissen wollte - diesen unaussprechlichen Orten extremer städtischer Verwahrlosung - war es dem neuen Stil gestattet, sich in Ruhe zu einer eigenständigen Straßenbewegung zu entwickeln, deren Existenz nur durch einen Aspekt ihrer Kultur spürbar war: Graffiti. (nach "Rap Attack")

Alle Formen der HipHop-Kultur entwickelten sich miteinander: Rappen, Deejaying, Graffiti und Breakdance.

Zur Zeit der jugendlichen Straßen-Gangs wurden "**Tags**" an die Häuserwände gekritzelt. Die Zeichen und Namen der Gangs kennzeichneten "ihre" Straße oder "ihr" Gebiet. Diese Zeichen blieben vorerst im Underground. In den Jahren 1986/87 erweckte eine wachsende Anzahl Tags die Aufmerksamkeit der Bevölkerung. Die Presse stürzte sich auf das Phänomen und warf Graffiti Artists und wilde "Tagger" rasch in einen Topf.
Aus den Kritzeleien entwickelte sich eine eigentliche Kunstform, welche sich erst in den amerikanischen Städten und später weltweit an Wänden, in U-Bahnschächten

und an Eisenbahnzügen ausbreitete. Die Jagd auf die Urheber wurde eröffnet, und es hagelte Geldstrafen.

DJ

Zu Beginn der Discoepoche (➪ "Rockmusik") war das Ziel der DJs, die Platten ohne Unterbrechung, möglichst im gleichen Beat und gleichen Tempo, aneinander zu mischen. Mit der Zeit wurde der Plattenaufleger immer mehr zum Tonkünstler, der auf seiner Musikanlage wie auf einem Instrument spielte. Wie die großen DJs der Old School immer wieder betonten, bastelten sie sich ihre Anlagen selbst zusammen. Sie waren aus Armut dazu verurteilt, ihre eigenen Boxen, Mixer und Verstärker zu bauen.

Ab 1975 wurde der DJ ein "New Cultural Hero", welcher als unabhängiger Unternehmer ein tragbares Soundsystem und eine riesige Plattensammlung mit sich herumschleppte.

In der Bronx war der wichtigste Teil eines Songs der Break: der Punkt, an welchem das Schlagzeug den Grundrhythmus verläßt und die Führung übernimmt. Wenn der Break erklang, gerieten die Tänzer aus dem Häuschen, warfen die Arme hoch, schrien, pfiffen und machten Luftsprünge. Natürlich versuchte nun der DJ, diesen Stimmungshöhepunkt vermehrt anzustreben. Deshalb brauchte er einen zweiten Plattenspieler (mit derselben Platte) und spielte nacheinander die gleichen paar Takte, indem er sie abwechselnd von dem einen oder dem anderen Plattenspieler abspielte.

Meistens wurde also mit mehreren Plattenspielern gleichzeitig gearbeitet, dazu kamen Tonbandmaschinen, Rhythmusgeräte und Mikrophon. Die Party konnte überall stattfinden: in Parks, auf der Straße, in Fabrikhallen. Strom dazu nahm man, wo man ihn gerade fand. Eine Straßenlaterne oder Leitungen konnten jederzeit angezapft werden. Gigantische Lautsprecherboxen und ein kraftvolles Soundsystem lieferten den dröhnenden Sound. Sogenannte "Sound System Battles" lieferten sich vor allem die jamaikanischen DJs, und die B-Boys machten dabei eifrig mit. Kool DJ Herc war es, der seine Rivalen mit Lautstärke und einer beeindruckenden Frequenzbreite vertrieb.

Ein Reggae-Sound-System - das gehörte schon ganz am Anfang zu den jamaikanischen Rappern - ist etwas ganz anderes; eine Art mobile Discothek; ein Kleinunternehmen, das eine ganze Reihe von DJs, Sängern, Technikern, Boxenschleppern, Freunden und Verwandten ernährt. Seine Bedeutung als sozialer Ort war, und ist immer noch, mit dem kleinen Laden an der Ecke vergleichbar.

Wenn heute in Europa zwei oder mehr DJs regelmäßig zusammen auflegen, nennen sie sich gern „Sound-System".

Anfangs traten die Rapper ohne live spielende Musiker auf. Für die musikalische Begleitung sorgte der DJ, welcher für den Rapper "Instrumentals" (Platten ohne Gesang) auflegte. Teilweise waren das Jazz-Rock- oder Funk-Platten, manchmal wurden nur die instrumentalen Zwischenteile eines Songs verwendet. Oft wurden nur die populären, beliebten Teile gespielt, den Rest ließ man weg.

Mitte der 80er Jahre wurden dann immer häufiger Maxi-Singles (im LP-Format, 12 inches) veröffentlicht, welche auf der B-Seite eine Instrumental-Version (oder eine

Playback-Version) der A-Seite aufwiesen. Mit diesen Maxi-Instrumental-Versionen wurde es einerseits einfacher, über einen bekannten Song zu rappen, andererseits war es für den DJ technisch leichter, zu "scratchen" oder zwischen zwei identischen Platten hin und her zu mixen.
Rap ist also fest mit der schwarzen Musik verbunden, der Umgang mit ihr ist aber radikal. Der DJ seziert sie und baut sie zu etwas Neuem zusammen, ohne dabei ein Flickwerk entstehen zu lassen.

Die Plattenkiste des DJs steckt voller Geschichten, gespeichert auf Vinyl

"Scratching" entstand aus dem täglichen Umgang des DJs mit Plattenspieler und Mischpult: Während der eine Plattenspieler einen Song für das Publikum laut spielt, sucht der DJ auf dem anderen Plattenspieler - über Kopfhörer - den Anfang oder eine bestimmte Stelle des Stückes. Dazu dreht er die Platte von Hand, während die Nadel aufliegt. Verschiedene DJs (z.B. Grandmaster Flash) liessen das kratzende Geräusch laut in das laufende Stück einblenden. Dabei merkten sie, daß das Geräusch, das die Platte beim Hin- und Herdrehen erzeugte, einen perkussiven Effekt ergab. Das Hin- und Herscratchen auf einem Akkord wurde auch als Showelement eingebaut: es wurde mit den Füssen, dem Kinn, dem Ellbogen und mit verbundenen Augen gescratcht.
Um die wichtigsten Passagen auf dem Vinyl wiederzufinden, wurde mit der "clock theory" gearbeitet. Der Label-Kleber wurde wie das Ziffernblatt einer Uhr aufgeteilt. Später wurde mit farbigen Klebebändern die wichtigsten Stellen auf der Platte markiert.

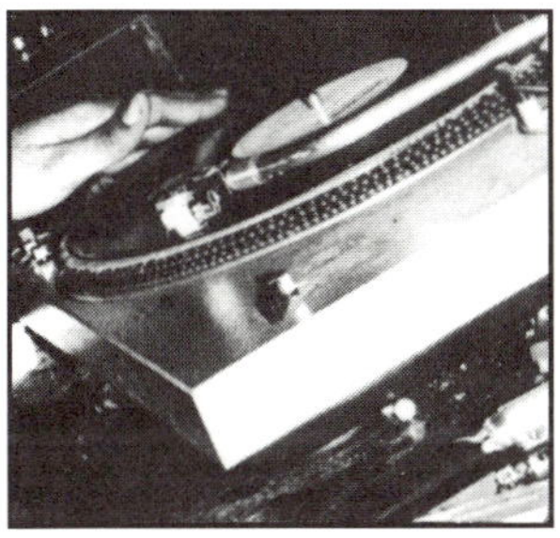

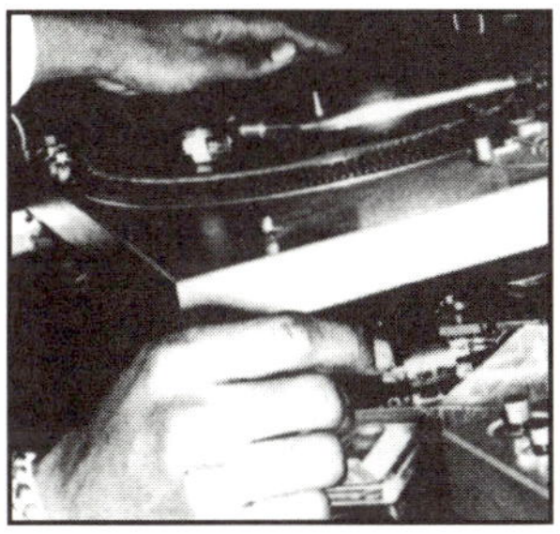

MC

Die DJs fanden kaum mehr Zeit, das Publikum mit Sprüchen bei Laune zu halten. Aus diesem Grund suchten sie sich einen **"master of ceremony"** (MC), oft eine Mischung aus Ansager, Reporter, Clown und Kabarettist, der für die Reime und die verbale Unterstützung des DJs zuständig war. Der MC stand vorne am Bühnenrand, nur mit einem Mikrophon ausgerüstet, feuerte die Tänzer an, hielt den Kontakt zum Publikum und überschüttete einzelne Tänzer mit Hohn und Spott in frechen Reimen. Flashs Freund Keith Wiggins galt als einer der ersten Rapper des HipHop. Später wurde er bekannt unter dem Namen Cowboy und war immer dabei, wenn Flash Platten auflegte. Dazu kamen Kid Creole und sein Bruder Melle Mel. Die beiden erarbeiteten einen eigenen Rap-Stil und umfangreiche Vocal-Passagen zu den Breakbeats von Grandmaster Flash. Mit Chor- und Gesangselementen wurde die Show immer weiter ausgebaut.
Der lockere Sprechgesang und die aggressiven Sprüche hielten unter der Bezeichnung "rapping" bald Einzug in zahlreiche Discos. Dadurch wechselte die Gunst des Publikums oft vom DJ zum MC.
Rap begann auf der Straße (mit den neuen, sehr lauten japanischen Kassettenrecordern), in den lokalen Bars und in kleinen Discos, nicht in den renommierten Glitzerpalästen der Großstädte. Die Rap-Zentren waren große Hallen mit graffitibemalten Wänden, fußballplatzgroße Tanzflächen, in deren Mitte der DJ thronte. In jeder Ecke tanzten konkurrierende Break-Tanz-Gruppen, nur einzelne Einlagen eines Rappers unterbrachen sie.

Die South Bronx galt in den ersten Jahren des Rap als die einzige wirkliche Heimat dieses Musikstils. **Aus der Bronx zu kommen, adelte damals jeden Rapper** und war erste Voraussetzung für eine erfolgreiche Karriere. Selbst aus dem Stadtteil Brooklyn zu sein, galt in den ersten Jahren als völlig uncool. An die Stelle der Bronx trat später South Central, im entfernten Los Angeles.
Doch bis es soweit war, hatten die DJs der ersten Tage Zeit, die neue Musik unbedrängt von Plattenfirmen und im spielerischen Umgang entstehen zu lassen. Von 1973 bis 1979 entwickelte sich HipHop nur im kleinen Kreis, eine Musik für ihre Anhänger. In dieser Zeit wurden die Grundlagen der Kultur gefestigt und gestärkt. Als sich der "Rest der Welt" für die schwarze Musik aus der Bronx zu interessieren begann, konnten bereits beachtliche Resultate vorgewiesen werden.

Als erster Rap wird allgemein **"Rappers Delight"** der Sugarhill Gang genannt (1979); dieser Titel verkaufte sich zur Überraschung der "Fachleute" gleich mehr als eine Million Mal.

Sylvia Robinson gründete 1979 das Label Sugarhill und suchte in der Bronx unbekannte Rapper. Mit ihnen stellte sie eine Gruppe zusammen, die sie **Sugarhill Gang** nannte, und nahm im Studio die erste Rap-Platte auf. "Rappers Delight" war ein Studioprodukt, ein Remix des Titels "Good Times" der Disco-Gruppe Chic von 1979.
Drei schwarze Teenager erzählen im Rhythmus von "Def Cars" (irre Autos), "Fly Guys and Fly Girls" (Jungs und Mädchen, die auf Draht sind) über das Herumhängen in "Hotels, Motels and Holiday Inns". Zuerst wird der Titel von den meisten "Kennern" der Szene als Blödsinn aus New York abgetan, als Jungen-Spaß verniedlicht und belächelt. Doch es sollte ganz anders kommen...!

Spoonie Gee, **Grandmaster Flash and the Furious Five** und zahlreiche weitere Gruppen gewannen anschließend schnell die Publikumsgunst in Europa und Amerika.
Die Breakdancer wirbelten zum Rap über Bühnen, Straßen und durch Videos, schneller als die besten Rapper sprechen konnten. Breakdance gelangte 1982/83 weltweit in die Straßen der Großstädte und durfte in keiner Rap-Show fehlen.
Der Graben zwischen der Straßenkultur und dem Komfort und Unterhaltungsbedürfnis des Mittelstandes war größer, als er seit dem Krieg je gewesen war.
Die Teenager erinnerten sich kaum mehr an die optimistischen, frechen Songs der 60er Jahre, die Beatles in ihren skurrilen Kleidern kannte man noch dem Namen nach (und von einigen Platten der Eltern). Die scharfen Rapaufnahmen waren viel direkter, spontaner, witziger, aber auch aufreizender, gefährlicher und oft auch brutaler.
Das Musikbusiness geriet durch den Rap und die Musik, die sich daraus entwickelte, in Panik. Sollte dieser Sprechgesang, angetrieben durch eine elektronische Schlagzeugmaschine, nun tatsächlich die "neue Musik" sein? Die **Rap**-Szene war erstaunlich lange von den großen Labels verschlafen worden, das Geschäft konnten wieder einmal, allerdings nur für kurze Zeit, die Independents (die kleinen, unabhängigen Plattenfirmen) machen. Zum Beispiel **Def Jam**, das Label der Rap-Musik (siehe Seite 189)

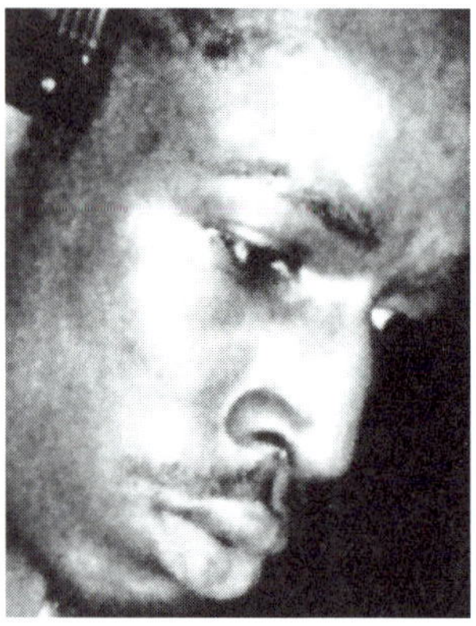

Grandmaster Flash

rap !

Old School / New School / Next School

Die Entwicklung des Rap wird in verschiedene Epochen unterteilt. Bis Mitte der 80er Jahre werden die Rapper der **Old-School** zugerechnet. Dazu gehören also Kurtis Blow, Kool DJ Herc, Sugarhill Gang, Grandmaster Flash u.a. Die Abgrenzung zur New School ist sowohl zeitlich als auch musikalisch fliessend. Ab Mitte der 80er Jahre wurde die Produktionsweise aufwendiger und differenzierter. Genügte bei der Old School teilweise noch ein einziger kurzer Groove, so wurden bei der **New School** Teile aus verschiedenen Songs verwendet, der Computer wurde einbezogen und die Sampling-Technik machte es möglich.

South Central Cartel

Von hier die Snare, den Baßlauf von dort, den Gesangspart aus einem 70er Jahre-Song und den auffälligen Sample aus einem Hard-Rock-Riff. **Zahlreiche harte, kompromisslose Gangsta-Rapper bestimmten den Sound der New School.** Erstaunlich war, daß viele Schwarze den Gangsta-Rap ablehnten, während die weißen Kids, die normalerweise Rock und Heavy Metal hörten, zu den größten Anhängern dieses Subgenres zählten.

De La Soul, Queen Laitifah, Jungle Brothers, A Tribe Called Quest und viele andere werden der **Next School** zugeordnet. Sie zeichnen sich durch weichere Sounds und dem Ruf nach Frieden und Versöhnung aus. Sie demonstrieren, daß Macht und Selbstbewußtsein nichts mit martialischer Bühnengarderobe zu tun hat.

Es folgte eine etwas geruhsamere Zeit zwischen den Jahren 1983 und 1986. Altstars wie Grandmaster Flash und Kurtis Blow verloren langsam an Einfluß. Danach setzte in neuer Schub ein, der von Rappern eingeleitet wurde, die nicht alle aus dem Ghetto stammten.

Die späten 80er Jahre brachten benutzerfreundliche und billige Produktionstechnologien wie Synthesizer und Sampler. Diese führten, zusammen mit der Entwicklung der Dancefloor-Musik, zur Wiederbelebung des Independent-Gedankens. Zahlreiche neue, kleine Labels erzielten mit ihren HipHop- und House-Produktionen gute Gewinne.
Die neuen Rapper beschränkten sich nicht darauf, mit gesampelten Klängen eigene Songs zu kreieren. Sie verwendeten immer häufiger Klänge, Schlagzeug-breaks, Wortfetzen und kurze Melodien aus ihren Plattensammlungen. Der große Klau machte vor keinem Song und keinem Riff halt. Selbst der urbi et orbi-Segen des Papstes wurde gesampelt und in Songs weiter "verwurstelt". Setzte man in den 80er Jahren mit mehr als 20 Samples aus Songs von James Brown, Prince, den Shadows u.a. neue Songs zusammen, wurden in den 90er Jahren immer mehr Samples bis zur Unkenntlichkeit verfremdet. **Rap-Kultur und Sampling-Technik schufen eine neue Art des Musizierens**. Die Künstler arbeiteten nicht mehr mit ihren Instrumenten, sondern mit der Plattensammlung, dem Computer und dem Mischpult.

Einer der größten Unterschiede (zwischen den alten und neuen Rappern) ist vielleicht der, daß die Rapper der ersten Stunde bei ihrer Mutter am Telefon erreichbar waren, während man sich heute durch eine Mauer von Managern und persönlichen Referenten hindurchkämpfen muß. (nach Rap Attack)

Ein wilder, phantasievoller Mix mit einigen Wiedererkennungs-Effekten, vermischt mit frechen Sprüchen, war gefragt. Laufend etablierten sich neue Gruppen auf dem großen Markt. Mit clownesker Anbiederung schafften die **Fat Boys** ("The Twist") den Einzug in die Charts, aber wesentlich härter gaben sich die ersten weiblichen Rapper: Queen Latifah oder **Salt'n'Pepa** schlugen genau so hart und sexistisch zurück, wie sie von den Macho-Rappern drangenommen wurden.

Sexismus im HipHop

Stars wie Ice Cube und Snoop Doggy Dogg bezeichnen Frauen als geldgierige Huren und Hündinnen. Besonders im Gangsta-HipHop sind Frauen nichts anderes als beliebig verfügbare Sexobjekte, die gedemütigt werden: Die Diskussion um den Sexismus im Rap wird hauptsächlich von weißen Frauen geführt. Die Rapperinnen reagieren auf ihre Weise. (Der Bund, Nr. 125/94)

Rap hat auch die Sprache in der Popmusik gewaltig umgekrempelt. Erstmals wurde die Sprache der Gangster und Zuhälter - die Flüche und Drohungen, die Haßtiraden und Macho-Sprüche - auf Vinyl festgehalten. Zwar wurde bereits im Soul und Reggae eine deutliche Sprache gesprochen, aber niemals mit dieser Härte. Die Unmittelbarkeit der Texte wurden früher mit Witz und Selbstironie gebrochen. Die Brutalisierung der Sprache widerspiegelt auch die Brutalisierung des Alltags im schwarzen Ghetto.

Vielerorts in Europa werden unter dem Motto "Hauptsache, es groovt", mit einer unverständlichen Ignoranz die HipHop-Texte übergangen, schlicht nicht wahrgenommen. In zahlreichen europäischen Clubs, Jugendzentren, an Festivals und in Stadien wird zu pornographischen Machogeschichten der übelsten Art getanzt, geklatscht und gesungen. Einerseits soll der Spaß der Jugendlichen an der Musik nicht verdorben werden, andererseits ist es richtig, die Texte kritisch und differenziert anzugehen. Die Aufgabe ist sicher nicht leicht: Zensurforderungen kurbeln erwiesenermassen nur den Plattenverkauf an, und eine allzu liberale Haltung stößt bald an Grenzen.

"Schützt unsere Kinder von diesem Schund!". Unter diesem Motto gingen bereits 1986 Eltern und Politiker gegen HipHop-Sexismen und Plattenfirmen vor und bewirkten, unterstützt von konservativen und christlichen Kreisen, die Aufschrift "Parental Advisory: Explicit Lyrics", welche mittels eines Klebers auf die kritischen Platten geklebt wurden.

Die initiativen Kritiker erreichten aber genau das Gegenteil von dem, was sie eigentlich bezweckten. Die Eltern wurden zwar vor unverblümten Texten gewarnt, die Jugendlichen aber zum Kauf animiert. Bereits einige Monate später klebten die Rapper den verkaufsfördernden Kleber gleich selber auf die Plattenhülle.

Du mußt crossovern. Wenn du ein rein schwarzes Publikum ansprichst, wirst du kaum über 650'000 Einheiten kommen, wenn du sehr erfolgreich bist. Um 1,5 Millionen zu erreichen, brauchst du weiße Käufer.
Ice-T

Sinnvoller und aufschlußreicher ist sicher der Diskurs rund um HipHop, wie er in einzelnen Zeitschriften (z.B. SPEX) oder an Podiumsdiskussionen (z.B. Rote Fabrik, Zürich) geführt wird. Genauso kann auch in der Schule das Gespräch aufgenommen werden, als kritische Auseinandersezung und als Information über eine fremde Musikkultur und ihre Hintergründe.

Ein erstes Vorurteil, das aus dem Weg geräumt werden müßte, ist die Vorstellung, daß HipHop viel sexistischer sei als Rockmusik oder Dancefloor. Daß der Sexismusvorwurf dennoch hauptsächlich im Zusammenhang mit HipHop thematisiert wird, liegt an der Eindeutigkeit, mit der Frauen in Raptexten sexistisch dargestellt werden. Zudem sind die auf Frauen gemünzten Ausdrücke wie "bitch" oder "ho" Teil der Umgangssprache der jungen Afroamerikaner und wirken in den dortigen Zusammenhängen nicht so aggressiv wie hier. Es darf natürlich auch nicht darüber hinweggetäuscht werden, daß die Entwicklung immer mehr eskalierte und besonders der Gangsta-Rap der Westküste Mitte der 90er Jahre ein Maß an frauenverachtenden Schilderungen erreichte, der eigentlich zu einem Boykott der Käuferschaft hätte führen sollen.

Günther Jacob versucht die sexistischen Texte mit dem Fehlen eines positiven, männlichen Rollenbildes zu erklären. Die Mehrheit der afroamerikanischen Haushalte wird von alleinerziehenden Frauen geführt, und im Schnitt wird die schwarze Frau in der Black Community Amerikas höher eingestuft als der Mann. Sie ist vielfach die Ernährerin und hat in der Familie die tragende Rolle. Die Zahl der jungen schwarzen Männer, die im Zuge der Straßenkriminalität umkommen oder im Gefängnis landen, ist sehr groß.

Keine Hilfe bieten auch die schwarzen Rapperinnen, die zwar nur einen kleinen Teil der Szene ausmachen, sich aber teilweise mit ähnlich eindeutigen Texten auf die gleiche Ebene wie ihre männlichen Kollegen stellen.

Ragga / Raggamuffin

Die Reggae-Rapper (auch Toaster), die Sprechvirtuosen aus Jamaika, haben Anfang der 90er Jahre Kontroversen wegen gewalttätigen und sexuell expliziten Texten ausgelöst. Andererseits gelangte der neue Reggae - Raggamuffin - durch Snow, Shabba Ranks und Shaggy in die internationalen Hitparaden.

Rap in Europa

HipHop hat sich in Europa genauso zum massenwirksamen Pop-Phänomen entwickelt wie frühere amerikanische Musikarten. Eine Hochburg des HipHop ist England, ganz besonders London, wo Raggamuffin, Reggae Hip-Hop und weißer Rap von Gruppen wie Stereo MCs bevorzugt werden.

Der Siegeszug des US-Rap auch in Europa ist für viele Leute ein Rätsel.
Warum kaufen gerade deutsche, schweizerische und französische Jugendliche Platten, die sie zu einem großen Teil nicht verstehen? Warum tanzen sie zu den Parolen separatistischer HipHopper? Es scheint, als konsumiere das Publikum heute, was ihm gefällt. Es scheint, als habe HipHop, der ja auf weiße Empfindlichkeiten bestimmt keine Rücksicht nimmt, alle Barrieren niedergewalzt. Leisten sich vielleicht die europäischen Jugendlichen nur ein "Darüberhinweghören" und lassen Ice Cube, Public Enemy und KRS-One mit ihren eindeutigen Statements einfach ins Leere laufen? Oder bieten die HipHop-Szenen nur eine willkommene Abwechslung, eine aufreizende Alternative zum gängigen Rock?
Die Mainstream-Jugendkultur unterscheidet sich doch ganz extrem von den harten Rap-Realitäten. Die Information "Rap ist Musik aus dem Ghetto, unfiltriert", macht allein schon einen gewaltigen Eindruck auf viele europäische Jugendliche. Vielleicht ist es auch ein bisschen Nervenkitzel, wenn die wilde Musik im aufgeräumten Jugendzimmer so richtig losdröhnt, wenn Eltern und jüngere Geschwister entsetzt zusammenfahren.
Zumindest bei den frühen, ersten Titeln standen noch nicht die "großen Ideen" im Vordergrund. Was zählte, waren Ideen, witzige Kreationen und Quellen zu samplefähigen Platten mit guten, durchschlagenden Breaks.
Sehr schnell meldeten sich auch die Kritiker zu Wort. Das schwächste Argument gegen den Rap, *dies sei doch gar keine richtige Musik,* erinnerte stark an die Kritiker der 50er Jahre, die mit genau solchen Argumenten Little Richard & Co zur Strecke bringen wollten. Was Rock'n'Roll in den 50er Jahren war, stellte Rap Ende der 80er und Anfang der 90er Jahre dar:
Ein Sprachrohr der Jugend, heiß, pulsierend und rebellisch.

Def Jam

Def Jam ist in der Rap-Szene ein magischer Name, es ist das Label, das den HipHop möglich machte.
Rick Rubin aus Long Island produzierte ohne jede Erfahrung einen Titel von T-La Rock. Rubin hatte Philosophie und Kino-Technik studiert und sich daneben bei Schulanlässen als DJ betätigt. Im Frühjahr 1984 lernte er in einer Disco **Russel Simmons** (Foto unten) kennen. Dieser hatte schon einige Erfahrungen mit der Produktion von Run DMC u.a. (der Run von Run DMC war Russels Bruder) gesammelt. Simmons stammte aus Hollis (Queens), hatte bereits ein Diplom für Soziologie, organisierte seit 1977 Konzerte und war ein gesuchter Manager.
Rubin und Simmons legten je 2000$ zusammen und schufen so die finanzielle Grundlage für das gemeinsame Label **Def Jam**.
Simmons erklärte in "Billboard" (amerikanische Musikzeitschrift): "Das Ziel dieser Firma ist, den Leuten den wahren Wert der Musik, die auf der Straße gemacht wird, nahezubringen... Selbst wenn die schwarze Musik in der South Bronx, in Manhattan oder in Brooklyn geboren wurde - jetzt ist sie in Long Island angekommen."
Gleichzeitig lernte Rick Rubin die Beastie Boys kennen, welche ihn als DJ engagierten. Im November 1984 kamen die ersten Erfolge: Die erste Single von Def Jam (LL Cool J) wurde 100'000 Mal verkauft, und die Maxi der Beastie Boys hatte denselben Erfolg. Für die landesweite Verteilung schlossen sie einen Vertrag mit CBS.
In den folgenden Jahren kamen zahlreiche Gruppen zu Def Jam: Public Enemy, Beastie Boys, LL Cool J, 3rd Bass, Slick Rick, Davy-D, Method Man, Onyx u.v.a.
Die beiden Gründer gingen dann eigene Wege, als der eine Hardrock und der andere Soul produzieren wollte. Russel Simmons machte, sehr erfolgreich, in Greenwich Village mit Def Jam weiter.
Mitte der 90er Jahre setzte das Label jährlich 65 Millionen Dollar um.

Die Geschichte von Rap/HipHop

Vor der ersten Rap-Platte:

• Eine lange Tradition hatten die **Toasts**: obszöne Erzählgedichte, gereimte Geschichten, welche die Männer einander in Gefängnissen, im Militärdienst und an langen Abenden erzählten. Diese mündliche Folklore-Tradition wurde von den DJs und später vom kommerziellen Musikbusineß wieder aufgegriffen. Neben den schwarzen DJs bediente sich auch der weiße Alan Freed (⇨ "Rockmusik", Seite 115) dieser Praktik, und sehr schnell wurde der Stil von den Radiostationen Floridas nach Jamaika exportiert.

Toasting

Das **Toasting**, der Talkover-Sprechstil, der von DJs entwickelt wurde, die zu laufenden Platten spontan, ungeschminkt und grob zu Tagesereignissen reimten, stammt aus Jamaika. Toaster wie Big Youth, Brigadier Jerry und Yelloman erreichten Star-Status.

• **Spottgedichte** zwischen feindlichen Jugendlichen können bis zu den westafrikanischen Wurzeln zurückverfolgt werden.

• **Scat:** Ein Fluß von perkussiven Silben, eine Methode die Stimme als Instrument einzusetzen. Zu den ersten Vertretern dieser Gesangskunst gehörten Louis Armstrong und Ella Fitzgerald.

• Die Wortspiele der Angeber und Großtuer der Bronx (The **Dozens**) hörten die Jugendlichen auf der Straße genauso häufig wie auf dem Schulhof. Verbale Kämpfe wurden wie Waffen eingesetzt und dienten dazu, sein Gegenüber lächerlich zu machen. Je älter die Teilnehmer, desto ernsthafter die Auseinandersetzungen. Die Beleidigungen konnten persönliche Angriffe sein, richteten sich aber häufiger gegen die Familie, im Speziellen gegen die Mutter des Gegners. Der halbritualisierte Kampf dauerte so lange, bis es dem einen Kämpfer zu heftig wurde.

• Bereits in den 50er Jahren führte der New Yorker **Jimmy Castor** die afroamerikanischen Beleidigungs- und Schlagfertigkeitswettbewerbe in die Tanzmusik ein und schuf so eine Verbindung zwischen der frühen afroamerikanischen Sprachkultur und der beginnenden Rap-Szene.

Soul Brother Number One

• **Prediger** (wie Aretha Franklins Vater) und Gospelgeschichtenerzähler bedienten sich einer Art gesprochener Songs, um die Spannung zu steigern.
"**Soul Rapping**" gehört auch zu den Vorläufern des HipHop. Auf der musikalischen Seite war der große Soul-Rapper James Brown, für die B-Boys war er immer der "Soul Brother Number One".

• Verschiedene **Radio-DJs**, vorwiegend Schwarze, versuchten von den 40er bis in die 60er Jahre mit kessen Sprüchen - mit Dozens - eine Art Live-Stimmung zwischen die Einlagen von Konservenmusik zu bringen.

• Eine der wichtigsten Verbindungen zwischen den Rappern der 90er Jahre und den Erzählgedichten, den Toasts, ist der Beleidiger und Angeber der Vergangenheit, der 50er Jahre: **Bo Diddley**. Seine erste Single nahm er 1955 für Chess in Chicago auf, eine penetrante Lobeshymne auf sich selbst: Auf Seite A der Machotitel "I'm A Man", auf Seite B gleich sein eigener Applaus, "Bo Diddley". Verschiedene seiner Songs beruhen auf Toasts und Dozens.

• "Sonny Liston is great / But he'll fall in eight" (Sonny Liston ist groß, aber in der achten Runde geht er k.o.) verkündete der junge Boxer **Cassius Clay** 1964. Das "Großmaul" benahm sich mit hysterischem Gehabe bei seinen Reden ganz im Stil der schwarzen Rapper.

- In den 50er- und frühen 60er Jahren beeinflußten schwarze Führer wie Martin Luther King und Malcolm X mit den Kampf der schwarzen Bevölkerung. Sie halfen entscheidend mit, das Bewußtsein und den Stolz auch der Musiker zu festigen. Die beiden Führer wurden ermordet.
  1966 wurde die militante "Black Panthers" Partei gegründet.

Disco

- Disco der 70er Jahre: Die Disco-Welle überrollte in den 70er Jahren die ganze Welt. Wie Beim Rock'n'Roll, beim Soul, beim Punk wurde die Musik zum außergesellschaftlichen Freiraum - mit dem Unterschied, daß in der Disco-Kultur erstmals der vordergründig rebellische Charakter verschwunden war. Es ging um das Gutaussehen, cool Tanzen und um das Spaßhaben. Die Disco-Kultur stellte sich nicht gegen die Welt, sondern ignorierte sie. Der Spaß kam in erster Linie vom DJ, er war der Kapitän des Tanztempels. Viele HipHop-DJs der ersten Stunde machten ihre "Lehrzeit" in den Disco-Tempeln.

1967

Kool DJ Herc kommt von Kingston (Jamaika) nach Amerika und bringt Toasting oder den sogenannten DJ-Style mit. Er sollte einer der wichtigsten DJs in den Anfangszeiten des Rap werden, der nicht nur Platten auflegte, sondern auch im Bronx-Stil rappte.

1968

Am 4. April wird **Martin Luther King** das Opfer eines Attentats und erliegt seinen schweren Verletzungen. Sein Kampf für die Rechte der schwarzen Bevölkerung gab auch vielen Musikern Mut und Kraft.

1969

Die ersten Drum Machines, auch **Rhythmusboxen** oder analoge Schlagzeuge genannt, erscheinen auf dem Markt. Ihr Klang ist synthetisch, scheppernd und stereotyp.

1970

James Brown und Bobby Bird spielen in "Get Up, Get Into It, Get Involved" ihr rapartiges Duett.
Das erste der sieben Alben der "**Last Poets**" erscheint. Die Gruppe besteht aus drei Dichtern-Sängern-Sprechern und einem Perkussionisten. Sie setzen neben Rhythmen des Jazz auch Funk ein, um ihre Anliegen (Afrozentrismus, Islam, Drogenproblem u.a.) zu untermauern.

1975

Einige **Clubs beginnen sich dem Rap** zu öffnen, daneben gibt es immer mehr Street Partys; die **Graffiti-Sprayer** liefern sich erbitterte Wettkämpfe.

1976

Der größte Star der Szene ist "**Grandmaster Flash**" mit seinen MCs. Im Audubon in New York, in Schulen und in alten Ballrooms waren sie die Anheizer der besten Tanz-Partys.

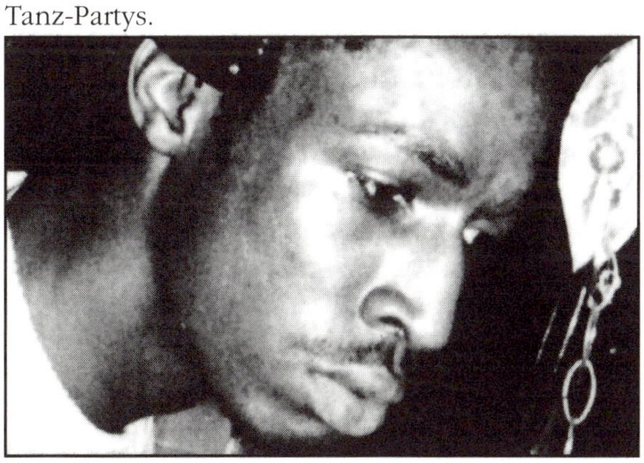

Grandmaster Flash (links)
Afrika Bambaata (rechts)

In den Straßen hört man immer häufiger rappende Kinder: "Hip hop hit the top don't stop!" Sie versuchen, sich auf der Straße und an Partys Gehör zu verschaffen.
Afrika Bambaata gründet "The Organization", die bald darauf in "Zulu Nation" umbenannt wird. Er beginnt als Dj in der Bronx.

1977

Die erste Rap-Generation kam aus Harlem, der Bronx oder von der Straße. Deshalb mußten Grandmaster Flash und die anderen nicht „Street" oder „Gangster" inszenieren, sie waren es. Sie suchten nach etwas Lustigerem, Aufregenderem. Die, die danach kamen, hatten andere Ausgangspositionen. Sie hatten eine andere Vision von dem, was der Rap werden könnte, ganz einfach, weil die Straße nicht ihr Leben war.
Russel Simmons

Disco erlebt den Höhepunkt der Welle, aber auch ihren Ausverkauf. Gleichzeitig tobt in London die Punk-Revolution.
Rap ist in den Straßen schon recht verbreitet und wird wettbewerbsmässig durchgeführt. Einzelne Gruppen fordern eine andere Gruppe zum "Rap-Duell" auf. Die wichtigsten HipHop-Figuren in New York haben alle karibische Wurzeln: Afrika Bambaata, Kool DJ Herc und Grandmaster Flash.
Run (von Run D.M.C.) beginnt als "The Son of Kurtis Blow" im Vorprogramm von Kurtis Blow.
Russell Simmons (Def Jam) organisiert im Hotel Diplomat in Manhattan **Rap-Shows**, die HipHop erstmals auch für Besucher außerhalb des Ghettos zugänglich machen.

Kraftwerk veröffentlichen ihren "Trans-Europa Expreß", das Album, das zahlreiche Musiker von HipHop bis House und Techno beeinflußt. Der Titelsong ist 13 Minuten lang und wird zum Klassiker für die B-Boys. Bambaata legt über den gleichmäßigen Beat und die Vocoder Stimmen die Reden von Malcolm X und Martin Luther King.

1978

Innerhalb der Musik verschiebt sich die Gewichtung **vom DJ hin zum MC**. Es werden zunehmend die Rapper an Stelle der DJs verehrt.
Roland präsentiert mit dem CR-78 die **erste Drummaschine** mit einem Mikroprozessor, der es erlaubt, neben den abgespeicherten Rhythmusstrukturen auch eigene Percussions-Muster einzugeben.

1979

Wieder einmal legt eine schwarze Gruppe den Grundstein für einen neuen Musikstil und weist mit ihrem Titel in die 80er Jahre:
Im September erscheint die **erste Rap-Single** und erobert in kurzer Zeit die Tanzflächen. Die **Sugar Hill Gang** klettert mit "Rapper's Delight" in Amerika und Europa in alle Popcharts, wird mit der "schwarzen Single des Jahres" ausgezeichnet und inspiriert Gruppen auf der ganzen Welt mit ihrem "Rap". Dabei hat die Single mit den richtigen Ghetto-Rappern nicht viel gemeinsam.

1980

Zahlreiche kleinere und größere Produzenten versuchen, an den Erfolg der Sugar Hill Gang anzuknüpfen und veröffentlichen in rascher Folge einen Rap-Titel nach dem anderen.
Kurtis Blow, ein Rapper aus Harlem, unterschreibt als erster einen Vertag mit einem Major-Label (Mercury) und nutzt konsequent die moderne Studiotechnik für HipHop.
Nach einigen lokalen Erfolgen nehmen "Grandmaster Flash and the Furious Five" bei Sugarhill "Freedom" auf, ihren ersten Hit.
Die **Roland 808**, die wohl berühmteste Rhythmusbox mit dem rauhen Klang, erscheint auf dem Markt und schart sofort eine eingeschworene Fangemeinde um sich.
Technics bringt den **Plattenspieler** 1200 MK2 auf den Markt, ein Plattenspieler, der allen Anforderungen eines DJs genügt (große Start- und Stop-Taste, Plattenbeleuchtung, großer Pitch-Regler mit Drehzahlregulierung von plus acht bis minus acht Prozent).

1981

Grandmaster Flash and the Furious Five veröffentlichen "Grandmaster Flash On The Wheels Of Steel" und The Mean Machine den ersten spanischen Rap auf "Disco Dream".
Auf "Showdown" treten Grandmaster Flash and the Furious Five gegen die Sugar Hill Gang an, um die erste HipHop-Battle auf Platte zu dokumentieren.

1982

Weltweit beginnt in diesem Jahr der Siegeszug des Rap. "**Planet Rock**" (Bambaata) wird überraschenderweise ein Riesenhit (wie verschiedene andere elektronische Platten) und leitet den neuen Stil, "Electric Funk", ein.
Grandmaster Flash And The Furious Five lösen mit "**The Message**" einen ähnlichen Schock aus wie "Rappers Delight": Rap erhält eine Mission, die Aussagen drehen sich um Themen von Bedeutung (nicht nur um das Party-Feeling).
Electro (siehe auch Geschichte des Techno) ist wie ein Soundtrack für die Phantasie von Science-Fiction- und Videospielen.
Der monophone, analoge **Bass-Synthesizer TB303** der japanischen Firma Roland wird auf den Markt gebracht. Obwohl bereits nach 18 Monaten die Produktion eingestellt wird, hat das Gerät (Jahre später) eine unerwartete Bedeutung bei HipHop-Produktionen.

1983

Der Dokumentarfilm "**Wild Styl**e" von Charlie Ahearns macht international auf die Rap-Szene aufmerksam. Er ist halb Fiktion und halb Dokumentation über die HipHop-Szene in New York (mit Grandmaster Flash).
In der Rap-Szene führen "Double Dee & Steinski" das Sampling mit "Lessons 1,2 & 3" ein.
Fast gleichzeitig wird begonnen, die **Studios mit Computern** auszurüsten. Der Rechner (Atari in Europa, Apple in Amerika) wird zur Steuerung der Mischpulte, als Sequenzer und zur Bearbeitung von digitalen Klängen eingesetzt. Mit Sampler und Computer wird die Musikproduktion radikal verändert.

In den 80er Jahren gelingt es verschiedenen Firmen, Sampler in einer Preiskategorie auf den Markt zu bringen, welche auch für eine breite Käuferschaft erschwinglich sind. Kurze Zeit später fehlt in kaum mehr einem Studio ein Sampler.

Die **Rhythmusmaschinen** (z.B. Roland 808, Linn Drum, Oberheim DMX) und die neue Synthesizer-Generation machen es möglich, auch im kleinen Studio günstige Plattenproduktionen herzustellen.
Mit "Rockit" versucht der 43jährige Jazz-Pianist Herbie Hancock die Zusammenarbeit zwischen HipHop und Jazzmusikern.
Das Label "Profile" bringt die erste Single von **Run DMC** heraus. Der Song "It's Like That" wird auf Anhieb ein riesiger Erfolg, wie auch "Sucker MCs", der Hit des Jahres.

Afrika Bambaataa produziert den ersten Song mit Hilfe eines Samplers: "Looking For The Perfect Beat".

1984

1984/85 werden neue, frischere Rap-Songs produziert, unterlegt mit Funkrhythmen und Hardrock-Klängen. Unstimmigkeiten der ersten Rap-Gruppen mit ihrem Plattenlabel Sugar Hill bringen weitere Firmen dazu, Rap-Platten zu produzieren. Videos werden gedreht, Fanclubs gegründet und in allen Großstädten nach Rappern gefahndet. Gruppen wie Run-DMC produzieren nun nicht mehr mit versteckten Melodien. Die Instrumente werden nur noch ganz spärlich eingesetzt, der ganze Sound vom Drum-Computer bestimmt.
Aus allen Epochen der Musikgeschichte, von Beethoven bis Herbie Hancock, wird geplündert. Sample-Keyboards machen es möglich, daß jedes kleinste Teilchen eines musikalischen Werkes in neuen Remix' verwendet werden.
Der Film "Beat Street" verhilft dem Rap zu internationaler Bekanntheit.

1985

Rap wird immer **härter, schroffer, agressiver** und schwerer. Im Club ermöglichen das die neuen Boden-Baß-Lautsprecher, welche die tiefen Töne auch körperlich fühlbar machen und im Plattengeschäft verkaufen sich die lautesten und rebellischsten Titel am besten.

In der Presse werden **Rap und Gewalt** zunehmend miteinander vermischt. Nach der großen Christmas Party im Madison Square Garden (20'000 Rap-Fans) schreibt die "New York Post": "Gewalt-Musik im Garden!"

Die brutalsten und radikalsten Texte stammen von Schooly-D und DJ Code Money.

1986

Schützt unsere Kinder von diesem Schund! Unter diesem Motto gehen Eltern und Politiker gegen HipHop-Sexismen und Plattenfirmen vor und bewirken den (meistens verkaufsfördernden) Kleber "Parental Advisory: Explicit Lyrics".

In England wird eines der ersten "Rap, Electro and HipHop Music Festivals" (Fresh '86) durchgeführt und leitet damit einen Trend ein, welcher HipHop aus den Clubs in die Fußballstadien bringen sollt. Doch bis zum Sommer ist Rap selbst in London noch Underground.

Die **Electro-Epoche** (siehe auch Seite 235, Geschichte des Techno) des HipHop trägt zur Entstehung des neuen House-Sounds aus Chicago bei. Es gibt nun Hardcore-Rap, Pop-Rap, Reggae-Rap, Soul-Rap, Latin-Rap...

Zahlen: 99% der Fernsehstationen und 98,5% der 9000 privaten Radiosender sind in weißer Hand. Der Drogenumsatz allein in New York liegt bei 60 Millionen Dollar.

Immer mehr Tags öffnen einem Großteil der Bevölkerung die Augen. Die Presse stürzt sich auf das Phänomen und wirft Graffiti Artists und wilde Tagger rasch in einen Topf.

Die erste Single von Boogie Down Productions erscheint: "Crack Attack", gefolgt vom Album "Criminal Minded".

Es ist das goldene Jahr für Run DMC und die Beastie Boys. Beide Gruppen verarbeiten Hardrock-Elemente in ihren Songs.

Die **Beastie Boys** landen ihren ersten großen Hit "Fight For Your Right (To Party)", der in die Pop-Charts der USA aufsteigt und Ende des Jahres Nummer 1 des Billboard wird. Weltweit werden in den ersten sechs Monaten nach dem Erscheinen 7 Millionen Platten verkauft!

Mit dem dritten Album "Raising Hell" geht Run DMC neue Wege: Der Song "My Adidas" ist eine Hymne an die Turnschuhe und eines der ersten Sponsor-Geschäfte in der Rap-Szene.

1987

1987/88 kommt es zu einer regelrechten **HipHop-Explosion:** Eine Welle von Veröffentlichungen und neuen Namen überflutet die Szene: JVC Force, EPMD, Jungle Brothers, Super Lover Cee & Casanova Rud... Zahlreiche weibliche Rapper gesellen sich zu Salt'n'Pepa: Roxanne Shante, Sparky D., MC Lyte u.a. Rap wird so weit kommerzialisiert, daß nun auch weisse Gruppen ernsthaft ins Geschäft einsteigen. Die Beastie Boys übertreffen den Erfolg der schwarzen Gruppen, weil immer mehr weiße Jugendliche vom HipHop und der schwarzen Musik im allgemeinen angezogen werden.

PUBLIC ENEMY

Die Wende zum **Polit-Rap wird von BDP und Public Enemy** eingeleitet. Beide bringen erstmals Malcolm X ins Spiel (als Coverphoto und Samples seiner Reden).

Am 26. April wird Scott La Rock im Alter von 26 Jahren in der Bronx erschossen, als er einen Streit schlichten will. Ice-T gibt seine erste Platte "Rhyme Pays" heraus und prägt damit das Genre des Gangsta-Raps.

1988

In diesem Jahr werden mehr Rap-LPs veröffentlicht als in den Jahren von 1979 bis 1987 zusammen. (Die meisten kommen aus New York, Los Angeles, Philadelphia und London.) Es fehlt aber eine zentrale Richtung, und die Texte erschöpfen sich in endlosen Selbstbeweihräucherungen und Beschimpfungen anderer.
Eine spezielle Platte präsentiert die Gruppe Kaos mit "The Court's In Session".
Dazu häufen sich Texte über Gangster, Zuhälter und Drogen, über brutale Straßenkämpfe. Eine Art "musikalische Verbrecherwelle" überflutet den Musikmarkt.
Mit seinem zweiten Album "Power" erntet **Ice-T** zum ersten Mal internationale Beachtung. Obwohl die meisten Radiostationen die Platte boykottieren, wird sie ein Erfolg.

Das Magazin **"SPEX"** gibt im August als erstes deutsches Musikblatt ein HipHop-Special heraus.

MTV startet seine erste HipHop-Sendung **"Yo! MTV Raps"**. Moderiert wird die Erfolgssendung von **Fab 5 Freddy** direkt von der Strasse, aus dem Kreis der B-Boys.
Der Film "Colors" (von Dennis Hopper) handelt von zwei Polizisten, welche versuchen, die Bandenkrieger von Los Angeles in Schach zu halten. Die Filmmusik stammt zu einem großen Teil von Ice-T.

KRS-One gründet Ende des Jahres die "Stop The Violence"-Bewegung, zusammen mit dem amerikanischen Journalisten Nelson George.

YO! RAP REVOLUTION

1989

Die Stimme des weißen Amerika schreit nach Zensur, die Polizeikräfte von Los Angeles fühlen sich brüskiert. Der Grund: **Rap-Musik aus Compton**, L.A., Musik von Public Enemy und NWA (Niggers With Attitude). Die Zeitung Village Voice schreibt: "Das FBI will diese Band". Der Song "Fuck Tha Police" auf dem Album "Straight Outta Compton" löst einen Proteststurm aus. Diese Platte ist so etwas wie die Geburtsstunde von "**Hardcore HipHop**"; Ice Cube, MC Ren u.a. produzieren in dem Stil weiter.
Public Enemy werden von Protesten jüdischer Organisationen überschüttet, von CBS zensiert und sogar mit dem Tod bedroht.

Die Beastie Boys bringen das zweite Albums "Pauls Boutique" (Capitol) heraus.

Nach der Maxi "Plug Tunin" erscheint das erste Album von **De La Soul** "3 Feet High & Rising". Im März wird die Platte die Nummer 1 der amerikanischen Hit-Paraden.

1990

Zahlen: Gemäß der Zeitschrift "Best" sind 23% der jungen Schwarzen zwischen 20 und 30 Jahren im Gefängnis oder auf Bewährung. 46% der der Gefängnisinsassen sind schwarz.
Es ist das Jahr, in dem der **Rap in die Kinos** drängt. "Pump Up The Volume", "Return Of Superfly" und "House Party" sind vermutlich die bekanntesten Rap-Filme.

1991

Public Enemy veröffentlichen "Apocalypse 1991...The Enemy Strikes Back".
Ice-T geht neue Wege: Mit der Hauptrolle im Gangster-Film "**New Jack City**" und seiner Platte "Original Gangster" (gibt mit Heavy-Metal-Klängen einen Vorgeschmack auf seine weiteren Veröffentlichungen und Band Body Count) katapultiert er sich in die Super-Star-Rolle.

N.W.A.'s werden immer beliebter und gewinnen an Einfluß. Zwar wird ihr Album "**Efil 4 Zaggin**" noch vor der Veröffentlichung in London von Scotland Yard konfisziert, trotzdem (oder gerade darum?) springt die Platte in der Hitparade gleich auf Platz 2.

"Unfinished Sympathy", der Superhit des Bristoler Trios **Massive Attack**, stürmt die Hit-Paraden.

Rapper des Jahres (in Deutschland), nach SPEX:
1. Son Of Bazerk
2. Queen Laitifah
3. Shabba Ranks
Q-Tip, Chck D, KRS-One, Gang Starr...

Die **Fantastischen Vier** starten ihre Karriere mit dem Album "Jetzt geht's ab".

Das Jahr der HipHop/Jazz-Fusion: verschieden Gruppen sampeln Musik von Louis Armstrong bis Dizzy Gillespie und John Coltrane.

1992

Public Enemy und die Hardrock Gruppe Anthrax bringen mit der "Bring The Noize"-Tour die europäischen Stadien zum Kochen.
HipHop hat sich als Musik und Lebensform auch in Europa etabliert; in einer Szene, die sich täglich irgendwo trifft. Das kann sie in Europa ohne reelle Existenzangst, ohne Gewalt und ohne großkalibrige Magnum in der Tasche. An diesen Meetings wird gute DJ-Arbeit geleistet, werden Texte geschrieben und Bands gegründet.

Was für die weiße amerikanische Jugend der 50er und 60er Jahre die Rockmusik war, wird für immer mehr schwarze und weiße Jugendliche das Rapping. Weil die Rapper keine Tabus kennen, erregen sie immer wieder Anstoß bei Eltern und Politikern.

Im März veröffentlichen die Beastie Boys, nach drei Jahren Absenz, das Album "Check Your Head" und legen dabei Wert auf Live-Einspielungen und richtige Instrumente.
400'000 Mal hat sich das Hit-Album "Qui sème le vent récolte le tempo" von **MC Solaar** verkauft. Auch in den USA und in England versammelt er ein ansehnliche Fangemeinde. Die Lausanner Rap-Gruppe Sens Unik gründet zur Veröffentlichung ihres 1992er Albums "Les portes du temps" das Label Unik Records.

1993

Flavor Flav (Public Enemy) wird verhaftet, weil er einen Mann vor seinem New Yorker Appartmenthaus angeschossen hat. Er hat erhebliche Drogenprobleme. Kurze Zeit darauf bricht sich Terminator X, der DJ der gleichen Band, bei einem Motorradunfall beide Beine.

Hits des Jahres: **Ice Cube**: "It was A Good Day", De La Soul: "Breakadawn"

Hit-Alben: A Tribe Called Quest: "Midnight Marauders"; KRS-One: "Return Of The Boom Bap"; Leaders Of The New School: "T.I.M.E."; Freestyle Fellowship: "Inner City Griots".

Ice-T ist einer der Rapper mit Super-Star-Status: Er verteidigt gegen Time-Warner das Cover seines Albums "Home Invasion" (ein weißer Teenager übernimmt, vom Rap beeinflußt, die Ideale und Wertvorstellung der schwarzen Führer) und veröffentlicht es auf seinem Label Rhyme Syndicate Records.

Der neue **Reggae - Raggamuffin** - stößt dank Snow, Shabba Ranks, Shaggy und anderen Geschichtenerzählern in die Spitzenpositionen der internationalen Charts vor.

De La Soul werden bei ihrem dritten Album von der "New York Times" als "Champions des HipHop für denkende Menschen" tituliert.

Salt'n'Pepa veröffentlichen ihr viertes Album "Very Necessary", verbunden mit einer Europa-Tournee.

Georg Clinton hat James Brown als „**Most Sampled Artist In History**" abgelöst. Über 1500 offiziell angemeldete Verarbeitungen des elektrischen Ur-Funk gibt es bisher.

1994

Public Enemy geben das neue Album "Music Sick N Hour Mee Age" heraus, Ice Cube das Album "Lethal Injection" und Queen Laitifah "Black Reign".

Eine Flut von neuen Platten und Konzerten zeigt: HipHop hat sich von der Musik der US-Ghettos zur internationalen Jugendkultur gemausert. Stars wie der Franzose MC Solaar haben den Rap auch in der Schweiz und Frankreich etabliert.

Gang Starr ist der Guru - Brooklyns prominenteste Stimme des HipHop. Mit seinem Partner DJ Premier veröffentlicht er "Hard To Earn".

Mit seinem ersten Album für Giant "The Funky Headhunter", zeigt sich MC Hammer wie niemals zuvor: Die harten Texte sind sparsam instrumentiert. Er hat bis 1994 mehr als 25 Millionen Alben verkauft, drei Grammys, sechs American-Music- und drei Soul-Train-Awards erhalten.

Sens Unik feiern auch in Frankreich Erfolge mit "Chromatic", der französische Rapper MC Solaar bleibt mit "Prose Combat" die Nummer 1.

Auf dem 1994er Album "Black Reign" (Motown) von Queen Laitifah, wo sie wiederum HipHop mit Reggae mischt, wird sie am Mikrophon u.a. von KRS-One unterstützt.

Die Fantastischen Vier heben ab in "Die vierte Dimension".

Gang Starr

Snoop Doggy Dogg (Calvin Broadus) ist Amerikas neuste Rap-Sensation. Während der 22 jährige Star des Mordes angeklagt wird, bricht sein erstes Album "Doggy Style" alle Verkaufsrekorde.

1995

Eine neue Gruppe aus Staten Island /New York sorgt auch in Europa für Schlagzeilen: **Wu-Tang Clan**. Das Album "Enter The Wu-Tang: The 36 Chambers" (Loud/BMG) erreicht in Amerika Platinstatus, obwohl (oder gerade weil) ihre Hits am Radio nicht gespielt werden dürfen. Sie stehen ganz im Trend der Eastcoast-Rapper, die der Westküste den Rang ablaufen.
Am 26 März stirbt der kalifornische Rapper Eazy E. an AIDS.
Die Fantastischen Vier stärken ihre Position in der **deutschen HipHop**-Szene mit "Lauschgift". Als weitere Vertreter der äußerst aktiven "HipHop from Germany-Szene" gelten in diesem Jahr Fettes Brot.
Noch nie hatte HipHop so viele **Nummer-eins-Hits** in den Billboard-Charts wie in diesem Jahr (Tupac Shakur, Dogg Pound, Method Man..). Andererseits wurden zwei TV-Sendungen ersatzlos gestrichen: MTV setzte "Yo! MTV Raps" ab, und VIVA folgte dem schlechten Beispiel mit "Freestyle".
Gegen Ende des Jahres landet Coolio (siehe Seite 202) mit seinem "Gangsta's Paradise" den absoluten HipHop-Hit des Jahres und verkauft in kürzester Zeit mehr als eine Million Einheiten.
In sämtlichen europäischen Ländern setzt ein **HipHop-Boom** von nie dagewesenem Umfang ein. Einerseits wird in sämtlichen Sprachen gerappt, andererseits entdecken Randgruppen (z.B. die Türken, Cartel) in Deutschland und in der Schweiz den Rap als Möglichkeit, ihre Anliegen einer breiten Öffentlichkeit mitzuteilen.

1996

Die Top-Stars der HipHop-Szene sind im Frühjahr '96 das amerikanische **Duo Luniz**. Die Kalifornier Knumskull und Yukmouth nehmen Platin für den Titel "I Got 5 On It" entgegen.

Die TV-Kampagne **"Squash it"** von MTV und der Harvard-Universität soll der Brutalität auf den Straßen ein Ende bereiten. Mit von der Partie sind Method Man, Coolio, KRS-One, Naughty by Nature u.a. Die Rapper erreichen das Zielpublikum mit Statements gegen die Gewalt und dem Handzeichen aus der Szene: Die flache Hand haut auf die zusammengeballte Faust. "Squash it!" (Bedeutung: "laß es uns abhaken, das ist es einfach nicht wert", ein Ausdruck, den die Jugendlichen als Signal benutzen, wenn sie sich von möglichen Messerstechereien oder Schießereien fernhalten wollen.)
Das amerikanische Trio **Fugees** (Wyclef Jean, g; Lauryn Hill, voc; Prakazrel Michel, voc) erobert mit seinem Ghettotheater für die HipHop-Generation weltweit die Hitparaden. Ihre Musik ist eine Mischung aus Ragga, Jazz und Rap, der Bandname wurde von 'Refugee' (Flüchtling) abgeleitet. Sommerhit 1996: "Fu-Gee-La".

Sturm im Passugger-Glas: **Coolio** hat mit seinem TV-Spot für das Bündner Mineralwasser einen Sturm entfacht. Mit dem Glas in der Hand sagt er: "Wie willst du das 'fucking' Licht sehen, wenn du die 'motherfucking' Dunkelheit noch nie gesehen hast".

Den Maßstab für deutschen HipHop setzt das **Rödelheimer Hartreim Projekt** mit "Zurück nach Rödelheim" (siehe Seite 208). Auch sehr erfolgreich, wenn auch nicht von derselben Qualität ist das rappende Mädchentrio **Tic Tac Toe** (Jazzy, Ricky, Lee). Mit ihren Hits "Ich find' dich Scheiße" und "Funky" erreichen sie in Deutschland und in der Schweiz (trotz enttäuschenden Konzerten) Spitzenpositionen.
Der Halbmarokkaner **MC René** aus Braunschweig veröffentlicht sein Debütalbum "Renévolution".
Neue Alben: Ice-T, "VI-Return Of The Real"; Geto Boys "The Ressurection"; Sens Unik, "Tribulation"; Merfen Orange, "Fertig luschtig"...

Hip Hop/Rap
(⇨"Rockm.", S. 249 ff)

Rap ist DJ- und MC-Musik.

Gruppen

Die folgende Auflistung ist nicht repräsentativ, sondern enthält Beispiele aus einem riesigen und ständig wachsenden Angebot, das sich von Woche zu Woche verändert.

Afrika Bambaataa

Afrika Bambaataa, geboren 1957 als Kahyan Aasim. In den frühen 70er Jahren (als Junge) war er Mitglied der Black Spades (eine New Yorker Gang mit 20'000 Mitgliedern). Nach der Ermordung seines Freundes verließ er die Gang und versuchte seine Kämpfe bei Tanzwettbewerben als DJ zu gewinnen.
1976 gründete er The Organization, die bald in **Zulu Nation** umbenannt wurde. Allein in New York zählte die Zulu Nation 40'000 Mitglieder. Die Mitglieder machten Front gegen den Ghettoalltag und verzichteten auf Drogen, Nikotin und Alkohol.
Der Slogan der Zulu Nation lautete: Die negative Energie der Kämpfe in positive und konstruktive Energie durch diese neue Straßenkultur umwandeln: den HipHop.
1976 begann Afrika Bambaataa als DJ in der Bronx. Seinen Namen übernahm er von einem Zuluhäuptling, der im 19. Jahrhundert gegen die Engländer gekämpft hatte. Der Rapper der ersten Stunde nahm mit perfekter Fingertechnik auf dem Plattenspieler das vorweg, was dann Ende der 80er Jahre viel einfacher mit der Sampling-Technik erreicht wurde. Afrika Bambaataa, die imponierende Erscheinung auf der DJ-Bühne, benützte Songs der deutschen Techno-Gruppe Kraftwerk und verfremdete sie mit aufwendiger Elektronik so grundlegend und publikumswirksam, daß sie den Grundstein für die Songs der Sampling- und Musikcomputertechnik der 90er Jahre legte. Er vermischte Pink Panther mit Rolling Stones, Beatles oder Monkees, ohne daß die Tänzer wußten, wozu sie da eigentlich tanzten, weil er immer nur kurze Breaks aneinanderreihte.
Nach verschiedenen Veröffentlichungen gelang ihm 1982 die große Sensation: "Planet Rock" brachte den Electro Funk. Bambaataa war bis 1985 in der Welt des HipHop führend. Neben diversen Singles muß seine erste richtige LP (mit diversen anderen Gruppen) "Funk You" erwähnt werden. 1988 unterschrieb er einen Vertrag bei Capitol. Das Album "The Light" erinnerte aber mehr an ein Sammelalbum mit illustren Namen (Boy George, UB 40, George Clinton u.a.) und hatte eher mäßigen Erfolg.
Obwohl Bambaataa verschiedene Produktionen mit James Brown und andern Stars veröffentlichte, erreichte er seine früheren Erfolge nicht mehr.

"Was mich in den 60er Jahren begeisterte, war James Brown, als er mit dem Satz auf die Bühne trat: 'Say It Loud, I'm Black and I'm Proud'. Da haben wir den Schritt vom Neger zum Schwarzen gemacht".

A Tribe Called Quest

Die Gruppe stammte aus Queens und wurde durch die Jungle Brothers in die Zulu Nation eingeführt. Auf dem Cover der ersten LP steht deshalb: "Aufgezogen und instruiert von den Jungle Bros." Q-Tip: "Bei zuvielen Rappern geht es nur ums Geld und die Reputation. Um Record Deals. Sie wissen gar nicht, warum sie das machen. Diese Jungs haben keine Tiefe und keine Leidenschaft. Wenn ich rappe, ist das mein Leben." Er ist der Guru - Brooklyns prominenteste Stimme des HipHop. Mit seinem Partner DJ Premier machte er 1994 "Hard To Earn". "Der ganze Gangsta Rap ist nicht viel mehr als ein Propaganda-Stück aus Hollywood." Dennoch spielen ihre Songs auf den Straßen, sie zetteln aber keine Revolution mehr an, keinen Bandenkrieg. Anspieltitel: "Step In The Arena", "Daily Operation".

Beastie Boys

Sie waren die **erste international bekannte, weiße Rap-Gruppe**. Die Söhne wohlhabender Eltern kamen nicht aus den Ghettos, sondern aus gepflegten Wohnquartieren in Agoura Hills und Westlake Village.
Beastie stand für "Boys Entering Anarchistic States Towards Internal Excellence". Nach verschiedenen Personenwechseln blieben drei zusammen: Michael Diamond (Mike D), Adam Yauch (MCA) und Adam Horowitz (Ad Rock).
Sie waren in New York aufgewachsen und wurden bald die Pop-Stars des HipHop. Als DJ kam Rick Rubin (siehe Def Jam, Seite 177) dazu, und mit ihm der große Erfolg. "Rock Hard" (auf Def Jam), laute, aggressive Musik, verhalf der Gruppe zu internationaler Bekanntheit. Ihre Akzeptanz in der HipHop-Szene war erstaunlich. Die Zutrittsbedingungen zum "Black Thing" definieren sich offenbar viel mehr darüber, wie selbstverständlich und respektvoll man die Idiome beherrscht und dabei sein eigenes Ding durchzieht, als auf der großen Reflexion der Bedingungen, unter denen Weiße schwarze Musik machen.

1986 folgte nach diversen Titeln "Fight For Your Right (To Party)", welche die Pop-Charts der USA erreichte und Ende 1986 Nummer 1 des Billboard wurde. Weltweit wurden in den ersten sechs Monaten nach dem Erscheinen 7 Millionen Platten verkauft! 1986 eröffneten sie das Konzert von Madonna (Like A Virgin) und ein Jahr später gingen sie mit Run DMC auf Tournee. 1989 lösten sie den Vertrag mit Def Jam. Die Texte des zweiten Albums von 1989 "Pauls Boutique" (Capitol) brachten Beatnik-Poeme, Verbrechen, Schmutz und Sex, verpackt in dichte, kleine Geschichten.
Im März 1992 veröffentlichten die Beastie Boys, nach drei Jahren Absenz, das Album "Check Your Head" und legten dabei Wert auf Live-Einspielungen und richtige Instrumente.

Grandmaster Flash

Joseph Saddler, alias Grandmaster Flash, stammte von den Antillen und hatte ein Elektronikdiplom, bevor er als DJ begann.
Als erster Star arbeitete Flash mit einigen Rappern (der MC Cowboy lobte während seinen Sprüchen wortgewandt auch den DJ) zusammen, die sich The Furious Five nannten, und verband seinen Mix und ihre Texte zu **Grandmaster Flash and the Furious Five**. Dazu gehörten neben MC Cowboy auch Melle Mel und sein Bruder Kid Creole, der später durch Scorpio ersetzt wurde. 1977 kamen MR Ness und etwas später Raheim dazu. Mit seiner experimentierfreudigen DJ-Virtuosität war Flash schon 1979 eine Berühmtheit.

Nach einigen lokalen Erfolgen nahmen sie 1980 bei Sugarhill "Freedom" auf, ihren ersten Hit. Ein Jahr später folgte auf eine Amerika-Tournee "The Birthday Party". Flash's harte Cuts, den Mix und Elemente aus Salsa, Soul und Songs von Queen, Chic und anderen Rap-Platten mischte er zu einer raffinierten Collage und rückte damit schnell an die Spitze. 1981 folgte "Adventures of Grandmaster Flash on the Wheels of Steel". Das Album hielt alle Finessen und Raffinessen des Scratchens und Mixens mit den "Wheels Of Steel" (Stahlscheiben, Plattenspieler) fest und wurde zur Lehrfibel für alle Nachwuchs-DJs.
1982 erschien die Single "Showdown", und im selben Jahr leitete Flash mit "The Message" eine neue Phase ein: Die beat-box (Drumcomputer) lieferte erstmals einen elektronischen Beat, der weg vom funkigen, discohaften Beat der Frühzeit hin zum härteren, schnelleren und ruppigen Rap-Sound führte.

Herc hatte das Grundprinzip des Breakbeats erfunden, und Grandmaster Flash machte aus dem DJ einen Virtuosen der Plattenspieler.

Ich hab die Erziehung eines Penners
Eine zweistellige Inflation
Ich kann nicht den Zug nehmen, um arbeiten zu gehen
Die Transportunternehmen streiken
Ratten in der Wohnung
Kakerlaken in der Küche
Junkies im Garten mit Baseballschlägern
Stoß mich nicht, weil ich am Rande des Abgrunds stehe
Das ist wie ein Dschungel
Manchmal frage ich mich wie ich es mache,
nicht verrückt zu werden.

Mit **"The Message"** fand der Rap eine Mission mit zahlreichen Themen: Geld, Drogen, Gott, Fernsehen, Mädchen, Gangster, Ghetto...
Bereits 1983 war der Höhepunkt für Grandmaster Flash vorüber, nicht zuletzt wegen der Drogenprobleme und der Kleinkriminalität des Rappers Melle Mel.
Grandmaster Flash versuchte verschiedene Comebacks, ohne Erfolg (siehe auch Seite 222: "Superrappin').

"Bei meinen Fähigkeiten als DJ passierte es nun immer häufiger, daß gerade dann, wenn ich richtig in Fahrt gekommen war, die Leute nicht mehr tanzten, sondern sich um mich scharten und mir zusahen, als wär's ein Seminar. Das war exakt das, was ich nicht wollte." (Flash)

Ice Cube

Ice Cube ist eine markante Persönlichkeit, hat ein ausgeprägtes Charisma, eine außergewöhnliche Stimme und großes Talent. Nach seiner Trennung von N.W.A. wurde er noch eine Spur radikaler. Der Beweis dazu ist hörbar auf dem 1990er Album "Amerika's Most Wanted".
1993 landete Ice Cube den Hit: "It Was A Good Day" und 1994 folgte das Album "Lethal Injection", ohne seine üblichen Droh-Pamphlete an die Adresse der "white devils" auf dem Booklet, aber mit den gewohnten mündlichen Abrechnungen an die üblichen Adressen.
(siehe auch N.W.A., Seite 195)

Ice-T

Die Geschichte von Ice-T ist die Geschichte des Werdegangs vom kleinen Straßengangster zum Hip-Hop-Star. Der erfolgreiche kalifornische Rapper wollte mit seinen Songs nicht nur schwarze Kultur und schwarzes Selbstbewußtsein vermitteln, er glaubte auch, daß die gerappten Botschaften bei den Weißen die herrschenden Vorurteile abzubauen vermöchten.

Er sagte über seine Jugend: *Brutalität hat meine Kindheit bestimmt. Die Gegend von Los Angeles, in der ich aufgewachsen bin, ist so isoliert wie ein Konzentrationslager. Drogendealer können ungestört arbeiten, Kinder können sich gegenseitig erschießen.*

Die Motivation, Rapper zu werden, war immer die gleiche: der Stolz, etwas Eigenes zu schaffen, sich von der Masse abzuheben und in der Nachbarschaft als "cool" zu gelten.
Der geistreiche und ehrgeizige Geschäftsmann Ice-T äußerte sich einem Journalisten gegenüber folgendermassen: "Ich habe ein Telefon, Anrufbeantworter, Fernseher, Computer, Handgranaten - alles, was man zum Leben in Los Angeles braucht."

Iceberg Slim

Als er 13 Jahre alt war, verschwanden seine Eltern, und er wuchs bei einer Tante in Los Angeles auf. Jahre später, beim Absolvieren der High School, wohnte er in South Central, wo die Gangs die Szene bestimmten. Er wurde in Kleinkriminalität verwickelt und bei einer Schießerei verletzt. Eher durch Zufall (und durch einige Rap-Einlagen) kam er zum Film (Breakdance) und schrieb Songs zu "Colors", "Dick Tracy" und "Return Of Superfly".
Zwischen 1984 und 1986 nahm er verschiedene Titel auf, mit einer Mischung aus Heavy Metal und Gangsta-Rap. Mit Jorge Minosoja gründete er das eigene Label Rhyme Syndicat.
Seine erste LP "Rhyme Pays" veröffentlichte er 1987 (und hat damit mittlerweile Platin-Status erreicht. Eine Steigerung brachte das zweite Album "Power" (1988). Auf dem Cover sind neben ihm seine Freundin Darlene und Afrika Islam abgebildet.
Auf seiner folgenden LP "The Iceberg/Freedom Of Speech" rief er sich den amerikanischen Schriftsteller Iceberg Slim in Erinnerung.
Der Zusatztitel "Freedom Of Speech" hängt mit der freien Meinungsäußerung zusammen, die Ice-T überaus engagiert verteidigte. Diese Platte verkaufte sich besser als alle Vorgängerinnen, obwohl Ice-T, wegen seiner provokativen Äußerungen zu Sex, Gewalt, Waffen und Politik, immer mehr ins Schußfeld schwarzer und weißer Journalisten geriet.
Beispiel: "Gefährlich ist nicht, was du siehst, sondern was du denkst. Ein Revolver ist nicht halb so gefährlich wie eine Person mit gefährlichen Gedanken. Hitler hat nie einen Schuß abgegeben, war aber einer der gefährlichsten Menschen der Welt. (...) Das sage ich auch den Kids: ‚Ihr glaubt, ihr wärt hart, aber wenn ihr eine wirklich gute Waffe haben wollt, dann geht zur Schule und gewinnt an Intelligenz.'" In "Squeeze The Tiger" rappte Ice-T:

> Sie sagen, ich wäre brutal, - sie sollten fernsehen
> Sie sagen, ich wäre brutal, - sie sollten die Polizei beobachten
> Ich rappe über das Leben, das die Straße mir gezeigt hat.

Ab 1990 sah man Ice-T immer häufiger beim Film (siehe oben), nicht nur als Songschreiber, sondern auch als Schauspieler (New Jack City).
Zur Zusammenarbeit mit Quincy Jones siehe Seite 214 ff)

In den folgenden Jahren machte die Metal-Band von Ice-T, Body Count, immer mehr von sich reden: Auf seiner 91er Platte "Original Gangster" hatte sich Ice-T des talentierten DJs Aladdin und seiner neuen Band **Body Count** bedient. Mit der reinen Gitarrenband aus vier schwarzen Musikern mit Baseball-Caps, die Metal der härteren Sorte spielten, und Ice-T, der darüber seine Reime schrie, schlug er HipHop-Fans vor den Kopf.

Zum Tagesgespräch auf allen Kanälen und in allen Zeitungen wurde Body Count aber durch den Song "Cop Killer". Die klare Botschaft des Songs "wenn's drauf ankommt, schiessen wir zurück, auch auf Polizisten" traf auf eine durch Rassenkrawalle in Los Angeles hochsensibilisierte Öffentlichkeit. Der Song diente entrüsteten Polizeivertretern als Beweis für die Aggressivität der schwarzen Jugendlichen schlechthin. Body Count wurde zum vollen Erfolg und Ice-T zum nationalen Verteidiger der Meinungsfreiheit. Der Text von "Cop Killer" veranlasste in den USA viele Plattengeschäfte dazu, das Produkt aus den Regalen zu nehmen, und schliesslich trennte sich die Plattenfirma Sire von der Band
1993 baute er seine Aktivitäten immer mehr aus: Ein neues Album ("Home Invasion"), das eigene Label Rhyme Syndicate Records, eine Rolle im Film "Trespass", ein eigener Ice-T-Comic-Strip und ein Buch waren nur ein Teil seiner Produktionen.
1994 veröffentlichte die Band ein weiteres hartes, kritisches Metal-Album: "Born Dead". Fast alle Texte stammten von Bandleader Ice-T.

Kool DJ Herc

Herc gilt als erster HipHop-DJ und erhielt den Namen "Godfather Of HipHop Culture".

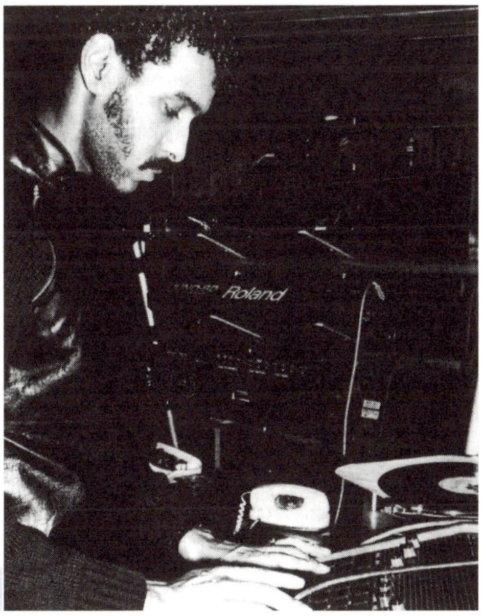

Clive Campbell, alias Kool DJ Herc, verliess Jamaika 1967 als 12jähriger und zog nach New York. Er hatte schon in Kingston mit Platten gearbeitet, und als DJ toastete er in den Staaten als einer der ersten. Wegen seiner kräftigen Statur und seiner Leistungen im Basketball erhielt er den Spitznamen "Hercules".
Anfang der 70er Jahre wechselte er von Reggae-Platten zu Funk und war einer der Initiatoren der ersten "Block Party" in der Bronx. Er war auch einer der ersten, der zwei Platten mischte und zwei Rapper beschäftigte. Afrika Bambaataa und Grandmaster Flash gehörten zu Hercs ersten Bewunderern.
Nachdem er in einem Club durch einen Messerstich in die Hand verletzt wurde, verschwand er spurlos von der Szene.

KRS One
Boogie Down Productions

Es ist völlig egal, ob man alle Standpunkte, Begriffe teilt, KRS Ones Entwicklung ist die interessanteste in der ganzen HipHop-Geschichte, nämlich eine öffentliche, beobachtbare Entstehung eines eigenen Denkens unter und gegen einen immensen äußeren Druck ... Die Musik, vor allem ein hart produzierter Beat zur Begleitung ... ist eindeutig von allen kontemporären jamaikanischen Stilen geprägt, hat aber vor allem dienende Funktion.
Spex, Nr.4/92

"Wenn du dich mit revolutionären Gedanken herumschlägst, mußt du Geld haben. Die persönliche Erfüllung kommt im gleichen Moment, wo das Geld da ist ... Ich versuche, Geld zu verdienen, Punkt. Das ist meine Philosophie."

Lawrence Kris Parker, alias KRS One (Knowledge Reigns Supreme Over Nearly Everyone), verließ mit 13 Jahren das Haus seiner Mutter; der Vater war schon lange vorher verschwunden. KRS lebte auf der Straße, in Parks und in der U-Bahn. 1984 lernte er durch einen Erzieher in einem Obdachlosenheim die Partys der Bronx und des Latin Quarters kennen. Mit Scott La Rock nahm er seine erste Single "Success In The World" auf und gründete Boogie Down Productons.
1986 erschien die erste Single von BDP: "Crack Attack", gefolgt vom Album "Criminal Minded". Die minimale Musik und harten Texte erreichten nicht gerade Hit-Status, waren aber für einen Achtungserfolg gut. Bei der BDP-Truppe wechselte die Besetzung oft. Ein schwerer Schlag traf sie am 26. April 1987: Scott La Rock wurde im Alter von 26 Jahren aus ungeklärten Gründen in der Bronx erschossen.
Ein Jahr später unterschrieb KRS One bei Jive, einem Label, das zu RCA gehörte. "Criminal Minded" wurde neu aufgelegt und als Doppel-LP "Man & His Music" herausgebracht.

Das zweite Album "By All Means Necessary" zeigte KRS One auf dem Cover in einer Anspielung auf eine Fotographie von **Malcolm X**.
Für KRS One hatte das Cover vor allem symbolische Bedeutung. "Der Frieden muß den Krieg immer übertreffen, um seinem Namen gerecht zu werden. Es ist dämlich, gegen den Krieg zu sein und sich mit einer Blume bewaffnet inmitten von Atomwaffen aufzuhalten."
In einem Interview mit dem "Spiegel" meinte er: "Rap ist keine Waffe, Rap ist der schwarze CNN (amerikanischer Nachrichten TV-Sender). Hier erfahren wir Schwarzen die wahren Neuigkeiten, hier sagen unsere Reporter die Wahrheit über die Welt, in der sie leben."
Ende 1988 gründete KRS One die Stop The Violence-Bewegung, zusammen mit dem amerikanischen Journalisten Nelson George (siehe Anhang, "Death Of R&B").

Das folgende Album ("The Blueprint Of Hip Hop-Ghetto Music") war voller interessanter Samples, Scratches, Bäße, Keyboards, Schlagzeug und Klavier, aber auch lebendiger Texte von KRS One, seiner Frau MS Melodie und weiteren Freunden, verkaufte sich aber nur mittelmässig.
Mit Michael Stripe (siehe R.E.M., Seite 111) veröffentlichte er 1990 eine Platte mit Engagement für den Umweltschutz.
Nach zahlreichen weiteren Veröffentlichungen folgte Anfang 1992 "Sex And Violence", in welchen KRS One in erster Linie seine schwarzen Mitmenschen kritisierte (Mode-Black-Muslims u.a.). Er verkündete in der Presse, daß er die Nase voll habe von Gesten und Parolen der HipHop-Szene.
Wie sehr er sich vom Bronx-Homeboy zum intellektuellen Sprecher des Rap entwikkelt hat, der durch sein Vorbild auch den Weg aus der separatistischen Sackgasse weisen will, zeigt nicht zuletzt die von ihm ins Leben gerufene Initiative "Human Education Against Lies / H.E.A.L.", die unter Einbeziehung von Michael Stipe von R.E.M. das Geld für zwei Millionen Geschichtsbücher aufbrachte, die kostenlos in den Ghettos verteilt wurden.
1995 folgte das Album "KRS-One".

"HipHop bewegt sich in Abschnitten von 10 Jahren. 1976 hatten wir Tapes, Parties im Freien, wir machten alles live. Von 1976 bis 1986 wurden wir kommerzialisiert, wurden wir Teil der Vermarktungskreislaufes. Von 1986 bis 1996, also der zweiten Phase, in der wir jetzt sind, hat HipHop die Rolle von Rock 'n' Roll übernommen, wie er ihn in den 70er Jahren hatte, im Sinne von sozialem Einfluß und sozialer Relevanz. Von 1996 bis 2006 wird Hip Hop auch an Universitäten gelehrt werden." (KRS One)

Kurtis Blow

Kurtis Blow hatte 1977 mit Run und DMC (daraus wurde später Run DMC) angefangen und unterschrieb als einer der ersten Rapper 1979 bei Mercury einen Vertrag. Seine ersten Hits waren "Xmas Rappin" und "The Breaks". Er nahm in relativ kurzer Zeit acht Alben auf und verzeichnete einen gewaltigen Erfolg.
Kurtis Blow verschwand aus dem Blickfeld in dem Maße, in dem sein kommerzieller Stil veraltet und überflüssig wirkte.

The Last Poets

The Last Poets waren keine eigentliche Rap-Gruppe, sie hatten aber auf die frühen Toaster und Rapper einen wesentlichen Einfluß und galten als die Väter des Rap. Das erste der sieben Alben der Last Poets erschien 1970. Die Gruppe bestand aus drei Dichtern-Sängern-Sprechern und einem Perkussionisten. Sie setzen neben Rhythmen des Jazz auch Funk ein, um ihren Themen (Afrozentrismus, Islam, Drogenproblem u.a.) Nachdruck zu verleihen. Nach zahlreichen Umbesetzungen veröffentlichten die letzten Überbleibsel der Gruppe, Sulieman El-Hadi und Jalaluddin "Jalal" Mansur Nuriddin, noch in den 90er Jahren neue Alben.

LL Cool J

Schon bevor sein erstes Album erschien, war LL Cool J ein Rap-Star. Er wurde 1968 in Queens geboren und nahm mit 12 Jahren sein erstes Demoband auf. Mit 16 Jahren wurde er mit "I Need A Beat" auf einen Schlag bekannt. Er war nicht nur der erste Rapper auf Def Jam, sondern hatte auch gleich einen aussergewöhnlichen Produzenten: Rick Rubin (siehe Def Jam, Seite 177). Zahlreiche Singles hatten LL Cool J bekannt gemacht, und seine Ketten und Goldringe wurden bald von jedem Rapper imitiert. Er pflegte sein Image mit Titeln wie "I'm Bad" und einem penetranten Macho-Gehabe.

Die weiteren Alben "Walkin' With The Panther" (1989) und "Mama Said Knock You Out" hatten nicht mehr die durchschlagenden Erfolge der Vorgänger.

Mad Lion

Daß HipHop und Reggae zwei im Grunde nicht sehr verschiedene Brüder sind, beweist Mad Lion aus Brooklyn mit seinem HipHop-Reggae. Die Idee stammte eigentlich von KRS-One, Reggae für Homeboys.
Sein richtiger Name ist Dallion Kings, welchen er in Mad Lion (für Musical Assassin Delivering Lyrical Intelligence Over Nations) abgeändert hat.
"Bei Reggae-HipHop kommen die dominierenden Anteile wie Baßlinie und Vocals aus der Dance Hall. Ich mache HipHop-Reggae, weil meine Musik stärker von der kulturellen Seite des HipHop geprägt ist. Denn Rappen kann jeder. Rap ist etwas, das du tust, HipHop ist etwas, das du lebst.
HipHop kommt mit Graffiti, den Kleidern die du trägst, deiner Attitude, deiner Persönlichkeit, deiner Art zu leben. Ich komme mit der ganzen Kultur. Deshalb habe ich Hardcore-HipHop-Tracks und keine remixten Hits. Ich sehe Mad Lion eher als jamaikanischen Rapper denn als Danceball-Künstler."
Anspieltitel: "Real Lover", "Shoot To Kill", "Take It Easy".

Massive Attack

Daddy G, 3D und Mushroom bildeten Anfang der 80er Jahre das angesagteste Soundsystem (DJs und Rapper) in Bristol. Sie nannten sich damals noch, teilweise in erweiterter Besetzung, "The Wild Bunch". Nellie Hooper, Freund und Produzent, wechselte später zu Soul II Soul.
1990 gelang es ihnen, einen Vertrag bei Virgin zu erhalten. 1991 war "Unfinished Sympathy" der Superhit des Bristoler Trios Massive Attack. Doch während der Dreharbeiten für das Video in Los Angeles (mit Shara Nelson) brach der Golfkrieg aus. BBC weigerte sich, Titel einer Gruppe, die sich Massive Attack nannte, zu senden, das sei unmoralisch. Man einigte sich auf den Namen Massive (bis zum Ende des Krieges).
Das erste Album "Blue Lines" wurde (wie "Protection", 1994) von Hooper produziert.

MC Hammer

Stan Kirk Burrell, alias MC Hammer, war im HipHop eine äußerst umstrittene Persönlichkeit. Einerseits gelangen ihm bombastische Erfolge, andererseits wurde ihm Verrat am Rap vorgeworfen. Mit exzellent choreographierten Tanzeinlagen seiner 30 Tänzerinnen und Tänzer gelang ihm aber eine eindrückliche Show, welche auch bei einem rap-kritischen Publikum ankam.
Er wurde in Kalifornien geboren und imitierte schon als Zehnjähriger die Tanzschritte von James Brown.1990 gelang ihm mit "Please Don't Hurt 'Em" der große Erfolg. Das Album war lange Zeit die bestverkaufte Rap-LP in den USA. Verschiedene weitere Veröffentlichungen wurden weit weniger akzeptiert, wohl nicht zuletzt bei der schwarzen Bevölkerung.

Mit seinem ersten Album für Giant "The Funky Headhunter", zeigte sich Hammer wie niemals zuvor: Die harten Texte waren sparsam instrumentiert.
Er hatte bis 1994 mehr als 25 Millionen Alben verkauft, erhielt drei Grammys, sechs American-Music- und drei Soul-Train-Awards.

MC Solaar

HipHop hat sich von der Musik der US-Ghettos zur internationalen Jugendkultur gemausert. Stars wie der Franzose MC Solaar haben den Rap auch in der Schweiz und in Frankreich etabliert. Solaar ist Mitte der 90er Jahre der erfolgreichste Vertreter der äußerst vielfältigen Szene und kann als einziger französischer Rapper auch im Ausland beachtliche Erfolge erzielen.
Seine Texte klingen melodiös und gewandt. Er hat den HipHop vom Gassenslang zur Hochschulreife entwickelt. Verstehen oder gar ins Deutsche übersetzen kann man sie aber nur mit großer Mühe. Verschiedene Journalisten bezeichneten ihn als rappenden Literaten.
Der Musiker mit dem bürgerlichen Namen Claude M'Barali, 1972 in Senegal geboren, wuchs in den Banlieues von Paris auf und wurde Mitte der 90er Jahre der Star des europäischen HipHop. 400'000 Mal hatte sich sein Hit-Album "Qui sème le vent récolte le tempo" verkauft. Auch in den USA und in England scharte er eine ansehnliche Fangemeinde um sich.

"Je gagne du terrain en m'opposant à l'ennemi
notez tout de même que je pense donc j'écris."
("Ich gewinne an Boden, indem ich mich dem Feind entgegenstelle nehmt aber zur Kenntnis, das ich denke, also schreibe.")

1994 folgte das Album "Prose Combat", auf welchem ihm eine Jazz-HipHop-Fusion gelungen ist.

N.W.A.
(Niggers With Attitude)

Die Karriere von N.W.A. kam dank einer Konfrontation mit den Medien in Fahrt. Nachdem sich nämlich MTV geweigert hatte, N.W.A.-Videos zu zeigen, wurde die Gruppe immer häufiger in den Nachrichten von CNN erwähnt.
Die LP "Straight Outta Compton" wurde bereits nach sechs Wochen vergoldet (mehr als 2 Millionen Mal in den USA verkauft), obwohl sie eine Underground-Produktion war und keine große Propaganda dahinter stand; aber die ängstlichen Radio-Stationen und die MTV-Zensur verhalfen N.W.A. zu einem hohen Bekanntheitsgrad.
N.W.A. hatten sogar Probleme mit der US-Polizei FBI. In ihren Song "Fuck Tha Police" wollten sie *einen oder zwei Bullen umlegen*. Die Polizeireviere im ganzen Lande schickten Faxe, um sich gegenseitig vor bevorstehenden Besuchen von N.W.A. zu warnen.
Dieselbe Gruppe veröffentlichte aber auch einen der besten Anti-Drogen-Songs, und der Sänger KRS-One beteiligte sich aktiv an einer Stop-der-Gewalt-Bewegung. Auf die Frage, ob das nicht ein Widerspruch sei, antwortete er: *Ich bin nicht hier, um die Heiligen zu heilen, ich bin hier, um mit den Kranken zu sprechen.*
1988 wurde "Gangsta, Gangsta" zu einer Art Hymne für Gangster (im Besonderen aus Los Angeles) und brachte N.W.A. immer mehr Erfolg. Ein Jahr später erregte das Album "Straight Outta Compton" (Viertel in L.A.) die Gemüter, nicht zuletzt wegen des provokativen Covers, welches die Gruppe im Schußfeld eines Revolvers zeigte. Ice Cube meinte dazu: "Die Polizei soll uns schützen, aber wer schützt uns vor der Polizei?"
Nicht unerwähnt bleiben muß die Tatsache, daß sich zahlreiche weiße Jugendliche mit der Band identifizierten, welche von vielen Schwarzen abgelehnt wurde.

Lorenzo Patterson (MC Ren), Eric Wright (Eazy-E), Andre Young (Dr DRE) und Ice Cube legten lange Zeit Wert darauf, daß sie alle aus South Central stammten und diversen Gangs angehört hatten. Wieviele dieser Stories tatsächlich der Wahrheit entsprachen und wieviele nur der Image-Pflege dienten, ist schwer nachzuprüfen. Ice Cube kann beispielsweise ein abgeschlossenes Architektur- und Wirtschafts-Studium vorweisen.

Nach finanziellen Unstimmigkeiten mit dem Manager Jerry Heller verließ 1989 das talentierteste Mitglied der Gruppe, Ice Cube, die Band. Beide Teile lieferten sich anschließend eine erbitterte "Musikschlacht", indem sie mehrmals gleichzeitig Platten veröffentlichten.

1991 wurde ihr Album "Efil 4 Zaggin" vor der Veröffentlichung in London von Scotland Yard konfisziert. Trotzdem (oder gerade deshalb?) sprang die Platte in der Hitparade gleich auf Platz 2: es sollte der beste Chart-Start einer Rapgruppe sein.

Die Hardcore-Rapper verstanden die Aufkleber "Diese Lieder enthalten eindeutige Verse, jugendgefährdend" als Gütesiegel und waren stolz darauf.

Public Enemy

"HipHop muß sich entwikkeln, muß stilistisch expandieren", sagte Chuck D von Public Enemy.

PUBLIC ENEMY

(Der Volksfeind) (➪ "Rockmusik", S. 251)

Bill Stephney, Hank Shocklee, William Drayton (Flavor Flav) und der Design- und Kommunikationswissenschafts-Student Carlton Ridenhour (Chuck D, *1960) begegneten einander auf der Universität in Long Island. Die Gruppe vergrößerte sich mit den Eintritten von DJ Norman Roger (Terminator X) und Richard Griffin (Professor Griff) als "Informationsminister".

In einer Zeit, wo die anderen Rapper unter dem Gewicht ihrer Goldketten schon gebückt gingen, setzten Public Enemy auf einfache Kleidung und militantes Image. Die Gruppe regte eine neue Welle von schwarzem Nationalismus und Afrozentrismus an, im Stil der frühen Black-Panthers. Für viele, die mit Goldketten und Adidas-Streifen nicht viel anfangen konnten, wurde HipHop erst mit Public Enemy und KRS One interessant. So herausfordernd agitatorisch und pointiert ist bis heute keine zweite HipHop-Gruppe aufgetreten.

"Egal ob du grün bist, weiß oder schwarz, dieses Album stellt dir eine deutliche Frage: Welcher Seite gehörst du an?" kommentierte Chuck D das fünfte Album.

Ihre Musik setzte sich aus einem Funky Beat aus simplen Breakbeats, geloopten und digitalen Samples aus den 70er Jahren und archaischem Synthi-Quietschen zusammen. Dazu kamen funkige Gitarrenschleifen, kickende Bassdrums und heulende Polizeisirenen.

Die Texte beschreiben die jungen Gangster mit ihren wilden Männerträumen: Haufenweise Dollarnoten, Alkohol, Waffen, Drogen dealen, möglichst viele schöne Frauen.

In "Hitlers Day" geht es um die Feierlichkeiten zu Ehren von Christoph Columbus; in "Ain't Nutting Buttersong" ist es das Nationalgefühl innerhalb der Black Community in den USA, das Chuck D attackiert: "In dem Stück rede ich von der amerikanischen Nationalhymne, dem "Star Spangled Banner". Denn wenn du dir Amerikas lange Geschichte ansiehst, ist es geradezu eine Blasphemie, wenn sich Schwarze an diesen ganzen nationalen Feierlichkeiten beteiligen. Das ist genauso verrückt, als wenn Juden vor einem Hakenkreuz salutieren würden."

1987 gab Public Enemy dem Rap die Orientierung zurück. Ihre LP "Yo! Bum Rush The Show" erschien auf Def Jam und verkaufte sich in den USA 300'000 Mal. Ein Jahr später folgte "It Takes A Nation Of Millions To Hold Us Back", welches sich noch um ein vielfaches besser verkaufte.

Chuck D, Flavor Flav, DJ Terminator X, "Informationsminister" Professor Griff und das Bomb Sqaud Productionteam kreierten einen Hit nach dem anderen aus wuchtigen Beats, agitativen Texten mit black perspectives und schnellem Funk. Auf ein Podest gehoben und als nationale Helden gefeiert, hatten Public Enemy Schwierigkeiten, mit ihrem Ruhm fertig zu werden. Bei den zahlreichen Interviews gab es immer wieder schlimme Fehltritte. So meinte zum Beispiel Flavor Flav: "Ich hasse niemanden, aber ich bin total gegen die Sachen, die sie machen. Viel Schlechtes kommt daher, Aids zum Beispiel. Das ist eine Strafe Gottes." Und Professor Griff ließ 1988 im Melody Maker verlauten: "Wenn die Palästinenser zu den Waffen greifen, in Israel einmarschieren würden und alle Juden umbrächten, wäre das perfekt, denn die haben da nichts zu suchen."

Chuck D: *„Der Rap hat den Schwarzen eine Sprache gegeben. Als ich klein war, wußte ich nicht, wie ein Schwarzer in Los Angeles lebt. Die Nachrichten zeigten davon nichts und die Fernsehserien schon gar nicht. Das wurde immer vertuscht. Beim Rap brauchst du einfach nur Leuten wie Too Short zuzuhören und du weißt, wo er herkommt."*

1989 wurden Public Enemy von Protesten jüdischer Organisationen überschüttet, von CBS zensiert und sogar mit dem Tod bedroht. Den Anlaß dazu gab ein Interwiew Griffs in der Washington Times, in dem er die Juden für die Mehrzahl der Übel in dieser Welt verantwortlich machte. Kurze Zeit später wurde er gefeuert.
Das Album "Muse Sick N Hour Mess Age" (1994 auf Def Jam/Phonogramm) zeigte eindeutig in Richtung Hardcore-Rhythm & Blues-Band und wurde sehr unterschiedlich aufgenommen.
P.E. wurden im Laufe der Jahre nicht milder: Hart, politisch und sehr erfolgreich, das sind ihre Stichworte.

Queen Latifah

Geboren wurde Dana Owens 1971 (nach anderen Quellen 1969) als Tochter einer High-School-Lehrerin.
Queen Laitifah ist Rapperin und Sängerin, Film- und Fernsehstar, Inhaberin einer Managementagentur und Initiatorin einer Plattenfirma (Flavour Unit Records). Anfang 1989 erschien ihre erste Single "Wrath Of My Madness" - die ganze Szene war von ihrer warmen Stimme begeistert. Beim ersten Album "All Hail The Queen" waren verschiedene Leute am Werk. So auch KRS One, De La Soul u.v.a. Sie verfolgte in etwa dasselbe Ziel wie so viele ihrer männlichen Kollegen, blieb aber mit ihren Texten oft bei New Yorker Regionalismen. Es ging ihr nicht darum, universell schwarze Themen abzuhandeln, sondern um die Lokalpolitik in gewissen Stadtteilen. Von verschiedentlichen "Ausflügen" in Soul- und Disco-Gefilde zeugen mehrere Titel.
Sie war Gast in zahlreichen Plattenproduktionen von männlichen und weiblichen Kollegen, hatte aber auch eine positive Austrahlung auf schwarze Frauen: "Ich bin stolz auf mein Geschlecht, und ich will, daß alle Frauen es sind. Es wäre besser, wenn sie ihren Kopf anstatt ihren Körper benützten. Wenn diese Gedanken feministisch sind, dann bin ich es."
Auf dem 1994er Album "Black Reign" (Motown), wo sie wiederum HipHop mit Reggae mischte, wurde sie am Mikrophon u.a. von KRS-One unterstützt.

Ich wuchs mit Reggae, Rap, Housemusic und Heavyfunk auf. Und wenn ich meine Musik schreibe, trifft das alles zusammen.

Run DMC

Joseph Simmons ist Run und Darrel Mc Daniels ist D.M.C, beide stammen aus Hollis in Queens. 1977 war Run ein zwölfjähriger DJ und begann als The Son of Kurtis Blow im Vorprogramm von Kurtis Blow. Gleichzeitig fingen Run und DMC unter dem Namen Orange Krush an, selber HipHop zu machen. Sie schlossen sich mit dem 13jährigen Bassisten und Gitarristen Jason Mizell (Jam Master Jay) zusammen, der als DJ die beiden MCs unterstützte. 1983 brachte das Label Profile die erste Single von Run DMC heraus. Der Song "It's Like That" wurde auf Anhieb ein riesiger Erfolg, so wie neun Monate später "Hard Times".

Sie brachten die Verse direkt von der Straße, rappten zu einem harten Beat, ausgeschmückt mit wenigen Sound-Effekten, Scratch-Geräuschen und rhythmischen Keyboard-Einwürfen.

Im Mai 1984 erschien, wiederum auf Profile, das erste Album "Run DMC" und ein Jahr später tauften sie das zweite Album mit dem provozierenden Titel "King Of Rock".
Das dritte Album "Raising Hell" erschien 1986 und war ein richtiges B-Boy-Album. Zum ersten Mal wurden von einem HipHop-Album mehr als 1 Million Platten verkauft! Nicht zuletzt weil das Produktionsduo Russel Simmons und Rick Rubin (siehe Def Jam, Seite 177) einen exzellenten Sound garantierte. Einzelne Songs wurden mit Titeln von Aerosmith (siehe Seite 156) zusammengebracht, was zur Folge hatte, daß auch das weiße Publikum die Platte kaufte. Die Titel reichten von "My Adidas" bis zu "Proud To Be Black" (Stolz, schwarz zu sein). Es folgte eine ausgedehnte USA- und **Europa-Tournee mit den Beastie Boys**. Der Erfolg war einerseits riesig, da die Konzerte das weiße und schwarze Publikum in die Hallen brachte, andererseits war die Tournee überschattet von Gewaltausbrüchen, bis hin zum Tod einer ihrer Fans.
1988 entschieden sich Run DMC, auch ihre eigenen Produzenten zu sein, Gitarristen und weitere Musiker kamen dazu. Dennoch wurden sie nach und nach von neuen, aufstrebenden Gruppen in den Hintergrund gedrängt.

Salt'N'Pepa

Cheryl James, Sandy Denton, und DJ Spinderella veröffentlichten 1993 ihr viertes Album "Very Necessary", verbunden mit einer Europa-Tournee.
Drei Jahre nach ihrem dritten Album "Black's Magic", nach einigen Erfahrungen mit Pop-HipHop und Mutter-Freuden, gelang ihnen ein Album mit Selbstvertrauen und soliden Rhythmen. Trotzdem können nicht alle Songs überzeugen. Die Mischung aus weiblichem Macho-Gehabe und Hitware klingt (zumindest für viele Europäer) etwas simpel.

Sugarhill Gang

Sicher nicht die bedeutendste, aber eine der entscheidenden Gruppen für die Geschichte des HipHop. Am 16. September 1979 erschien ihre Single "Rapper's Delight" und eroberte in nur wenigen Wochen weltweit sämtliche Tanzflächen. Die drei MCs Big Bang Hank, Wonder Mike und Master G rappten mit viel Spaß zu Händeklatschen und einer Baßline der Discogruppe Chic. Das Label Sugarhill Records gehörte der Ex-Sängerin Sylvia Robinson. Sie verkaufte von "Rapper's Delight" mehr als 2 Millionen Exemplare. Am meisten erstaunt waren wohl die zahlreichen Rapper, Toaster und DJs, welche nie daran geglaubt hatten, daß von ihren Sprüchen Platten produziert werden könnten.
"Rapper's Delight" gab den Startschuß für alle weiteren Rap-Produktionen!

Wu-Tang Clan

Niemand macht Musik wie Wu-Tang, keiner macht Videos wie Wu-Tang, keiner reimt wie Wu-Tang!
(Method Man)

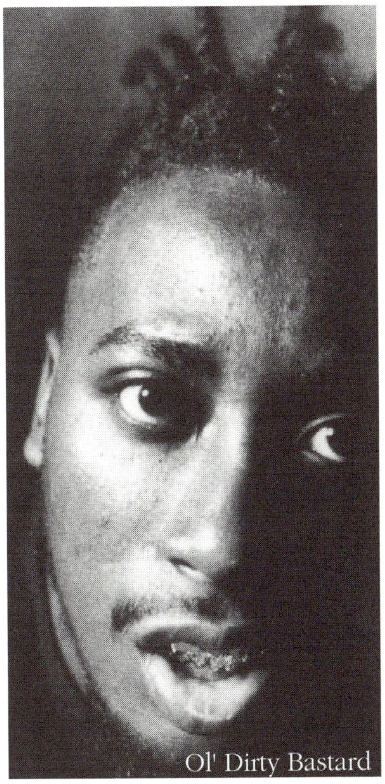
Ol' Dirty Bastard

1995 sorgt eine neue Gruppe aus Staten Island / New York (im Wu-Tang-Slang kurz "Shaolin" genannt) auch in Europa für Schlagzeilen. Zum festen Kern des Clan gehören:
Ol' Dirty Bastard: "Wenn die Leute "James" sagen, dann wissen alle, daß James Brown gemeint ist. Wenn sie "Dirty" sagen, sollen alle wissen, daß der Bastard gemeint ist." Die einmalige Rohheit des MCs ist kaum mehr zu überbieten. Live in Zürich stottert, brüllt und windet sich der Rapper, daß ihm Spucke zwischen den goldenen Fangzähnen aus dem Mund fliegt, die Halsschlagadern zum Platzen gespannt. Bei einem Überfall wurde er durch Schüsse schwer verletzt.
Soloalbum: "Return To The 36 Chambers: The Dirty Version".
Method Man: Der Flowmaster ist das umgänglichste Mitglied des Clans und auch als Solist ("Method Man") sehr beliebt. Mr. Meth bewies als erster mit seinem Solo Album "Tical" (Bezeichnung seines Lieblingskrauts), daß jedes Wu-Tang Mitglied auch für sich alleine wirkt. *"Ol' Dirty ist weltweit der größte Entertainer. Ich bin der zweitgrößte, ich habe ein besonderes Feeling für das Publikum."*
Shallah Reakwon aka Chef: Der bodenständigste Rapper des Clans (auch mit Solo-Album).
Rakeem aka The RZA: Er hat einst als MC begonnen, ist aber heute der Produzent (auch der Solo-Alben) und der Kopf des Clans.
Weiter gehören dazu: U-God aka Golden Arms, Genius aka The GZA, Master Killer, Ghost Face Killer und Inspector Deck. Auf der fünfseitigen Peace-Liste ihrer CD wird die Gesamtzahl der Clan-Mitglieder mit 300 angegeben.
Laut Augenzeugen teilen sich bei Wu-Tang-Auftritten in New York bis zu 20 MCs die Bühne, während der Rest-Clan die ersten Reihen füllt.
Dirty und Genius sind Vettern, genauso wie Dirty und The RZA. Method Man und Shallah besuchten zusammen die High-School.

Die Gruppe startete im Frühling 1992 mit "Protect Ya Neck" und landete im Herbst 1993 mit "Black Owned Business" einen ersten lokalen Hit, verfolgte aber gleichzeitig die Strategie, die Solo-Alben der einzelnen Clan-Mitglieder auf verschiedenen Labels zu veröffentlichen, um höhere Verbreitungsmöglichkeiten zu erreichen.
Das Album 1995 "Enter The Wu-Thang: The 36 Chambers" (Loud/BMG) erreichte in Rekordzeit in Amerika Platinstatus, obwohl (oder gerade weil) ihre Hits am Radio nicht gespielt werden durften. Dazu kam ein Ausdruck wachsender Unzufriedenheit des Clans mit dem Zustand der Rapindustrie. Das Rezept lautet: "Selber machen, und zwar am besten so wie früher". So produzierten sie für 5000$ "Protect Ya Neck/Method Man" und setzten quasi aus dem Kofferraum heraus 10 000 Einheiten um.
Mit 1987 verbindet der Wu-Tang Clan bessere Musik und bessere Lebensumstände; die Zeit, als die Rapindustrie noch mehr Rap als Industrie war, weniger Waffen und Drogen im Umlauf waren, sie selbst noch zur High School gingen und New York unangefochten der Ort war, wo es passierte.
Die Tour '95 durch Deutschland und die Schweiz war wie eine Underground-Tour geplant, organisiert wie eine Blockparty.

Euro-HipHop

MC Solaar

Frankreich ist eine der stärksten Bastionen des Euro-HipHop. Neben MC Solaar (siehe Seite 195) erreichten auch Soon E MC, IAM, oder Suprème NTM ein Massenpublikum. Viele von ihnen sind Kinder von Einwanderern aus Schwarzafrika. Auch in Paris und Marseille ist HipHop der Sound der Farbigen im Ghetto.
Der Tonfall der meisten französischen Rapper ist markant, aber dennoch moderater als jener ihrer amerikanischen Kollegen. Franzosen-Rap unterscheidet sich auch musikalisch vom US-HipHop: er ist poetischer und weicher. Exemplarisch dafür sind die coolen Stücke von MC Solaar, Soon E MC, I AM (multikulturelle Gruppe aus Marseille) u.a.
Allerdings existieren auch militantere Versionen in der französischen Szene: "Donne-moi des balles pour la police municipale" (gib mir Kugeln für die Gemeindepolizei), fordern etwa Suprème NTM und werden folglich auch von Radio und TV boykottiert.

Schweiz

Eine eigenständige Rap-Szene entstand in der Schweiz um 1989. Trotz talentierter Rapper wie Freedom Of Speech, Silent Majority, Black Tiger, Three Tree Posses, **Luana** (die Frau aus Basel) und vielen anderen konnte die inländische Szene bis 1996 nicht das große Publikum erreichen. Eine lobenswerte Ausnahme bilden sicher die Gruppen **Alliance Ethnique** und **Sens Unik**.

Sens Unik

Just One, DJ und Komponist der Gruppe: "Wir wollen nicht ein bestimmtes Problem aufgreifen, unser Spektrum an Themen soll breit bleiben. Wir wollen ganz einfach nur gehört werden: Unsere Musik und unsere Texte drücken das aus, was wir denken und fühlen."

Die Lausanner Gruppe Sens Unik wurde beeinflußt vom amerikanischen Rap, dem Acid-Jazz und der zeitgenössischen und traditionellen Musik der Schwarzen. Ausgehend von Erfolgen in der französischen Schweiz, gelang es Sens Unik, dem Schweizer Rap auch international Geltung zu verschaffen. Ihrem Debütalbum "Nouvelle politique" (1991) folgten 1992 "Le VIeme sens" und 1993 "Les portes du temps". Ein Jahr später gelang ihnen mit "Chromatique" der eigentliche Durchbruch in der Schweiz und in Frankreich.
Sens Unik äußerte sich in ihren Texten kritisch und engagiert zu gesellschaftlichen und sozialen Problemen. Das Trio gründete 1993 das Label **Unik Records**. Patrick David, der Labelchef, umreißt das Konzept folgendermassen: "Wir sind eine Familie, eine Produktionseinheit und ein 'Label with attitude'. Veröffentlicht wurden in erster Linie Alben und Maxis von französischen Rappern wie Fabe und DemokratesD.
Im Herzen von Manhattan wurde 1996 "Tribulation", das vierte Album eingespielt, eine harmonische Sammlung von "Mißgeschicken", die der Lausanner Rap-Gruppe widerfahren waren: kleine Abenteuer des Lebens, die sich aber als Marksteine des frankophonen HipHop entpuppten. Sista D (Deborah), die Dame zwischen den drei Herren, entwickelte sich von der Background-Sängerin zur wichtigen Hauptstimme.

1995/96 drangen immer mehr CH-HipHop-Gruppen an die Öffentlichkeit, die breite Beachtung fanden. Interessant dabei war, daß zwar vieles dabei nach HipHop klang, daß die Produktionen teilweise aber sehr HipHop-untypisch waren, wie zum Beispiel das Album von **Merfen Orange**:
Die Gruppe wurde 1991 gegründet und war vorerst eine "ganz normale" Rockband. Den Sprung in die Schweizer-Hiparade schafften MC Dani, DJ Kusi K, Jan (Baß), Daryl (Tasten), Dr. Beat W (Drums) und Matthias (Saiten) 1996 mit ihrem Debütalbum "Fertig luschtig" und dem Sommerhit "Dr Summer chunnt". Merfen Orange gelang ein interessantes Stilgemisch, irgendwo zwischen Rap, Funk, Ragga, Rock und ironischen Texten.
Weitere Schweizer Gruppen: **Momo Posse** (die Rapper aus der Südschweiz), **Three Tree Posse** (witzige Berner Rapper)...

Deutschland

An den frühen Hits der **Fantastischen Vier** spaltete sich die deutsche HipHop-Szene, vermittelten doch die massentauglichen Hits der beiden ersten CDs nicht viel mehr als ein lockere Partystimmung. Nachfolgende Gruppen wie Fettes Brot, Die Krähen, Böses Blut, das Rödelheimer Hartreim Projekt (siehe Seite 208) u.a. schufen eine deutsche HipHop-Szene, die sich sogar außerhalb des deutschsprachigen Raums Achtung verschaffen konnte.

Fettes Brot

Das erste Album "Mitschnacker" (1994) von Fettes Brot ("Auf einem Auge blöd...aber der Erfolg gibt uns recht") bewegte sich inhaltlich zwischen gesellschaftspolitischer Analyse und Party-Feeling. Die drei Hamburger König Boris, Doktor Renz und der Schiffmeister rappten sich rasch eine beachtliche Fan-Gemeinde zusammen. Zur gleichen Zeit moderierte Schiffmeister auf VIVA die HipHop-Sendung "Freestyle".
1995 gelang ihnen ein Achtungserfolg, verbunden mit der Videoausstrahlung, "Nordisch By Nature".

MC René

Der Freestyle-Rapper aus Braunschweig wurde 1977 geboren und veröffentlichte 1996 beim HipHop-Label MZEE sein erstes Album "Renévolution". In einem Interview mit dem "Bund" äußerte er sich folgendermaßen: "Freestyle ist meine Stärke, ich übe jeden Tag, trainiere mein Gehirn, die Skillz (Grundmuster des Sprechgesangs) und erweitere den Wortschatz. Rap ist wie eine eigene Sprache, und man muß lernen, die Wörter der Umgangssprache in die Rap-Sprache zu integrieren. Je mehr man freestylt, umso größer werden der Wortschatz und die Routine. Erst dann, wenn man fähig ist, seine Spontaneität auf der Bühne voll auszuspielen, entsteht die große Freestyle-Magie".

Die Fantastischen Vier

(⇨ "Rockmusik", Seite 314) In der ersten Hälfte der 90er Jahre waren die "Vier aus Stuttgart" sicher die erfolgreichste deutsche HipHop-Gruppe. So verkaufte sich ihr Hit "Die da!" mehr als eine halbe Million Mal, und das Album "Vier Gewinnt" erreichte beinahe die Millionen-Grenze. Nicht mehr ganz so erfolgreich war das '94er Album "Lauschgift", und Mitte des Jahrzehnts sahen sich die Fantastischen Vier plötzlich einer starken Konkurrenz aus dem eigenen Land gegenüber.

Jazzkantine

Einen eigenen Weg eingeschlagen haben Jazz-Musiker und Rapper (G. Hampel, Smudo, J. Kraus, Fresh Familee, G. Bishop, Phase V u.v.a.), als sie 1994 das Projekt Jazzkantine aus der Taufe hoben. Jeder Song klang einerseits sehr speziell (Funk, Soul, Rock, Jazz), konnte andererseits unter dem Oberbegriff Jazz-Rap zusammengefaßt werden. Dank der Experimentierfreudigkeit der Jazzer und der Rapper kam es zu einem kreativen Miteinander, bei dem wohl die Rapper weniger Mühe hatten, denn seit Jahren wird Jazz im Sampling-Verfahren im HipHop verwendet. Dem Debütalbum "Jazzkantine" (1994) folgte 1996 das Album "heiß & fettig", verbunden mit einer Tournee durch Deutschland und die Schweiz. Am zweiten Album waren rund 100 Leute (vor und hinter den Kulissen) beteiligt, wiederum eine Konzentration aus exzellenten Musikern und hervorragenden Rappern. Die beiden Alben waren musikalisch vermutlich auf einem zu hohen Niveau, um in der HipHop-Szene Anklang zu finden. Einen interessanten Vergleich zu Jazzkantine bietet das Projekt "Back On The Block" von Quincy Jones (siehe Seite 213).

Rödelheim Hartreim Projekt

Siehe Seite 208

Gangsta's Paradise

Der Komponist

Anno 1976 erschien auf der LP "Songs In The Key Of Life" von **Stevie Wonder** (➪"Rockmusik", S. 212) auch der Titel "Pasttime Paradise". Weder dem Album noch dem Song war ein herausragender Erfolg beschieden. Erst fast 20 Jahre später holten der (mindestens in Europa) noch unbekannte Rapper Coolio und sein Sänger LV (Larry Sanders) den Titel wieder ans Tageslicht. Der Welthit bewies die Wandlungsfähigkeit des Rap: ein totales Crossover; Stile, Zeiten, Schichten und Medien werden vermischt.

Mit der Verwandlung von "Pasttime Paradise" in "Gangsta's Paradise", einem melodiösen Rap, ist Coolio & Co. gelungen, was bisher kein Rapper geschafft hat - der erste Nummer-eins-Hit in Deutschland, der Schweiz, England, USA... Ende 1995 waren über 2 Mio. CDs (Maxi Single und Album) verkauft und die Platin-Auszeichnungen überhäuften sich. Die Musik-Video-Sender MTV und VIVA strahlten fast stündlich das Video mit den Filmausschnitten aus Dangerous Minds aus und der Song war bereits in den Hitparaden, bevor der Film in Europa in die Kinos kam.

Der Rapper

Coolio

Nach eigenen Aussagen hatte Coolio (Artis Ivey jr.) bereits zur Zeit der Sugarhill Gang, also in den späten 70er Jahren, mit Rap begonnen. Geboren wurde er 1964 in South Central, Los Angeles und siedelte dann mit Mutter und Schwester nach Compton über. Er war Mitglied verschiedener Gangs, mit den üblichen schlechten Erfahrungen. Offensichtlich gelang ihm rechtzeitig der Absprung nach San José, wo er Waldbrände zu löschen versuchte.

Nach der Mitwirkung bei verschiedenen Gruppen erzielte er mit seiner Debüt-LP bereits einen Achtungserfolg und eine Top-Ten-Plazierung in den Billboards. Die Hit-Single "Fantastic Voyage" schwamm im Sommer 1994, dank einem witzigen Video, durch die ganze Sun-Fun-Szene. Schon damals lancierte Coolio (vor Ol' Dirty Bastard) seine 10'000-Volt-Frisur.

Unbestreitbar ist auch sein Hang zur Verwertung fremder Ideen. Der vorliegende Song ist einer unter vielen, bei welchen sich Coolio ganz ungeniert bei anderen Künstlern bedient hat. Bei Interwiews wird betont, daß er den geistigen Vätern seiner Lieder Respekt entgegenbringt, und daß sie "fürstlich" belohnt werden. Im Gegensatz zu vielen HipHop-Titeln gibt sich Coolio auch nicht besonders Mühe, nur kurze Samples aus den Originalen zu verwenden. Er übernimmt fast den gesamten Song und im besonderen den Refrain, der ja genauso von Stevie Wonder interpretiert worden ist.

Der Film

Dangerous Minds

1994, Regie: John N. Smith / Hauptrolle: Michelle Pfeiffer

Als Filmvorlage diente der Roman von Lou Anne Johnson "My Posse Don't Do Homework", 1992 erschienen.

Nach neunjähriger Navy-Laufbahn nimmt LouAnne wieder ihren ursprünglichen Beruf als Englischlehrerin an einer Inner-City-Schule in Nordkalifornien auf. Eine Stelle findet sie rasch an einer Schule, wo die Bedingungen besonders schwierig sind: Ihre Klasse besteht aus "People of colour", aus jungen Hispanos und Schwarzen, die alles mögliche im Kopf haben, nur nicht die Schule.

Als Ex-Marinesoldatin erkämpft sie sich mit Karatedemonstrationen vorerst die Aufmerksamkeit der widerspenstigen Bande. Das Drama nimmt seinen vorgezeichneten Lauf (das Großmaul Emilio wird erschossen, die Schülerin Callie wird schwanger und soll die Schule verlassen).

Im Gegensatz zur Romanvorlage, wo die mutige

Lehrerin Rap-Texte behandelt, werden im Film Bob Dylan-Texte verwendet, um die Klasse zu begeistern.
Im Film hört man ganze vier Mal den Anti-Gang-Song "Gangsta's Paradise". Bis Ende 1994 spielte der Streifen allein in den USA über 80 Mio. Dollar ein, bevor er den Weg Nach Europa fand. Die Symbiose zwischen dem Rapper und der schönen Schauspielerin ist also auch hier wieder einmal aufgegangen: Michelle Pfeiffer profitierte vom Reklameeffekt der Charts und Coolio von einem mittelmässigen Video mit dem Star als Publikumsmagnet.

Gangsta's Paradise (Coolio/Stevie Wonder)

1. As I walk through the valley of the shadow of death
I take a look at my life and realize it's nuttin' left
Cause I've been brassin' and laughing so long that
even my mama thinks that my mind is gone
but I never crossed a man that didn't deserve it
me be treated like a punk you know, that's unheard of.
You better watch how youre talkin' and wher you're walkin'
Or you and your homies might been lying and chopped
I really hate the trip but I got a low
as they cook I see myself in the pistol smoke, fool
I'm the kind of Gee, little homies want to be like
on my knees in the night, sayin' prayers in the streetlight.

Refrain
They've been spending most their lives,
livin' in the gangsta's paradise
They keep spending ...
We've been spending most our lives...
We keep spending most our lives...

2. They got a situation they got me facing
I can't live a normal life I was raised by the state
so I got to be there with the hood team
too much television watching got me chasing dreams
I'm an educated fool with money on my mind
got my team in my hand and the gleam in my eye
I'm a low, down case of deception and anger.
and my home ease is down so don't arouse my anger, fool
death ain't nothing but a heartbeat away
I'm living like you and I what can I say?
I'm 23, never will I live to see 24
the way things are going and I don't know

Bridge
Tell me why are we so blind to see
that the one's we hurt are you and me.

Refrain
3. The power and the money, money and the power
minute after minute, hour after hour
Everybody's running but I find I might look in
What's going on in the kitchen but I don't know what's cooking
They say I gotta learn but nobody's gona to teach me
If they can't understand how can they reach me?
I guess they can't, I guess they won't
I guess they're fucked! That's why I know
My life is out of luck, fool!
Refrain / Bridge / Bridge / Chor mit Perc. / Chor ohne Perc.

Gangsterparadies (Sinngemässe Übersetzung)
1. Wie ich durch das Tal des Todesschattens gehe betrachte ich mein Leben und stelle fest, daß nichts übrigbleibt, weil ich schon so lange ein lachendes Großmaul bin, dass sogar meine Mutter denkt, ich hätte den Verstand verloren
Aber ich hatte nie Ärger mit jemandem, der's nicht verdiente - mich wie einen Punk zu behandeln, ist unerhört. Paß lieber auf, wie du redest und wo du auftrittst, oder du findest dich mit deinen Kumpels verhauen am Boden liegend vor. Ich hasse den Trip wirklich, aber ich habe gerade ein Tief. Als die Wirkung eintritt, sehe ich mich im Pistolenrauch
Du Dummkopf, ich bin doch genau der Typ, dem all die kleinen Homies nacheifern. Sie wollen wie ich sein, in der Nacht auf den Knien im Licht der Straßenlaterne betend

Refrain
Sie haben den größten Teil ihres Lebens im Gangsterparadies verbracht, und sie werden es weiterhin tun.
Wir haben den größten Teil...

2. Ich muß mich damit abfinden, daß ich kein normales Leben führen kann, ich bin vom Staat großgezogen worden, also muß ich dort bei den Gangstern bleiben. Zu viel Fernsehen hat mich dazu gebracht, Träumen nachzujagen.
Ich bin ein gebildeter Narr mit Geld im Kopf, habe mein Team im Griff und ein Glitzern in den Augen.
Ich bin ein gemeiner Typ voller Enttäuschung und Wut, ich lasse mich ziemlich gehen, also provoziere mich nicht, Dummkopf. Der Tod ist nur einen Herzschlag entfernt, ich lebe wie du - und was soll ich sagen? Ich bin 23 und werde 24 nie erleben. So wie's im Moment läuft, weiß ich nichts mehr

Bridge
Wieso sind wir zu blind, um zu sehen,
daß jene, die wir verletzen, du und ich sind.

3. Die Macht und das Geld, Geld und Macht, Minute um Minute, Stunde für Stunde. Alle rennen, aber ich habe gedacht, ich könnte mal nachsehen, was eigentlich geht, aber ich weiß nicht, was los ist
Sie sagen, ich müsse es lernen, aber es ist niemand da, der mir's beibringt. Wenn sie mich nicht verstehen, wie sollen sie mich denn erreichen
ich denke, sie können's nicht, sie wollen's nicht
ich denke, die kümmert's einen Scheiß
darum weiß ich, daß mein Leben unglücklich ist, du Blödmann

Gangsta's Paradise (Coolio / Stevie Wonder)

Text & Musik: Stevie Wonder, A. Ivey, D. Rasheed, L. Sanders
Vereinf. Arrangement: K. Rohrbach

Refrain
As Fm G7 Cm
They've been spen - ding most their lives, li - vin' in the gang - sta's pa - ra - dise
Ah
Bridge
As Fm G7 Cm As Fm
They keep spen - ding most their lives, li - vin' in the gang - sta's pa - ra - dise why are we so
G7 Cm As Fm G7 Cm
blind to see that the one's we hurt are you and me.
Chorstimmen
Ah

Zum Arrangement

Intro

Während des ganzen Songs gilt: Die notierte Hi-Hat kann an Stelle des Shakers oder der Cabasa gespielt werden. Wegen der Regelmässigkeit und Genauigkeit empfiehlt es sich nicht, die Achtelnoten in der Rhythmus-Begleitung von mehreren Instrumenten gleichzeitig zu spielen.
Besonders bei Anfängern lohnt es sich, die **Cowbell**, welche im Original nur ganz im Hintergrund hörbar ist, konsequent einzusetzen. Die **Flötenstimme ist**, wie alle anderen Stimmen im Original, eine Keyboardstimme. Welche Instrumente in der Band eingesetzt werden, oder welche Keyboardsounds verwendet werden, sollte ausprobiert werden. Die **Baß-Stimme** kann von einem E-Baß oder von einem Keyboard übernommen werden.

Strophen

Die Snarestimme ist im Original ein "gesampeltes Klatschen". Sie könnte auch von den Sängerinnen und Sängern übernommen werden. Aber aufgepasst: **rhythmisch genau!** Das viertaktige Motiv wird 3 X wiederholt! Im ersten Durchgang wird Baß 2, im 2. und 3. Durchgang Baß 1 (wie im Intro) gespielt.

Refrain

Auf die Zählzeit 1 setzt der Chor und der Baß 2 ein. Die Chorstimmen sollten vorgängig genau einstudiert werden, denn sie erscheinen am Schluß des Songs als kleine "a cappella-Einlage". Bei der 2. Strophe müßen die Einsätze der Instrumente beachtet werden (siehe Form)
Nach bester HipHop-Manier wurden sämtliche Stimmen (außer der Rap-Stimme) vermutlich gesampelt. Auch aus diesem Grund kann es nicht vorrangiges Ziel sein, eine möglichst genaue Kopie des Origanals zu erreichen. Auch hier sind Phantasie, eigene Stimmen und Kreativität gefragt, damit eine neue Version entsteht.

Transposition

Das Original ist für viele Schüler-Stimmen zu hoch. Aus diesem Grund sind auf den zwei folgenden Seiten die wichtigsten Instrumental- und Gesangstimmen nach a-moll transponiert.

Gangsta's Paradise war 1995/96 ein Riesen-Hit, wie er nicht jedes Jahr vorkommt.

Der Song kann von ganz unterschiedlichen Positionen angegangen werden:
- Der Filmsoundtrack von Dangerous Minds
- Aus einem Song aus der 70er Jahre wird ein internationaler HipHop-Hit.
- Mit dem "klassischen" Chorsatz beginnen und anschließend ein Instrument nach dem anderen dazunehmen, ohne vorher der Klasse zu sagen, um welches Stück es sich handelt.
- Einstieg mit dem Video-Clip und dem Original von Stevie Wonder. Ein Vergleich!

- | 20 | 15

Song: Nr. 19 Original, Wonder
Nr. 20 Coolio

Form

Intro	4 Takte	
1. Strophe	12 Takte	4 T. mit Baß 1, 8 T. mit Baß 2
Refrain	8 Takte	Baß 2 und Chor
2. Strophe	12 Takte	Takte 1-3 mit Baß 1, ohne Vi 4. Takt nur Drums, ab 5. Takt Tutti mit Baß 1
Bridge	4 Takte	Tell me = Auftakt auf 4
Refrain	8 Takte	mit Chor
3. Strophe	12 Takte	
Refrain	8 Takte	mit Chor
Bridge (2 X)	8 Takte	
Chor mit Perc.	4 Takte	
Chor Ohne Perc.	4 Takte	

Gangsta's Paradise (Coolio / Stevie Wonder)
Transponiert!
Vereinf. Arrangement: K. Rohrbach
Intro
Voc
Flöten
Violinen
Piano
Baß
8va
F Dm E7 Am F Dm E7 Am
Baß 1
Strophe
Vi
P
B
Baß 2
F Dm E7 Am Am F Dm E7 Am
Refrain
V
They've been spen - ding most their lives, li - vin' in the gang - sta's pa - ra - dise
Ah
They keep spen - ding most their lives, li - vin' in the gang - sta's pa - ra - dise
Bridge
why are we so blind to see that the
one's we hurt are you and me.
Chorstimmen
F Dm E7 Am F Dm E7 Am
Ah

Höha, schnella, weita

Rödelheim Hartreim Projekt

1993 tauchten sie erstmals am deutschen Rap-Himmel auf: Moses P. (Moses Pelham) und Thomas H. (Thomas Hoffmann) aus Frankfurt mit ihrem Debütalbum "Direkt aus Rödelheim" (Quartier in Frankfurt). Die CD erschien auf dem Label PPP (Pelham Power Productions). Mit geradezu philosophischen Texten (über den eigenen Tod) brachten sie Themen in den deutschen HipHop, die damals völlig neu waren. Diese kontrastierten mit dem radikalen Macho-Image und dem "an die Wand rappen" anderer Bands.

"Hart zu ihren Feinden", wie sie sagen, ließen sie sich auf einen imageträchtigen Konkurrenzkampf mit den Fantastischen Vier ein, der an ihrem schnellen Erfolg nicht ganz unschuldig war. So begann ihre CD mit folgenden Worten: "Wir schreiben das Jahr 1996. Das Rödelheimer Hartreim Projekt ist Alleinherrscher der deutschen Sprechgesangs-Szene..."

Das Rödelheim Projekt hat seine Aufgaben mit Bravour gelöst. Zwischen schneidender Aggression, bezeichnender Lässigkeit und wonnigem Rap-Groove, beweisen Moses P. und Thomas H. ihre selbstgefundene Souveränität. (Plattenkritik)

Textlich gelangten sie - mit Sätzen wie: "Ich wisch mir dein Blut an meine Jacke" - oft an die Toleranzgrenze und entzündeten zahlreiche Diskussionen.

Nach einer Live-Platte folgte 1996 das zweite Studioalbum "Zurück nach Rödelheim", mit etwas ruhigerem Tempo und versöhnlicheren Tönen. Auf der folgenden Tournee wurden sie wiederum von einer Live-Band begleitet.

Seine eigene Funktion im Hartreim Projekt beschreibt Moses P. folgendermaßen: "Du hast einen Haufen Leute, die nichts zu essen haben. Dann kommst du und sagst: ‚Ich kann auf Steinsuppe machen.' Und wirfst einen Stein in einen Riesentopf mit Wasser. Dann sagt jeder: 'Oh ja, wenn wir Suppe machen, hätt' ich auch noch ein paar Zwiebeln, ein bißchen hiervon, ein bißchen davon...' Das heißt, ich bin zwar die treibende Kraft von RHP, aber tausend andere Leute bringen ständig irgendwelche Sachen in unsere Musik."

"'Höha, schnella, weita' macht das Niveau, auf dem wir arbeiten, ziemlich klar. Unsere Weiterentwicklung macht sich in dieser Nummer vor allem textlich und inhaltlich bemerkbar." (Moses P.)

Zum Arrangement

Wie bei sämtlichen Produktionen der DJ-Culture wäre es auch bei diesem Song wenig sinnvoll, alle Instrumentalstimmen, Samples und den Text möglichst genau zu übernehmen. Wichtig ist die Erkenntnis, daß die Rödelheimer einige musikalische Motive haben und mit diesen arbeiten (dazunehmen, weglassen, neu kombinieren). Die auffallendsten Motive sind (zum Teil leicht vereinfacht) in der Partitur (Seite 210) notiert und können je von einem Schüler übernommen werden.

Von zentraler Bedeutung ist, daß auch bei diesem Song die Struktur über **achttaktige Teile** aufgebaut ist. Diese Form erleichtert es allen Interpreten, sich zu orientieren und die eigenen Einsätze zu finden (gute Übung zum Takte zählen!)

Die Grundtonart ist nicht eindeutig festgelegt, könnte aber dis-moll sein. Ist das Gerüst erkannt, können die Motive aus der Partitur oder eigene kleine Melodien (auf den schwarzen Tasten!), eingestreut werden. Mit diesem Vorgehen entsteht auf relativ einfache Art eine eigene Version des Songs.

Hinweis: - Die "schwebenden" Klänge können auch mit einem Xylophon gespielt werden. - Die Schlagzeug-Notation entspricht dem Grund-Rhythmus (16tel-Groove) und wird mit Vorteil über verschiedene Percussions-Instrumente (und Schlagzeug) aufgeteilt.

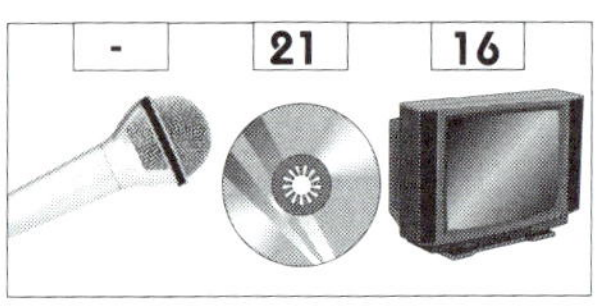

Form

Intro	2 X 8 Takte	Chorus	8 Takte
1. Strophe	8 Takte	Bridge	2 X 8 Takte
	8 Takte mit Melodie	3. Strophe	8 Takte
Chorus	8 Takte		8 Takte mit Melodie
2. Strophe	8 Takte	Chorus	8 Takte
	8 Takte mit Melodie	Coda	2 X 8 Takte

Höha, schnella, weita

Text & Musik: Pelham, Haas/Pelham

Frauenstimme:
On vous salut amis et -mies
bienvenus sur un trip avec le duo
le plus détésté d' Allemagne.
Le bastard Moses P. et le mixeur Thomas H.
mieux connu sous "das Rödelheim Hartreim Projekt"
Un trip avec trois "P" plus basse
gros beats et rhythm' de poésie
Plus haut, plus vite et plus loin.
Allez-y

(Text nach Booklet)
1. Strophe
Wir sind durch's Wasser gegangen und nicht naß geworden
ihr habt uns 20 Mal gesteinigt und wir sind nicht gestorben
wir ham' im Kühlschrank übernachtet und wir sind nicht erfroren
wir ham' schon 1000 Mal gespielt und noch nie verloren
wir sind ein Dorn im Auge unseres Feindes
weil jedes Wort wahr und außerdem gereimt ist
scheint es wie Zauberei, Zauberei
Wenn ich das Mikrofon greif' und unseren Namen schrei'

R.H.P. sind die Chabos die du gerne haben kannst und haßt
Weil wir dir sagen wie es ist du bist 'n Spast
und wirst blaß während meine Farbe gesund ist
und das Wort ins Ohr geht, wenn es aus meinem Mund ist
wir sind die Bundesreimer Nr. 1 mit den P's und dem Kreis
und du, du laberst gerne Scheiß
ich reiß dich auf Alter und kack' dich wieder zu
Rödelheim ist die Macht und du reimst dich nicht mal
Chorus
Wir gehn höha, schnella und weita.
(Rödelheim, Rödelheim)
höha, schnella und weita
höha, schnella und weita
höha, schnella und weita
2. Strophe
Ich bin 'ne lebende Legende und wär' schon längst in Rente
wenn ich nur jemanden fände der den Job machen könnte
denn am Ende da muß es einen geben, c'est toi
ich schätz' das bin ich. Warum bist'n du eigentlich am Leben
egal vielleicht weil du uns süß kopierst
es immer wieder probierst und immer wieder verlierst
du garantierst für Scheiße wie die Werbung von Göde
wir ham' beide was von Kelly Bundy.
ich bin geil und du blöde

die Rödelheimer Hartreim Saga unbezahlbar und
unnahbar mein Gelaber, geht runter wie Kaba
wie Faber ohne wenn und aber, Fotzenlecker
ich fließ wie der Neckar nur weiter von hier bis nach Mekka
die Vollstrecker schlagen dich auf wie Boris Becker
schneiden dich ab wie Black 'n' Decker, kaufen dich
wie 'ne Packung Cracker bei Schlecker
Mic Checka and Scubido,
now guess what america, fuck you too
Chorus
Frauenstimme
Sur votre trip musical avec le RHP
nous sommes arrivés au breakdown,
nous continuons piano
Espérant que vous avez réjoui de notre voyage
jusqu'à maintenant,
on vous souhaite encore un trip de Rödelheim
3. Strophe
Wir kommen wie gesagt kraß über Schlagzeug und Baß
wer wie was der die das Projekt ist deine Last
ich faß dich nicht mal an ich hab connects en masse
paß auf von Bullen bis zu Chabos im Knast
hast du suizide Tendenzen ich rauch dich wie 'ne Benson
und Hedges stoß' dich in deine Grenzen
wenn's 'n Chabo gibt der denkt daß er kann was ich kann
soll er kommen und wenn er kommt wird er gebombt
wie Vietnam

wann ist mir egal und wo sowieso
weil überall wo wir sind Rödelheim ist ohne Show
Moses P. ist der Chabo der schmeißt
mit Verben, Adjektiven mir egal wie der Scheiß heißt
weiße Weste nähe Frankfurts beste
Adresse für Reim ist meine Fresse
wenn dieser Hesse kommt ist's für Erbarmen zu spät
Fotzenlecker und Leckerinnen dieser Bastard geht
Chorus
Frauenstimme

Text & Musik: Pelham, Haas/Pelham
Transkription: Kurt Rohrbach

Die Stimmen werden **nicht alle gleichzeitig** gespielt. Es sind Motive die nach und nach dazugenommen, andere wieder weggelaßen werden. Die Reihenfolge selber bestimmen!

Give A Man A Fish

Arrested Development

Die zwei Frauen und drei Männer haben sich in einer Kommune in der Nähe von Atlanta angesiedelt. Mit ihrem naturorientierten und spirituell-introvertierten Sound haben sie einen neuen HipHop-Stil begründet. Die fünfköpfige Gruppe um den Rapper Todd Thomas alias Speech, die sich wie eine Reggae-Gruppe präsentiert, bevorzugt warm gesungene Soul-Harmonien, träge Reggae-Rhythmen und gefühlsbeladenen Südstaaten-Blues. In ihren Texten geht es um Obdachlosigkeit, junge alleinstehende Mütter und einen naturverbundenen Lebensstil.
Ihre Musik bezeichnen sie als "cultural-southern-hiphop-folk-ethnic-funk" oder einfach als "life-music". Sie haben gewisse Ähnlichkeiten mit der Gruppe Sly & The Family Stone und unterstreichen diese Parallelen auch noch, indem sie den Song "Everyday People" der Stones als Vorlage für ihren Hit "People Everyday" genommen haben.
Den Namen Arrested Development (Entwicklungshemmung) wird von Speech folgendermaßen erläutert: "Zu viele schwarze Jugendliche haben sich eine destruktive Mentalität zu eigen gemacht. Reiner Materialismus, geringe Selbstachtung, Mangel an Respekt für Ältere und das Leben im allgemeinen haben die Afrikaner des 20. Jahrhunderts in ihren Kommunen heimgesucht".
Ihre erste Single "Tennessee" wurde im Frühling 1992 auf Anhieb ein Millionenhit in den USA. Ein Jahr später gelang ihnen ein weiterer Hit mit "Revolution" aus dem Film Malcolm X. 1994 folgte das Album "Zingalamaduni".

Zu Arrested Development gehören Tim Barnwell (alias Headliner), Aerle Taree, Montsho Eshe, Rasa Don, und Baba Oje.

Zum Arrangement

Arrested Development veröffentlichte den Song "Give A Man A Fish" auf folgenden zwei CDs: 1992 auf ihrem Debütalbum "3 Years, 5 Months And 2 Days In The Life Of..." (Studioversion) und 1993 auf dem Album "Unplugged", welches von MTV aufgezeichnet wurde (Liveversion). Das Videobeispiel stammt aus dieser Aufzeichnung. Die Noten entsprechen der Studioversion. Der tiefe Baßton E ist nur auf der Live-Version zu hören. Der Song ist - mit ganz kleinen Ausnahmen - auf dem **zweitaktigen** Riff aufgebaut und schwankt laufend zwischen den Tonarten g-moll und G-Dur. Abwechslung bringen die Sängerinnen, die wenigen Breaks und die sparsam eingesetzten Instrumentaleinwürfe der Gitarre und des Pianos. Folgende Möglichkeiten könnten auch mit einer Schulklasse realisiert werden:

- Während der ersten Strophe spricht "der Chor" die ersten Worte der Zeilen mit. Verschiedene Effekte - wie Scratching, einzelne Töne der Gitarre oder des Keyboards - werden an passenden Stellen eingeschoben. Im 16. Takt ein Break!
- In der zweiten Strophe bildet "der Chor" ein Echo, der Break ist im 12/13. Takt.

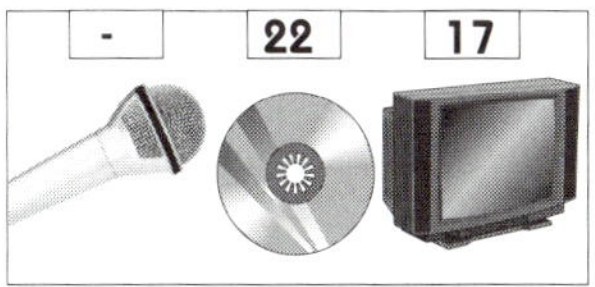

Give A Man A Fish

Lately, I've been in a life like limbo,
Lookin' out of a smudged up window.
We're not sure where our lives are going friends,
It's summer outside but yet we're snowed in.
Don't know where our next dollars c'min from.

Livin' the life of a poor musician.
Headliners strong so he keeps his 9 to 5.
Cuttin' brothers hair as a means of stayin' alive. If it
Wasn't for the rhythm.
I think we would have givin' up by now.
This system has gotten the best of me,
Now I pray for god to invest in me,
My dignity, invest his glory,
Give me strength so I can finish the story.
Keep on searchin' for the right way to go out.
Cause going out is what it's all about,
You can't be passive, gotta be active.
Can't go with what looks attractive.
Gotta learn all I can while I'm able,
Headliner expresses his feelings on those turntables.
When we get our chance...to make a good livin'
Off the music we program.
We won't sell out just to be sold out.
Brothers and sisters do you know what I'm yappin' about?
Cuz if they take away our contract...
We still got talent and we still got contacts.
Cause we've worked real hard to get this
Far... We we're catchin' the
Bus before we bought the car... Ya see...

Give a man a fish he'll eat for a day
Teach em how 2 fish & he'll eat 4 ever

Got to get political, political I gotta get
Grown but can't hold my own
So this government needs to be overthrown.
Brothers wit their A.K.'s and their 9mms.
Need to learn how to correctly shoot them.
Save those rounds for a revolution.
Poor whites and blacks, bumrushing the system.
But I tell you ain't no room for gangsters.
Cause gangsters do dirty work and get pimped
By mobsters.
Some fat italian eating pasta and lobster.
Brothers getting jailed & mobsters own the coppers.
So you say you want out of the ghetto
First the political prisoners must be let go!
And you must let go of your power master.

Malt liquor got you licked, it's your powerful master.
You'll never get out without much discipline.
Raise your fist but also raise your children.
So when you die the movement moves on
Cuz with the revolution, ain't no future in frontin' yaw'll
Come again speech? direct your anger love

Nothing's ever built on hate instead love!
Love your life, tackle the government.
The spooks that break down the door are heaven sent
& the phrase went...

In letzter Zeit lebe ich im Chaos
Schaue aus dem verschmierten Fenster.
Wir wissen nicht genau, wohin dieser Weg führt, Freunde,
Draußen ist es Sommer, und trotzdem sind wir eingeschneit,
wissen nicht, wo wir das Geld hernehmen sollen.

Das Leben eines armen Musikers lebend
Headliner ist stark und hat eine feste Anstellung
Schneidet anderen Typen die Haare, um am Leben zu bleiben.
Wenn's den Rhythmus nicht gäbe,
hätten wir schon längst aufgegeben.
Dieses System (diese Gesellschaft) hat mich geschafft,
jetzt bete ich zu Gott, daß er in mich investiere,
seinen Ruhm in meine Würde investiere,
mir Kraft gebe, damit ich die Geschichte beenden kann.
Ich suche noch immer nach dem richtigen Abgang,
denn eigentlich geht's ja nur darum;
du kannst nicht passiv sein, du mußt aktiv werden,
nicht auf Dinge hereinfallen, die gut aussehen.
Muß soviel wie möglich lernen, während ich's noch kann,
Headliner drückt seine Gefühle auf den Plattentellern aus.
Wenn wir die Chance bekommen, von der Musik,
die wir programmieren, zu leben,
werden wir uns nicht verkaufen, nur um im Geschäft zu bleiben.
Brüder und Schwestern, wißt ihr überhaupt, wovon ich quatsche ?
Wenn sie uns nämlich den Vertrag wegnehmen...
haben wir immer noch Talent und gute Beziehungen,
weil wir sehr hart gearbeitet haben,
um so weit zu kommen
Wir sind Bus gefahren, bevor wir ein Auto gekauft haben
(wir können auch wieder bescheidener leben)...
Gib einem Menschen einen Fisch, und er hat einen Tag lang zu essen,
Bringe ihm das Fischen bei, und er wird immer zu essen haben

Ich muß politisch (aktiv) werden,
bin zwar erwachsen, aber kann mich nicht behaupten
Diese Regierung muß gestürzt werden.
Die Brüder mit ihren A.K.s und ihren 9 Millimetern (Waffen)
müssen noch lernen, sie richtig zu erschießen,
das heben wir für eine Revolution auf.
Arme Weiße und Schwarze werden das System über den Haufen werfen.
Aber ich sage euch: Für Gangster gibt's keinen Platz,
weil Gangster die Dreckarbeit machen und von den Mafiosi
korrumpiert werden,
von einem dicken Italiener, der Teigwaren und Hummer ißt.
(Unsere) Brüder wandern ins Gefängnis, die Polizei wird von der Mafia
geschmiert. Du sagst, du wollest raus aus dem Ghetto,
aber zuerst müssen die politischen Gefangenen freigelassen werden !
Und du mußt deinen mächtigen Meister gehen lassen.

Der Whisky hat dich umgehauen, er beherrscht dich.
Ohne viel Disziplin wirst du nicht davon loskommen.
Erhebe deine Faust, aber vergiß deine Kinder nicht,
so daß wenn du stirbst, die Bewegung weitergeht,
der Revolution kann man nicht vorgreifen-
was sagst du da ? Gib deiner Wut eine Richtung.

Nichts kann je auf Haß anstatt Liebe gebaut werden !
Liebe dein Leben, pack die Regierung hart an.
Die Schwarzen, die die Tür einrennen, sind gottgesandt,
wie man zu sagen pflegt.

M. & T.: T. Todd, T. Barnwell, R. Dick, M. Riperton

Form

Intro	4 Takte (Baß und Drum)	2. Strophe	12 Takte (Break)
	4 Takte (mit Gitarre)		12 Takte
1. Strophe	16 Takte (Break)	Refrain	4 Mal mit Wiederholung
	12 Takte	Instr. Teil	Improvisation ad lib.
Refrain	2 Mal mit Wiederholung		

Back On The Block

Der Komponist

Quincy Jones ist der Musiker, Arrangeur, Komponist und Produzent, der die schwarze Musik Amerikas während mehr als 40 Jahren maßgeblich gestaltet hat.

"Mein Instrument ist: alles zu koordinieren. Die richtigen Sänger, die richtigen Songs, die richtigen Musiker...die Tonart, das Tempo...alles zu ordnen, wie auf einer riesigen Leinwand."

Melodien bleiben, Rhythmen ändern sich ständig. (Q. J.)

1933 wurde Quincy Jones in Chicago geboren. Mit 12 Jahren sang er im Gospelchor, als Teenager gründete er mit seinem zwei Jahre älteren Freund Ray Charles seine erste Band. 1951 ging er auf die Musikschule in Boston. Fünf Jahre später tourte Jones bereits mit Dizzy Gillespie durch Amerika. Mit 20 Jahren heiratete er seine weiße Schulfreundin Jeri. Diese Ehe ging bald in Brüche, so wie zwei weitere Ehen. Quincy wurde als Trompeter in der Band von Lionel Hampton nach New York engagiert. Er stürzte sich in das Mekka des Modern Jazz (z.B. im Birdland-Club). Es folgten Amerika- und Europa-Tourneen. (*"Durch Europa fand ich zu mir selbst, als Musiker und als Mensch."*)
Ab 1957 umfangreiche Europa-Tourneen mit der "Quincy Jones-Big-Band", im selben Jahr bekam er seinen ersten Plattenvertrag. 1959 führte Fehlmanagement zur Auflösung der Big-Band und zur Rückreise nach New York.
Durch seine Begabung für Komposition und Arrangement und mit Hilfe der Sängerin Dinah Washington gelang ihm der Sprung ins Plattengeschäft. 1963 veröffentlichte er seinen ersten Popsong "It's My Party", einen Riesen-Hit.

Man darf nur auf einen Menschen herabsehen, wenn man stehenbleibt und ihm aufhilft. Q. J.

Das Album "Back On The Block" war für Quincy Jones die Erfüllung eines Traumes. Es ist eine Art Dokumentation über den Stand der schwarzen Musik in Amerika im Jahr 1989 und eine Übersicht über die talentiertesten Musiker, Sängerinnen und Rapper.

In den folgenden Jahren arbeitete er mit zahlreichen großen Künstlern der neueren Musikgeschichte zusammen: Billie Holiday, Ray Charles, Lionel Hampton, Dinah Washington, Charlie Parker, Herbie Hancock, Ella Fitzgerald, Count Basie, Frank Sinatra, Barbara Streisand, Michael Jackson, Dizzie Gillespie, Miles Davis und vielen anderen. Für manche von ihnen waren Quincy Jones' Studio und seine Songs das Sprungbrett in die internationale Szene. Selten wurde ein Produzent so vorbehaltlos geliebt und verehrt. Sein Freund Ray Charles faßte es so zusammen:
"Sein Name steht für gute Musik".
Daß er nicht bei der alten Generation haften geblieben ist und auch mit den Stars der aktuellen Szene zusammenarbeitet, beweist der vorliegende Song.
Als Filmkomponist zog er nach Hollywood: Für "In der Hitze der Nacht", "Der Pfandleiher", "Roots", "Die Farbe Lila" und über 30 weitere Filme komponierte er die Musik. Mit Michael Jackson machte er "Thriller" (40 Millionen verkaufte Alben), "Off The Wall" und "Bad".
1985 zeichnete er für den Welthit "We Are The World" (⇨ "Rockmusik", Seite 271) verantwortlich, und 1989 wurde Jones in Amerika als bester Komponist, Arrangeur, Produzent und Dirigent ausgezeichnet, nicht zuletzt auch für sein Album "Back On The Block".

Der Song "Back On The Block" setzt sich aus verschiedenen musikalischen Elementen zusammen. Auf der einen Seite liefern gesampelte und im Studio gespielte Instrumente von mehr als zehn Musikern einen raffinierten "Band-Boden", auf der anderen Seite singen und rappen exzellente Vocalisten. Mehrere Perkussionisten haben die Drumcomputer programmiert, welche den Grundrhythmus für weitere Schlaginstrumente liefern. Im dritten Takt beginnen die **Andrea Crouch Singers**.

Der Chor

Die Rapper

Die bekannten MCs rappen in nachstehender Reihenfolge:

Ice-T (siehe Seite 190)

Melle Mel (siehe S. 188)

Big Daddy Kane

Kool Moe Dee

Der Solosänger

Der jüngste Sänger in der hochkarätigen Runde ist der Solosänger **Tevin Campbell**. Seine Stimme erinnert stark an die Stimme des jungen Michael Jackson.

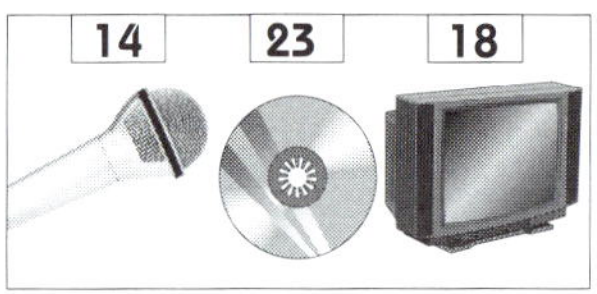

Back On The Block

M. & T.: Dewese, Semenya, Garrett,
Kane, Tee, Mel, Quincy, Temperton
Vereinf. Arrangement: K. Rohrbach

Strophe (Ice-T)

T, let me kick my credentials...

Ice T, let me kick my credentials
A young player bred in South Central
LA, home of the body bad
You wanna die, wear the wrong color rag
I used to walk in stores and yell 'lay down'
You flinch an inch, AK spray down
But I was lucky cause I never caught the hard time
I was blessed with the skill to bust a dope rhyme

All my homies died or caught the penzo
Lost their diamonds, cop towed the Benzo
Livin' that life that we thought was it
Fast lanin' but the car flipped
I'm not gonna lie to ya cause I don't lie
I just kick thick game so people say why?
Cause I'm back on the block I got my life back
So I schooled the fools about the fast track

I get static for my style and my technic
Profanity, the blatant way in which I speak
But the Dude knows the streets ain't no kiddy game
You don't know the dude, Quincy's his first name
He told me, "Ice, keep doin' what you're doin', man,
Don't give a damn the squares don't understand,
You let them tell you what to say and what to write,
Your whole career'll be over by tomorrow night,
Write from your heart and your heart's with the street
Rap on my record man, Kimiko send Ice the beats,"
The Dude is back, he's def what can I say
The man can roll with Ice T or Michael J.

Ice T- lass mich mit meinen Verdiensten bluffen *
Ein junger Spieler, aufgewachsen in South Central
LA, Herkunft der "Bösen"
Du willst sterben, hast die falsche Farbe (bist schwarz)
Früher ging ich in Geschäfte und schrie: Abliegen!
Eine falsche Bewegung, AK**, und du liegst flach
Aber ich hatte Glück, weil's mich nie erwischt hat
Ich hatte die Gabe, ihnen immer zu entwischen

Alle meine Kumpanen starben oder landeten im Gefängnis
Haben ihr "Vermögen" verloren, der Polizist hat den "Benzo"
(Mercedes Benz) abgeschleppt (und wahrscheinlich für sich behalten)
Wir haben gelebt wie wir's für gut fanden: Auf der Überholspur, aber das
Auto überschlug sich. Ich werde dich nicht anlügen, weil ich nicht/nie lüge
Ich trage nur dick auf, darum fragen die Leute warum?
Weil ich wieder da bin, mein Leben zurückerhalten habe
So habe ich den Dummköpfen gezeigt, wie's auf die Schnelle geht.

Viele haben etwas gegen meinen Stil und meine Technik
Als Lästerung empfinden sie meine Art zu reden
Aber der Dude*** weiss, dass das Leben auf der Strasse kein Kinderspiel ist
Du kennst den Typen nicht, Quincy heisst er mit Vornamen
Er sagte zu mir: "Ice, bleib bei dem, was du machst
Scher' dich nicht darum, dass die Spießer's nicht verstehen
Wenn du dir vorschreiben lässt, was du sagen und schreiben sollst
Ist deine Karriere morgen schon vorbei
Schreibe von Herzen, dein Herz ist bei denen auf der Straße,
"Rappe" auf meine Platte, Kimiko,gib Ice den Takt durch"
The Dude ist zurück, er ist der Allergrößte, was soll ich sagen
Der Mann kann's mit Ice T oder Michael J. aufnehmen

Anmerkungen:

*) ... "kick my credentials": "to kick" hat im amerikanischen Slang unzählige Bedeutungen; es könnte hier auch das Gegenteil von "mit meinen Verdiensten bluffen", nämlich "meine Glaubwürdigkeit verlieren, verspielen" gemeint sein. Solche Zweideutigkeiten sind in Rap-Texten manchmal gewollt, manchmal werden sie durch Gesten und Mimik auf der Bühne erklärt.

**) AK: aus dem Jiddischen = Alter Kocker = Alter Knacker

***) "Dude" heißt eigentlich (schwarzer) Mann, auch im Sinne von "Kumpel" oder "Typ". Hier als Anrede für Quincy Jones gemeint, deshalb auch groß geschrieben.

Chorus 2

Strophe (Melle Mel)

I'm back on the block, on the screen
I'm on the wax, I'm on the stage, I'm on the scene
I'm on the case just like an attorney
The Dude took me on a magic journey
To dance in France alone in Rome
On the farmlands of Nebraska, the cold of Alaska,
The heat of the Motherland, to be with my brotherman
On top of a snowcapped mountain I'm scoutin'
What another man saw in a race of people
To see him give his life for the price of equal
The highest wisdoms the richest kingdoms
The song of songs we heard David sing them
He showed me when I was young and hung out
Showed me making love even showed me strung out
He showed me pumpin irons standing on a rock
But tears came to my eyes
when he showed me my block

Ich bin wieder da, auf dem Bildschirm
Ich bin auf Platten, auf der Bühne, in der Szene
Ich bin nicht zu übersehen
Der Dude [Q.Jones] hat mich auf eine magische Reise genommen
Zum Tanzen in Frankreich / Alleinsein in Rom
Auf die Felder von Nebraska, in die Kälte von Alaska
In die Hitze des Mutterlandes, zum Beisammensein mit meinen Brüdern
Auf der schneebedeckten Bergspitze erkunde ich
Was ein anderer Mensch in einer Menschenrasse gesehen hat
Er gab sein Leben für Gleichheit /Ebenbürtigkeit,
Die höchsten Weisheiten, die reichsten Königreiche
Wir haben gehört, wie David das Lied der Lieder sang
Er zeigte mir mich selbst als ich jung war und herumlungerte
Zeigte mich bei der Liebe, sogar wenn ich völlig berauscht war
Er zeigte mich gewichtestemmend auf einem Fels
Aber die Tränen kamen mir,
als er mir meinen Block* zeigte

Chorus 3

*) "block" ist eigentlich ein amerikanisches Mass, 1/8 Meile. Im gängigen Sprachgebrauch ist damit ein Häuserblock gemeint, in der Bedeutung ähnlich wie bei uns ein Quartier / Viertel.

Strophe (Big Daddy Kane)

Back up and give the brother room
To let poetry bloom to whom
It may concern or consume
As I reminisce before this
The bliss that exists
But now we brought about a twist
Cause I remember reading of my people bleeding
Put through slavery and killed for bravery
We should have got our freedom much sooner
You never seen a black man on the „Honeymooners"
But now somehow we learn to earn
To grow, to show
The elevation that our people built is so
Jesse Jackson, Miss America, a black one
No more livin' for just a small fraction
I was once told by the Dude that knowledge is a food
To nourish, so to conclude
This from an Asiatic descendant,
Big Daddy is shocked
Yo Q, we Back on the Block

Tritt zurück und mach dem Menschen Platz
Damit sich die Poesie entfalten kann
Für wen auch immer dafür empfänglich ist
Wie ich in Erinnerungen schwelge
An die Glückseligkeit, die es gibt
Aber nun haben wir einen Zwist herbeigeführt
Denn ich erinnere mich, über mein blutendes Volk gelesen zu haben:
Versklavt und für seine Tapferkeit/seinen Mut getötet
Wir hätten unsere Freiheit schon viel eher haben sollen
Man sieht/sah nie einen Schwarzen in den "Honeymooners"*
Aber irgendwie lernen wir, unsere Würde zu verdienen,
Wachsen zu lassen, zu zeigen
(was wir erreicht haben). So wie
Jesse Jackson und eine schwarze Miss America
Wir leben nicht mehr nur einen Bruchteil des Lebens
Der Dude hat einmal gesagt, Wissen sei ein Lebensmittel,
Nahrung, daß ein asiatischer Abkömmling
zu diesem Schluß kommt,
schockiert Big Daddy
He Q (Q. Jones) - wir sind wieder da!

*) ="Flitterwöchner", amerikanische Fernsehserie

Chorus 3

G7sus4 G7 Dm7/G Em7/G G7sus4 G7 Dm7/G Em7/G
V
back, back, back on the block. Stok-ie's just Stok - ie ma-ma. And one by one each wo-man he kiss.
P
B
Dr
G7sus4 G7 Dm7/G Em7/G G7sus4 G7 Dm7/G Em7/G
Stok-ie's just Stok - ie, ya know. Till some-one shows that they care e-nough.
Ch
He kiss her and she will fall in love. Stok-ie's Stok - ie.
G7sus4 G7 Dm7/G Em7/G G7sus4 G7
Some say they can't take it no more. But
Ain't noth-in' gon-na both-er Stok - ie much. Com-in' here, com-in' here start-in' stuff,
Dm7/G Em7/G G7sus4 G7 Dm7/G Em7/G
Dude is back on du - ty for sho'. Oh they say he ain't gon - na be with
Back on the block to stay.
G7sus4 G7 Dm7/G Em7/G G7sus4 G7
it. But Dude, he know you'll nev-er for-get it.
Com-in' back, com-in' back to the street. Back on the block to stay.

Chorus 4

Strophe (Kool Moe Dee)

(Ein sehr poetischer Text mit esoterischen Zügen, die in der Übersetzung leider nur ansatzweise wiedergegeben werden können)

An everlasting omnipresence is my present
State of being seeing the unpleasant
Sight of righteous souls live like peasants
The mind stunts growth in adolescence

My insight enable me to enlight
The weakest of minds and put it in flight

As I transcend, ascend or descend
Recreate, re-incarnate and re-send
The powerful spirits of our ancestors

For those that don't know how God blessed us
Because man messed up
The media dressed up
Lies perpetrated as truths
And it left us confused
But I've seen it all before
From Babylon to the third world war
I'm more than a man I'm more like an entity
Back on the Block this time my identity is
The Dude

Mein momentaner Zustand ist eine ewigwährende Allgegenwart
Den unangenehmen Anblick von rechtschaffenen Menschen
Die wie Proleten/Taglöhner leben, wahrnehmend
in der Pubertät/Adoleszenz verweigert der Verstand
das (geistige) Wachstum.
Meine Einsicht ermöglicht mir
auch den schwächsten Verstand zu erhellen
und zu Höhenflügen anzuregen
Wenn ich die mächtigen Geister unserer Ahnen transzendiere,
mich zu ihnen erhebe oder in sie hinabtauche
neu erschaffe, ihnen neue Gestalt gebe und sie
wieder (zu uns auf die Erde) schicke
Für all diejenigen, die nicht (mehr) wissen, wie wir von Gott
gesegnet wurden, weil die Menschheit vieles verpfuscht hat
Die Medien vieles frisiert/verfälscht haben
Lügen wurden als Wahrheiten dargestellt
Und ließen uns verwirrt zurück
Aber ich hab's alles schon mal gesehen
Von Babylon bis zum dritten Weltkrieg
Ich bin mehr als ein Mensch, ich bin eher ein ganzheitliches
Wesen. Wieder zuhause ist diesmal meine Identität
The Dude

Texte in der Zulu-Sprache:
Stoki ke Stoki (Stoki bleibt Stoki)
Wam bamba, wam bamb'u mandisa
(Er schnappte sich Mandisa)
M'yeke, yeke wena
(Laß sie in Ruhe)
Yo khala - U mama
(Ihre Mama wird weinen)
Yo khala 'yok 'shaya u Baba
(Ihr Papa wird dich verhauen)

Form

Intro		2 Takte
Chorus 1		8 Takte
Strophe	**Ice-T**	16 Takte (ohne Chor)
		12 Takte mit Chor
Chorus 2		8 Takte (mit Flöte, Gitarre)
Strophe	**Melle Mel**	8 Takte (ohne Chor)
		8 Takte (mit Chor)
Chorus 3		22 Takte, mit Voc.-Part
Strophe	**B. D. Kane**	8 Takte (ohne Chor)
		8 Takte (mit Chor)
Chorus 4		(wie Chorus 1)
		8 Takte
Strophe	**K.M. Dee**	8 Takte (ohne Chor)
		8 Takte (mit Chor)
Chorus 5		4 Takte
		16 Takte (Voc, Chor)
Instrumentalteil		16 Takte
Chorus 5		8 Takte

Chorus 5

Dm7 Em7 G7sus4 G7 Dm7 Em7
Voc
Dude. Back, back, back, back on the, back, back on back, back, back on the block. Back, back, back on
Piano
Baß
G7sus4 G7 Dm7 Em7 G7sus4 G7
V
back back, back on the block. Stok - i - ke Stok - i, mai bo. Wam
P
B
Dm7 Em7 G7sus4 G7 Dm7 Em7
V
bam - ba, wam bam - b'u man - di - sa. Stok - i - ke Stok - i, mai bo.
Ch
Wam bam - ba, wam bam - b'u man - di - sa.
P
B
G7sus4 G7 Dm7 Em7 G7sus4 G7
V
Wam bam - ba, wam bam - b'u man - di - sa.
Ch
Stok - i Stok - i. Wam bam - ba, wam bam - b'u man - di - sa.
P
B

Superrappin' (Grandmaster Flash & The Furious Five)

Um 1978-1980 verschob sich die Gewichtung vom DJ hin zum MC. Nachdem das Publikum meist den DJ - den eigentlichen Erfinder des HipHop - als Star verehrte, machte der MC durch die Strophen und den Refrain die Musik eingänglicher und verständlicher. Grandmaster Flashs Posse, die späteren Furious Five (siehe auch Seite 174), galten als die ersten Rapper, die aus Worten zur Musik Worte wie Musik machten. Neben dem Partymacher Cowboy (Keith Wiggins) gehörten Kid Creole, sein Bruder Melle Mel und Rahiem dazu. Neben den Rap-Passagen gab es auch Gesangs- und Chorelemente. Die Verbeugung der MCs vor dem DJ war für die damalige Zeit eigentlich die Regel, und erst ab den frühen 80er Jahre war der DJ nur noch der Sound- und Rhythmuslieferant.

Zum Arrangement

Der Song ist ein Paradebeispiel für die Raps der **Old School.** Der Rhythmus aus der Beat Box (vermutlich Oberheim DX) bestimmt das Tempo und ist der "Boden" für sparsame Instrumental-Einwürfe. Dazu sprechen die Rapper ihren Text nacheinander, teilweise - wie ein Refrain - auch miteinander. Der Text beinhaltet noch keine wichtige Aussage wie das spätere "The Message", es geht um Spaß und Party - und die Künste des DJs.

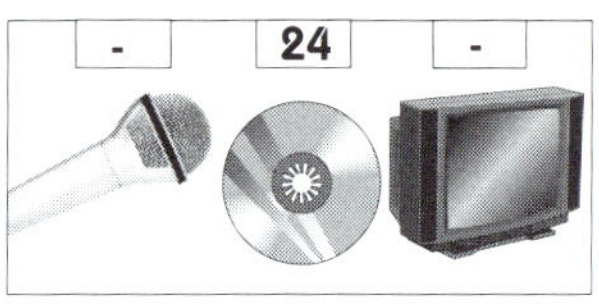

Der Song eignet sich besonders als Vorlage für eine einfache Rap-Struktur, wie sie auch von einer Kalsse realisiert werden könnte. Aus Platzgründen wurde nicht der ganze Song (fast sieben Minuten) notiert und übersetzt, es sollte eigentlich genügen, wenn eine oder zwei Strophen als Beispiel nachgesprochen werden können. Wenn das Versmaß erkannt worden ist, sollte versucht werden, eigene Texte zu schreiben.

It was a party night, everybody was breakin'
The highs were screamin' and the bass was shakin'
And it won't be long till everybody know when that
Flash was on the beat box goin' that
Flash was on the beat box goin' that
Flash was on the beat box goin'
and, and, and, and. Sha na na

Es war der Höhepunkt einer Partynacht,
die hohen Töne kreischten und der Baß dröhnte
Und es wird nicht mehr lange dauern, bis alle wissen,
daß Flash (Grandmaster) an der Beatbox war

und und und. Sha na na

Italian, Caucasian, Japanese, Spanish, Indian, Negro
and Vietnamese
M.C.s, disc jockeys to all the fly kids and the young ladies
Introducin' the crew ya got to see to believe
We're one, two, three, four, five M.C.s
I'm Melle Mel and I rock it so well
And I'm Mr. Ness because I rocks the best
Rahiem in all the ladies' dreams
And I'm Cowboy to make ya jump for joy
I'm Creole - solid gold
The Kid Creole playin' the role. Dig this

Italiener, Kaukasier (Weiße), Japaner, Spanier, Inder,
Schwarze und Vietnamesen
M.C s, Disc Jockeys für alle Fans und jungen Damen
Wir stellen die Crew (Besetzung) vor, die man gesehen haben
muß, um sie für möglich zu halten. Wir sind ein, zwei, drei,
vier, fünf M.C.s. Ich bin Melle Melle und rocke so gut
Und ich bin Mr. Ness, weil ich am besten rocke
Raheim ist der Traum aller Damen,
und ich bin der Cowboy, der euch Freudensprünge machen
läßt. Ich bin Creole - massives Gold
Kid Creole spielt die Rolle tatsächlich. Stellt euch das vor.

We're the Furious Five plus Grandmaster Flash
Givin' you a blast and sho' ,nuff class
So to prove to ya all that we're second to none
We're gonna make five M.C.s sound like one
Ya gotta dip did dive, so-so-socialize
Clean out your ears then open your eyes
And then pay at the door as a donation
To hear the best sounds in creation
He's a disco dream of a mean machine
And when it comes to size, ya see what we mean

Wir sind die Furious Five samt Grandmaster Flash
Wir bieten euch Einmaliges,
Um euch zu beweisen, dass wir die absolut besten sind
Wir werden fünf M.C.s wie einen einzigen klingen lassen
Wirf dich ins Getümmel
Putz dir die Ohren und öffne die Augen
Und bezahle dann an der Tür als Spende dafür,
daß du die besten Klänge der Schöpfung gehört hast
Er ist ein Discotraum einer irren Maschine
und kann's mit allen aufnehmen

Ya see his name is not found in the hall of fame but he'll shock
And amaze ya and make ya feel shame
He takes a lime from a lemon
From a lemon to lime
He cuts the beat in half the time
And as sure as three times two is six
Ya say Flash is the King of the quick mix
We' re five M.C.s and we're on our own
And we're the most well known on the microphone
And we throw down hard and we aim to please
With finesse to impress all the young ladies
We got rhymes galore and that's a fact
And if the satisfaction's guaranteed to cause a heart attack
We are the best as you can see
So eliminate the possibility
That to be an E-M-C-E-E
Is not a threat to society
Say step-by-step. Stride by stride

Seinen Namen findest du in der "Hall of Fame" nicht
aber er wird dich schockieren, verblüffen und beschämen
Er macht Limonen aus Zitronen
Zitronen aus Limonen
Er wechselt den Takt in der halben Zeit
Und so sicher, wie drei mal zwei sechs sind,
steht fest, daß Flash der König des schnellen Mix' ist
Wir sind fünf M.C.s und wir sind allein
Und wir sind die bekanntesten am Mikrofon
Und wir fordern euch heraus und wir geben uns Mühe
mit Finessen den jungen Damen zu gefallen und sie zu
beeindrucken. Wir haben Reime in Hülle und Fülle, wirklich -
und wenn ihr vor lauter Zufriedenheit einen Herzinfarkt
erleidet, so habt ihr den Beweis,
dass wir die Besten sind
also scheidet die Möglichkeit, dass ein E-M-C-E-E
keine Bedrohung für die Gesellschaft ist, aus,
Schritt für Schritt.

T. & M.: B. Robinson
© ASCAP

Stationen der DJ-Culture

• **Aufgabe: Vervollständige diese Seite mit den entsprechenden Namen und Daten und setze weitere wichtige Punkte!**
(Sämtliche Namen und Daten findest Du auf den Seiten 169-277)

1960

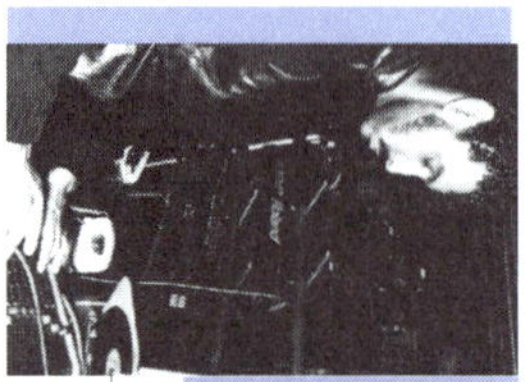

1970

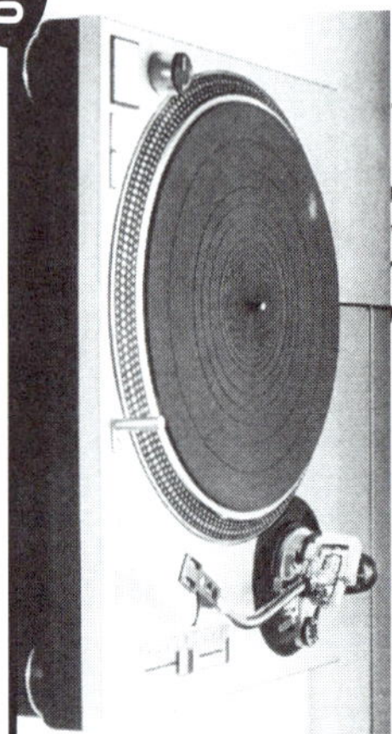

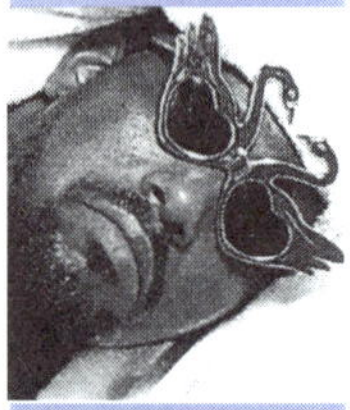

Tubular Bells

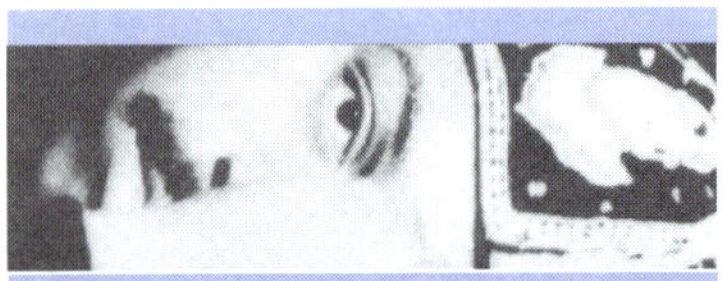

Autobahn

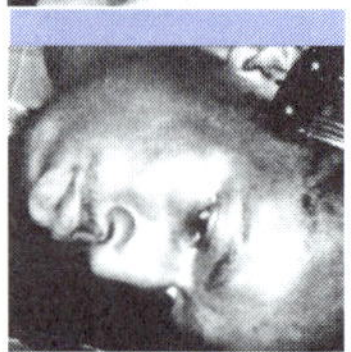

Warehouse, Chicago

1980

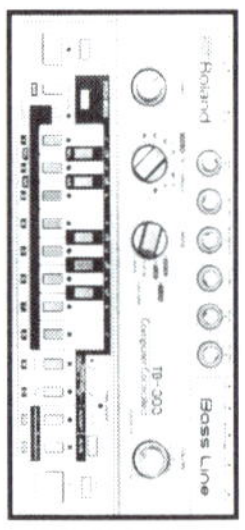

Electro

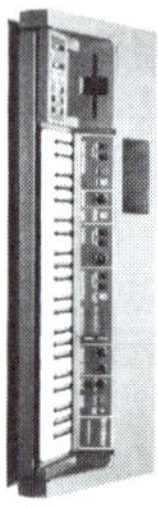

The Message
Planet Rock

Beat Sreet

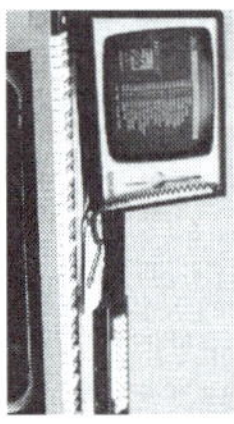

ACID HOUSE PARTY

LOW SPIRIT RECORDINGS

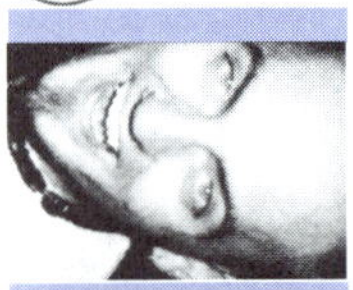

PUBLIC ENEMY

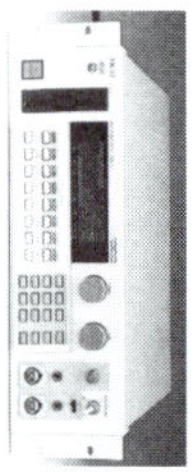

Frontpage

Techno

1990

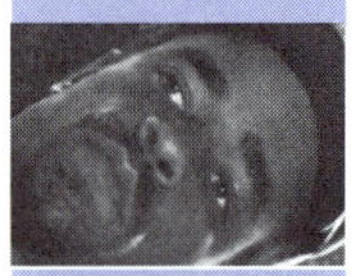

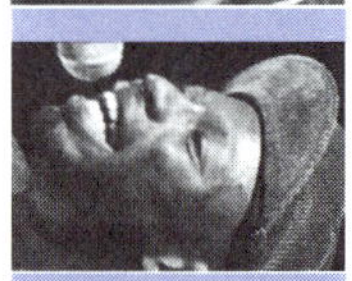

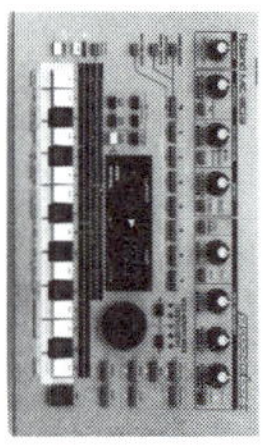

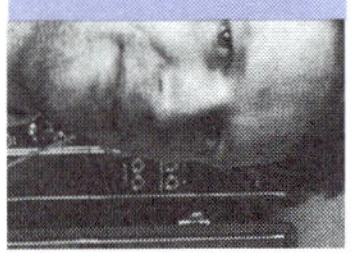

TEIL VI

House / Acid / Techno

Einleitung und Hintergründe

Die Geburt von House-Music fand wie die von Disco und HipHop im dunkeln statt. Sie war eine Reaktion auf die verfahrene Ausverkaufssituation, in der sich Disco Ende der 70er Jahre befand. Die Möglichkeiten der Disco-Songs waren ausgereizt, die Tanztempel verloren ihren Glanz, die DJs und ihr tanzfreudiges Publikum verschwanden wieder im Underground. Dort schien **Frankie Knuckles**, der DJ der schon seit Jahren nicht in den Disco-Tempeln New Yorks, sondern konsequent im Underground auflegte, auf das gelangweilte, erlebnishungrige Publikum gewartet zu haben. Mehrere Jahre war er als Geheimtip gehandelt worden, als er 1977 von den Betreibern des "Warehouse"-Clubs zur Eröffnungsnacht nach Chicago eingeladen wurde. Knuckles war begeistert von Chicago und ging auf die Wünsche und Vorlieben der "kids" (Selbstbezeichnung der schwulen Afro-Amerikaner) gerne ein: Electro-Pop aus Europa (Kraftwerk) und avantgardistischen, schnellen Sound.

Knuckles formte mit Farley Keith und seinem DJ-Kollektiv Hot Mix 5 die House-Szene Chicagos. Diese DJs wurden bald auch Ansprech-Partner zahlreicher weiterer DJs, die gerne "hausgemachte" Tracks vorspielten. House-Music wurde so genannt, weil sie zuerst im "Warehouse"-Club in Chicago gespielt wurde. Es war die Musik, die damals eine eingeschworene Gemeinde von Tanzwütigen im Underground zum Tanzen animierte.

House

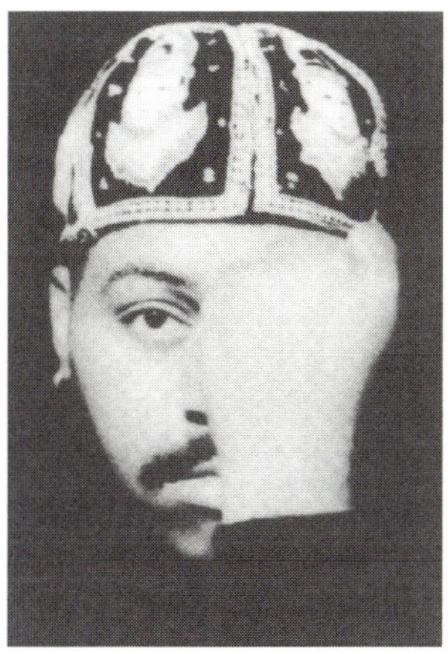

Frankie Knuckles

"House-Music ist entstanden aus Funk, europäischer Tanzmusik und einer Portion Technik."
(Rick Jones, Präsident vom Chicagoer House-Label DJ International)

Ulf Poschardt definiert in "DJ Culture":

> *Die Unterordnung unter die Herrschaft des Beat ist in der House-Musik noch strenger geworden, klingen doch die Basslines aus den Roland-Computern um ein Vielfaches härter, rüder und präziser als die „handgemachten" oder beatboxgenerierten Basslines aus der Disco-Zeit. House verhält sich zu Disco wie Punk zu Rock'n'Roll: Alle wichtigen Elemente der Ästhetik bleiben erhalten, nur die Gangart wird unerbittlicher und aggressiver. House-Musik ist Disco nach Punk.*

House, die Club-Musik, etablierte sich bald in allen amerikanischen Städten der Ostküste, welche über eine ausgewiesene Tradition schwarzer Popmusik verfügten (Detroit, New York, Chicago).

Acid-House

1987 wurden zuerst im Project-Club in London, später in ganz Europa, Ibiza-Reunion-Parties durchgeführt. Mit Sommerkleidern, Trockeneis, viel Stroboskoplicht und einem Mix aus Acid-House, HipHop und Gitarrensound wurden die Nächte unter südlichem Himmel wieder in Erinnerung gerufen. DJ Pierre aus Chicago und Phuture waren von den ersten, die mit dem Roland TBR-303 (Basslinie-Generator) Acid-House-Tracks produzierten. Auf den Parties waren die DJs die grossen Helden. Trotz schlechter Bezahlung immer gut gelaunt, wurden sie häufig auch von der Polizei gejagt.

Das Publikum erschien mit Sonnenbrille, weiten T Shirts (mit gelbem Smiley Aufdruck), Turnschuhen und Kopftüchern und tanzte bis zum Morgengrauen. Warehouse-Parties waren Underground-Veranstaltungen. Acid-House war die erste Dancefloor-Subkultur für die Massen.

Rave

In Europa stand **Rave** ursprünglich für eine neue Musik, für eine neue Jugendkultur und für eine neue Form von Parties. Rave bildete die Fortsetzung der Massen-Parties von Acid-House. Die Massenveranstaltungen der **Rave-Kultur** schossen Anfang der 90erJahre in ganz Europa aus dem Boden und formten besonders in Deutschland die skurrilsten Blüten.

Der Begriff Rave taucht im Dancefloor-Kontext zuerst in Jamaika auf, wo Danceball-Abende "Ravings" genannt wurden. (DJ Culture).

Seit 1985 wurde der Begriff für ein bestimmtes Genre der House-Music verwendet, der sich Ende der 80er Jahre zu einem der erfolgreichsten Stile des Dancefloor entwickelte. Mit der Veröffentlichung der Single **"Techno City"** (1985) galt **Juan Atkins** als der erste DJ, der Techno produzierte.

Verschiedene Subgenres belebten die junge Szene: von schwebend-träumender Ambient-Musik über brachial-harten Gabber bis zu zwitscherndem Jungle tauchten zeitweise monatlich neue "Stilarten" auf und verschwanden wieder...

Für viele Techno-DJs waren es vor allem die Instrumente (Synthesizer, Sampler, Plattenspieler u.a.) welche den Sound bestimmten, ihnen entlockten sie die "unmöglichsten", bösartigsten Geräusche, welche zeitweise auch recht an die Nerven gehen durften. Nach Poschardt heißt Techno auch, **Technologien** gegen ihren vorgesehenen Zweck zu nutzen. **House, Acid und Techno kamen aus Städten**, die über eine Tradition elektronischer Musik verfügten. Die Jugendlichen, die mit Videospielen und Computern aufgewachsen waren, hatten keinen Respekt und auch keine Angst vor den neuen Geräten. Spielerisch wie dem Gameboy näherten sie sich dem Keyboard und dem Sampler, um herauszufinden, welche Möglichkeiten in den Klanggeneratoren steckten.

Techno

"Techno" ist die Kurzform von Technologie, und dieser Begriff steht für Zukunft, Fortschritt, Experiment. (Joey Beltram, New York, DJ, Produzent)

Seit den 90er Jahren heißt das Motto in unzähligen Hallen und Clubs der europäischen Städte: **"Tanzen bis zum Umfallen."** Die Monotonie der Rhythmen ist betäubend, die Stroboskope flackern, die Blitze im Trockeneisnebel sind die Lightshow und der Krach ist die Disco-Musik des Techno. Die Musik hat keine Harmonien und keine Melodien, keinen Gesang und keine Instrumentalsolis. Was zählt, ist der Rhythmus aus den Computern, und der kann nicht hart genug sein. Musik, die man nicht nur hört, sondern auch fühlt, und zwar überall. Die Nacht dauert bis zum Morgen, oder wenn möglich noch viel länger. Wem die Kondition fehlt, greift zu Ecstasy, der Designer-Droge, oder mindestens zu Red Bull oder Guarana.
Tänzer mit Trillerpfeifen und Leuchtstäben, mit Gasmasken und Latex-Anzügen hüpfen wie wild in der Halle herum. Tanzfläche ist überall: Vor dem DJ, in den Gängen, auf den Treppen und an der Bar. Techno-Partys sind ideale Plattformen für Selbstdarstellungen bis an den Rand der Erschöpfung.

Ausschnitt aus Platten-Cover, Sven Väth

Technopartykultur heißt

(nach Helmut Ahrens, Soziologe)

- sensibel werden
- sich öffnen für kreative Fähigkeiten
- unzensiert Ekstase erleben
- die körperlichen und seelischen Belastungsgrenzen wahrnehmen
- die Energien beim Tanzen nicht nur auspowern
- die kreativen Gedanken und Phantasien rekreieren, zum Beispiel in einem inneren Ruhezustand beim Tanzen oder im Chill-out, während/oder nach der Party.

Auch die technologischen Musikstile der heutigen Zeit decken bei vielen Jugendlichen die ursprünglichen Bedürfnisse der Tanz- und Kultmusik auf: Die Ausdruckskraft der Lebensfreude auf einer Party, die Wiederentdeckung der Sinnlichkeit, die Suche nach Rausch und Ekstase, vielleicht auch das Suchen und Finden elementarer Lebensenergie. Zum Ausdruck gebracht wird diese Lebensenergie beim Tanzen zu rhythmischer Musik, beim lustvollen Spielen mit Bewegungen und dem Glücksgefühl der Gemeinsamkeit im Zustand der Trance und Ekstase.

Love Parade: der größte Rave der Welt

Love Parade 1994: 120'000 Menschen tanzen am Kurfürstendamm in Berlin. Der Sound kommt von rund 30 Sattelschleppern, vollbepackt mit Lautsprechertürmen. Zur Love Parade ist ganz Berlin ein Wochenende lang ein einziger gigantischer Rave. Unzählige Partys in Clubs, Schiffen, Hallen, Zügen, Schwimmbädern - wo immer man Boxen aufstellen kann. Das offizielle Motto lautet: "Friede, Freude, Eierkuchen": Friede steht für Abrüstung, Freude für bessere Verständigung der Völker durch Musik, und Eierkuchen für die gerechte Verteilung der Nahrungsmittel auf der Welt.
Der größte Act am Vorabend der Parade ist DJ Marusha, vor 7000 Ravern in der Halle Weißensee. Sie hat den deutschen Techno an die Spitze der Hitparade gebracht. 1994 ist Techno Mainstream geworden, obwohl die ganze Szene stolz darauf ist, daß Techno

eigentlich aus dem Untergrund kam. **Raveideologie** beschränkt sich aber vor allem auf "Fun und Party", und die soll jeder feiern, wie er will. Von DJ Westbam stammt der Begriff der "ravenden Gesellschaft": "Die veralteten Strukturen der Rockmusik sind tot. Die Zukunft der Musik heißt: Techno!"
Nicht nur in Berlin, auch in Zürich (Streetparade), Köln (Nightmove) und München (Union Move) finden riesige Techno-Veranstaltungen statt.

1995 war das Motto in Berlin "Peace On Earth". Doch bis es zu diesem Anlaß kam, wurden im Vorfeld bereits verschiedene "Schlachten" geschlagen:
Die Love Parade wird jeweils von Dr. Motte (DJ, Berlin), der den Anlaß 1989 ins Leben rief, beim Polizeipräsidenten von Berlin angemeldet. Die Feier 1994 war gigantisch, friedfertig und ein Erfolg.
Der große Vorwurf kam anschließend wegen des riesigen Müllbergs. Aus diesem Grund mußte für 1995 bei den zuständigen Stellen ein Müllkonzept eingereicht werden. Die Love Parade wird jeweils als Demonstration (für Frieden auf der ganzen Welt, für Abrüstung, gegen Hunger...) deklariert, so kann mit einem zustimmenden Bescheid der Behörden gerechnet werden, da Demonstrationen grundsätzlich nicht verboten werden können. Nachdem aber Ende Mai von den Behörden so viele Auflagen für die Organisatoren gemacht wurden, daß die Love Parade praktisch nicht durchführbar war, regte sich ein massiver Protest in verschiedenen Zeitungen und vor allem bei den Jugendlichen. Das Szene-Blatt Frontpage forderte:

Die Love Parade-Organisatoren haben Berlins Innensenator Herrn Heckelmann aufgefordert , seinen Forderungen zu revidieren. Sollte dies nicht geschehen, würde folgendes passieren:

- Die Love Parade-Organisatoren gehen vor das Verwaltungsgericht, und die Richter prüfen den Sachverhalt.
- Die Parade wird neu beantragt. Das würde bedeuten, daß das Thema in einer Senatssitzung angesprochen werden müßte.
- Die Organisatoren der Love Parade rufen zu einer Demonstration gegen Senator Heckelmann und seine Einschränkungen gegen das Versammlungsrecht auf und zelebrieren ihren Widerstand im Rahmen der großen Love Parade.

"Die Love Parade muß Demonstration bleiben, und zwar nun aus Prinzip!!!"

Die Love Parade 1995 fand am 8. Juli 1995 statt. 250'000 Raver feierten in Berlin.
Wie vielen "Jugendbewegungen" in früheren Jahrzehnten werden auch dem Techno von Seiten der Behörden oft Stolpersteine (für Organisatoren von Großanlässen) in den Weg gelegt. Neben der "Schlacht" um die Love Parade 1995 zeigt auch ein anderes Beispiel, mit welchen Schwierigkeiten Veranstalter rechnen müssen:

Beim Tanzen zu Technomusik fühle ich mich frei, beschwingt und glücklich. Die Verbindung des Rhythmus' mit dem Licht, die schrillen Typen in den flippigen Klamotten im Raver-Look, und alle bewegen sich alleine, aber auch mit mir - das alles zusammen versetzt mich in ein Gefühl, da könnte ich abheben, da raste ich aus! (Sandra, 17 Jahre)

"Zug-Zwang" für Roggwiler Techno-Freaks

Kaum haben sich die Schweißschwaden der letzten Techno-Party aus dem Gugelmann-Areal verzogen, liegt schon die amtliche Bewilligung für den nächsten Rave von Mitte Oktober vor. Die Auflagen: Maximal 12'000 Tanzfreudige, die erst noch zur Hälfte unter "Zug-Zwang" stehen. Weil man anläßlich der letzten Techno-Party von Ende Mai gute Erfahrungen mit der Anreise per Bahn gemacht hatte, wurde den Veranstaltern vom Regierungsstatthalter des Amtes Aarwangen die Auflage gemacht, daß die Hälfte der Eintrittskarten als Kombi-Tickets "Techno-Rail" verkauft werden müssen. Die Behörden erhoffen sich von dieser Auflage eine Minderung des Unfallrisikos für die erschöpften Raver auf der Heimreise...
"Der Bund" (15.7.95)

Gegen die Anreise per Bahn hat wohl grundsätzlich niemand etwas einzuwenden. Etwas schwieriger ist es aber, sich vorzustellen, daß die gleichen Auflagen für einen kantonalen Musikvereintag, für das Eidgenössische Schützenfest oder für ein Jodlerfest gemacht würden. Zwecks Minderung des Unfallrisikos für Bierleichen...

Wenn ich tanze, sehe ich auch gerne den anderen beim Tanzen zu. Manchmal merke ich, daß ich ganz plötzlich synchron mit einem anderen Typen oder einem Girl bin. Manchmal ergibt sich ein Blickkontakt, ein Lächeln - unsere Arme und Hände rudern gemeinsam, wir hüpfen nebeneinander, wir spornen uns gegenseitig an, jeder läßt seiner Phantasie freien Lauf und seine gestaute Energie ab - nach einem Augenblick haben wir uns wieder aus den Augen verloren... (Beni, 17 Jahre)

"Über einen sonderbar inständig brummenden Baß bewegt sich die Melodie; flüssig, frei auftauchend und untergehend in unaufhörlichen Arabesken, die hoch im Diskant erklingen. Und alles durchdringt der schnelle und immer wechselnde Trommelschlag: ein ständiges Pulsieren oder plötzlich ein scharfer, greller Akzent."
Was sich anhört wie die Beschreibung eines Techno-Tracks, schrieb Collin Mc Phee 1931 über Musik auf Bali.

Anders als die Disco-Musik der 70er Jahre, die ein geschliffenes Produkt aufwendiger Studioarbeit war, ist die Disco-Musik der 80er und 90er Jahre eigentliche Volksmusik. Der Zugang zum DJ-Pult - dem Altar der Dancemusic - ist relativ einfach, die günstigen Produktionsmittel sind die Basis für die enorme Kreativität.

Die meisten Anfänger-DJs kaufen sich zwei Plattenspieler, ein Keyboard und vielleicht ein DAT-Gerät. Mit 10'000.- Fr./DM (Rockmusiker bekommen dafür gerade ein ordentliches Schlagzeug) ist man dabei.

Viele Debüt-Titel entststehen zuhause im Schlafzimmer. Dauernd werden neue Trends geboren, die Sampler-Technologie hebt alle Grenzen auf.

Auch aus diesem Grund ist die moderne Disco-Musik zu einem unübersichtlichen Sammelsurium von Stilen und Stilmischungen geworden.

An einer Techno-Veranstaltung, einem Rave, ist, was das Tanzen und die Mode betrifft, alles erlaubt. Als ungeschriebenes Gesetz gilt auch die Gewaltlosigkeit, und Toleranz gehört zu den Spielregeln. Folglich wird jede Bewegung als Tanzschritt akzeptiert, niemand wird ausgelacht, weil er die Schritte aus der Tanzschule nicht mehr kann. Je exzentrischer getanzt wird, je schriller, extravaganter und schräger die Mode, desto mehr Beachtung und Bewunderung kann geerntet werden. An einem Rave, von abends spät bis früh am Morgen, haben die Ruhepausen ihre besondere Bedeutung: meistens stehen spezielle Räume für den Chillout (to chill = abkühlen) zur Verfügung.

Techno ist alles andere als eine Reißbretterfindung in den Chefetagen der Musikindustrie, sondern war da, ehe man sich's versah - zeitgleich in den USA, England und auf dem Kontinent.
("Techno", S.21)

Die 90er Jahre brachten Techno den endgültigen Durchbruch. Die Kids übten zu Hause mit Video, Home-PC und Gameboy. Die neue Musik machte sich die neuen Technologien zunutze und klang irgendwie ähnlich wie die Sounds der Computerspiele.

Auch wenn Chicagos Acid House und Detroit Techno um 1987/88 viele Elemente des heutigen Techno enthielten, gilt 1990 als Geburtsjahr des Techno ...

Buschtrommeln neben House-Bässen: Tribal.
Reggae-Klänge und Papageien-Gezwitscher: Jungle.
Schnell und hart: Gabber.
Nicht zu schnell mit Streicherklängen: Ambient.

Jahrelang war Techno Synonym für elektronisch erzeugte Musik. Ab 1990 bezeichnete Techno jene Art elektronischer Tanzmusik, die aus dem House heraus entstanden war.

Der Partykult **Rave hat das Musikgeschäft tatsächlich revolutioniert**, nämlich mit dem ältesten und ursprünglichsten Konzept, Musik zu hören: ein Fest, eine Party, starke rhythmische Musik, Tanz als Weg zu Trance und Ekstase.
Die etablierte Plattenindustrie stand lange Zeit fassungslos daneben und wußte nicht, wie sie diese Szene in den Griff bekommen könnte. Ein paar Jahre schien es, als hätte die Rave-Kultur, so ganz nebenbei und ohne ideologischen Anspruch, die Mechanismen der Musikindustrie geknackt. Keine Starinterpreten, keine Musik, die über Radio oder verkaufbare Tonträger funktioniert, nur diese phantastische, unverkäufliche Partystimmung bei den Raves.
1994 ist die ursprüngliche Untergrund-Szene praktisch ganz verschwunden. Die Rave-Szene der frühen Tage: Illegale Partys in Abbruchhäusern, leeren Fabrikhallen und stillgelegten U-Bahn-Schächten, alles mit minimalem Aufwand installiert. Ein bißchen Mundpropaganda, ein bißchen Licht und sehr viel Sound genügten.
Techno bringt neue Dimensionen in die Unterhaltungsmusik. Der Lärm der Straße, die Geräusche der Maschinen und die Sounds der neuesten Sampler werden in die Partymusik verpackt. Ursprünglich nur als Tanzmusik gemacht, arbeitet sie mit der physischen Wirkung von Frequenzen, Lautstärken und Beats. Techno zielt mit den modernsten technischen Mitteln auf Herz, Bauch und Unterleib der tanzenden Masse: Musik als Psycho-Droge.
In den frühen 90er Jahren gelang der Plattenindustrie der Einstieg ins Techno-Geschäft doch noch. Im gigantisch boomenden Markt war das schöne Konzept des anonymen Künstlers bald überholt; über die Star-DJs erreichte die Musikindustrie letztlich doch den Einstieg in eine Kultur, für die die Platte nur Mittel zum Zweck, zur Party, war.

Sobald sich Techno der traditionellen Strukturen der Rockmusik zu bedienen begann, verdienten die DJs viel Geld, verloren aber zugleich ihre Alleinherrschaft. Plötzlich bestimmten die TV-Sender VIVA, MTV oder die Zeitschrift BRAVO wieder mit, was Techno ist, und diesen Ansprüchen passten sich die Musik-Produzenten an.
Westbam, Chef von LoveSpirit, dem größten und wichtigsten Label Deutschlands, Marusha mit ihren Fernsehsendungen und Sven Väth, der Disco-Besitzer, sind die neuen Stars der Szene.

Techno ist Experimentieren mit Farben, mit Formen und Tönen. Techno heißt: neue Wege gehen.

Underground contra Kommerz

Die neue Jugendkultur spaltet sich zunehmend in zwei Lager: auf der einen Seite befindet sich die **Rave-Kultur**. Sie zeichnet sich aus durch eine Massenhysterie - tausende von jungen Menschen in einer Halle himmeln die DJs an, kreischen wie zu Zeiten der Beatles und sammeln Autogramme. Die DJ-Stars, gehypt durch BRAVO, zelebrieren sich selbst hinter den Plattenspielern. Die Rave-Bewegung, die sich durch intensive Exzesse kennzeichnet, durch sportliche, schrille Mode offenbart, kann als BRAVO-Kultur dargestellt werden.
Auf der anderen Seite ist die **innovative Club-Kultur**. Von hier kommen die neuen Ideen, die revolutionären Sounds, die spontanen Improvisationen und kreativen Experimente. Zunehmend finden auch diese Produzenten (wie Daniel Bell, Dave Clark, Richie Hawtin und viele relativ unbekannte Namen) Beachtung. Auch die Aktivisten der Old School wie Felix da Housecat, Derrick May, Juan Atkins u.a. werden zunehmend in europäischen Clubs gebucht und weisen den Weg zu überzeugenden Produktionen. Live-Acts wie Phuture erleben eine Renaissance.

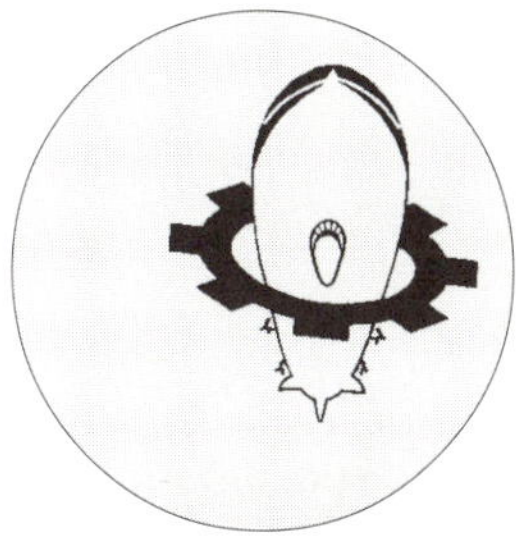

Mit dem kommerziellen Erfolg von Techno öffneten sich Gräben zwischen den narzißtischen Selbstdarstellern und ihren scheuen, aber musikalisch innovativeren Kollegen.
Zu Beginn des Chicago House standen die eigentlichen Akteure im Hintergrund. Techno war ursprünglich dazu prädestiniert, eine Jugend-Subkultur zu sein und mit den üblichen Gesetzen des Show-Geschäftes aufzuräumen.
In einem Genre, das auch "Nichtmusikern" ermöglicht, zuhause ohne ein handgespieltes Instrument Lieder nicht nur zu komponieren, sondern sie gleich auch selbst einzuspielen, kann (fast) jede und jeder einen Hit schreiben.
Im Zuge der Kommerzialisierung arbeiteten die DJs jedoch nicht mehr versteckt hinter einem Mischpult, sondern thronten vorne auf der Bühne und zelebrierten ihre eigene Show. Die Technoszene nähert sich Mitte der 90er Jahre bedenklich dem üblichen Popgeschäft.
Mit Techno entflammte der Streit zwischen Vinylnostalgikern und den Anhängern der digitalen Tonträger (CD, DAT) von neuem, wobei Vinyl im Techno stets die Oberhand behielt. Techno ist nicht nur Musik zum Anhören, sondern auch zum Arbeiten oder Spielen. Techno ist Gebrauchsmusik. Die DJs arbeiten mit der Platte, verändern den Klang, übersteuern das analoge Signal. Die Tracks sind nicht die fertigen Songs, für einen DJ sind das die Bausteine.

"Niemand ist es wert, daß sich 20'000 Menschen in einen Saal zwängen, um ihn zu sehen. Wir brauchen und wollen das nicht mehr."
(Douglas Rushkoff in "Cyberia").

In anderen Ländern ist alles immer viel besser, oder im eigenen Land gilt der Prophet oft recht wenig. Aus diesem Grund hat rasch ein „DJ-Tourismus" begonnen. Folgende Aussagen bestätigen dies:

"Jedesmal wenn wir wegfahren aus England in irgend ein anderes Land, haben wir den Eindruck, daß die Leute Techno dort eher akzeptieren als bei uns. (...) In London war die Soul/Reggae-Szene immer größer. Das kann einen schon stören, wenn man dort lebt. (...) Vier Stunden Techno in der Woche im Radio - das ist alles, was du kriegst." (Cisco Ferreiro, The Advent, GB)

"In der Schweiz werden wir zum Teil nicht verstanden, falsch verstanden oder nicht richtig wahrgenommen. (...) Das nationale Bewußtsein hier ist überhaupt nicht ausgeprägt. Wenn ich in Italien bin, sprechen sie von ihren Labels, ihrer Musik, in Deutschland auch. Es fehlt an Produzenten, an Clubs, wir haben nicht einmal ein Preßwerk! Dafür häufen sich die Raves. Es wird viel mehr nach Deutschland, England oder den USA geschielt."
(Axodya, CH)

"Drüben (in den USA) ist die Szene wesentlich kleiner. Aber Chicago erfährt im Moment eine kleine Renaissance. Mit Robert Armani ist es langsam wieder losgegangen. (...) Als Weißer, der in den Staaten "schwarze" Musik macht, mußt du immer ein wenig bewußter vorgehen und stets darauf achten, daß du niemanden kopierst. Da gibt es alle diese schwarzen Künstler, egal ob sie nun Hip Hop, Jazz House oder Techno machen, und die weiße Mehrheit ignoriert sie einfach."
(Daniel Bell, USA).

"Für mich ist es die beste Musik der Welt, denn egal, ob die Leute jetzt aus der Schweiz, den USA, Deutschland, Tokio oder Wien kommen, selbst wenn sie noch nicht einmal dieselbe Sprache sprechen, haben sie immer noch eine Riesen-Gemeinsamkeit."
(Claude Young, USA)
"In Amerika ist das alles mehr so ein Trend-Ding. Die Leute schauen, was gerade in Europa so passiert, nehmen sich das zum Vorbild und machen daraus ein Snob-Ding; und dadurch verkümmert dann alles zu einer Art "Coolness Spiel" für Kids."
(Claude Young, USA)
"Amerika, Australien, Norwegen, Österreich, Schweiz, England. Es ist eigentlich überall besser als hier (Deutschland). Gerade in Ostdeutschland. Da sind die Leute schon fast englisch drauf. Die kriegen ihren Arsch hoch und gehen richtig ab. Nicht wie hier, wo's Bumm Bumm macht und alle heben auf Kommando die Hände und machen so komisch mit ihren Fingern rum...
(Oliver Lieb,BRD)
"Wir sind hier in Holland nicht so groß wie im Ausland".
(Jamez, NL)
"House ist in Europa viel beliebter als bei uns in den USA. Ich sehe auch nicht, daß sich in Zukunft daran viel ändern wird. Die bessere Dance-Music kommt sowieso von außerhalb der USA."
(Jason Nevins, USA)
"Es passiert da (New York) nichts, ich meine es passiert da schon etwas, aber es ist Müll. Es ist ein Witz, was man dort Szene nennt."
(Joey Beltram, USA)

Mayday:

Neben der Love Parade das 2. Rave-Großereignis in Deutschland. 1994 feierten über 30'000 Raver in der Westfalenhalle in Dortmund.
Bei beiden Großveranstaltungen gilt: Jugend und Kommerz kommen gut miteinander aus, solange die Stimmung "geil" ist. Sponsoren sind Plattenfirmen, Diskotheken, Zigarettenfirmen, Modegeschäfte...

Reklametext in Frontpage

(Von "Natural Born Raver" Crew für die CD "Nu Rave")

Wir fingen irgendwann an zu raven, weil wir keinen Bock mehr hatten, auf doofe Rockkonzerte zu gehen, irgendwelche langhaarigen, gitarreschüttelnden Deppen anzuglotzen und ihnen zuzujubeln. Genausowenig, wie wir Lust hatten, in irgendwelche Schickimickidisco zu gehen, um uns zum tausendsten Mal die alten Schunkeldiscohits anzuhören. (...) Aber nach dem guten Start ernannten sich Rockproducer, Studiomusiker, Alp-öhis und Schlagerstars selbst zu Techno-Artists und sorgten für akustische Umweltverschmutzung im Ravegewand. (...)

Die Deppentechno-Producer fanden ihre Zielgruppe: die Technodeppen. Auf manchen Raves sank das Durchschnittsalter auf die Anzahl der Aknepickel in den Gesichtern der Pubertierenden. Weiße Handschuhe, orangene Müllfahrerwesten, Leuchtstäbe und flaumige Schnurrbärte waren nur einige der visuellen Entgleisungen der neuen Kirmes-Technokultur.

Wir Natural Born Ravers mögen das Neue, das Schnelle, das Überraschende. Wenn sich alle auf etwas geeinigt haben, wollen wir schon wieder etwas ganz anderes. Nu Rave zeigt, daß es noch spannende, energetische, treibende, kickende, ekstatische, neuartige Rave-Tracks gibt.

Nu Rave ist zu kompliziert für die Technodeppen und genau das richtige für uns. Nu Rave ist der nächste Schritt, den wir jetzt gehen. (Frontpage 6.95)

Remix

Die Techno-Szene aktivierte einen Trend, der zwar nicht neu war, aber in diesem Ausmaß früher seltener praktiziert wurde: Die neue Abmischung eines Songs. Häufig wurden bekannte Titel als Dance- oder Technoversion mit stärkerem Akzent der Drumsounds neu abgemischt. Teilweise wurde der Song auch total umgekrempelt. Beispiele:

- **Pet Shop Boys**

Neil Tennant & Chris Lowe, eines der erfolgreichsten Pop-Duos, schafften immer wieder neue Maßstäbe. So wurden auch ihre Remixs auf den Tanzflächen gerne gespielt. 12 Remixs wurden auf "Disco2" herausgegeben.

Absolutely Fabulous	Rollo Our Tribe In Cheek Mix
I Wouldn't Normally	DJ Pierre Wild Pitch Mix
Go West	Farley & Heller Mix
Yesterday When I Was Mad	Jam & Spoon Mix

u.a.

- **Herbert Grönemeyer**

Das Album "Chaos" inspirierte verschiedene Techno-Produzenten zu Remixes. Herausgegeben wurde bei EMI Electrola "Grönemeyer Cosmic Chaos".

Grönemeyer zu Techno: "Das Gute an Dancefloor-Musik und HipHop ist, daß man mit einfachen Mitteln loshusten kann. Das hat eine monotone große Kraft. Rock'n'Roll dagegen ist teuer geworden, da geht es immer um Millionen, die Konzertpreise sind wie in der Oper. Mit Rock den Frust über die Bürgerlichkeit rauskotzen - das war einmal."

- **Yello** • **Züri West** • **und viele andere**

Techno-Magazine

CUT	(Bonn, Berlin), Chefredaktor: Claus Bachor
Groove	(Frankfurt), Chefredaktor, Thomas Koch
Frontpage	(Berlin), Chefredaktor: Jürgen Laarmann
Deep	(Krefeld), Chefredaktor: Marcel Feige
Forecast	(Zürich)
Loop	(Essen), Chefredaktor: Kalle Löwenthal
Raveline	(Gelsenkirchen), Cefredaktor: Felice Götze

Weitere Magazine: Envelope, Size, Swirly, House Attack, Partysan...

Die Geschichte des Techno

60er Jahre

Die ersten ausschliesslich elektronisch hergestellten Filmmusiken geben neue Impulse: z.B. Hitchcocks "Die Vögel".

1965

Der analoge Moog-Synthesizer wird erfunden.

1966

- "Switched-on Bach" , von Walter Carlos auf einem der ersten Moog-Synthesizern gespielt, wird ein Hit.
- Pink Floyd mit neuen Techniken im Studio.
- Der analoge Moog-Synthesizer wird in Serie gebaut.

1967

In Berlin wird die Rockband **Tangerine Dream** gegründet, welche sich bald zu einer wegweisenden Elektronik-Gruppe entwickelt. Ähnlich wie Cluster, Amon Düül u.a. wird mit experimentellen Synthi-Klangteppichen gearbeitet.

Frühes Experiment einer Techno-Party

Tangerine Dream
"Wir wollen Vorgänge hörbar machen, die am Rande der wahrscheinlichen Vorstellungskraft des Menschen liegen."
(Edgar Froese, Gitarrist von Tangerine Dream)

Die kontroversen Kritiken zu ihrer Symbiose aus Streicherklängen, elektronischen Variationen, Klangverfärbungen, Geräuscheffekten und kosmischen Endlosmustern ("akustisches LSD") veranlaßte den "Soundtrackmusiker für die Phantasie" zu folgendem Statement: "Musik machen heißt auch: das Risiko totaler Verachtung auf sich nehmen." Ihre elektronische Musik wird in den 80er Jahren von Techno-Produzenten als wegweisend bezeichnet.

Am einflußreichsten aber wird die Gruppe **Kraftwerk**. Sie wird noch heute von vielen House- und Techno-Produzenten als wichtigste Inspirationsquelle bezeichnet.

1972

Der erste Synthesizer-Hit "Popcorn" von George Kingsley erobert die Charts.

1973

Ein Meilenstein im Einsatz von elektronischen Instrumenten ist das Album "Tubular Bells" von Mike Oldfield. Die LP wird 264 Wochen in den englischen Charts bleiben.

1975

Kraftwerk veröffentlicht ihr viertes Album, "Autobahn". Mit dem Moog-Synthesizer gelingt ihnen "Robot Pop", der seiner Zeit weit voraus ist, aber dennoch den Sprung in die amerikanische Hit-Parade schafft.
Brian Eno (früher bei Roxy Music) gründet das Experimental Label Obscure Records. Er kreiert Ambient Music - "Landschaften zum Zuhören".

1976

Das Album "Oxygène" des Franzosen Jean-Michel Jarre verkauft sich acht Millionen Mal. Klassische Harmonien und elektronische Klänge vermengt er zu einem bombastischen Sound. Live werden die Kreationen mit viel Licht und optischen Effekten unterstützt.

1977

"Trans Europa Express" von Kraftwerk. Die deutsche Gruppe wird besonders bei den schwarzen B-Boys und den Hip-Hop-Kids beliebt.
Die Zusammenarbeit von Donna Summer, Giorgio Moroder und viel Elektronik ergeben den idealen Sound für die wachsende **Disco**szene in Europa.
Das **"Warehouse"** (Club in einer Lagerhalle) Chicago wird eröffnet und zum Magnet für zukünftige House-Produzenten. Wichtig für die Stadt und ihre Musik sind auch die verschiedenen Labels (z.B. Trax Records, Dancemania).

1978

Industrial: Zahlreiche neue Gruppen (Cabaret Voltaire u.a.) arbeiten mit Umweltgeräuschen, Industrielärm und elektronischen Maschinen.
Brian Eno veröffentlicht "Music For Airports" und führt den Begriff "Ambient" für seine abstrakten Songs ein.
Das Projekt **Yello** (siehe Seite 271) wird gegründet.

1979

Immer noch grassiert das Disco-Fiber. Die italienische Szene gewinnt mit einfachen elektronischen Tracks und eingängigen Melodien an Einfluß: **Italo-Disco**, als Vorläufer des **Eurobeat** der 90er Jahre.

1980

Yello veröffentlichen ihr erstes Album "Solid Pleasure".
Disco wird in den amerikanischen Clubs für tot erklärt, lebt aber in verschiedenen Formen weiter.
Im **"Warehouse"** in Chicago (siehe 1977), einer Lagerhalle, welche zur In-Disco umfunktioniert wurde, legt der New Yorker DJFrankie Knuckles von Samstag Mitternacht bis Sonntagnachmittag Platten auf. Er spielt Disco-Klassiker und Munich-Disco aus der Hit-Küche von Giorgio Moroder. Die Leute sprechen von "That sound they play down at the house" und prägen so den Begriff für einen neuen Stil: **House Music** oder Chicago House (wichtigstes Label: Trax Records) Der neue Stil geht aus der International- und Disco-Tradition hervor.

House Music

Die schwarzen Produzenten in Detroit (Motortown, Techno City) orientieren sich weniger an Disco als am **Detroiter Funk** und an **Elektronik von Kraftwerk**. Juan Atkins (Metropolex Records), Kevin Saunderson (KMS Records) und Derrick May (Transmat Records) kreieren witzige Elektronic-Tracks, mit dem Anspruch, musikalisches Neuland zu erforschen. Statt auf Kommerzialität zu schielen, entsteht ein Zwitter aus harten, elektronischen Sounds und Versatzstücken schwarzer Musiktradition wie Soul und Funk.
Alvin Tofflers Buch "The Third Wave" (handelt von der technologischen Entwicklung ohne Angst), ein wichtiges Buch für die Detroiter-Produzenten, erscheint.

1981

Erster großer Hit von **Depeche Mode**, einer der populärsten **Synthesizer-Bands**: "I Just Can't Get Enough".
Laurie Anderson profiliert sich mit ihren Performances und landet mit "O Superman" ihren ersten Hit.
Vor allem in **Belgien** verändert sich die Industrial Music zur **Electronic Body Music (EBM)**. Dazu gehören Front 242, Brüssel ("Body To Body", "Funkahdafi").

EBM

Viele Technoproduzenten (Sven Väth) werden von diesem Trend beeinflußt.
Farley Keith (Farley Jackmaster Funk) gründet das DJ-Kollektiv Hot Mix 5 um ihre Songs und Mix' im Radio, in Clubs und Plattenstudios bekannt zu machen.

1982

Wichtigstes Jahr für **Electro**: meist programmierter Hip-Hop-Beat, Rap, analoge Synthesizer, Vocoder-Stimmen.
Beispiel: "Planet Rock" von Afrika Bambaataa (siehe Seite 187))
Der Electro-Klassiker "Walking On Sunshine" (Rockers's Revenge) erscheint. Auch Rap-Gruppen wie Grandmaster Flash & The Furious Five (siehe Seite 188) wechseln vorübergehend auf Electro ("Message 2").
Electro-Hit: "Pack Jam", von The Jonzun Crew (produziert von Maurice Starr, dem späteren Macher der New Kids On The Block).

ELECTRO

Electro ist eine frühe Form von Techno, die gleichermaßen von Hip Hop wie von europäischen Bands wie Kraftwerk und Yello beeinflußt war. Electro bleibt eine kurze Phase innerhalb der HipHop-Bewegung, ist aber eine der wichtigsten Grundlagen für die gesamte Technogeschichte.

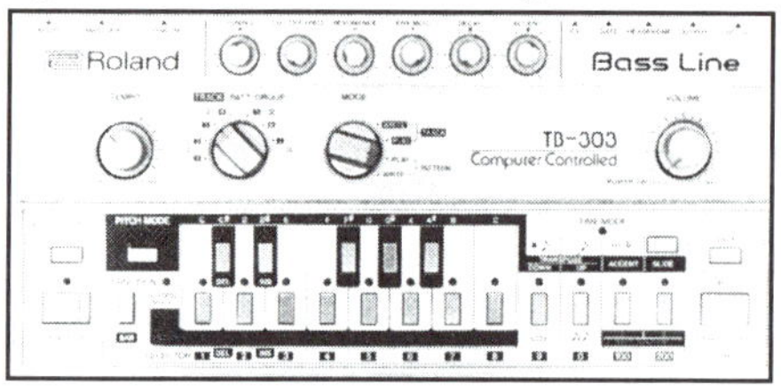

Der monophone, analoge **Bass-Synthesizer TB303** der japanischen Firma Roland wird auf den Markt gebracht. Obwohl die Produktion bereits nach 18 Monaten eingestellt wird, hat das Gerät (Jahre später) eine unerwartete Bedeutung bei House-Produktionen.

1983

Die ersten **MIDI-fähigen Instrumente** (⇨ Band I, S. 82 ff) werden vorgestellt.

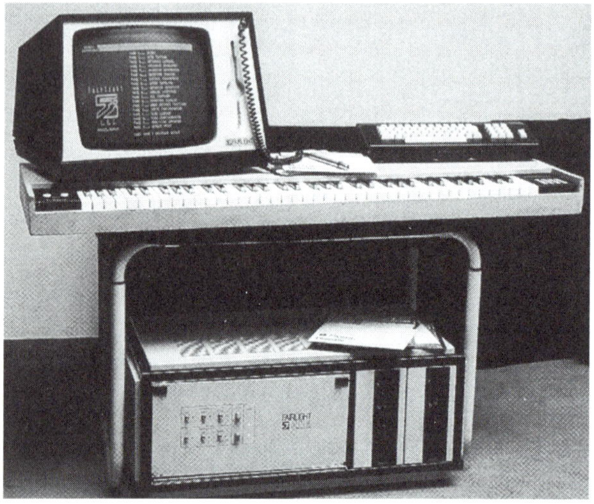

Der **Sampler** (siehe Seite 51) beginnt seinen Siegeszug in der Musikwelt: Nachdem bereits 1979 die ersten Modelle des Fairlight an Stevie Wonder und Peter Gabriel verkauft worden sind, beginnt in diesem Jahr der öffentliche Verkauf. Der **Fairlight IIX ist** ein 8-stimmiger Sampler und kostet ca. Fr. 100'000.-.

In den 80er Jahren gelingt es verschiedenen Firmen, Sampler in einer Preiskategorie auf den Markt zu bringen, welche auch für eine breite Käuferschicht erschwinglich sind. Kurze Zeit später fehlt in kaum mehr einem Studio ein Sampler. Fast gleichzeitig wird begonnen, die Studios mit **Computern** auszurüsten. Der Rechner (Atari in Europa, Apple in Amerika) wird zur Steuerung der Mischpulte, als Sequenzer und zur Bearbeitung von digitalen Klängen eingesetzt. Mit **Sampler und Computer** wird die Musikproduktion radikal verändert.

Wie in anderen europäischen Städten werden auch in Bern und Zürich die ersten Parties mit aktuellen Tanzstilen durchgeführt. Initiant ist hier z.B. der ehemalige Toningenieur Peter MacTaggart. Seine "Psychorama"-Parties sind die ersten Raves mit House-Musik in der Schweiz.

1984

Die amerikanische Electro-Gruppe **Cybotron** (mit Juan Atkins, siehe Seite 246) ist auf dem vierten Sampler der Electro-Serie der englischen Plattenfirma Streetwave mit "Techno City" vertreten. Die Electro-Szene hat auch in den 90er Jahren noch einen wichtigen Einfluß auf die Techno-Szene.

Schwarze Jugendliche in Chicago basteln, wie Jugendliche auf der ganzen Welt, instrumentale, einfache Rhythm-Tracks, sogenannte **"Jack-Tracks"**.

Die Droge Ecstasy, obwohl bereits seit den 50er Jahren bekannt, erlebt bei amerikanischen Studenten einen ersten Aufschwung. Noch ist die Droge legal.

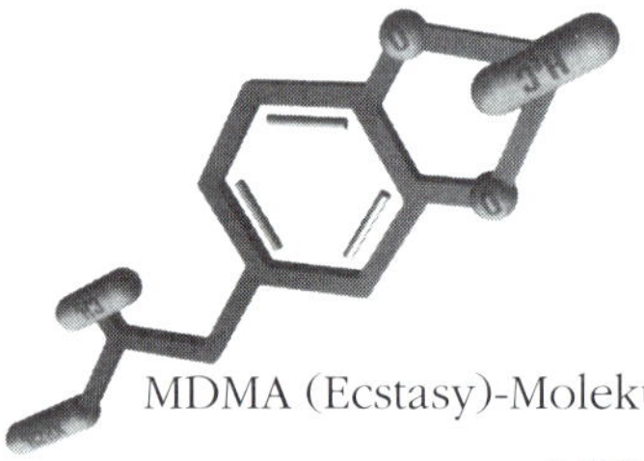

MDMA (Ecstasy)-Molekül

1985

Mit dem Titel "No UFOs" nimmt **Juan Atkins** im April wohl den ersten Techno-Titel auf (Modell 500). Produzenten in Chicago verwenden immer häufiger die kleine Rhythmusmaschine Roland **TB 303** und kreieren damit einen neuen Stil: **Acid House**. "Acid Trax" von **Phutures** gilt als eines der ersten Acid-Stücke.

ACID HOUSE

Das gesampelte Muhen einer Kuh kommt auf Platz 2 der Schweizer Hitparade: "Mooh" von Matterhorn Project (Stella Space und P.J. Wassermann) aus dem Baselland reiht sich an die zahlreichen Veröffentlichungen mit gesampelten Geräuschen, Politiker-Statements und Jodel-Fragmenten.

DJ Westbam, Klaus Jahnkuhn u.a. gründen in Berlin die **Low Spirit**-Produktionsgesellschaft (Studio und Label). Erster Hit-Song: "This Is Not A Boris Becker Song".

In Chicago werden die Label Trax Records und DJ International gegründet, die als erste House-Label gelten.

LOW SPIRIT RECORDINGS

1986

In der englischen Hit-Parade wird "Jack Your Body," eine House-Nummer von Steve "Silk" Hurley Nummer 1. **Electro ist out.**
Kevin Saunderson, Derrick May und Juan Atkins (die "Big Three" aus Detroit) produzieren gemeinsam. Wer in Detroit nicht auf der HipHop-Welle mittanzt, steht auf House: Acid House, Chicago House, Garage House, Deep House.
In Frankfurt brodelt der Underground und die Dance-Music ist nicht mehr aufzuhalten. Frontman in der Disco-Vogue ist **Sven Väth** (siehe Seite 259).

1987

Die House-Music hat sich weltweit durchgesetzt. Es beginnt die **Herrschaft des DJs**. Mit Disco, HipHop und House haben sich alle wichtigen Formen der Dancefloor Musik entwickelt.
Auch in New York bildet sich eine eigene House-Szene. Todd Terry wird zu einem wichtigen House-Produzenten (Royal House, Orange Lemon u.a.)
Bam Bam lanciert mit "Give It To Me" Acid auch in England, und gleichzeitig erreicht **"Pump Up The Volume"** von M/A/R/R/S als erster House-Track die englische Hit-Parade (siehe Seite 277).

Die großen Discos in den südlichen Touristenorten Europas (Rimini, Ibiza) sind zu einem großen Teil auf Chicago House umgestiegen. Hier werden ganze Nächte durchgetanzt, die Droge **Ecstasy** hält Einzug in der europäischen Rave-Szene.
Im "Projekt Club" in Streatham organisiert Paul Oakenfold die **ersten Afterhour-Parties**, an denen fast ausschließlich Chicago- und New-York House läuft.
Der deutsche DJ Sven Väth verkauft die Single "Electrica Salsa" drei Millionen Mal. Westbam (Maximilian Lenz) und "Die Macht der Nacht", die Zirkus-Disco, touren durch ganz Deutschland.

Acid Jazz

Aus der Club-Szene Londons taucht ein neuer Name auf: **Acid Jazz**. Besonders in England werden aktuelle Rhythmen mit Funk, Soul und Rhythm & Blues vermischt. Federführend ist DJ Gilles Peterson, der immer wieder, auf der Suche nach dem anderen Groove, Musik von Herbie Hancock, Quincy Jones, Aretha Franklin und James Brown in seine Parties und Rhythmen einfließen lässt. Die Kids, modisch schon längst mit Schlaghosen und engen orangen T-Shirts auf die 70er Jahre eingestellt, kommen ans DJ-Pult und fragen nach den neuen Sounds. Von der ewigen Fragerei genervt, soll Peterson geantwortet haben: "Acid Jazz".
Der Begriff (eigentlich ein rüder Etikettenschwindel) entfaltet sich in zahlreichen Facetten und verhilft der alten Funk- und Soul-Musik zu einer Renaissance. Dabei darf der musikalische Begriff "Jazz" nicht allzu wörtlich genommen werden.

1988

Kevin "Reese" Saunderson (früher mit J. Atkins) gelingt mit "Big Fun" und "Good Life" der kommerzielle Durchbruch.
In England grassiert ein neues Fieber: Acid-House. In leeren Lagerhallen werden immer häufiger Warehouse-Parties durchgeführt. Als besonderes Kennzeichen findet man überall die **Smileys**.

Acid, the musical phenomen only for the headstrong makes you wanna dance, move, groove, beat puts you inna'trance keeps you on your feet we call it Acid!	Acid, das musikalische Phänomen nur für Eigenwillige bringt dich zum Tanzen, Bewegen, Grooven, versetzt dich in Trance hält dich auf den Beinen wir nennen's Acid
You turn on, you tune in you drop out Acid has that effect Bassline be pumpin', body rockin' people in the crowd you hear them shout Acid, Acid!	Du drehst auf, stimmst dich ein, fällst aus dem Rahmen Acid hat diese Wirkung Die Bässe dröhnen, der Körper bebt du hörst die Leute in der Menge schreien: Acid, Acid!

Acid wird mit der Droge Acid (LSD) assoziiert, die Polizei löst zahlreiche Parties auf, Presse und TV berichten immer häufiger von Drogentoten. Sogar BBC weigert sich, den Nummer 1-Hit "We Call It Acieed" von D-Mob zu spielen.

ACID HOUSE

Im Herbst schwappt die Welle auf den europäischen Kontinent über. Die ersten Tracks von Yazz, Bomb The Bass, S-Express und Hithouse kommen in die europäischen Hitparaden.

Produzenten: Italien: Capella. Deutschland: Dux Dux, Mr. Matex (Ramon Zenker, Duo Hardfloor). Zahlreiche Compilations unter dem Titel Acid House überschwemmen den Markt.

Acid in Köln (Rave-Club), Hamburg (Front), Berlin (UFO) u.a. Auch Sven Väth eröffnet mit Kollegen den Club "Omen" in Frankfurt, wo er zeitweise 10 Stunden hinter den Plattentellern steht. Der Boom der Acid House Partys findet eine überdimensionale Resonanz in der Presse. Die schrille Mode, die Droge Ecstasy, die endlosen, unkontrollierten Tanznächte in Bauruinen stehen (in den Augen verschiedener Kreise) in krassem Gegensatz zu den Bemühungen der AIDS-Präventions-Kampagnen. **Aber schon im Sommer 1989 verschwindet Acid House so schnell wieder vom Markt, wie er aufgetaucht ist.**

New Beat

Auch der **New Beat** (für New Wave Disco Beat) kann eher als als kurze Modeerscheinung denn als Stil qualifiziert werden. Zentrum dieser Tracks mit eher langsamem, dumpfem Beat, ist Belgien, im besonderen der Boccaccio-Club in Gent. Interessant ist der New Beat aber nicht zuletzt deshalb, weil verschiedene New Beat-Produzenten fließend auf Techno umstellen (Olivier Abbeloos, Cisco Ferreira).
Der aktuelle, internationale Hit von Yello heißt "The Race".

1989

Ursprünglich als Hauszeitung des "Techno-Club" (Club innerhalb der Flughafen Disco, Frankfurt) gedachtes Magazin, erscheint **"Frontpage"** zum ersten Mal.
Mit einer Auflage von 12'000 Stück und 16 Seiten erscheint ab Dezember auch das Magazin **Groove**.
Die **1. Love Parade** (Rave in den Straßen und Clubs Berlins) wird durchgeführt. Fast gleichzeitig werden in zahlreichen weiteren Städten die Grundsteine für Massen-Raves gelegt (Mayday).
DJ Westbam veröffentlicht das Album "The Cabinet".

Eine noch nie dagewesene Flut von Produktionen überschwemmt den Markt.

Der Einsatz von Computer und Sampler im Studio hat auch die Musikproduktionen im **Home Studio** beeinflußt. Die Preise für Rechner und Software sind so tief gesunken, daß sich auch Jugendliche dieser Techniken und der damit verbundenen Möglichkeiten der digitalen Tonbearbeitung bedienen.

1990

Techno*

Geburtsjahr des Techno (ursprünglich Techno House).
In Sheffield (England) macht Warp Records als erstes Techno-Label von sich reden.
Die Zunahme der **kurzfristig organisierten Raves** verleitet die britische Regierung dazu, ein Gesetz (den sog. Entertainments Act) zu verabschieden, mit dem gegen Organisatoren und Veranstaltungen ohne Lizenz scharf durchgegriffen werden kann. Damit werden die Raves in die bestehenden Clubs gedrängt.
"Fuck the old music, go with the new" (Scheiß auf die alte Musik, geh mit der neuen). Nach diesem Motto produziert die neue Generation der DJs aus Detroit (Jeff Mills, Robert Hood u.a.) Sie bezeichnen ihre Kreationen als Intelligent Techno. Mills: "Durch Techno wollen wir das Gehör auf abstrakte Zusammenhänge konzentrieren, Klarheit schaffen". Ihr Sound wird noch lange nicht die Technoraves bestimmen, denn die Detroit-DJs verweigern sich weitgehend der MTV-Videokultur und der DJ-Tätigkeit in großen Hallen. Mills: "Detroit Techno heißt: weniger Materie. Und mehr Geist".

1991

Im Sommer '91 ist alles klar: **Techno ist kein kurzer Modetrend, sondern eine Musikrevolution!** Techno gelingt der Durchbruch auch in Deutschland (Frankfurt, Berlin) und der Schweiz (Bern, Zürich, Westschweiz). Berlin hatte nach dem Mauerfall eine Menge idealer Räumlichkeiten für ausgefallene Raves. Hier "paßten" natürlich auch die ausgefallenen Requisiten wie Gasmasken, Leuchtstäbe, Nebelhörner, Plastik-Kleider.
Der DJ Dr. Motte initiiert wiederum die **Love Parade** in Berlin mit 7000 Raverinnen und Ravern.

Techno -Tekno-Tekkno: in diesem Jahr geben die Ks die Härte der Musik an.

Endlich taucht auch eine Frau in der von Männern dominierten Szene auf: die Holländerin **Saskia Sleger, alias Miss Djax**, veröffentlicht zahlreiche House Produktionen (begann bereits 1989) und fasziniert als attraktiver DJ mit Underground-Reputation. DJ Westbam veröffentlicht das Album "A Practising Maniac At Work".
Dezember: in der Halle Weißensee in Berlin findet der **erste Mayday** (Großveranstaltung der Techno-Szene) statt. 5600 Raver sind dabei.
Der Trend zu immer härteren und schnelleren Rhythmen, zu immer dreckigeren und verzerrteren Sounds gipfelt erst einmal im **Hardcore**. Die wildesten Breaks von Heavy-Metal Gruppen, übersteuerte Gitarren-Riffs, wummernde Bass-Drums und Vocal-Sequenzen (aus der Fäkalsprache) lassen mit 160 Bpm die Lautsprecher dröhnen. Das Label DHR in Berlin bezeichnet verschiedene seiner Tracks als **"experimentellen, poetischen Terrorismus".**

Hardcore

Seit Menschengedenken versinken Tanzende in Trance, bei vielen Völkern geschieht dies durch Trommeln, Rhythmus, Wiederholung und Lautstärke.

Gabber (oder Gabba, bedeutet Kumpel od. Kollege) gehört mit Hardcore zu den härtesten und schnellsten Varianten des Techno (160 bis 200 Bpm). Beide Stilarten gehen mit übersteuerten Samples und dreckigem Sound oft bis an die Grenze des Erträglichen. Besonders die holländischen Fußballfans, die Hooligans, gehören in den frühen 90er Jahren zu den Gabber-Ravern. Schlägereien, in der übrigen Techno-Szene sehr selten, gehören bei den holländischen Hardcore-Parties mit dem rechtskonservativen Gedankengut der Hooligans zur Tagesordnung. Die Tracks werden mit **Tempi bis zu 250 Bpm** abgespielt.
Bei diesen Stilarten reagieren die großen Labels ungewohnt rasch. Mit Sampler-Serien wie **"Terrordrome"** und **"Thunderdome"** erreichen sie vordere Hitparaden-Plätze.
Erstmals wird eine **Gabber** Produktion ("Poing", Rotterdam Termination Source) mit Gold ausgezeichnet.
Weitere Spielart: **Happy Hardcore** mit Neuinterpretationen von Schlagern, Volksmusik und Themen von Mozart bis Verdi.

1992

Die Szene spaltet sich zum ersten Mal in eine Hardcore- und eine Trancefraktion.
Zum Jahresbeginn werden große Mengen an Hardcore Produktionen auf den Markt geworfen, aber sehr schnell überschreitet die harte Variante des Techno den Zenith. Danach beginnt sich **Trance** (ruhigere, flächenhafte Sounds, mystische Soundbasteleien) durchzusetzen - kein eigenständiger Musikstil, sondern eher eine Spielart des Techno.

Verschiedene DJs, vor allem aus Deutschland, produzieren bewußt am Hardcore-Trend vorbei. Entstanden sind dabei Synthilastige Klangcollagen mit breiten Strings-Teppichen, sphärenhafte, harmonische Tongebilde mit tanzbaren, relativ langsamen Rhythmen und Titeln mit Weltraumassoziationen (z.B. DJ Dag, Frankfurt).

Trance

Synthi-lastige Klangcollagen mit breiten Strings-Teppichen, sphärenhafte, harmonische Tongebilde mit tanzbaren, relativ langsamen Rhythmen.

Weitere Bezeichnungen, meistens von DJs: **Acid Trance, Happy Trance, Hardtrance u.a.** Zu Trance gehört auch **Cosmic Baby**. Mit "Stellar Supreme" gelingt ihm der Durchbruch.
Der erste gesponserte Großveranstaltung in Zürich: **Streetparade.**

Jam & Spoon erhalten den Titel "Remixer des Jahres". (Mixmag, London)

Sampler sind jetzt unter Fr./DM 3000.- zu haben. Dazu, und für Produktionen mit dem Computer, werden riesige Mengen Sound-CDs und Sound-Disketten (vorproduzierte Samples) angeboten.

1993

Der Ravesound des Jahres kommt vom **belgischen Label Bonsai** und von Ilsa Gold (Oesterreich). **Laurent Garnier** (siehe Seite 248) wird in Deutschland beliebtester internationaler DJ.
Es wird immer billiger und einfacher, plattenreife Musik zu machen. Der Musikmarkt wird von neuen Produktionen buchstäblich überschwemmt.
Eine Art Markstein setzt der Track **"Terminator"**. Hier werden besonders auffällige Timestretch-Praktiken mit Drum-Samples verwendet.

"Techno, harter Techno ist sehr schnell. House, wenn er hart ist, ist immer noch 135 Bpm langsam. Wenn wir auflegen, spielen wir nicht diesen 160-Bpm Scheiß, der groovt nicht." (Stickman)

An der **3. Street Parade in Zürich** versammeln sich 30'000 Raverinnen und Raver zu "Love, Peace & Unity".
Sven Väth veröffentlicht das Album **"Accident In Paradise"** und unterschreibt als einer der ersten DJs einen internationalen Plattenvertrag.

1994

Die **Verbindung von Trance und Euro-Dancefloor** führt immer mehr dazu, daß ein Techno-Mainstream entsteht, der die internationalen Charts erobert. Führend dabei sind Capella und Cosmic Baby, aber auch DJ Bobo u.a.
Love Parade in Berlin lockt 100'000 und Mayday in Dortmund 30'000 Raver an. Für den 7. Mayday am 26. November in der Deutschlandhalle Berlin sind zwei Monate vorher sämtliche Eintrittskarten ausverkauft.

Gegen anfänglichen Widerstand des Stadtrates wird in Zürich gleichwohl die dritte "Energy '94" mit 20'000 Technofreaks und die Streetparade mit 30'000 Ravern durchgeführt. Zur gleichen Zeit schicken sich im Kongresshaus die Marketing-Strategen an, den kommerziellen Nutzen von Techno zu diskutieren. Am Techno-Live-Seminar versammeln sich Fachleute aus Wirtschaft, Kultur und den Medien und lassen sich von Insidern in die neue Kultur einweihen.
Der **Shooting-Star im Underground ist Felix da Housecat** mit "The Down".

Jungle

Jungle nimmt erst London, dann die Medien im Sturm. Der euphorische Sound bläst frischen Wind in die Techno-Szene mit ihren immer größer werdenden Events. Einer der Jungle-Könige ist General Levy. Er rattert zu Reggae- und Soul-Samplern und Breakbeats 300 Silben pro Minute ins Mikrophon.
Die einzelnen "Bestandteile" von Jungle waren längst vorhanden. Neu ist nur die explosive Mischung aus Breakbeat-Rhythmen auf der Snare, der eher gemächlichen Baßlinie aus dem Reggae, dem hohen Anteil Stimme und den Tempi über 160Bpm.
Jungle findet in Amerika nur in wenigen Städten Rückhalt: Chicago, New York, Toronto.

Marusha

Die **"Big Three" aus Detroit** produzieren wieder gemeinsam (nun auch mit Eddie "Flashin'" Fowkles).
Die Low Spirit-Produktionen von DJ Westbam dominieren die Hitparaden Deutschlands und der Schweiz (**Westbam, Marusha, Mark Oh, RMB** u.a.)
Mit dem Album "Bam Bam Bam" und dem Hit "Celebration Generation" hat Westbam einen seiner größten Erfolge (siehe Seite 254, 262)
Am 31. Juli um 02. 00 Uhr werden die 380 Gäste des Warehouse in Köln in einer vierstündigen Razzia von 150 Polizisten durchsucht. Der Club wird geschlossen.
Yello (siehe Seite 271) ist der Konkurrenz wieder einmal einen Schritt voraus: ab September ist das Duo weltweit in den **Computernetzen Internet und CompuServe** vertreten. Das Programm "Yello On The Net" bietet dem interessierten Computerbenutzer die Möglichkeit, neben Informationen über das Duo und einem Video auch Original-Samples per Telefon auf den eigenen Computer zu laden.
Im deutschsprachigen Raum bestimmt zunehmend der private Fernsehsender **VIVA** über Mode, Trends und Techno-Pop.
Die Westschweiz wird immer mehr zum Mekka der helvetischen Raver. Zum Jahresende wird im Palais Beaulieu in Lausanne mit 40 DJs und 20'000 Personen Silvester gefeiert.

1995

Verschiedene Technoproduzenten bearbeiten alte Techno-Tracks von Yello und veröffentlichen davon die CD "Hands On Yello".
Bei der Verleihung des Camel Move Awards in München bestätigt sich einmal mehr Westbams Ruf als Vorreiter der deutschen Techno-Szene: der Berliner-DJ kommt auf Platz 1**. Mark Oh** wird prämiert für den besten Song, Red Bull für den besten Drink.
Love Parade in Berlin und **Mayday** in Dortmund sind weiterhin die Großanlässe der Raver in Deutschland. Anläßlich des letzteren präsentieren sich Yello mit "Tramendouse Pain". Kurz nach seinem 50. Geburtstag hat Dieter Meier "die 25'000 Leute fest im Griff". Die Überschrift in der "Dortmunder Rundschau" vom 2. Mai lautet: "Techno-Fans erteilen Drogen klare Absage". Erstmals gibt es über Internet auch eine direkte Verbindung in die Halle.

Die Dance-Szene wird zum beachtenswerten **Wirtschaftsfaktor**, was sich anläßlich verschiedener Fachmessen bestätigt; Messen, die sich ausschließlich mit Techno, House, Trance, Hip Hop, Dancefloor, Jungle und Acid Jazz beschäftigen (so z.B. Club Convention Munich CCM, Euro Pop Days '95 in Freiburg, Chromapark '95 in Berlin).
Nun meldet sich vermehrt auch die japanische Szene in Europa (siehe auch Subvoice, Tokio, Seite 256). Sie hat sich jahrelang an der europäischen Szene orientiert und veröffentlicht nun auch Tokyo-Tracks.
Neues Album von **Juan Atkins**, dem Wegbereiter in Sachen Detroit-Techno: Modell 500, "deep space" (R&S). Er hat sich von Jazzrockern wie Stanley Clark und Billy Cobham inspirieren lassen.
Laurent Garnier veröffentlicht sein Mix-Spektakel "Mix Mag Live Volume".
Verschiedene Clubs in Deutschland haben sich dem **Detroit-Techno** verschrieben: Tresor in Berlin, Fear-Klub in Hamburg. Die Old School wird der Aufsteiger-Sound des Jahres!
Auch aphex twin meldet sich mit "der Platte des Monats Mai" wieder: "Care because you do".
Raves finden überall statt: Bei der "Camel Airave" fliegen die Techno-Tänzer an einem Wochenende durch ganz Europa, mit kurzen Stops für Club-Besuche. Das Technofieber grassiert weltweit und macht auch vor dem kleinsten Dorf nicht Halt.
Das experimentelle Sublabel von EMI, **Harvest** (in den 60er Jahren u.a. Platten von Pink Floyd) , ist wieder zum Leben erweckt worden: **Air Liquide** (siehe Seite 252) gibt zum Neustart eine neue Platte heraus und setzt im Vorverkauf bereits 150'000 Stück ab.
Electro (siehe 1982) meldet sich mit Riesenschritten in der Szene zurück. Der Impuls kommt erneut aus Detroit und Chicago.

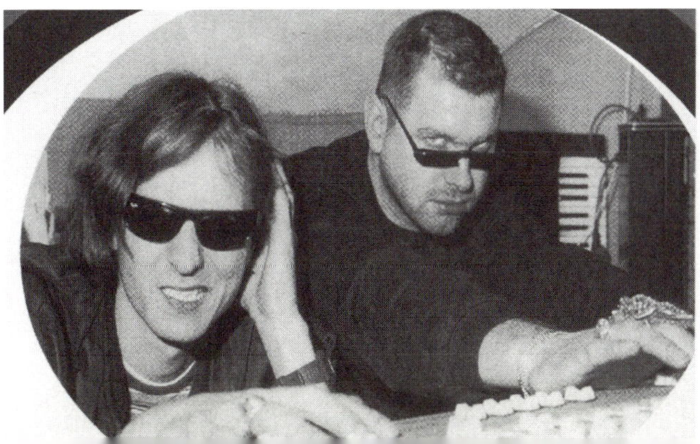

Der Bund, 29.5.95

18 000 Raver in Roggwil
(Anmerkung: Kleine Gemeinde im Kanton Bern)
14 Stunden hämmerte die Musik ohne Unterbruch, blitzten Stroboskope und tanzten rund 18 000 Raverinnen und Raver in der alten Spinnerei Gugelmann in Roggwil. Gelohnt hat sich die Riesenparty auf jeden Fall für die Veranstalter, hatten sie doch mit 12 000 Besuchern gerechnet, um ihr Budget von rund 700000 Franken einzuhalten. (...)
An der Party beschlagnahmte die Polizei 350 Stück der Designer-Droge Ecstasy, nahm drei Männer in Haft und stellte 25 Anzeigen wegen Widerhandlungen gegen das Betäubungsmittelgesetz aus. Gegen Ende der Veranstaltung mußten rund 70 Personen durch die Sanität betreut werden. Die meisten litten unter Erschöpfung. Zwei Besucher mußten ins Spital eingeliefert werden. Für diejenigen, die am längsten aushielten, endete die Nacht um 9 Uhr morgens.
Materialschlacht: 200 000 Watt-Anlage (im Vergleich zu einem Rockkonzert braucht es die dreifache Menge an Ton), Scheinwerfer mit einer Leistung von rund 800 000 Watt, 36 Rundum-Laser, 98 "normale" Laser, 36 Stroboskope.

Die Techno-Szene teilt sich 1995 in drei Richtungen

Auf der einen Seite die **Tanzorientierten**: noch härter - noch schneller. Vorreiter in diesem Bereich sind die Holländer mit der Techno-Spielart Gabba, der Rekord steht bei drei Beats pro Sekunde.
Auf der anderen Seite mystische **Soundbastler**: Trance und Ambient heißen die Schubladen, die Musikjournalisten dafür erfunden haben.
Die dritte Spielart ist **Techno für die Hit-Parade**, und hier ist auch ein Tiefpunkt erreicht. Beispiel: Man nimmt einen belanglosen Ohrwurm aus den letzten dreißig Jahren der Schlagergeschichte, hebt ihn unter harte Beats - und fertig ist der Hit ("Tears Don't Lie"/"Tränen lügen nicht", "It's Cool Man").
Am 12. August findet in Zürich die größte Party der Schweiz statt: 120'000 Raverinnen und Raver (doppelt so viele wie die Veranstalter erwartet hatten) tanzen zum Sound, der von 24 Sattelschleppern dröhnt, an der **4. Street Parade** in Zürichs Straßen. Für 20'000 ist es nur das Vorspiel: In der Nacht folgt im Hallenstadion die **Energy '95** mit zahlreichen nationalen und internationalen DJs: Carl Cox, Yves de Ruyter, T-Bass, Noise, Cosmic Baby, u.v.a.
Zwei Slogans bestimmen gegen Ende des Jahres die Rave- und Partyszene: Sinnkrise und Orientierungslosigkeit. Die Raves sind nicht mehr revolutionär und die Bustourismus-Raver offensichtlich tanzmüde.

1996

Trotz aller Unkenrufe diverser Medien **boomt die Techno-Szene** (immer noch)! Für Frontpage (früher gratis) bezahlt man nun DM 5.-, eine wahre Flut neuer Veröffentlichungen überschwemmt den Markt, und die Groß-Raves wie Love-Parade (650 000 Techno-Fans), Energy '96, Münchner Union Move u.v.a. platzen aus allen Nähten. Für noch mehr Tracks lockt der Musikmarkt mit speziellen Rave-Instrumenten.
Neuer (Alt-) Star DJ in Deutschland ist **Carl Cox**.

House-Legende **David Morales** ist einer der gefragtesten DJs und Remixer der Welt. Die internationale DJ-Szene brachte er in Aufruhr, als bekannt wurde, daß ihm für einen Set 23'000 Pfund ausbezahlt wurden.

April: Süßer als jedes Tirami sù säuselt sich eine Piano-Melodie mit Dance-Beat an die Spitze aller eropäischen Charts: **Robert Miles** alias Roberto Milani hat die Frühlingshymne "Children" geschaffen. Der Schweizer mit Wohnsitz in Udine (Italien) begann 1988 als DJ und veröffentlichte anfang der 90er Jahre verschiedene Titel auf dem Italo-House Label DBX.
So manchen Techno-Fan nervt das ganz gewaltig: **Dolls United**, das erfolgreiche Techno-Dance Projekt, erhielt eine Platîn-Auszeichnung für den Verkauf von mehr als 700'000 Einheiten des Hits "Eine Insel mit zwei Bergen". Die Techno-Version des Jim Knopf-Klassikers, zwar raffiniert produziert, degradierte (wie die Schlümpfe-Produktionen) Rave-Musik zur Unterhaltungsmusik in Kinderzimmern.

10 Jahre nach ihren wegweisenden Erfolgen starten **Phuture** ein Comeback.

5 Jahre **Eye Q**. Das Label steht mittlerweile nicht nur als Synonym für Techno, sondern für anspruchsvolle elektronische Musik. Das in Offenbach ansässige Unternehmen umfaßt auch die Labels Harthouse und Recycle Or Die und hat Ableger in Los Angeles und London.

Rund um Techno

Vor dem großen Bum
Neben den Großveranstaltungen mit Budgets in Millionenhöhe und solventen Sponsoren dreht sich das Alltagsgeschäft der Veranstalter um kleinere Raves mit geringerem Budget. Gemäß Arnold Meyer (Karma Sutra, Futurscope), der zahlreiche Groß- und Kleinanläße in der Schweiz organisiert und schon mal nach einer Energy im neuen Mercedes vorfährt, sieht das Budget einer auf 3000 Personen ausgerichteten Party mit zwei bis drei Dancefloors wie folgt aus (Zahlen 1994):

DJs (inkl. Reisen)	18 000.-
Saalmiete	5 000.-
Technik	25 000.-
Security, Kasse	10 000.-
Flyer, Grafik	10 000.-
Werbung, Verteilen	5 000.-
Büro, Administration	5 000.-
Diverses	3 000.-
Total	**81 000.-**

Je gekonnter in einer Komposition mit Harmonien umgegangen wird, je durchdachter und in sich geschlossener ihre Form ist, als desto besser gilt sie im allgemeinen. Um Leute für Stunden zum Tanzen zu bringen, sind solche Kriterien aber offensichtlich unnötig.
(Techno, S. 129)

Bei einem Eintrittspreis von 40.- Franken liegt der Break Even - der Punkt, ab dem Gewinn erzielt wird - einer solchen Veranstaltung bei rund 2000 RaverInnen. Kommen die erwarteten 3000 Besucher, erzielen die Veranstalter einen Ertrag von rund 40 000.- Franken, wobei durch Sponsorenbeiträge noch einmal ein paar tausend Franken dazu kommen...
Der Underground ist die Alternative zu den kommerziellen Partys.
Ein in der Zürcher Partyszene aktiver Plattenaufleger hat für den Underground einmal folgende Formel aufgestellt:

1 : (Anzahl verteilte Flyer) x (Eintritt : Budget) + (Anzahl des Wortes "Underground" auf Flyer) = X (je höher der Wert, desto Underground).

Sven Väth: *"Raven ist der härteste Sport, den du dir aussuchen kannst. Im Omen lege ich mit Sauerstoff auf. Zehn Stunden am Stück, bei 65 Grad. Ich gehe nicht mal auf's Klo, trinke fünf, sechs Liter. Das schwitze ich alles wieder raus." (Techno, S. 68)*

Die Formel scheint kompliziert, aber brauchbar; vereinfacht gesagt, mißt sich der Underground an einer tiefen Flyerzahl und einem niedrigen Eintrittspreis. Der zitierte DJ legt die Latte bei 20 Franken: "Was darüber liegt, ist Kommerz."
Zudem ist der Underground einem exklusiven Kreis von ausgesuchten Leuten vorbehalten.
Undergroundpartys sind illegal*. Das entspricht nicht nur ideologischen Vorlieben, sondern entspringt auch finanziellem Kalkül: Eine offizielle Organisation kostet Geld - und schlägt auf die Eintrittspreise.* (Nach WoZ, 4.8.95)

In den USA galt lange Zeit: HipHop für die Schwarzen, Techno für die Weissen (obwohl ein großer Teil der Musik von Schwarzen produziert wird).

Die Droge der Technoszene. **Ecstasy** (auch E, Adam, XTC, u.a. genannt) ist **MDMA** (Methylendioxymethamphetamin). Die Hauptgefahr der Droge ist (vielen Untersuchungen gemäß) nicht das MDMA, sondern die wilden Mischungen, z.B. mit LSD oder Heroin. Die Zusammensetzungen der Designerdrogen sind für den Konsumenten nicht erkennbar. Mitte der 90er Jahre zeigten verschiedene Tests, daß nur ein kleiner Teil der an Raves verkauften Pillen tatsächlich aus reinem MDMA bestanden. Die meisten Pillen sind "chemische Wundertüten".

"Höchstwahrscheinlich sind es im Durchschnitt 30-40% der Besucher von Technopartys und Raves, die manchmal oder häufig mit 'Partydrogen' mit dem Schwerpunkt Ecstasy und Speed situativ Probleme haben. Davon sind wiederum ca 5-10% durch regelmäßigen Drogenmischkonsum sucht- und abhängigkeitgefährdet. Der Anteil derjenigen drogenkonsumierenden Raver, die in eine

Techno ist seit der Punk-Aera das einzige, mit dem die Jungen ihre Eltern wieder schocken können.
(Schüler)

Ecstasy

"Der Entzug von Ecstasy war echt hart. Ich war tagelang depressiv und gereizt. Ich konnte keine Leute ertragen. Ich habe nur Tee getrunken, die Wohnung geputzt und das Haus drei Tage nicht verlassen. Dann habe ich Spaziergänge gemacht, über mich nachgedacht und wohin das führt. Ich wollte kein Partyjunkie werden."
(Raver, 20 jährig)

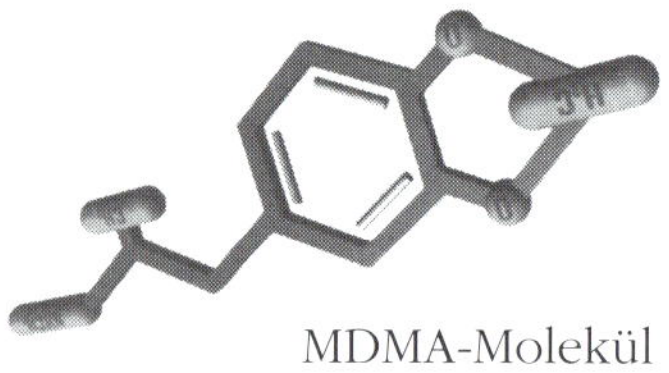

MDMA-Molekül

Langzeit- "Drogenkarriere" abrutschen können, liegt bei geschätzten 3%. Es kommt jetzt darauf an, die Erfah-rungsprozesse, die auch in jeder "Raver-generation" als neu erlebt und durchlebt werden, durch kritisch akzeptierende Information und Aufklärung zu begleiten, wenn gesundheitliche, soziale oder kulturelle Gefahrensituationen bewältigt werden sollen. Techno und Droge auf die Dauer zu einer Einheit verschmelzen heißt, den Absturz ins Bodenlose vorzuprogrammieren.
(Helmut Ahrens; Soziologe aus Deutschland, der sich intensiv mit Techno und Drogen auseinandersetzt; in Frontpage 5.95)
Umfassende Informationen liefert das Buch **"Ecstasy"** von Nicholas Saunders und Patrick Walder (siehe Anhang). Es könnte dazu beitragen, das Gespräch über die Droge fortzusetzen.

Das Verhalten der Gesellschaft gegenüber der ganzen Techno-Szene erinnert in vielen Bereichen sehr stark an die Reaktionen auf die Rock 'n' Roll-Szene in den 50er Jahren:

- Kritik: Keine Musik, Negermusik, nur noch Rhythmus, keine Melodie, kein richtiger Tanz.
- Ausgeflippte Mode (Unterschied: Die Technofreaks ziehen sich während der Woche um!)
- Reaktionen in den Schulen, Presse, Radio, TV (Lehrer, Musikpädagogen...) Auch ein (nicht unbedeutender) Teil der Jugendlichen lehnt die neue Musik vehement ab.

Was der Chefredakteur von Frontpage in verschiedenen Interwiews immer wieder behauptet, entspricht wohl eher einem Wunschdenken, als der musikgeschichtlichen Realtität:

"Techno ist die erste original-kontinentaleuropäische Musik- und Kulturbewegung, die direkt hier entstanden ist und unser kulturelles Umfeld reflektiert. Amerika ist nach wie vor sehr Rock'n'Roll-lastig und zehn Jahre zurück. Das ist das erste Mal, daß in diesem Jahrhundert eine Popkultur von hier kommt und sich nicht nach anglo-amerikanischem Vorbild richtet - für uns ein großer Fortschritt und auch ein Beleg dafür, daß Techno nicht nur ein kurzfristiger Modetrend, sondern ein Teil unserer Identität ist".
Die Großveranstaltungen und die Mode kommen sicher nicht aus den USA, da liegt Laarmann richtig. Doch geht es bei Techno in erster Linie immer noch um Musik, und die ist, mindestens anfänglich, wiederum nicht auf europäischem Mist gewachsen. Ein weiteres Mal (um die 90er Jahre ergänzt) gilt folgende Regel:

"Die Schwarzen schaffen etwas und gehen dann weiter. Die Weißen dokumentieren, und dann wird es wieder aufbereitet. In der Popmusik sind diese Tatsachen nicht zu übersehen." (Nelson George)

Jedes Jahrzehnt nach dem 2. Weltkrieg hat einen neuen Musikstil, hervorgehend aus der schwarzen Tanzmusik, gesehen:

40er Jahre:	**Rhythm & Blues**
50er Jahre:	**Rock 'n' Roll**
60er Jahre:	**Soul**
70er Jahre:	**Funk und Disco**
80er Jahre:	**Rap und HipHop**
90er Jahre:	**Electro und House**

Cyberspace

Die dreidimensionale Kunstwelt im Computerspeicher (z.B. Computerspiele). Der Science-fiction-Autor William Gibson prägte 1984 im Roman „Newromancer“ den Begriff.

Zwei Berner beflügeln die Techno-Szene

Unkonventionell, trendig und verspielt gestaltet das Designer-Duo Walhalla Artforce (Marco Simonetti und Ibrahim Zbat) ihre Werbebotschaften. Die Flyers und Inserate für die Raves haben sich vom einfachen Handzettel zum ästhetischen Hochglanz-Kunstwerk entfaltet. Die Werke der kreativen Werber sind weit über die Landesgrenzen hinaus bekannt und gestalten neben den Flyers auch Platten-Covers und Prospekte.

Brian Eno

Der Produzent und Regiemeister Eno läßt sich nicht einordnen. Von zahlreichen House-Produzenten und DJs wird er für seine Pionierarbeit mit sphärischer Ambientmusik als Wegbereiter verehrt, für Rockmusiker wie David Bowie und U2 ist er der unentbehrliche Produzent und Coautor. 1984 verhalf er U2 mit dem Album "The Unforgettable Fire" zum Durchbruch und unterstützte die nachfolgenden Alben. 1995 schlossen sich Band und Produzent zum Kollektiv Passengers zusammen und veröffentlichten "Originalsoundtracks 1". Darunter befindet sich sogar das Duett "Miss Sarajevo" mit dem italienischen Operntenor Luciano Pavarotti.

Zahlreiche weitere, sehr unterschiedliche Projekte zeugen von der Vielseitigkeit Enos: Zum Beispiel das Gemeinschaftswerk mit dem Bassisten Jah Wobble auf der CD "Spinner", die Bosnien-Benefizkompilation "Help" oder die '96er-Comback-CD "1. Outside" von David Bowie.

In den 70er Jahren begann der Engländer seine Karriere als Keyboarder bei Roxy Music.

Die "Stars" der Techno-Szene

"Du lebst und stirbst mit deinem Publikum. Du siehst in die Gesichter und fragst dich, ist es die Platte oder der Mix oder muß er/sie einfach nur mal auf die Toilette." (Tony Humphries, der Grand-Seigneur der Housemusik).

Ein DJ spielt in der Regel fremde Musik auf seinen Plattentellern. Ist er gut, mixt er Vinyl-Konserven verschiedenster Art gekonnt zusammen. In den 90er Jahren haben aber auch immer mehr DJs ihre kreative Ader entdeckt und damit begonnen, auch eigene Musik, häufig mit fremden Bausteinen, zu produzieren.

DJs, die heimlichen Stars

Obwohl in der Techno-Szene von Anfang an betont wurde, daß die neue Jugendkultur stolz darauf sei, keine Stars des Musik-Business zu haben, hat die Praxis sehr schnell gezeigt, daß spätestens mit dem Einsatz des Musiksenders MTV, den Platten-Majors und den riesigen Raves "automatisch" neue Stars entstanden sind. Das Wunschdenken (keine Stars) stammt aus der Zeit, als Techno tatsächlich noch Musik des Underground war. Spätestens ab 1993, als der große Boom begann, etablierten sich die Stars wie in allen anderen Musiksparten. Je nach Marktwert kassierte ein Star-DJ im Jahr 1994 um die 6000.- Franken pro Nacht, das Duo Masters At Work aus den USA sogar $ 12'000.- für einen rund einstündigen Set - exklusiv Flugkosten, Hotel usw.

DJ Hooligan wurde 1995 um DM 3500.- gehandelt, PCP traten erst ab DM 5000.- bis DM 8000.- auf. Die Preise steigen und fallen natürlich je nach Nachfrage und sind auch dadurch bestimmt, ob ein neuer Tonträger des Künstlers auf dem Markt ist. Stars wie Sven Väth und Laurent Garnier berechnen ihre Gage anhand der Größe der Location, der vorhandenen Sponsoren und des Eintrittsgeldes jedesmal neu.

Die folgende Auflistung der "Stars" ist nicht repräsentativ, es sind Beispiele aus einem riesigen und ständig wachsenden Angebot, das sich von Woche zu Woche verändert.

International

Juan Atkins (Detroit)

"Ich hätte nie vermutet, daß sich so etwas auf dem gesamten Erdball verbreiten könnte. Es hat so klein angefangen... Ein Teil der Funk-Musik hat sich in Richtung Rap weiterentwickelt, ein anderer Teil ging in Richtung Techno."

Atkins, 1962 geboren, begann bereits in den späten 70er Jahren mit Electro und ist einer der angesehensten Persönlichkeiten im ganzen Techno/House-Zirkus geworden. Mit Richard Davis gründete er 1981 das Electro-Duo Cybotron, 1985 Modell 500 und das Label Metroplex, Pionierfirma der Techno-Musik. Magic Juan war mit seinen Produktionen verschiedentlich seiner Zeit voraus. So kann "No UFOs", Metroplex 1985, als erste Techno-Platte bezeichnet werden.

Die High-School-Freundschaften mit Derrick May und Kevin Saunderson führten zu einem kreativen Hoch. Man nennt sie die "Belleville 3", die ab 1988 weltweite Hits ("Big Fun") landen und sich überall Respekt verschaffen.

Atkins veröffentlichte u.a. mit Kevin Saunderson zahlreiche weitere Projekte und Radio-Sendungen. "deep space" (R&S, 1995) nahm er in Berlin bei Moritz von Oswald auf.

"Ein freie Form von Jazz für die Computer-Ära." (Stuart Cosgrove)

Detroits Platten werden in ihrer zu Ende gedachten und auf die Spitze getriebenen Kongruenz von Sound und Design immer mehr zu Blue-Note-Platten des Techno. Für Derrick May ist das Label Metroplex (Detroit) der "Godfather" des Detroit-Techno.

Aphex Twin

Richard D. James (Cornwall, England) wurde 1972 geboren, veröffentlichte 1991 seinen ersten Track "Analogue Bubblebath" und landete zwei Jahre später mit "On EP" in den englischen Charts. Der Soundtüftler und Bastler, der auch schon als **"Mozart des Techno"** bezeichnet wurde, vereinigt einfache, beinahe volkstümliche Melodien mit komplexen Rhythmusgebilden, verknüpft Streicheranlagen mit Dancebeats. Seine Ambient-Alben erinnern teilweise an avantgardistische E-Musik.
1992 veröffentlichte er auf Rephlex, seinem eigenen Label, eine Coverversion von "Popcorn": "Joyrex J4".

"Aus einem guten Stück kann ich kaum noch was rausholen, daher finde ich es reizvoller, ein schlechtes Stück zu remixen."
"Anfangs war es eine Qual. Ich erwachte und wußte, daß ich einen sehr guten Track geträumt hatte, konnte mich aber an nichts Konkretes erinnern. Daran arbeitete ich etwa ein halbes Jahr. Nun kann ich in neun von zehn Fällen erwachen, die Stücke sofort nachspielen und aufnehmen."
(Aphex Twin, aus Techno, S. 24)

Mit dem Label Warp schloß er für sechs Alben einen weltweiten Vertrag ab, kann aber unter Pseudonymen wie AFX, Bluecalx, Joyrex, Poygon Window, u.a. auch auf anderen Labels veröffentlichen. Sein Hit 1995: "... I Care Because You Do".

Daniel Bell (Detroit)

Daniel Bell, DBX ist einer der ganz wenigen weißen DJs in Detroit, der Techno macht. Spätestens seit seinem 94er-Clubhit "Losing Control" eilt Daniel Bell (DBX) mit seiner ihm eigenen Form von Techno-Minimalismus von Rave zu Rave und genießt bei schwarzen und weißen DJs hohes Ansehen.
Angefangen hatte er mit HipHop-Tracks, doch die House-Tracks aus Detroit und Kraftwerk weckten sein Interesse. Wie viele andere DJs tanzt auch DBX auf vielen Hochzeiten: Cybersonik (mit Ritchie Hawtin) auf Plus 8, Brother From Another Planet (mit Claude Young). Eigenes Label: 7th City.

Joey Beltram (New York)

"Ich habe so um die 80 Platten gemacht."
(J. Beltram, 1995)

Beltram wurde in den frühen 90er Jahren in Europa mit Hardcore ("Vortex", "Mentasm") bekannt, hatte aber schon Jahre früher in den USA verschiedene bekannte Titel (z.B. "Energy Flesh"). In den Jahren 93/94 schien er von der Bildfläche verschwunden und setzte sich 1995 mit Qualität und sicherem Gespür für die Fans wieder in Szene.
Er stand schon mit zwölf Jahren hinter den Plattenspielern und verdiente mit 15 Jahren bereits Geld als DJ in einer Rollerdisco. Ein Jahr später machte er seine erste Platte. Die wichtigsten Anregungen kamen aus dem Electro und aus Detroit.
Veröffentlicht auf: Trax, Warp, Invisible Records, Barramundi, R&S, Alibi, Nu Groove und dem eigenen Label (Syntox), u.a.

Carl Cox (GB)

Carl Cox (Horsham, GB) ist vermutlich der mißverstandenste DJ in ganz England. Er machte sich einen Namen als Breakbeat-DJ, der bereits 1989 an drei Plattenspielern gleichzeitig arbeitete, zeitweise ohne Kopfhörer, mit einem unheimlichen Fingerspitzengefühl. Erst 1994 gelang es ihm, anläßlich des Mayday, auch auf dem Kontinent Fuß zu fassen.
Er hatte schon als Achtjähriger im Elternhaus begonnen, für Gäste Platten aufzulegen. Mit fünfzehn Jahren waren Hochzeitsfeiern und Geburtstagsfeste seine Dancefloors, bevor er 1986 mit House-Music begann.
Der Soundtüftler, Mixmaster, DJ Agent (Ultimate mit Filialen in Köln, Frankreich und Australien) und Label-Besitzer (Most Music Records) schwört weiterhin auf seine Experimentierfreudigkeit und gibt sich auch Mitte der 90er Jahre zufrieden, wenn er 300 Einheiten verkauft hat.

Carl Craig (Detroit)

Hinter der Zahl 69 (69-Project, auf R&S) verbirgt sich Carl Craig, geboren 1970, einer der hoffnungsvollsten Talente der zweiten Detroit-Generation.
1994 machte er sich mit verschiedenen Remixes (Yello, The Orb u.a.) auch in Europa bekannt. Als DJ hatte er vor allem in Großbritannien und der Schweiz großen Erfolg. Eigenes Label: Planet E Communications.
Er begann in den späten 80er Jahren, beeinflußt von Juan Atkins und Derrick May. Schon seine frühen Tracks, veröffentlicht auf seinen eigenen Labels Retroactive und Planet E, bewiesen sein Gespür für experimentelle Sounds.
Veröffentlicht auch unter: Psyche, BFC, Innerzone u.a.
1994 gelang ihm der Durchbruch. Seine Titel wurden die Hits in den europäischen Clubs, nicht zuletzt auch darum, weil R&S die Titel von 69 auch als CD herausgab.

Laurent Garnier (Paris)

"Frankreich ist eine komplette Happy-Rock Nation. In Radiostationen sind dort 40% französische Produktionen Pflichtauflage - sie sind kaum in der Lage, Upfront-Sound zu spielen".

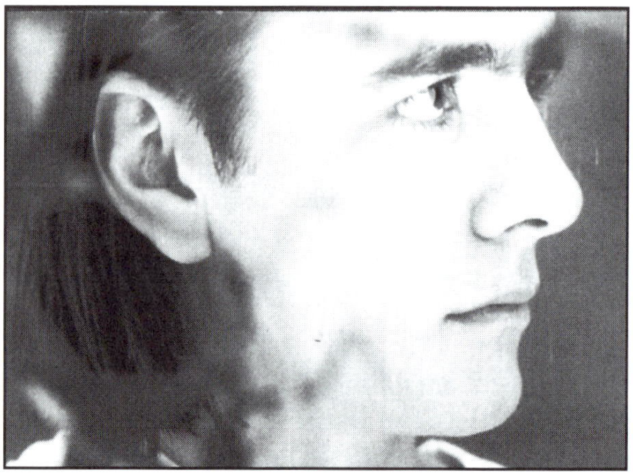

"House ist so etwas wie Punk: Produktion im Heimstudio, Gang zum Independent-Preßwerk, Eigenvertrieb und Verkauf in irgendwelchen Import-Läden dieser Welt. Da haben die Majors häufig keinen Zugriff. Es gibt also eine Art von Gegengewicht zum Kommerz. Streetpower!"
Kommerzialität ist nie seine Sache. Auch aus diesem Grund hat er die marode Plattenfirma Fnac verlassen und ein eigenes Label (F Communications) gegründet. Mit seinem schwermütigen, dunklen Album "Shot In The Dark" bewies er 1994 seine Fähigkeit, tiefgründigen Trance zu kreieren und zu spielen. Der überzeugte Hardcore-Gegner repräsentiert in Frankreich das schwarze, funkig groovende Element des Chicago-House und Detroit-Techno.
Garnier, geboren 1966, arbeitete mit 18 Jahren als Koch in der französischen Botschaft in London. 1987 begann er seine Karriere hinter den Plattentellern. Er wurde 1993 durch die deutsche Technopresse zum "DJ des Jahres" gewählt und entwickelte sich zu einem Star-DJ, der zwischen Europa, Australien und Japan pendelt. Ein Jahr später erschien sein Debut-Album "Shot In The Dark".

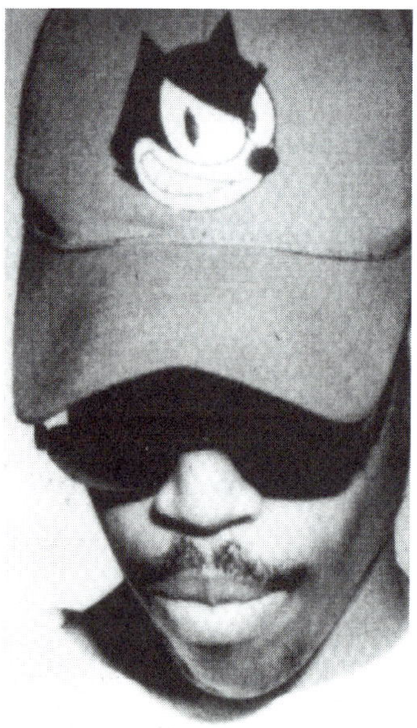

Felix da Housecat (Chicago)

Felix Stallings Jr., geboren 1971, produzierte bereits 1986 mit DJ Pierre unter dem Namen Phantasie Club "Phantasie Girl". Nach der High-School blieb es einen Moment ruhiger, bis er 1991 wieder zu produzieren begann. Den internationalen Durchbruch ver-

schaffte er sich mit "The Down" (auf Guerilla Records). Seine Tracks bewegen sich zwischen Techno und House. Auf Radical Fear (seinem eigenen Label, 1994 gegründet) veröffentlichte Felix 1994/95 verschiedene Titel, welche in Europa, verbunden mit einer internationalen Tour, großen Erfolg hatten.
1995 hat Felix DJ Pierre überrundet. Sein drittes Album "Metropolis Present Day? Thee Album", das erste unter seinem DJ-Namen Felix da Housecat, und das erste auf dem eigenen Radical Fear-Label, heimste nur die besten Kritiken ein.
Weitere Veröffentlichungen auf: Djax-Up-Beats, Strictly Rhythm, Nervous, Soma, Power Music u.a.
Anspieltip: "Metropolis Present Day? ,Thee Album" . 70 Minuten Chicago House, mit stampfenden Bässen und minimalen Melodien, oder mit Felix' Worten: "Demented Music", von der Norm abweichend.

Jeff Mills (Detroit)

Als Mastermind von Final Cut startete Mills 1982 die zweite Sound-Generation. Eine weitere Station seiner Karriere war Underground Resistance.
Als DJ und auch als Produzent, oft auf seinem eigenen Label Axis, war Mills Anfang der 90er Jahre immer stilprägend. Als DJ legte er zeitweise alle 30 Sekunden eine neue Platte auf, und es konnte schon vorkommen, daß er die Scheiben nach Gebrauch hinter sich feuerte. Mills machte aus der Arbeit des DJs eine Kunst.
Sein "Waveform Transmission 3" war 1994 eine der einflußreichsten Techno-Alben.

"Jeff Mills hat Techno eine neue Dimension gegeben. Er hat diese Art von Verzerrung hinzugefügt, bei der die Energie nicht verloren geht".
(Cisco Ferreira, The Advent)

Axis-Logo

Nach einer längeren Pause veröffentlichte er 1995 auf Axis wieder mehrere Titel.

Es stört uns nicht, wenn wir als Personen nicht wahrgenommen werden. Detroit-Techno heißt: weniger Materie. Und mehr Geist. (Mills)

Miss Djax (NL)

Saskia Sleger alias Miss Djax wurde 1962 geboren, spielte Baßgitarre in einer lokalen Funkband, arbeitete in einem Import-Plattengeschäft und gründete 1989 ihr eigenes Label "Djax-Up-Beats". Als DJ arbeitete sie vor allem im Ausland und machte sich an Maydays, der Cubik 95 und anderern Großveranstaltungen einen Namen.
Ende 1994 erschien, nachdem sie bereits auf verschiedenen Compilations vertreten war, die erste Miss Djax Maxi-Single "X Factor", eine Eigenproduktion. 1995 folgte "Miss Djax vs. The World".
Sie produzierte Tracks mit DJs aus der ganzen Welt, häufig im Chicago- oder Detroit-Sound. Mit über hundert Vinyl- und acht CD-Produktionen (1995) erarbeitete sich Djax-Up-Beats bis heute einen Kult-Status in der Techno-Welt, dem immer noch das Etikett "Underground" anhaftet. Ihre Definition von Underground lautet: **"Mach, was dir Spaß macht. Aber mach es. Und laß dich nicht von Geld oder Erfolg leiten."**

Richie Hawtin (CDN)

"Wenn ich eine Platte mache, dann soll sie nie wie eine meiner früheren klingen."

Hawtin haßt Sport, liebt Technologie und ist der Produzent hinter rebellischen Techno-Tracks wie "Substance Abuse", "Vortex" und "Overkill". Er ist der Mann hinter FUSE, Final Exposure, Cybersonik und States Of Mind. Hawtin gehört zu den innovativsten und versiertesten Techno-DJs.
Geboren wurde er 1970 in England, zog mit neun Jahren mit hundert anderen Familien nach Kanada, aber nicht allzu weit weg von Detroit. 17 Jahre alt, legte er schon regelmässig in Clubs auf. 1990 gründete er mit **John Acquaviva das Label +8** (Plus-8, die schnellste Geschwindigkeit beim Technics-Plattenspieler-Pitchregler), welches bald äußerst einflußreich werden sollte.
Bereits 1991 landete er verschiedene Hits (siehe oben), die von anderen DJs gleich dutzendweise kopiert wurden. Hawtin wird als der Mann bezeichnet, welcher die Acid-Comeback-Rakete zündete. 1994 veröffentlichte er 24 Platten, darunter sein Album unter dem Projekt Plastikman, gefolgt von "Muzik" mit auffallend langsamen (zwischen 90 und 130 Bpm) Tempi. Vor der Veröffentlichung testet Hawtin die Tracks auf den Underground-Parties, die er in Detroit organisiert. Auch die Live-Premiere von Plasticman fand in einer ausrangierten General Motors-Lagerhalle Downtown statt.
Der stille Star, weit weg vom Image eines Väth, arbeitet mit Computern, investiert und malt. Doch sein liebster Arbeitsplatz ist in einer ehemaligen Feuerwehrstation, hinter dem Mischpult, dort hat er sich mit wuchtigen Sounds und der TB303 einen Status als Schöpfer von extremen ("complex minimalim") Techno-Tracks geschaffen.

Moby (USA)

"Meine musikalische Bandbreite reicht von Folk-Music über House und Techno bis zu Hardcore und Free-Jazz."

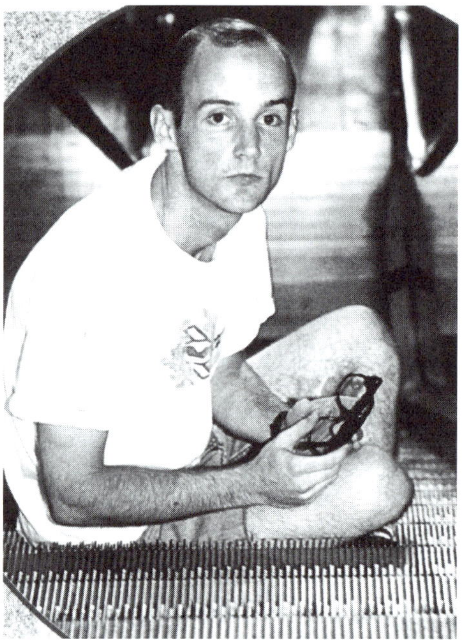

Mit Titeln wie "Go", "Next Is The E" und "Thousand" ist Moby in der Rave-Szene Europas bekannt geworden. ("In den USA war keiner dieser Tracks ein Hit".)
An Maydays ist er vor allem mit seinen Performances und speziellen Tracks aufgefallen.
Richard Melvill Hall, besser bekannt als Moby, hat 1991 mit dem Titel "Go" angefangen und erreichte auf Anhieb die Nummer 10 in den britischen Charts.
Aufgewachsen in New York, begann er seine Musiker-Karriere mit 13 Jahren als Gitarrist in einer Hardcore-Band mit dem Namen Vatican Commandoes.
Sein Studio errichtete er in einer alten Fabrikhalle in New Yorks "Little Italy". Er ist nicht nur ein Studiotüftler und bekennender Christ, der Drogen und Alkohol für sich strikt ablehnt, sondern auch ein Show-Talent. Auf der Bühne hüpft er wie ein Berserker herum - und es kann auch mal vorkommen, daß er ein Keyboard von der Bühne kickt. Remix-Arbeiten gab es für Brian Eno, Pet Shop Boys, Michael Jackson, Depeche Mode, Yello u.a.

"Ich denke, elitäres Denken in Bezug auf Musik entstammt dem gleichen Instinkt, der Leute in Rassisten verwandelt."
Moby

Phuture (Chicago)

Mit "Acid Tracks" (auf Trax Records) veröffentlichte das Projekt Phuture (DJ Pierre, Roy Davis u.a.) die erste Acid-Maxi; in den 90er Jahren veröffentlichen sie House-Trax.

The Prodigy (Essex)

Das britische Technoprojekt **The Prodigy** um die beiden Tänzer Leeroy Tornhill und Keith Flint, den MC Maxim aka Keith Palmer sowie dem Produzenten Liam Howlett entstand 1990.
Wie andere Technoacts stehen auch sie vor der Herausforderung, vorprogrammierte Musik auf der Bühne zu präsentieren, ohne dabei zu Playback-Puppen zu verkommen. Ihre zweite Maxi "Charlie" landete in den nationalen Charts, und das 1994 erschienene Album "Music For The Jilted Generation" (XL Recordings/Intercord) hielt sich über Monate in den Top Ten sämtlicher europäischer Hitparaden.

Es folgten Konzerte in Amerika und Japan. Vortänzer Keith Flint, dank punkiger Frisur, Halsband und irrem Blick, wurde live schnell zum Publikumsliebling.
Weitere Titel: "Fire", "One Love".

Kevin Saunderson (Detroit)

Saunderson, geboren 1964 in New York, studierte Medienwissenschaften in Detroit und arbeitete bereits in der High School-Zeit mit Juan Atkins und Derrick May. Er strebte eine Profi-Karriere im American Football an und lernte im Team Derrick May kennen, der ihn mit Juan Atkins bekannt machte.
Saundersons Label KMS (Kevin Master Reese Saunderson) veröffentlichte u.a. "The Groove That Won't Stop", "The Sound", "Bounce Your Body To The Box"

Steve Stoll (New York)

Steve Stoll begann als Schlagzeuger bei der Industrialband KMFDM und war einer der ersten in New York, der elektronische Drums einsetzte. Arbeitet vor allem im Studio, seltener als DJ. Seine Vielseitigkeit zeigt sich in Endlosmodulationen, hartem New York Acid, analogem Ambient und in Detroit House.
Veröffentlicht auf: Synewave, Djay Up, Delirium, seinem eigenen Label Proper Records, u.a, auch unter dem Namen Storm.

Josh Wink (Philadelphia)

Joshua Winkelmann, geboren 1971, wuchs in Philadelphia auf. Begonnen hatte er als Assistent eines Mobil-DJs und Fahrradkurier, bevor er mit 18 Jahren an den ersten illegalen Warehouse-Partys selber Platten auflegte. Zur selben Zeit startete er mit seinem Partner Blake Blink Productions. Etwas später gründete er mit King Britt WinKing, zusammen richteten sie ein eigenes Studio ein. Das erste Resultat war 1991 "Tribal Confusion", ein House-Track mit afrikanischen Soundelementen, mit zirpenden Insekten und düsteren Afro-Trommeln (einer der ersten Tribal House-Tracks). Anschließend gründete das Duo das Label Happy Waxx. 1995 landeten sie ziemlich unerwartet einen Hit in Europa: "Don't Laugh", der Track mit dem irren Lachen. (Aufgenommen mit Kick-Drum, einer Hi-Hat, einer 303-Linie und einem überwältigenden Lachen.)

Claude Young (Detroit)

"Ganz egal ob Derrick May, Juan Atkins, Kevin Saunderson oder ich: hätten Kraftwerk nicht diese, ihre spezielle Musik gemacht, würde es so etwas wie Detroit Techno nicht geben."

Claude Young wurde 1970 geboren.
Er abeitet mit den verschiedensten DJs (Daniel Bell) in Amerika zusammen und gilt weltweit als einer der innovativsten Plattenaufleger, ein Garant für gute Stimmung.
Hit: "One Complete Revolution".

Deutschland

Air Liquide (Köln)

"Ein Label ist heute, gerade im Techno-Bereich, fast schon identisch mit dem Act."

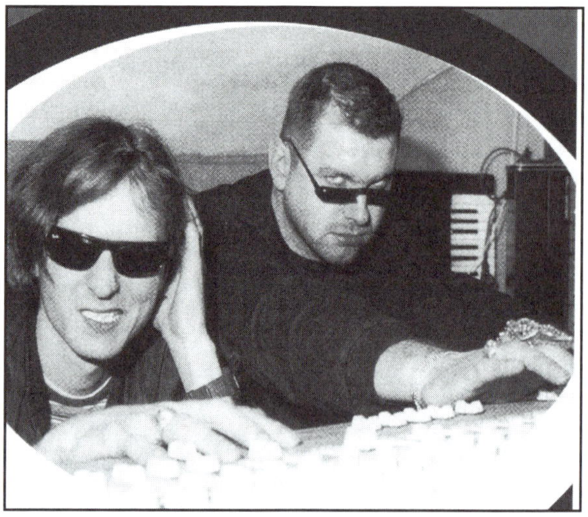

Air Liquide (Köln, Berlin, New York)
Seit 1991 arbeiten Jammin' Unit (Cem Oral) und Walker (Ingmar Koch) in verschiedensten Projekten (Madonna 303) zusammen.
1992 traten sie mit der Maxi-single "Neue Frankfurter Elektronik Schule" unter dem Namen Air Liquide zum ersten Mal an die Öffentlichkeit, und bis 1995 erschienen 10 Alben, die vor allem in England und den Staaten auf enormes Interesse stiessen. Auch Sony Japan lizensierte ihre Werke. Für Vocalparts zogen sie die amerikanische Sängerin / Texterin Mary S. Applecate hinzu, welche u.a. den Text für Jennifer Rushs Hit "Power Of Love" geschrieben hatte.Air Liquide legt Wert darauf, zum Underground gerechnet zu werden, scheut sich aber nicht, auch auf internationalen Szene-Partys wie der Love Parade oder der Voyager Rave in New York einzuheizen, oder einen Vertrag mit dem Major EMI abzuschließen.
Als Duo treten sie mit analogen Synthesizern und "viel Elektronik" auch live auf.

Ellen Allien (Berlin)

"Als DJane bist du natürlich eine Exotin."

Eine weitere Frau in der Männerdomäne, die gleich mehrere Funktionen übernimmt: DJ, Produzentin, Radiomoderatorin und Labelbesitzerin.
Sie wollte ursprünglich Artistin werden, spielte Saxophon und fand dann aber durch Freunde den Dreh hinter die Plattenteller. Bekanntgeworden ist sie nicht zuletzt durch Moderationen für Radio Kiss FM.
Sie schätzt vor allen anderen Jeff Mills und Derrick May. Veröffentlichte verschiedene Titel. Eigenes Label: Brain Candy Records.

Jam & Spoon (Frankfurt)

"Als Teenager war ich ein richtiger HipHopper. So mit Mütze, Kette, Schlägereien. New School habe ich dann aber nur noch am Rande mitbekommen. Da war ich bereits zu House rübergeschwemmt." Mark Spoon

"Es wird immer schwieriger, etwas eigenes zu machen""

"Trance ist ein Kaugummi-Begriff geworden, den ich bald nicht mehr hören kann."

Erstmals aufhorchen ließen **Rolf Ellmer** (Jam El Mar) und **Markus Löffel** (Marc Spoon) mit einer Reihe von Remixes von Quincy Jones, Sheila E., Dr. Alban, Enigma, Pet Shop Boys und vielen anderen. Für eine neue Abmischung von "Age Of Love" erhielten sie 1992 vom Londoner Magazin Mixmag den Titel "Remixer des Jahres". Mit "Stella" (R&S) tauchte das Duo 1992 am Techno-Himmel auf. Ein Jahr später veröffentlichten sie "Right In The Night" (Sony).

Ellmer: *"Also, was jetzt speziell das Remixen von Dance-Sachen betrifft, muß ich vorausschicken, daß sich das Verfahren im Lauf der Jahre meiner Meinung nach sehr geändert hat. Früher war ja ein Remix nur ein anderer Cut, bei dem noch all die alten Drums mitliefen. Aber mittlerweile ist es doch so, daß man nur die Stimme nimmt, und der Rest ist dann wirklich eine neue Produktion und im Prinzip eine ganz neue Komposition."* (aus Keyboard 4/94)
Auf dem Major Sony folgten Ende 1993 die Alben "Trypomatic-Fairytales 2001" (14 eher kommerzielle, tanzbare Tracks) und "Trypomatic-Fairytales 2002" (12 Trance und Ambient-Tracks). Dazu schrieb der Kritiker in Melody Maker: *"Tripomatic Fairytales" ist wahrscheinlich die beste Musik, die Sie in diesem Jahr zu hören bekommen werden.*
Rolf Ellmer ist ausgebildeter Konzertgitarrist und steht hinter weiteren unterschiedlichen Projekten, so z.B. hinter Dance 2 Trance mit dem DJ Dag. "Rubycon" und "Phaedra", die beiden Alben von Tangerine Dream bezeichnete Jam als die beiden Platten welche ihn am meisten beeinflußt hatten.
Markus Löffel ist einer der gefragtesten DJs in Deutschland. Im Dorian Gray (Frankfurt) bestritt er 1994 die sonntäglichen Afterhours (siehe auch Seite 252).

Ihre Tracks entstanden im eigenen Frankfurter ALLSTAR-Studio, für das eigene Label Dance Pool. Marc: „Remixen ist schon etwas Kreatives, sonst würden wir das auch nicht machen".

Oliver Lieb

Oliver Lieb veröffentlicht überdurchschnittlich viel unter folgenden Namen: Force Legato (1989), Psilocybin (1992), Spicelab (1993/94), The Ambush (1993/94), L.S.G. (1994/95), Paragliders (1993-95).
"Dieser ganze Rave-Sound, der den Teenies jetzt (1995) als Techno verkauft wird, das hat ja sowieso überhaupt nichts mehr damit zu tun, was wir vor drei Jahren unter Techno verstanden haben. Mittlerweile sind das wirklich zwei komplett verschiedene Welten. Das gilt auch für den Veranstaltungsbereich, sprich Club- und Rave-Geschehen."

Mark Oh (Berlin)

Marko Albrecht, 1971 geboren, wohnte in Dorsten, bevor er nach Berlin zog und dort 1994 seinen ersten großen Hit "Love Song" landete. Er gehört zu jener DJ-Generation (wie DJ Bobo, Marusha) welche zwischen Techno und Dancefloor ihre Hits vergolden (über eine halbe Million verkaufte Singles). Mark Oh gehört zur Hit-Fabrik Low Spirit, wo er auch die deutsche Version des Michael Holm-Schlagers "Tränen lügen nicht" ("Tears Don't Lie") veröffentlichte.
Debüt-CD: "Never Stop That Feeling".

Marusha (Berlin)

Die Vorzeigefrau der deutschen Technobewegung verkaufte die Techno-Version des Judy Garland-Klassikers "Somewhere Over The Rainbow" über 800 000 Mal. Auf der CD "Raveland" (Motor Music) veröffentlichte Marusha Gleiß dann aber auch neun Eigenkompositionen, die wesentlich oberflächlicher blieben. Über ratternde Beats und Preset-Sounds intonierte sie mit dünner Stimme einfache Melodien. Die Tracks produzierte sie mit Klaus Jankuhn (Low Spirit) und moderierte auf ARD ihre Rave-Sendung "Feuerreiter".
"Raveland" (1994 auf Low Spirit/Urban) kletterte zwar in allen europäischen Charts in Spitzenpositionen und gehörte, obwohl an diversen Raves mit Erfolg gespielt, viel mehr in den Bereich Pop-Dancefloor als in die Techno-Ecke.

Marusha galt als Stimme des Undergrounds, als sie auf dem Ex-DDR-Jugendsender DT 64 die Sendung "Rave Satellite" moderierte. 1992 betätigte sie sich erstmals als DJ. Die Meinungen über ihre Qualitäten sind kontrovers: Sie gilt bei den Ravern als Star, wird aber von anderen als "BRAVO-DJane" verspottet.

"Man kann von ihr halten was man will, aber wer sie einmal bei Mayday erlebt hat und gesehen hat, wie diese kleine Frau 30 000 zum Schreien und Singen gebracht hat, dann kann man nur noch von Charisma sprechen. Dafür verdient sie nun einmal unseren Respekt, auch wenn ich das, was sie spielt, nun überhaupt nicht abkann. Da mag ich eben nur Judy Garland und das Original, genauso wie ich das Original von "The Wizard Of Oz" liebe. Aber ich hätte niemals daraus eine Technoversion machen können. Das ist mir einfach zu billig!" (Laurent Garnier 1994)

Westbam (Berlin)

Zweifellos ist **Maximilian Lenz alias Westbam** Mitte der 90er Jahre einer der bekanntesten und bestbezahlten DJs Europas (um DM 10'000.- pro Nacht, oder für 2 Stunden).
Geboren wurde er 1965 in Münster und legte dort 1983 erstmals im Odeon-Club auf. Er beschäftigte sich schon ein Jahr später intensiv mit elektronischer Musik und Sampling. Als Punk zog er in die Metropole Berlin und legte für 200.- Mark pro Nacht im Metropole auf. Er zeichnete sich damals durch einen aggressiven Stil aus. Zusammen mit seinem Bruder Fabian tüftelte er an ersten Songs.
1985 nahm er seine erste Platte auf: "This Is Not A Boris Becker Song". Mit Polydor verkaufte er 1987 "Monkey Say Monkey Do" 200'000 Mal. Anschließend landete er einen Hit nach dem anderen: "Disco Deutschland", "Rock The House", No More Fuckin' Rock'n'Roll" u.a.
1988, als die von London ausgehende Acid House-Euphorie den Kontinent erfaßte, schuf Westbam als Antwort darauf "Disco Deutschland" (LP) und "Monkey Say-Monkey Do", das international Anererkennung fand. Westbam wurde zum Star und bestritt den deutschen Beitrag für das olympische Kulturprogramm in Seoul. Anschließend übernahm die deutsche Polydor das Marketing für Low Spirit. 1994 folgte einer seiner größten Erfolge mit dem Album "Bam Bam Bam" und dem Hit **"Celebration Generation"**. (Siehe auch Seite 252) Von nun an mischte er in der Techno-Zentrale kräftig mit. Er ist Mitorganisator des Mayday, der Love Parade und weiterer Groß-Raves. Beim Label Low Spirit produziert er seine Tracks mit Klaus Jahnkuhn (siehe S. 256)

Sven Väth (Frankfurt)

Der Zeremonienmeister aus Frankfurt gehört zu den wenigen DJs, die beim Auflegen sich selber mitfeiern. Wie ein Magier zelebriert der Selbstdarsteller "sein Kunstwerk" hinter den Plattentellern. Obschon er pro Nacht um die 15'000.- Mark verdient, gehört er (trotz Vertrag mit der Major Plattenfirma Warner) nicht zu den erfolgreichsten Produzenten. Die launenhafte Kultfigur Väth hat aber eine besondere Zugkraft und gilt als Inbegriff des DJs und des Frankfurter Hardtrance überhaupt. Mit rasiertem Kopf, nacktem Oberkörper und aufwendig gedrehten Videos hat er Einzug in die Hitparaden genommen.
Väth wurde 1964 geboren. Er begann seine Karriere als Popstar und verkaufte "Electrica Salsa" 1987 über drei Millionen Mal. Gleichzeitig legte er im Frankfurter Club Dorian Gray auf, eröffnete aber 1987 mit Kollegen in der selben Stadt das "Omen", welches sich bald als Mekka der Techno-Szene etablieren sollte, nicht zuletzt weil "der Meister" freitags als DJ aktiv war.
Mit Heinz Roth und Mattias Hoffmann gründete er das Label **Eye Q** (und die Sublabels Harthouse und Recycle Or Die). 1992 erschien darauf Väths Solo-Album im Ambient-Genre "Accident In Paradise" (siehe Seite 259)
Ab 1993 war das Label Eye Q für den Hardtrance-Stil bestimmend. War er in den frühen 90er Jahren noch an Großveranstaltungen zu sehen, so bestritt er ab 1994 nur noch eigene Club-Nächte, wo er den Ablauf des Programms selber bestimmen konnte. Mit einem Koffer voller Platten reiste er um die ganze Welt.

Schweiz

Bis Mitte der 90er Jahre gibt es in der Schweiz eigentlich keine Superstars des Techno. Eine Vermarktung der Clubrealität, wie sie vor allem in Deutschland betrieben wird, haben nur die Schweizer Rave-Veranstalter entdeckt. Die Party-Szene brodelt dennoch, sowohl in der (französischsprachigen) Westschweiz, als auch im Deutschschweizer-Underground. Die einzigen Abräumer der Szene bleiben **Yello**.

Axodya

Axodya (Stefan Riesen /Marco Repetto) sind seit 1989 aktiv und gehören zu den konsequentesten Vertretern der Schweiz in Sachen elektronischer Musik. An die 40 Platten haben die beiden bis 1995 zusammen herausgebracht, auf dem eigenen Label Axodya, wie auch auf internationalen Labels (Rephlex, Generator u.a.)

Marco Repetto

Marco Repetto machte seine ersten Gehversuche 1978 als Schlagzeuger in verschiedenen Bands (z.B. Grauzone). Nachdem er das Schlagzeug gegen einen Synthesizer ausgetauscht hatte, begann Repetto ab 1989 mit Acid und verschiedenen Sound-Experimenten. New Wave, Neue Deutsche Welle und später auch Electro hinterließen bei ihm ihre Spuren.
Mit den ersten Parties und Raves folgten 1990 in der ganzen Schweiz Auftritte und Housetracks als Planet Love, bevor er mit Vorliebe auf Ambient davonschwebte.
Er veröffentlicht auch unter Bigneric Random Fluctuations.

DJ Bobo

Die Bezeichnung Techno-DJ trifft auf DJ Bobo kaum zu. Er steht an seinen Konzerten weder an den Plattenspielern, noch brilliert er mit DJ-Techniken. Schon treffender ist die Beschreibung, welche "Der Bund" im Februar 1995 brachte: Die singende, herumtänzelne Wundschürfung (salopp: Bobo). Dennoch ist er in der "Dance-Szene für 12-Jährige" unbestritten die Nummer 1.
René Baumann, geboren 1968, wurde - nach verschiedenen Flops - 1992 mit der Discopop-Nummer "Somebody Dance With Me" praktisch über Nacht zum Star. Mit Songs wie "Keep On Dancing", "Take Control", "Evrybody" u.a. stürmte der gelernte Bäcker-Konditor aus Kölliken/AG (CH) die internationalen Hitparaden. Bis 1995 verkaufte er fast vier Millionen Platten.
Live tritt er oft mit Tänzerinnen auf, wobei Musik und Gesang zu einem großen Teil ab Band abgspielt werden. Zur Show gehört der fulminante Start mit Raumschiffgetöse, Erdbebengrollen und Vulkan-Gewitter. Dem Teenager-Idol fliegen bei seinen Auftritten Plüschbären entgegen, und in Argentinien fallen die Fans in Hysterie. Begonnen hatte Bobo seine Karriere als DJ in einem Dancing. Von den BRAVO-Leserinnen wurde er 1995 als beliebtester Star mit dem "Goldenen Otto" ausgezeichnet. Im selben Jahr konnte er seine siebte Goldene Schallplatte (in Serie) entgegennehmen.

Rozzo

Rozzo eröffentlichte auf der Compilation ""Evolution", der CD zum Kongresshaus-Event 1995.

DJ Noise

Vor allem das allwöchentliche Engagement im Zürcher Club Oxa, die Auftritte im Hallenstadion und in der Alten Börse festigten DJ Noise' Ruf als guten Mixkünstler und DJ der harten Sorte.
1974 geboren, begann Patrick Finger 1988 in Wabern bei Bern als DJ, der mehr auflegte als mixte. Mit zwei Plattenkisten reiste er Anfang der 90er Jahre immer öfter nach Zürich und in die Westschweiz ("Dort ist enfach das bessere Stimmungsvolk, die machen einfach mehr mit.")
Auf dem Love Nation Sampler veröffentlichte er "The Noise Of Acid". Auf "Futurescope F-003" mixte er 80 Minuten non-stop von DJ C.A. zusmmengestellte Hardtrance-Knüller. Er wurde 1995 in der Zeitschrift Sputnik zum beliebtesten DJ der Schweiz gewählt.

Dani König

Das Zürcher Label Energetic ging 19995/96 in die Offensive und veröffentlichte Alben diverser CH-DJs, beispielsweise das Debütalbum des Zürchers **DJ Dani König** "Königreich".
König hatte bereits 1980 in diversen Zürcher-Clubs (Big Apple, Mascotte u.a.) aufgelegt und ist somit einer der dienstältesten CH-DJs. Arbeitete auch als Musikredaktor bei DRS 3 und veröffentlichte verschiedene Tracks auf Compilations (z.B. "Streetparade 95") Im Frühjahr 1996 erschien sein Debütalbum "Königreich".

DJ Gogo

Gogo widmete sich in seinen Jugendjahren dem Klavierspiel und dem Funk. Mitte der 80er Jahre begann er als DJ und spezialisierte sich auf House. Er wurde vor allem im Raum Zürich durch Sputnik Radio und die "House Of Love"-Parties bekannt.
Als eigener Produzent begann er erst 1995/96, und veröffentlichte nach ersten Tracks sein Debütalbum auf Cyberrecords (Amsterdam).

Labels (Plattenfirmen)

In der Technoszene sind die Labels oft bedeutender als die DJs und die Musiker. Aus diesem Grund folgt eine (ganz kleine) Auswahl aus dem riesigen, weltweiten Angebot.

Die meisten Labels, von Musikern, DJs oder Interessengruppen gegründet, folgen einer gewissen Stilrichtung und einem bestimmten Image. Die Wahl eines Labels erleichtert es den Käufern, ihre Präferenzen im Plattengeschäft zu finden.

Axis
Jeff Mills

MFS Records (Berlin)
Cosmic Baby,
Paul Van Dyk
Erste Produktionen 1991

Rephlex (England)
Aphex Twin

Trax (Chicago)
Das erste Label, das mit Chicago House bekannt wurde.

EYE Q (Frankfurt)
Sven Väth

Nu Groove (New York)
Bekanntes Label, hat zahlreiche bekannte DJs unter Vertrag: z.B. Joey Beltram

Low Spirit (Berlin)
Low Spirit bedeutet niedergeschlagen, doch das hat vermutlich nichts mit den Produzenten von Low Spirit zu tun, gehören sie doch zu den erfolgreichsten der ganzen Szene.
Arbeiten mit Polygram zusammen (1994 über 2 Mio. verkaufte Platten).
Produziert wurde ab 1986 mit Westbam, Marusha, Mark Oh, DJ Dick, Raver's Nature, Hardsequencer...
Eine wichtige Person für die Low Spirit-Crew ist Klaus Jahnkuhn. Der Techniker im Studio wurde 1995 als erfolgreichster Producer mit dem „Echo" (Preis der deutschen Schallplattenindustrie) ausgezeichnet.

Subvoice (Tokio)
Die beiden Produzenten Hideo Sakumsa und Namie Iti haben erst 1994 mit dem Label begonnen. Zahlreich sind ihre musikalischen Einflüsse, speziell erwähnt wird Kraftwerk. „In Japan machen viele Künstler Intelligent Techno. Wir aber bringen auch Platten für DJs und den Dancefloor."

Touché-Records (Amsterdam)
Gegründet: Januar 1994
Produzieren einen Club-Hit nach dem anderen: Trance, Techno House. Jamez und Dobre haben vor allem in Deutschland, England und den USA Erfolg. Veröffentlichen unter verschiedensten Namen: Brersoul, Tetraflux, Jamshed, Kamasutra,Dope Dog u.a.

Source Records (Heidelberg)
Das Label produziert seit 1992 und etabliert sich ab 1995 zu einer Art „Geheimtip" mit steigenden Produktions- und Verkaufszahlen. Die DJs (Move D /David Mufang, D Man/ jonah Sharp) von Source spielen in Clubs oft live. Sie verkabeln die Instrumente wie in ihrem Studio KM 20 und entwickeln während ihres Auftritts auch öfter etwas ganz Neues. Anspieltip: „Kobat" - Pieces For Treated Piano, „Planet Jazz".

Stickman (Toronto)
In der europäischen Clublandschaft nimmt das Toronto-Label 1995 einen besonderen Platz ein. Kein zweites amerikanisches House-Label schaffte es, derart in die Technolandschaft vorzudringen. Nach ihren Einflüssen gefragt, nennen sie Detroit Techno, New York, Chicago.

R&S (Belgien)
Seit Mitte der 80er Jahre gilt R&S als eines der bekanntesten und profiliertesten Labels. Der Name R&S steht für Renaat und Sabine Vendepaepeliere. Renaat begann als Drummer, DJ und Schallplattenverkäufer. „Ich mache den Künstlern keine Vorschriften. Ich bin impulsiv. Ich mag etwas, oder ich mag es nicht."
Produktionen mit: Joey Beltran, Carl Craig, Juan Atkins, Derrick May, DJ Pierre (Nathaniel P. Jones, Chicago) u.a.
Seit 1991 eng verbunden mit R&S ist Robert Leiner („Organized Noise", „Vision Of The Past"), der Schwede, der sich mit „The Source" einen Namen gemacht hat.

Techno im Unterricht

Möglichkeiten

Techno hat die Musikproduktion revolutioniert, hat die gängigen Normen im Zusammenspiel von Musikern, Instrumenten und Aufnahmetechniken auf den Kopf gestellt. Aus diesem Grund ist es wenig sinnvoll, wenn Tracks, mit Computern, Plattenspielern, DAT-Geräten und Samplern produziert, mit einer konventionellen Rockband nachgespielt werden. Selbstverständlich gilt noch immer der Grundsatz aus "Rockmusik": **Musik lernen und erfahren durch selber machen!** (⇨ "Rockmusik", Seite 14 ff) Doch vorerst sollte man sich mit der (für viele Schüler und Lehrer) ungewohnten Materie **vertraut machen**.

Wie wird gesampelt?

Der **Sampler** (siehe Seite 53 f) ist ein wichtiger Teil bei der Produktion zahlreicher Techno-Tracks, da er sich längst in einem vernünftigen Preissegment angesiedelt hat und somit auch für Hobby-Produzenten (und Schulen) erschwinglich geworden ist. Für die meisten ist es eine verblüffende Erfahrung, zu erleben, wie Geräusche gesampelt werden. Noch erstaunlicher ist es aber zu hören, wie die Geräusche oder ungewohnten Klänge verändert und wie mit ihnen musiziert werden kann.

Für die Demonstration kann im Musik-Handel auch für eine beschränkte Zeit ein Gerät gemietet werden! ...und dann beschränkt nur noch die Phantasie die Möglichkeiten der Samples.

Die Samples werden in einen Track integriert.

Vom einzelnen Sample bis zu einem fertigen Techno-Track ist meistens (für Anfänger) ein sehr langer Weg, und man braucht dazu ein Equipment, welches in den wenigsten Schulen vorhanden ist.
Zumindest ansatzweise kann aber das Vorgehen eines DJ-Produzenten auf verschiedene Weisen demonstriert werden:

- **Ein Track wird mit Hilfe von Computer und Sequenzer Software (Cubase, Notator, Music Time, Performer u.a.) produziert.**
  Seitdem die Computer in den Schulen Einzug gehalten haben, ist es vielerorts möglich, eigene Tracks zu produzieren. Das detaillierte Vorgehen zu beschreiben, würde den Rahmen dieses Buches sprengen. Hier sei auf das Buch "Musik & Computer" (K. Rohrbach, Lehrmittelverlag, Zürich 1994) verwiesen.

- **Mit Circle Elements**
  Seit 1994 sind verschiedene Hersteller dazu übergegangen, Software für Computer-Musik zu produzieren. Als Beispiel diene das einfache "Musik-Spielprogramm" Circle Elements, welches als CD-ROM für rund 90.-Fr./DM erhältlich ist.
  Das Programm beinhaltet rund 2000 Samples, vom Orchester-Klang über das Muhen einer Kuh bis zu futuristischen Space-Sounds. Auf spielerische Weise können diese Sounds aneinandergehängt, geordnet und mehrstimmig angelegt werden. Als Demonstrations-Möglichkeit ist dieses Programm geradezu ideal, als ernsthafte Grundlage für einen "ausgewachsenen" Track reicht es nicht.

Die folgenden (erprobten) Möglichkeiten sollen wiederum als Vorschläge aufgefasst werden, welche je nach den eigenen Möglichkeiten, Einrichtungen und dem vorhandenen Instrumentarium verändert und angepaßt werden sollen.

Form analysieren

Obwohl im Techno häufig die traditionelle Form mit Intro - Strophe - Refrain usw abgelehnt und bewußt vermieden wird, zeichnen sich gute Techno-Tracks oft durch ihre spezielle Form und ihren Aufbau aus.
Die "logische" Form hilft sowohl dem DJ als auch dem Publikum, sich im Track zu orientieren. So erscheinen in den meisten Fällen die Instrumente gestaffelt, der Sound wird nach und nach dichter, bis ein erster Höhepunkt erreicht ist. Nach einem deutlichen Break, welchen die Raver mit Geschrei, Arme-in-die-Luft-reißen und Luftsprung begrüssen, können sich das Tempo, die Rhythmen und die Sounds noch einmal steigern, bis sie nach und nach wieder ausklingen. Sowenig diese Kurzbeschreibung allgemeine Gültigkeit hat, so gibt es auch für Technotracks keine allgemein gültigen Abläufe oder Regeln. Dauerten die meisten (Hit-Parade) Rocksongs noch 3-4 Minuten, so kann ein Technotrack 50 Minuten dauern, häufiger sind aber Zeiten von 5 - 20 Minuten.
Eine wichtige Gesetzmäßigkeit, welche sich durch die meisten Genres der Musikgeschichte durchzieht, von der klassischen Musik über Volksmusik bis zu Jazz und Rock ist der **viertaktige Aufbau**. Vier Takte scheinen eine Formel zu sein, an der offenbar auch die experimentellsten und ausgefallensten Musikstücke nicht vorbeizukommen. Natürlich (und das bestätigt die Regel) gibt es auch Ausnahmen. Aber beim 4/4-Takt sind die Ausnahmen selten.

Beispiel: Accident in Paradise (Sven Väth)

Auf Seite 260 ist die graphische Darstellung des Tracks von Sven Väth notiert. Das Stück ist auf zwei "Bändern" dargestellt. Die senkrechten Linien sind Taktstriche, die Taktzahlen stehen (in Vierer-Paketen) unter der Grundlinie, ergänzt durch die Zeitangaben.
Die waagrechten Linien sind die einzelnen Spuren der "Instrumente" von ihrem Einsatz bis zur Puse (Unterbruch). Zu den Instrumentenbezeichnungen gibt es folgendes zu beachten:

- Häufig werden Samples eingesetzt, welche bis zur Unkenntlichkeit verändert werden können.
- Auch Keyboard-Stimmen werden selten im Original verwendet. Es gehört zum Stolz jedes DJs, möglichst eigene Sounds zu kreieren und zu verwenden.
  Aus diesem Grund können die Sounds meistens nicht mit konventioneller Instrumenten-Terminologie erfaßt werden. Die Stimmbezeichnungen wurden so gewählt, daß sie dem Klang (manchmal auch mit etwas Phantasie) in etwa entsprechen.
- Die Rhythmen (teilweise etwas vereinfacht) und Melodien der einzelnen Spuren wurden auf Seite 261 notiert.

Kurze, markante Samples wurden mit einem Pfeil notiert. Es kann einfach überprüft werden, daß je nach Qualität der Hi-Fi-Anlage die Samples besser oder schlechter erkennbar sind, daß Sounds einmal mehr nach Hi-Hat, das andere Mal mehr nach Becken klingen.
Text und Melodie wurden **unter** dem Grundstrich notiert.

Zum Video

"Accident In Paradise" wurde nicht zuletzt wegen dem Video zum Techno-Hit. Vergleiche nach dem Anhören des Songs wie Väth seinen "Unfall" im Pardies optisch umgesetzt hat.

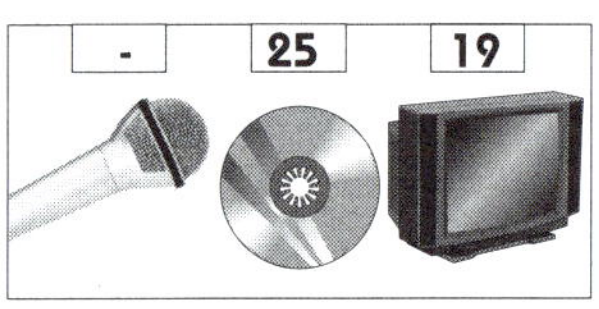

Graphische Höranalysen haben (auch bei Nicht-Techno-Fans) den Vorteil, daß die Musik nicht unreflektiert dahinplätschert, sondern bewußt wahrgenommen wird. Sie sind sowohl für Routinierte, als auch für Anfänger eine Hörhilfe.

Sven Väth: An Accident in Paradise

Aufgaben zu Hördiagramm:

- Orientiere Dich an der Grafik von Seite 260 f (Instrumente, Zeitablauf, Einsätze)
  - Welches Instrument beginnt?
  - In welchem Takt ist eine Generalpause?
  - Wann beginnt die Snare?
  - In welchem Takt setzen alle Instrumente (außer Baß 1) aus?
  - Bei welchen Einsätzen zeigen sich die "Vier-Takte-Pakete"?
- Höre Dir den Track an und verfolge auf der Grafik den Ablauf. Du hast zwei Möglichkeiten zur Orientierung: Takte zählen (nicht ganz einfach!), oder mit der Uhr die Zeit messen (für die grobe Orientierung).
- Notiere mit einem Pfeil die kurzen, nicht notierten Einwürfe verschiedener Samples. Versuche eine passende Bezeichnung zu finden.

Der Track "An Accident In Paradise" kann in drei Abschnitte aufgeteilt werden:

1. Konstanter Aufbau und Steigerung (Takte 1-111)

Die einzelnen Spuren setzen nacheinander ein. Auffällig die konstante Beachtung der "Vier (acht)-Takte-Pakete".
Die Hi-Hat suggeriert dem Hörer (besser: Raver) anfänglich einen irreführenden Beat. Erst beim Einsatz der Pauke wird bewußt, daß die Hi-Hat auf den Off-Beats liegt.
Die Steigerung wird am Ende des Taktes 111 jäh unterbrochen.

2. Mittelteil (Takte 112-216)

Der Mittelteil scheint (optisch) wiederum als sukzessiver Aufbau konzipert. Akustisch ist aber kein "Loch" vorhanden, da die Sprechstimme zum ersten Mal einsetzt. Sie wird durch den minimalen Einsatz der zur Verfügung stehenden Instrumente hervorgehoben.
Die Generalpause in Takt 167 wird überbrückt durch das Klingeln des Telefons.
Verschiedene Breaks und Fill-Ins (z.B. Pauke, T. 135), der schnelle Wechsel zwischen Glocke und Baß 2 (T. 176-184) und der Einsatz aller Instrumente ergeben einen anhaltenden Höhepunkt, welcher durch den erstmaligen Einsatz der Melodie (T. 184) noch eine Steigerung erfährt.

3. Schlußteil (Takte 217-228)

Dieser Teil ist sehr kurz, überraschend. Ganz plötzlich werden die Instrumente "weggenommen", der Track wird "abgeklemmt". Daß dieser Eindruck täuscht, können nur diejenigen feststellen, welche das gleichnamige Album besitzen, denn der Track geht nahtlos in das nächste Stück ("Drifting Like Whales In The Darkness") über.

An Accident in Paradise   Sven Väth

Hördiagramm

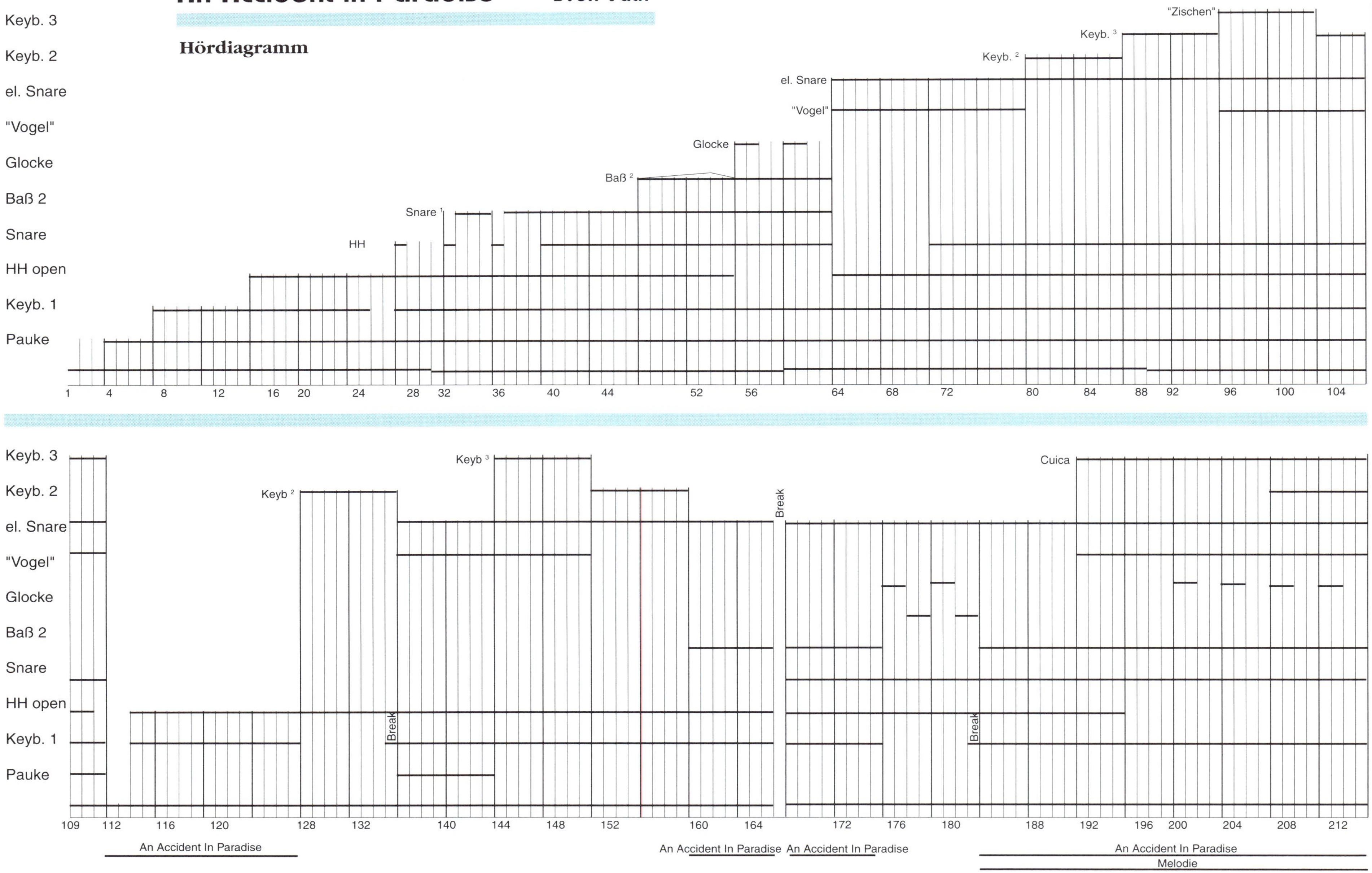

Schluß der Hörpartitur von Seite 254

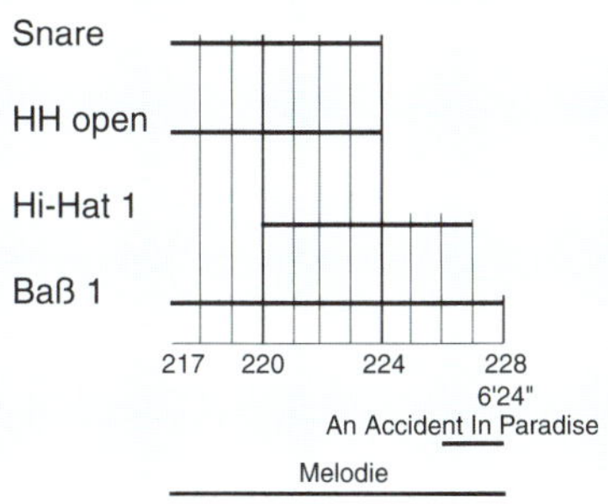

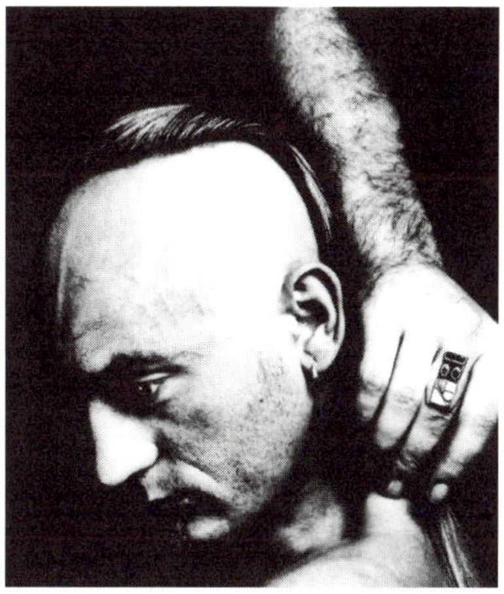

Tempo: ♩ = ~ 150 Das Tempo kann aber mit vielen CD-Playern verändert werden.

Verwendete Motive

2 taktiges Pattern

Streichersound

Zu Beginn des Stückes erhält man den Eindruck, die HH sei der Beat.

Linker Kanal

Rechter Kanal (Betonungen)

Die Triolen werden ganz wenig zu schnell gespielt = Verschiebungen!

Weitere Sounds:

- Keyboard [2]: Brass-Sound
- Baß [2]: Baß-Motiv, verändert mit Filtern
- Verschiedene kurze Samples (Telefon...)

T. & M.: S. Väth, R. Hildenburtel

Hörpartitur herstellen

Selbstverständlich könnte von jedem beliebigen Stück eine Hörpartitur erstellt werden. Allerdings darf nicht ignoriert werden, daß die Aufgabe nicht ganz einfach ist, und sich Tracks, bei welchen die Instrumente nacheinander einsetzen, aus leicht vorstellbaren Gründen besser eignen.

Als Beispiel dient **"Celebration Generation", der Top-Hit von Westbam** (siehe S.254). Der Track erschien 1994 auf dem CD-Album "Bam Bam Bam".
Die präzise, taktgenaue Notierung, wie bei "An Accident In Paradise", braucht sehr viel Zeit und mehrmaliges Hören. Auch für routinierte Hörer ist das gleichzeitige Heraushören, Takte zählen und Schreiben nicht einfach und braucht ein geübtes Ohr und eine gute Stereo-Anlage.
Aus diesem Grund ist es sinnvoll, vorerst nur von einem ersten Teil eine Übersichts-Partitur mit den ungefähren Zeiten zu erstellen.

1. Durchgang
Heraushören, Bestimmen und Notieren der einzelnen Spuren (Instrumente).
2. Durchgang (und folgende)
Die einzelnen Spuren werden in die Zeitgrafik eingezeichnet
(Lösung auf Seite 263)
3. Aufgabe für Fortgeschrittene:
Einzelne Spuren **genauer** notieren. z.B. rhythmisch und/oder melodisch richtig.

Westbam

1994 wurde der Track über die "feiernde Generation" ("Celebration Generation") nicht zuletzt dank dem Video zu einem Hit und festigte die Position des Labels "Low Spirit" in der "ravenden Gesellschaft".
Weitere Informationen zu Westbam auf Seite 254.

Zum Vorgehen

Den Track mehrmals anhören und Stimmung, Musik, Instrumente und Rhythmus bewußt hören.
Anschließend im Video überprüfen, wie die Stimmung und die Musik ins Bild umgesetzt wurde.
Erst in einem dritten Schritt, wenn der Track schon einige Male gehört worden ist, wird versucht, die Hörpartitur zu erstellen.
Die Vorlage ist auf Seite 264 und kann natürlich auch für andere Titel verwendet werden.

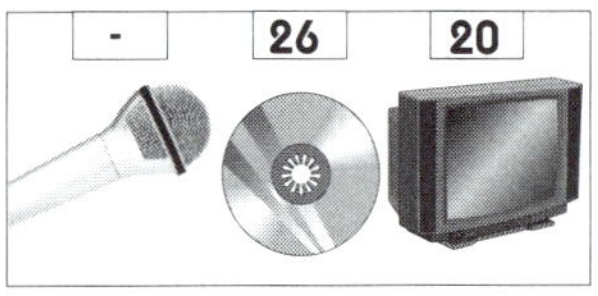

Celebration Generation (Westbam)

Tempo: ♩ = ca.

auffällige Samples: (1) Wirbel (2) (3) (4) (5) (6)

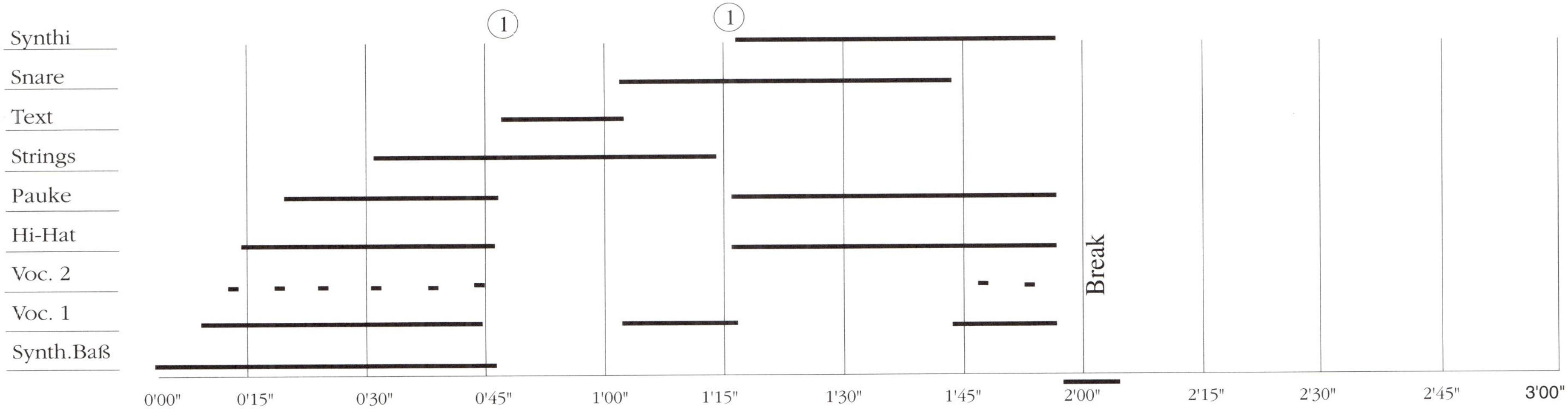

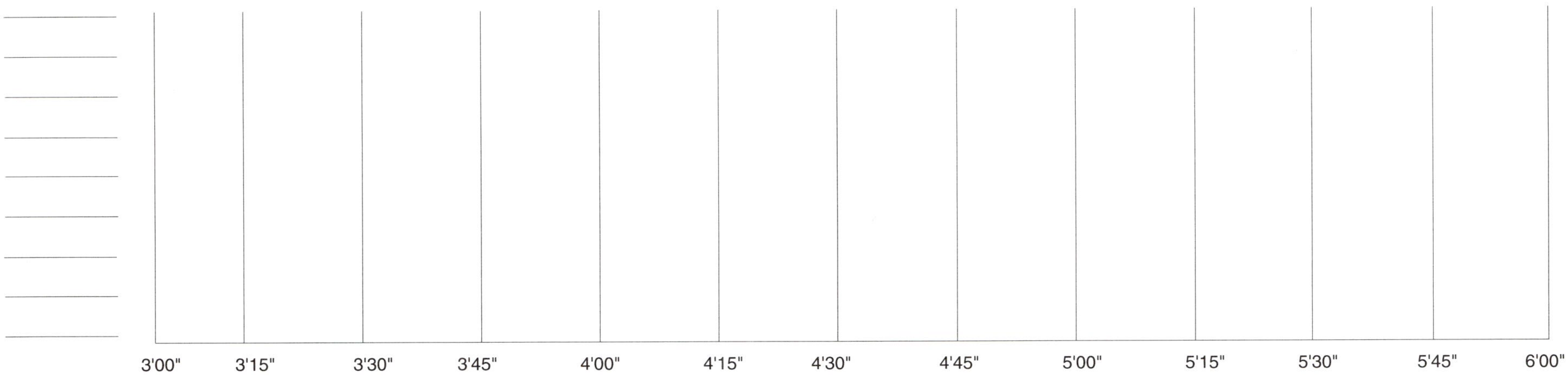

Name: Kl:

Titel: ____________ **Interpret:** ____________

Tempo: ♩ = ca.

auffällige Samples: ① ② ③ ④ ⑤ ⑥

0'00" 0'15" 0'30" 0'45" 1'00" 1'15" 1'30" 1'45" 2'00" 2'15" 2'30" 2'45" 3'00"

3'00" 3'15" 3'30" 3'45" 4'00" 4'15" 4'30" 4'45" 5'00" 5'15" 5'30" 5'45" 6'00"

Name: Kl:

Einen eigenen Track (ohne Computer) produzieren

Eine Grundsatz-Entscheidung steht am Anfang: Schlagzeug oder Drum-Computer?

Wie bereits erwähnt wurde, ist es kaum möglich, mit traditionellen oder Rockmusik-spezifischen Instrumenten einen Techno-Track zu produzieren. Andererseits ist es für eine Musikgruppe oder für eine Schulklasse eine gute Erfahrung, als Vorübung (evtl. für eine spätere Produktion) mit Keyboards, Percussion, Orff-Instrumentarium und Stimme einen "techno-ähnlichen Track" zu realisieren.
Dabei müssen verschiedene Punkte beachtet werden:

Der Grundrhythmus wird mit dem Schlagzeug gespielt

Pauke, Snare, Hi-Hat können auf verschiedene Schüler verteilt werden, dies hat aber den Nachteil, daß bei den hohen Tempi der Part äußerst ermüdend ist, und daß nur mit rhythmussicheren Musikern eine akzeptable Präzision erreicht wird.
Die Erfahrung hat gezeigt, daß der Sound dann sehr rasch nach irgendwelchen Bands (z.B. Rage Against The Machine) klingt und das "maschinelle" Element verloren geht.

Der Grundrhythmus wird durch den Drum-Computer gespielt.

Die Variante mit dem Drum-Computer bietet einige Vorteile:
- Das Tempo ist absolut frei wählbar.
- Das ganze Stück erhält eine Stabilität, von welcher alle Mitspieler profitieren können.
- Der Sound der einzelnen Instrumente kann nach den eigenen Vorstellungen einfach verändert werden.
- Der Grundrhythmus ist "maschinell", technisch, und kann sehr schnell sein.
- Das Tempo ♩ = 128 ist aus folgendem Grund vorteilhaft: Schüler, die Mühe haben, den Takt zu zählen, können mit Hilfe der Uhr ihren Einsatz finden. 8 Takte entsprechen genau 15 Sekunden!

Als Grundlage können die Grafik auf Seite 267 und die rhythmischen Motive auf Seite 268 dienen, nach den ersten Versuchen ist es aber sinnvoll, eine eigene graphische Partitur zu erstellen und die Motive zu ändern oder neu zu kreieren (siehe dazu auch "Hymn", Seite 270).

Instrumente

Als Instrument kann eigentlich alles mögliche eingesetzt werden. Besonders geeignet sind natürlich sämtliche Keyboards, für einfache, rhythmische Melodien eignen sich Xylophone und Metallophone.
E-Baß, E-Gitarre, akustische Instrumente und Sprech- oder Gesangsstimme sollten sparsam und effektvoll eingesetzt werden. Hier bietet sich wieder einmal Gelegenheit, daß auch diejenigen auf einem Instrument spielen, welche normalerweise kein/ oder ein anderes Instrument spielen. Es braucht beispielsweise keinen raffinierten Baßlauf, es könnten auch rhythmisierte Oktav-Sprünge sein. Es braucht kein virtuoses Gitarren-Solo, es kann ein einfacher, verzerrter Akkord (in hoher Lage) sein.
Für die Schule ist es eine tolle Möglichkeit, jede Schülerin gemäß ihren Fähigkeiten und ihren Wünschen und jeden Schüler nach seinem Können einzusetzen.

Stimmen

In Techno-Tracks werden Stimmen (verhallt, verfremdet, über Vocoder, gesampelt u.a.) folgendermaßen eingesetzt:
- Sprechstimme für Sätze, Wörter...
- Singstimme für kurze Melodien (mit oder ohne Text)
- Rhythmische Motive
- Chorklänge

Tonart/Tonleiter

Für den Einstieg empfiehlt es sich, dem Track eine Grundharmonie zuzuordnen, z.B. g-moll, d-moll, E-Dur. Es kann auch sinnvoll sein, den Tonvorrat zu beschränken, z.B. pentatonische Tonleiter.
Als gute "Einstiegs-Tonart" hat sich auch Fis-Dur (nur auf den ersten Blick erstaunlich!) erwiesen: Die Schülerinnen und Schüler werden angewiesen, nur die schwarzen Tasten auf den Keyboards und nur die zweite Reihe der chromatischen Xylophone zu verwenden.

Zum Arrangement

Auch für die Improvisationsteile werden selbstverständlich dieselben Töne verwendet, welche eine pentatonische Tonleiter bilden. Damit sind auf einfache Weise auch für Anfänger kleine 2- oder 4-taktige Improvisationen möglich. Jedes Motiv klingt "automatisch" richtig, wenn der Rhythmus genau beachtet wird.

Einzelne Spuren wurden absichtlich nicht ausgeschrieben. Sie sind für routiniertere Instrumentalisten gedacht, welche evtl. Klavierstunden besuchen. Diese Musiker versuchen ein eigenes, passendes Motiv, oder eine spontane Improvisation zu finden. Die Motivsuche kann auch über Kopfhörer geschehen, währenddem mit dem Rest der Gruppe andere Spuren eingeübt werden.

- "Hurra, hurra, die Schule brennt!" ist der Titel eines Songs der Gruppe Extrabreit und könnte Ideen liefern für die einzelnen Samples und/oder Geräusche, welche "eingeblendet" werden (Telefon, Feuerwehrsirene, Kommandos, Polizeisirene, Geschrei u.a.)

- Sämtliche Instrumenten-Spuren können mit akustischen Mitteln, besser noch mit Keyboards gespielt werden. Dabei sollte nicht unterlassen werden, die technischen Möglichkeiten der elektronischen Instrumente auszuschöpfen: Keytranspose, Arpeggiator, Effekte für Sound-Veränderungen, Pitch-Bend, u.a.

- Stimmen sollten wenn möglich mit Mikrophonen verstärkt und mit Hall, Echo, Filtern usw. verfremdet werden.

- Mit **kurzen Songteilen beginnen** (z.B. acht Takte) und die Teile anschließend zusammensetzen.

Ziel

Wichtigstes Ziel ist es, einen rhythmisch genauen Track zu produzieren, welcher phantasievolle, vielleicht sogar überraschende Sounds und Effekte beinhaltet. Verschiedene Möglichkeiten sollten ausprobiert werden.

Zur Kontrolle (vielleicht auch als Endprodukt) lohnt es sich, mehrere Tonaufnahmen zu machen!

Jede Schülerin und jeder Schüler ist verantwortlich für ihre oder seine Spur, sowohl was den Einsatz, die Gestaltung und die Integration in den Gesamtklang anbetrifft!

Hurra, hurra, die Schule brennt

Tempo: ♩ = 128

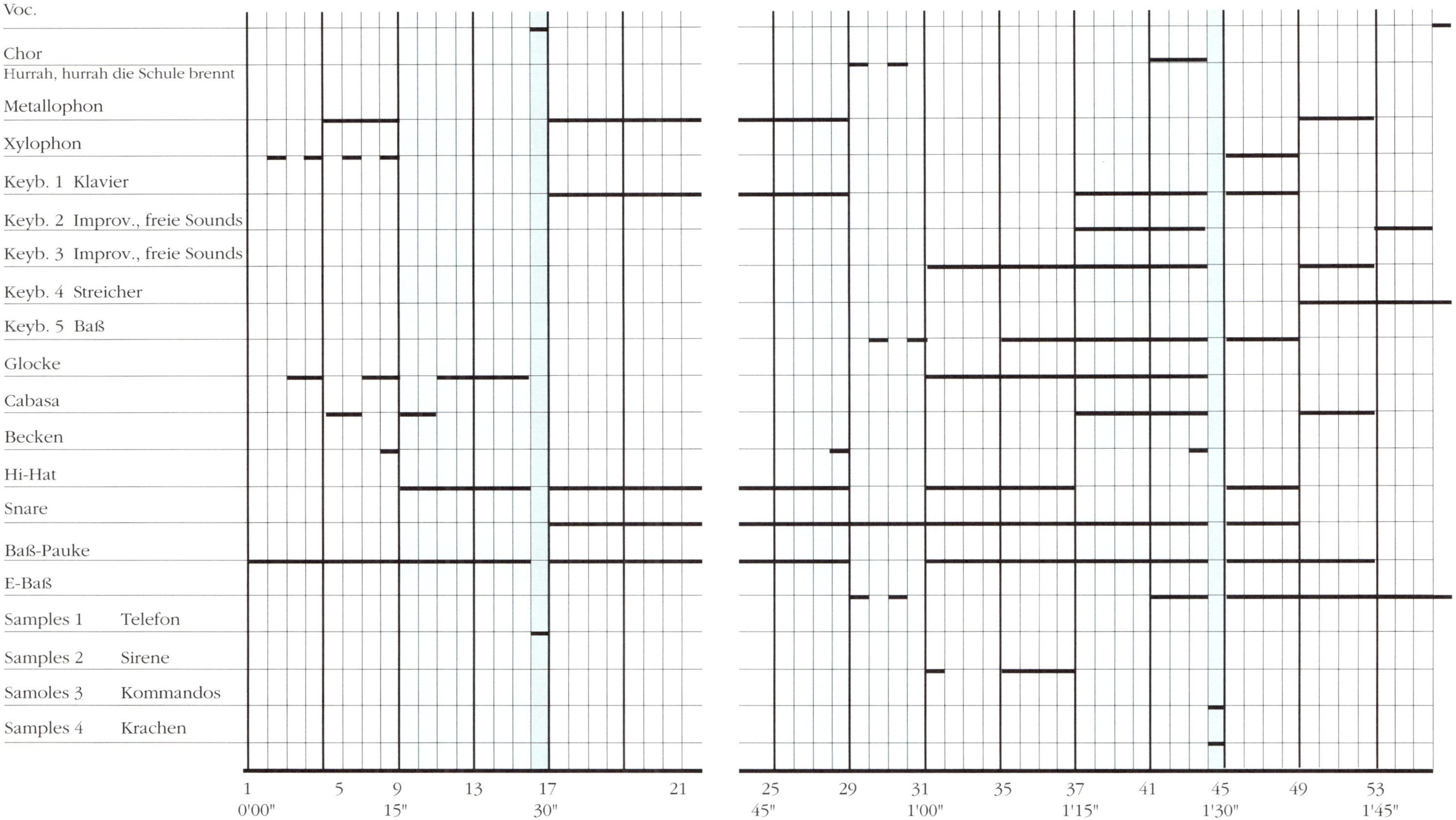

Vom Umgang mit Rhythmus-Pattern

Die folgenden Patterns könnten teilweise mit Instrumenten nachgespielt werden, der Sound würde aber dem gewünschten Genre nicht entsprechen. Aus diesem Grund lohnt es sich, wenn wenigstens ein Teil der Stimmen mit Drum-Computern, analogen Synthis und Samplern eingespielt werden.
Andere Einspielungen wirken "authentischer", wenn Sequenzer (vom Keyboard oder Computer) den Part übernehmen. Daß der Musiker dadurch nicht arbeitslos wird, könnten folgende Beispiele zeigen. Die Arbeitsweise einer Gruppe kann mit den Patterns eingeübt werden.
Die folgenden Beispiele werden so **lange wiederholt**, bis der Rhythmus, der Groove und der Sound zufriedenstellen. Dabei können jeweils einzelne Spuren (Stimmen) weggelassen, andere mit **eigenen Ideen** dazugenommen werden.
Achtung: Die Spuren klingen **nicht immer alle zusammen.** Der DJ (hier der Lehrer oder Schüler) steht am imaginären Mischpult und gibt die Stimmen dazu, nimmt andere weg!

Beispiel 1

1. Stimme — Dieses Motiv könnte mit Xylophon, Steel-Drum oder auch mit einem Synthi eingespielt werden.

2. Stimme — Die Hammondorgel-Einsätze könnten "live" eingespielt werden. Nicht zu häufig (evtl. jeweils im 1. Takt eines "Viererpaketes")

3. Stimme — Der Baß-Lauf scheint auf den ersten Blick nicht besonders schwierig, es braucht aber gute Kondition, um ihn während längerer Zeit exakt zu spielen.

4. Stimme — Das Schlagzeug übernimmt am besten der Drum-Computer.

5. Stimme — So sieht die Schlagzeug-Stimme aus, wenn sie am Computer mit der General-MIDI Belegung (⇨ "Rockmusik", MIDI, Seite 84 f) der Instrumente notiert wird. Stimme 4 und 5 sind also identisch.

Suche zu diesem Pattern weitere passende Stimmen! Mit Instrumenten, Maschinen, Geräten, Percussion, Glocken...

Beispiel 2

Die einzelnen Instrumentenstimmen sind hier absichtlich mit "Spuren" bezeichnet. Wie bereits erwähnt, werden derartige Stimmen nicht mit konventionellen Instrumenten gespielt. Folglich sind die Drums-Stimmen auf je einer Spur notiert - und zwar nicht in der üblichen Schlagzeugnotation (sondern mit der General-MIDI-Belegung) - damit sie in einen Drum-Computer genau so eingegeben werden könnten. Auch bei diesem Beispiel werden nicht alle Stimmen gleichzeitig gespielt! Mal kann mit der Hi-Hat, mal mit der 3. oder 9. Spur begonnen werden. **Ausprobieren!**

Break-Funktion, zur Überleitung in einen neuen Part.	**1. Spur, Glissando**
Jeweils am Anfang eines neuen Parts.	**2. Spur, Crash**
Bildet eine Art "Hookline", Melodielinie im Rave	**3. Spur, Brass**
Ergibt eine gewisse Hektik, wäre auch mit Triangel-Sound (metallig) möglich.	**4. Spur, Cabasa**
Eine "nervöse" Linie. Mit unterschiedlichen Sounds ausprobieren.	**5. Spur, Piano**
Einfache Linie, wichtig ist der Sound.	**6. Spur, Baß**
Viele Tracks bringen diese Spur früher als die Spur 9.	**7. Spur, Hi-Hat**
Könnte auch mit "Handclaps" ersetzt oder verdoppelt werden.	**8. Spur, Snare**
Harter, voller, tiefer Sound.	**9. Spur, Fußpauke**

Wichtig!

Die einzelnen Spuren sollten mit ganz unterschiedlichen Sounds ausprobiert und gespielt werden. Je nach Einstellung der Filter, Bender, Modulatoren und Hüllkurven ergeben sich ganz neue Effekte. Passend sind schmutzige, fettige und metallene Maschinensounds!

Acid Trax

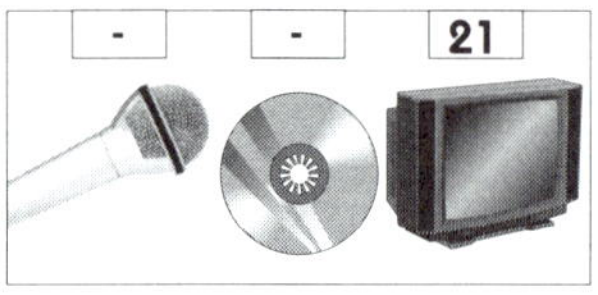

1988/89 war die Zeit der großen **Acid-Welle** (siehe Seite 237) und der Acid-Parties. Das Wort Acid bedeutet eigentlich Säure, kann aber auch LSD bedeuten.
Der Sound zeichnete sich durch besondere Zerrissenheit, durch abgehackte, stampfende Maschinengeräusche und irrwitzige Samples aus; die Musik zum Aufpeitschen, der Rhythmus für das Tanzen durch die ganze Nacht.
Fabrikhallen wurden von Stroboskopen durchblitzt oder mit Neonröhren schemenhaft beleuchtet. Die Tänzerinnen und Tänzer in ihren Smiley-T-Shirts hatten Trillerpfeiffen umgehängt und benutzten sie auch häufig. Die hektische Musik, die ausgelassene Stimmumg, die zuckenden Bewegungen - diese Stimmung schildert das außergewöhnliche Video. In dieser Zeit machten auch die Video-Produzenten ihre mutigsten Versuche.

You Gotta Say Yes To Another Excess (Jam & Spoon/Yello)

Die Original-Version von Yello (siehe Seite 271) wurde 1983 auf dem gleichnamigen Album veröffentlicht. Beachtlich dabei sind die ausgefallen, raffinierten Samples (1983!) und die Handhabung des Drum-Computers. Für die damalige Zeit waren derartige Tracks absolut neu, originell, schwer nachvollziehbar und darum auch wegweisend.

Zwölf Jahre später erwiesen 13 House/Techno-Produzenten (Westbam, O. Lieb, Ilsa Gold, Carl Cox, Carl Craig, Moby u.a.) mit der CD "Hand On Yello" ihren großen Vorbildern aus der Schweiz die Referenz.

Yello hat über Jahre hinweg - kontinuierlich - erbarmungslos gute Musik gemacht (M. Spoon). *Yello ist die wichtigste kontinentale Elektronikband.* (Ilsa Gold)
Die namhaftesten Produzenten übernahmen je einen Song von Yello und mischten diesen neu ab. Entstanden ist dabei eine äußerst interessante CD, welche einen repräsentativen Querschnitt durch das Schaffen in der House/Techno-Szene von 1995 liefert.
Aus dieser CD wurde das Beispiel von **Jam & Spoon** (siehe Seite 252) "You Gotta Say Yes To Another Excess" ausgewählt, da zu diesem Remix noch ein besonders trickreiches Video produziert wurde.

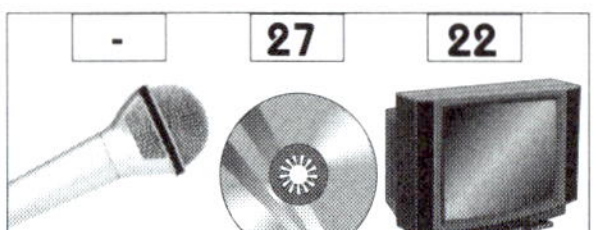

Song: Nr. 27 Yello
Nr. 28 Jam & Spoon

Vorgehen:

- Original von Yello genau anhören (Text, Samples). Auf dem Album ist ein Gorilla-Kopf abgebildet. Eindrücke schildern.
- Vermutungen äußern: Was haben Jam & Spoon übernommen, weggelassen?
- Remix von Jam & Spoon hören, besprechen.
- Video betrachten, Story nacherzählen.
- Gemeinsamkeiten/Unterschiede/Besonderheiten der drei Versionen erarbeiten.

Hymn

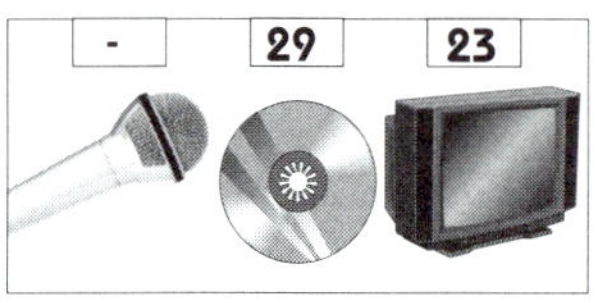

Der Track "Hymn" von Music Instructor ist eine typische Rave-Produktion von 1995. "Ernsthaften" House-Produzenten mag der Track zwar allzu simpel sein, für den Musikunterricht ist er aber (auch im Zusammenhang mit dem Video) als Orientierung für jüngere Schülerinnen und Schüler ideal. Für technounkundige Ohren wird hier einmal schön der Reihe nach aufgezeigt, wie der Song "gemacht" wird. Wir nehmen dazu: • Keyboard-Klang • Sequenzer • Hi-Hat • Percussion • Baß-Trommel • Sequenzer-Melodie • Roboter-Stimme • Roboter-Stimme (5 Töne höher) • neue Keyboard-Stimme • alles zusammen
"Hymn" kann auch im Zusammenhang mit der Realisation eines eigenen Techno-Tracks (siehe Seite 265) Ideen und Motive liefern.

Bostich (Yello)

Yello

Yello ist wohl die einzige Schweizer Formation, welche weltweit und über viele Jahre hinaus Einfluß auf die internationale Musikszene hatte. Dabei verstehen sich Dieter Meier (*1945) und Boris Blank (*1953) weniger als Gruppe denn als Multi-Media-Projekt. Mehrere Jahre arbeiteten sie als Trio (mit Carlos Peron) und widmeten sich mit Sound-Collagen der Synthesizer-Musik, aber ohne die dabei übliche Kälte und Kopflastigkeit.

Boris Blank (der Musiker)

Ich liebe es, die Leute zu unserer Musik tanzen zu sehen.

Boris Blank wollte eigentlich nie Musiker werden. Für ihn war und ist alles Musik - Autos, Kirchenglocken, ein Hund und die ganze Welt. Als Yello 1979 anfingen, war noch kein Sampler erfunden. Boris sampelte trotzdem, indem er Tapeloops herstellte: *"Schon als Junge habe ich im Hause meiner Eltern spezielle Geräusche aufgenommen. Mit der Revox (Anm.: Bandmaschine) nahm ich etwa den Klang des Heizungsradiators auf und spielte dann die Bänder langsamer. Auch Vaters Bohrer hörten sich gut an. Einmal blies ich mit einem Strohhalm Luft in ein Wasserglas und nahm das auf."*
Als dann die ersten Fairlight-Sampler zu haben waren, wurde die Prozedur auf einen Schlag einfacher. Der gewiefte Soundtüftler wurde auch schon als "popmusikalisches Kunstgewerbemuseum" bezeichnet.

Dieter Meier (der Visionär)

Die erste und letzte Musik dieser Welt ist Tanzmusik.

"Meistens setzen mir Boris' Soundtracks den innerlichen Projektor in Gang, ich sehe tausend Bilder und kleine Szenen eines unfertigen Films". (D. Meier)
Meier stammt aus dem Zürcher Geldadel und galt schon in seinen jungen Jahren als skurriler Performance-Spezialist, Designer, Filmkünstler und begabter Golf- und Pokerspieler.
Für mehrere Yello-Videos wurde Meier mit internationalen Preisen ausgezeichnet: "The Race" erhielt 1990 in Monte Carlo den World Music Award. Neben den Videos dreht Meier auch Spielfilme (z.B. "Snowball")

Mit "Solid Pleasure" erschien 1980 ihre Debüt-LP. Vor allem in New York und London wurden Yello als Techno-Disco-Stars gehandelt. Zwei Jahre später trennte sich Peron von Yello, Meier und Blank machten als Duo weiter.
Verschiedene Hits in den internationalen Charts festigten ihre Position: "I Love You" (1983), "The Race" (1988). Weitere Hitnotierungen folgten bis in die 90er Jahre.
International besondere Beachtung fanden sie durch ihre ausserordentlichen, brillant-verwirrenden Videos, der optischen Umsetzung ihrer Sounds und Songs.
Musikalisch hielt Yello geschickt die Balance zwischen elektronischer Avantgarde und zeitgemäßer, tanzbarer Popmusik. Die Zürcher Musiker etablierten sich gleichermaßen in intellektuellen Kreisen und den amerikanischen Discopalästen. Der absolut professionelle Umgang mit der komplizierten Elektronik und der Musik machten die Faszination von Yello aus.

Yello experimentierte von Anfang an mit Jazz, Latin, Salsa, Rock, Disco und Elementen, welche wir heute als House und Techno bezeichnen.

Yello montiert raffinierte Klänge und Geräusche zu einheitlichen, phantasievollen Klangbildern, die im Dialog mit den Maschinen konstruiert werden (Meier).

1981 veröffentlichten sie ihr zweites Album "Claro que si" und zwei Jahre später "You Gotta Say Yes To Another Excess", eine bunte Kollektion von überraschend neuen Soundgebilden und ansteckenden Dancebeats.
1985 brachte den Durchbruch für Yello. Ihr Album "Stella" verstärkte ihre Stellung als erste Kraft der europäischen Dance-Music. Plötzlich war ihre Musik allgegenwärtig: im Kino, am Radio, in Videos, in Clubs und in Werbesendungen. Als 1986 in Chicago, Detroit und New York die House-Szene zu wachsen begann, veröffentlichten Yello ihr Album "The New Mix In One Go", ein Remix aus den ersten vier Studio-Alben. Ein Jahr später erschien "One Second" mit der Sängerin Shirley Bassey.
Das Album "Flag" von 1988 enthielt auch Yellos bisher größten Hit: "The Race". Weitere Erfolgsalben folgten in den frühen 90er Jahren: "Baby" (1991), "Zebra" (1994).

Zum Arrangement

Der Song **"Bostich" aus dem Debüt-Album "Solid Pleasure"** (1980) genoß das Powerplay der bekanntesten schwarzen Dance-Radiostation New Yorks (WBLS). Bekannte Größen wie Afrika Bambaataa (siehe Seite 187) verwendeten den Track als Basis für weitere Rap- oder Dance-Mixes und verhalfen damit den Schweizern zum Durchbruch in der amerikanischen Szene. Yello galten bald als erste Innovatoren der neuen Dance Music Europas.
Obwohl "Bostich" weder ein House- noch ein Techno-Titel ist, soll anhand dieses Songs die Arbeitsweise von Yello und der Einfluß des Duos auf die spätere Techno-Szene gezeigt werden.
Der Titel enthielt schon (1980!) die wesentlichen Elemente der späteren Dance-Songs: Wiedererkennungswert am Anfang (die "Marschtrommel"), Grundbeat mit der Fußpauke, das Intro baut einen Spannungsbogen auf, Sprechgesang, Soundexperimente.

Die Marschtrommel im Intro

Das Motiv im Stil der Tambouren-Gruppe einer Metallharmonie könnte gesampelt (oder von einem Tambour im Studio gespielt) worden sein. Die 16tel (z.B. im Auftakt) werden in der Aufnahme als Wirbel gespielt (für routinierte Tambouren).
Takt 3 und 4 sind Variationen der ersten beiden Takte.

Geräusche und Klänge

Verschiedene Einsätze von Geräuschen und Synthi-Klängen können nur ungenau - oder überhaupt nicht - notiert werden. Es ist sicher auch nicht erstrebenswert, die absolut identischen Klänge zu finden. Anhand der Hörpartitur können die Einsätze abgelesen werden.
Beispiel:
In Takt 16 setzt ein analoger Synthi ein (Sound A). Der Sound klingt ähnlich einer verzerrten Gitarre und wird mit dem Filter verändert. Die Tonhöhe wird mit den Tasten und dem Bender (Pitch-Bend-Regler) verändert. Für derartige Klänge eignen sich analoge Synthesizer der ersten Generation oder spezielle Techno-Synthis (z.B. The Raven, siehe Seite 53) besonders gut. Denkbar wäre auch ein verzerrte Gitarre mit viel Distortion.
Sound B: Tiefer, liegender Synthi-Ton (Cis)
Sound C: Hoher Synthi-Ton

Zur Form

Besonders auffällig sind die unregelmässigen Längen der einzelnen Teile! Werden in Dance-Titeln in der Regel 8-taktige Phrasen verwendet, scheint Blank hier bewußt "die Regeln" ignoriert zu haben. Beispiel: Intro 9 Takte.
Die folgende Partitur zeigt den Ablauf (Beachte die unregelmäßige Takteinteilung).

Zum Vorgehen

Als Einstieg den Song mehrmals anhören und zum Kennenlernen **die fehlenden Sound-Einspielungen und Motive ergänzen**.
Aufgaben an die Schüler:
- Welche Sounds kommen mehrmals vor?
- Welche rhythmischen Elemente spielt die Cowbell im Teil C?
- Wo setzt der Baß mit Quarten-Sprüngen ein?

Bostich (Yello)

Musik: Boris Blank
Text: Dieter Meier
Vereinf. Arr.: K. Rohrbach

1. Textteil

15 **Sound A** **Baß-Melodie** 19

2. Textteil
Sound B 23 **Baß-Melodie**

3. Textteil (Hall) 27 **Baß-Melodie**
Sound C

N'est-ce pas? 31 **Baß-Melodie**

35 **Zwischenteil 1 (mit Percussion)**

TEIL B (mit Percussion)

I know you think... | 39 | | |

Everybody... | 43 | sometimes |

Everybody... | 47 | sometimes |

4. Textteil | 51 | | |

55 | | | | 59

N'est-ce pas? | Everybody... | 63 sometimes **Baß-Melodie** |

Zwischenteil 2 (mit Percussion)

TEIL C, 23 Takte	mit Percussion und den Streicher-Akkorden gis moll - dis moll - Cis - gis moll (je 2 Takte) im 21. Takt setzt die Baß-Melodie ein, dann folgt Zwischenteil 3

67 **Zwischenteil 3** | | | **Baß-Melodie** | 71

TEIL A **ab Takt 5**

Schluß 8 Takte, dann fade out

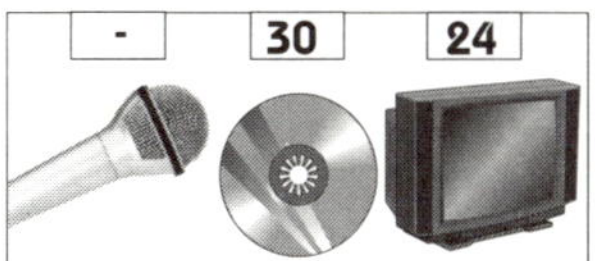

Song: Nr. 30 Yello
Nr. 31 Westbam

Bostich, Yello

Das Tempo des Sprechgesanges entspricht 16tel-Noten. Die unterstrichenen Silben fallen auf den Beat!

Originaltext	Sinngemäße Übersetzung
1. Textteil	
Standing at the machine Everyday for all my life I used to do it and I need it It's the only thing I want Is just to rush, push, cash.	Jeden Tag meines Lebens bin ich an der Maschine gestanden Ich brauche das Es ist das einzige, was ich will Nur hetzen, stoßen kassieren
2. + 3. Textteil (wie oben)	
N'est-ce pas?	Nicht wahr?
I know you think I'm crazy I'm gonna ask you all the same I know you're just a machine I wanna dance with you That's my game 'cos everybody needs somebody Sometimes, sometimes	Ich weiß, daß du denkst ich sei verrückt, aber ich frage dich trotzdem Ich weiß, daß du nur eine Maschine bist Ich will mit dir tanzen Das ist mein Spiel Weil alle jemanden brauchen Manchmal
4. Textteil	
I know you're made of steel You gonna dance that's all I feel I know you're the one So please please please come on I know you're gonna keep the beat You gonna dance with me and need no fear I wanna see you dance You gonna follow me Please don't leave me alone Make up your mind I'm not the kind of guy who's gonna use the phone	Ich weiß, daß du aus Stahl bist Aber ich spüre. daß du tanzen wirst Ich weiß, daß du diejenige bist Also bitte bitte komm Ich weiß, daß du im Takt bleiben wirst Du wirst mit mir tanzen und brauchst dich nicht zu fürchten Ich will dich tanzen sehen Du wirst mir folgen Bitte laß' mich nicht allein Entschließe dich Ich bin nicht der Typ der zu Telefon greift.
N'est-ce pas?	
Everybody...	
1. - 3. Textteil	

"Bostich", der Song von 1980, wurde 15 Jahre später vom deutschen DJ **Westbam** für die CD "Hands On Yello" neu abgemischt (siehe dazu auch Seite 284 und 256 f)

Vergleiche die beiden Aufnahmen:

- Was hat Westbam verändert?
- Was hat er übernommen?

Pump Up The Volume

M/A/R/R/S

1987 - als die Zeit der DJ-Herrschaft begann - war das Jahr, in dem **"Pump Up The Volume" von M/A/R/R/S** erschien. Die Maxisingle mit der (für den damaligen Musikgeschmack) ungewöhnlichen, stereotypen Musik, voller spezieller Samples, landete in England auf Platz 1 und in Deutschland auf Platz 2 der Charts. In Amerika wurde die Platte über 10 Millionen Mal verkauft. Die Musikrichtung wurde damals mit **Elektro-Funk** bezeichnet, beinhaltete vor allem aber Elemente aus Disco, HipHop und House. Entscheidend für den Erfolg war sicher auch, daß es jungen britischen DJs gelang, mit Mixer und Plattenspieler in die Domäne der House und HipHop-Produzenten einzudringen.

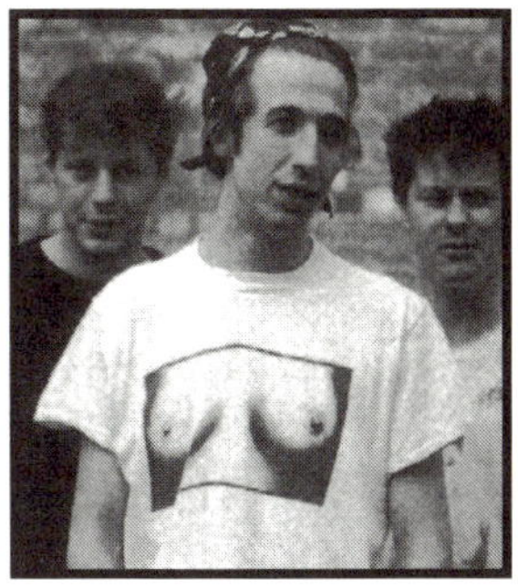

Der Titel beschäftigte auch Rechtsanwälte, denn das britische Produzenten- und Songschreiber-Trio Stock/Aitken/Waterman waren der Meinung, daß ein oder zwei Sekunden ihres Titels "Roadblock" gesampelt waren. Fünf Tage lang konnte deshalb die Platte nicht vertrieben werden. An dem Stück waren die **DJs** Chris Mackintosh, Dave Dorell, Martin und Steve Young und das **Experimentalduo** Alex und Rudi Kane beteiligt. In **Teamarbeit** kreierten die DJs in mehreren Sessions die Tonspuren und schnitten die zahlreichen Samples aus der großen Plattensammlung von Dave Dorell. Macintosh scratchte anschließend Elemente wie die Titelzeile "Pump Up The Volume" des Rappers Eric B. auf die Tonspuren (Aus dem Song "I Know You Got Soul" von Eric B. & Rakim).

Die **Reaktionen** auf "Pump Up The Volume" waren äußerst kontrovers. Einerseits bewiesen die enormen Verkaufszahlen, daß M/A/R/R/S den Geschmack vieler Jugendlicher getroffen hatten, andererseits kann auch rückblickend noch verstanden werden, daß ein großer Teil der Radiohörer diesem Song kein Verständnis entgegen bringen konnte.

Zum Arrangement

Der Poptheoretiker Jeremy J. Beadle erkannte in dem Song einen **Wendepunkt der Popmusik**. Das Stück wirkt erstens durch die markante Baßlinie, zweitens durch die speziellen Samples und Scratch-Einlagen und drittens durch das Auslassen und Einsetzen der verschiedenen Spuren. Es wäre unsinnig, einen derartigen Track Note für Note in einer Partitur aufzuschreiben. Zum genauen Hinhören und Kennenlernen kann folgende Aufgabe gelöst werden:

Im folgenden (2taktigen) Notenbeispiel sind die wichtigsten rhythmischen und melodischen Formen. Jedem Instrument wird eine Farbe zugeordnet (z.B. Bass Drum = blau, Snare = grün). Auf einem Blatt Papier werden schematisch die ersten 40 Takte (je 4 Takte pro Zeile) gezeichnet. **In diese Takte werden anschließend mit den Farben die Instrumente eingezeichnet**. Wann spielen sie, wann setzen sie aus? Am Schluß werden mit schwarzer Farbe die wichtigsten Samples eingezeichnet (Figur dem Klang/Geräusch entsprechend).

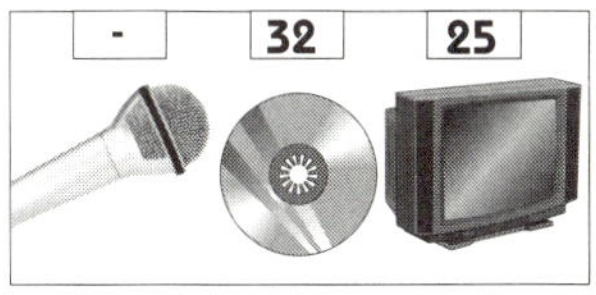

Die farbigen Klangpartituren vergleichen und besprechen! Evtl. kann an der Wandtafel eine gemeinsame, korrigierte Partitur erstellt werden.

Nun haben sich alle in das Stück "hineingehört". Die Klasse wird in zwei Gruppen aufgeteilt.

• Einüben der notierten Instrumente der Partitur. Auch hier empfiehlt es sich, als rhythmisch stabiles Gerüst einen Drumcomputer beizuziehen.

• Vorbereiten der Samples/Geräusche/Klänge. Auch ohne Sample-Keyboard können (mit Mikrophon verstärkt?) verblüffende Geräusche erzeugt werden. Hilfsmittel: Alles was zur Musik paßt (Ballon, Werkzeug, Schläuche, Flaschen, Sirenen...). Die eigenen Einsätze werden auf einer gemeinsamen Klangpartitur eingezeichnet.

Nicht vergessen: den Sprecher für "Pump Up The Volume"!

Zur Abwechslung können die 4 Takte mit dem "Samba"-ähnlichen Rhythmus eingeübt werden. (Beispiele dazu: ⇨ "Rockmusik", Seite 33 ff)

TEIL VII

Dancefloor

Die Schlager der 90er Jahre

Dancefloor kann nicht eigentlich als Stil bezeichnet werden. Er ist vielmehr die kommerzielle Variante verschiedener aktueller Stile, wobei der Begriff "Kommerz" häufig abschätzig, verwerfend gebraucht wird. Grundsätzlich heißt kommerziell aber erst einmal: man kann es käuflich erwerben. Ein Song wird in größerer Stückzahl angeboten und marketingmäßig (Radio, Fernsehen, DJs) vermarktet. Häufig wird dabei übertrieben, was auch zum definitiven Aus für den Titel führen kann: Starschnitt und "BRAVO"-Heroisierung.

Es gibt verschiedene Produktionsarten für den Dancefloor

Jeder Track wird heute irgendwo in irgendeiner Form vermarktet. Es stellt sich nur die Frage, wie groß die Plattenfirma einsteigen will. Absolut führend in der Verbreitung der Titel unter Jugendlichen sind die TV-Sender MTV, VIVA, ... Aus diesem Grund gibt es kaum mehr Hits, die ohne ein Video auskommen.

Trendhopper

Erfolgreiche Elemente aus früheren Titeln werden als Samples oder Neuaufnahmen verwendet und verändert. Aktuelle Rhythmen und Technologien werden mit alten Melodien vermischt und veralbert. Was zählt ist nicht die Originalität, sondern die Verkaufszahlen.

Beispiel: Rednex, K2, La Bouche, Cappella, Ace Of Base, Stefan Raab...

Zeitgemäß und speziell

Man versucht seinen eigenen Stil zu bewahren, spielt mit Elementen und verwendet aktuelle Sounds und Rhythmen. Nicht neu, aber aus der breiten Maße herausstechen, heißt die Devise.

Beispiele: Captain Hollywood, Tance 2 Trance, Jam & Spoon, Ice MC, DJ Bobo,

Perlen der Charts

Die Songs passen eigentlich nicht in den Hit-Paraden-Brei, haben aber aus verschiedenen Gründen internationale Akzeptanz erreicht:

Beispiele: Einzelne Songs von Seal, Janet Jackson, Incognito...

Hit-Produzent - der heimliche Star

Der Produzent (⇨ "Rockmusik", Seite 293) wird je länger je mehr zum unentbehrlichen Hit-Garanten. Er hilft nicht nur, mit kritischen Kommentaren den Song und die Klangvorstellungen der Band umzusetzen, in der modernen Hitfabrikation wird er - obwohl im Hintergrund - wichtiger als die Sängerin und die Band. Deren Aufgabe liegt vor allem in der Präsentation eines Songs. Für den großen Rest ist der Produzent besorgt. Dazu der schwedische Produzent und ehemalige DJ Denniz Pop: "Als Produzent muß man eine Vision haben, bevor man mit der Arbeit beginnt, sonst sitzt man zwei Wochen da und kriegt zwar eine nette Nummer hin, die aber nicht wirklich einschlägt." Zum Arbeiten genügt ihm ein enger Studioraum, der von einem großen Mischpult, einem Computer und viel Elektronik dominiert wird. Die digitale Technik hat die Hit-Produktion radikal verändert. Disketten, Discs und Chips ermöglichen inzwischen die totale musikalische Flexibilität und die Unabhängigkeit von teuren Studiomusikern.**Denniz Pop** ist der Prototyp des Produzenten der 90er Jahre. Als "Schöpfer" von Europopstars wie **Rednex, Dr. Alban und Ace Of Base** legt er sich nicht auf einen bestimmten Stil fest. Vielmehr drückt er dem Reggae von Dr. Alban oder dem Folklore-Techno-Pop von Rednex seinen Stempel und somit das Gütezeichen für die internationalen Euro-Charts auf. Besonders originell sind die Songs sicher nicht, aber ganz in der schwedischen Dance-Tradition wie ABBA, Europe, Roxette und "modisch wie H&M-Kleider und bestens kalkuliert" (Sonntags-Zeitung).

Pop eignete sich in den 13 Jahren als DJ zwei wichtige Eigenschaften eines Produzenten an: Einen breiten musikalischen Horizont und die Fähigkeit, auf das Publikum zu achten. 1986 veröffentlichte er seine erste Platte. Bis 1995 wurden mehr als 40 Millionen Platten aus seiner Produktion verkauft, darunter das Album "Happy Nation" der Gruppe Ace Of Base mit den Hits "All That She Wants" und "The Sign".

Waterfalls

TLC

Der Name dieser Rap-Dance-Formation aus Atlanta setzt sich aus den Anfangsbuchstaben der Spitznamen der drei Frauen zusammen: Tionne „**T**-Boz“ Watkins, Lisa „**L**eft Eye“ Lopez, Rozonda „**C**hilli“ Thomas.
Obwohl die drei Frauen erst Mitte der 90er Jahre - via England - in Europa bekannt geworden sind, konnten sie in Amerika schon 1992 mit „Ain't 2 Proud 2 Beg“ und „Baby - Baby - Baby“ ihre ersten Chart-Erfolge mit Platinauszeichnung feiern. Die beiden Produzenten, Interpreten und Songschreiber Babyface und L. A. Reid hatten 1992 ein eigenes Label gegründet. TLC war die erste Gruppe, welche unter Vertrag genommen wurde. Die Senkrechtstarterinnen wurden innerhalb weniger Monate zu Stars der amerikanischen Dance-Szene. Ihr Debütalbum „Oooohh...On The TLC Tip“ ging mehr als drei Millionen Mal über den Ladentisch.„Waterfalls“ ist auf dem zweiten Album „CrazySexyCool“ (1994) erschienen.

Beim ersten Anhören des Songs fällt kaum auf, daß vom Anfang bis zum Schluß permanent nur die vier Akkorde **Es / B / Des / As** verwendet werden. Raffiniert ist dabei der Wechsel zwischen den einzelnen Songteilen und die rhythmisch spezielle Aufteilung der Singstimme. „Waterfalls“ hebt sich auch instrumental durch die verfremdeten Synthi-Klänge von den anderen Songs ab. Ein ganzes Team von Produzenten, Sound- und Drum-Programmierern hat am Studio-Track herumgebastelt. Aus diesem Grund sind die vorliegenden Noten wiederum als Orientierungshilfe (und nicht als verpflichtende Vorlage) zu verstehen. Folglich können besonders die Gitarren und Drums-Stimmen beim Üben auch vereinfacht werden.
Die **Singstimme** wurde teilweise (Beispiel: Takt 20 - Takt 27) aus Gründen der Lesbarkeit eine Oktave höher notiert. Die tiefen Passagen könnten von Knaben, die höheren von Mädchen interpretiert werden! Im Refrain ist die **untere** Stimme die Hauptstimme. Die **Gitarre** wurde mit vielen Effekten (Whawha u.a.) eingespielt.

Es ist sicher von Vorteil, wenn vorgängig mit den Instrumenten ein passender Groove zu den vier Akkorden gesucht wird, ohne daß die Singstimme dabei ist. Dabei können auch Instrumente eingesetzt werden, die im Original nicht hörbar sind. (Percussion, Strings, Rhythmusgitarren u.a.).

Zum Arrangement

Form
Intro
1. Strophe
Refrain
2. Strophe (Variation)
Refrain
Refrain
3. Strophe (Rap-Teil)
Refrain
Refrain

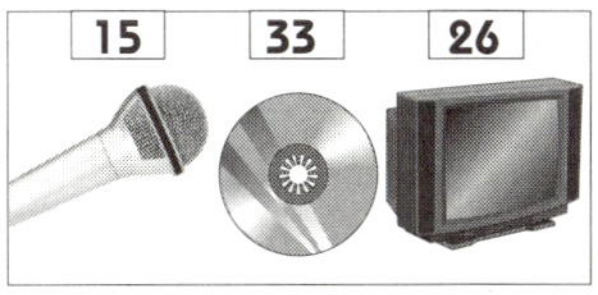

Waterfalls (Übersetzung Seite 282)

1. Strophe
A lonely mother gazing out of her window
staring at a son that she just can't touch.
If at any time he's in a jam
She'll be by his side.
But he doesn't realize he hurts her so much.
But all the praying just ain't helping
at all ,cause he can't seem to keep
his self out of trouble.
So he goes out and he makes money
The best way he knows how
Another body laying cold in the gutter
Listen to me.
Chorus
Don't go chasing waterfalls
Please stick to the rivers and the lakes that
You're used to
I know that you're gonna have it your way
Or nothing at all
But I think you're moving too fast

2. Strophe
Little precious has a natural obsession
For temptation but he just can't see
She gives him loving that his
body can't handle
But all he can say is baby can't handle
But all he can say is baby it's good to me
One day he goes and takes a glimpse
In the mirror
But he doesn't recognize his own face
His health is fading an he doesn't know why
3 letters took him to his final resting place
Y'all don't hear me
Chorus
I seen a rainbow yesterday
But too many storms have come and gone
Leavin' a trace of not one God-given ray
Is it because my life is ten shades of gray
I pray all ten fade away
Seldom praise Him for the sunny days

And like His promise is true
Only my faith can undo
The many chances I blew
To bring my life to anew
Clear blue and unconditional skies
Have dried the tears from my eyes
No more lonely cries
My only bleedin' hope
Is for the folk who can't cope
With such an endurin' pain
That it keeps ,em in the pourin‘ rain
Who's to blame
For tootin' caine in your own vein
What a shame
You shoot and aim for someone
else's train, you claim the insane
And name this day in time
For fallin' prey to crime
I say the system got you
victim to your own mind
Dreams are hopeless aspirations
In hopes of comin' true
Believe in yourself
The rest is up to me and you
Chorus

Waterfalls

Text & Musik: M. Etheridge, R. Wade, R. Murray, P. Brown
Transkription: Kurt Rohrbach

Intro

Strophe

Es
B
Des
A lone - ly mot - her ga - zing out of her win - dow star - ing at a son that she just can't touch.
V
Br
G
P
B
As
Es
B
If at a - ny time he's in a jam She'll be by side. But he do - esn't
Des
As
Es
B
re - a - lize he hurts her so much.
But all the pray - ing just ain't help - ing at all 'cause he can't
Des
As
Es
seem to keep his self out of trou - ble. So he goes out and he mak - es mo - ney the best

Singgemäße Übersetzung

1. Strophe

Eine einsame Mutter blickt
zum Fenster hinaus
schaut zu ihrem Sohn, den sie einfach nicht erreichen/berühren kann.
Wann immer er in Schwierigkeiten ist,
steht sie ihm bei.
Aber er begreift nicht, daß er ihr so weh tut.
Aber alles Beten hilft nichts
weil er sich immer wieder
Ärger einhandelt.
Also verdient er sein Geld
so gut er kann
Schon wieder eine Leiche in der Gosse
Hör mich an.

Chorus

Lauf' nicht den Wasserfällen nach
bleib' doch bitte bei den Flüssen und Seen,
die du kennst
Ich weiß, daß du entweder deinen Willen
durchsetzt, oder gleich alles sein läßt
Aber ich glaube, es geht zu schnell

2. Strophe

Der kleine Liebling ist besessen
von der Versuchung, aber er begreift nicht,
daß sein Körper mit ihrer Art von Liebe
nicht fertig wird
Er kann nur sagen "Ich komm' nicht zurecht
damit,Baby, aber es tut mir gut "
Eines Tages wirft er einen Blick
in den Spiegel
Aber er erkennt sein eigenes Gesicht nicht
Seine Gesundheit läßt nach und er weiß nicht warum
3 Buchstaben brachten ihn ins Grab
Ihr alle hört mich nicht

Chorus

Gestern habe ich einen Regenbogen gesehen
Aber zuviele Stürme sind vorbeigezogen
Und haben keinen einzigen gottgeschenkten
(Regenbogen-)strahl übriggelassen
Ist es, weil mein eigenes Leben
nur aus Grautönen besteht,
daß ich hoffe, es möge alles verblassen
Und Ihm selten für die sonnigen Tage danke
Und so wie Sein Versprechen wahr ist,
Kann nur mein Glaube all die verpaßten
Chancen wieder gut machen und
meinem Leben eine Wende geben
Der restlos blaue Himmel
hat meine Tränen getrocknet
Kein einsames Weinen mehr
Meine einzige Hoffnung
gilt den Menschen, die mit dem
dauernden Schmerz nicht zurande kommen,
der sie im Regen stehen läßt
Wem soll man schon vorwerfen,
daß er sich Kokain in die Venen schießt
Wie bedauernswert
Du schießt und zielst auf das Gefolge
eines andern, du beanspruchst das
Wahnsinnige und legst den Zeitpunkt fest,
an dem du der Kriminalität zum Opfer fällst
Ich glaube, das System hat dich
zum Opfer deines eigenen Verstandes gemacht
Träume sind hoffnungslose Sehnsüchte,
die nie Wirklichkeit werden
Glaube an dich selbst
Der Rest liegt bei uns (mir und dir)

Kiss From A Rose

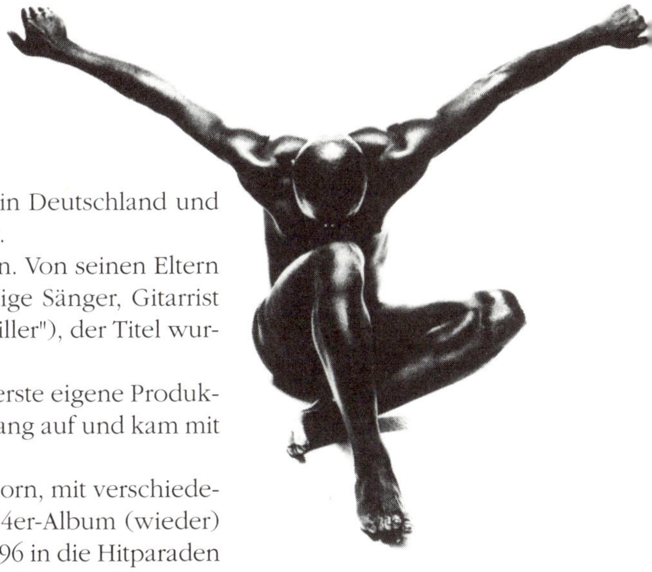

1990 hatte **Seal** mit "Crazy" seinen ersten Hit, mit welchem er in Deutschland und England auf Platz 2, in den USA auf Platz 7 der Hitparaden kam.
Seal (Henry Samuel) wurde im Februar 1963 in London geboren. Von seinen Eltern hat er die nigerianischen/brasilianischen Wurzeln. Der vielseitige Sänger, Gitarrist und Songschreiber wirkte am ersten Hit des Jahres 1990 mit ("Killer"), der Titel wurde aber von Adamski veröffentlicht.
Im November des gleichen Jahres erschien dann "Crazy", Seals erste eigene Produktion. Im folgenden Jahr nahm er "Killer" noch einmal im Alleingang auf und kam mit diesem Song wieder in die Hit-Paraden.
1991 erschien sein Debütalbum "Seal", produziert von Trevor Horn, mit verschiedenen Gastsängerinnen. "Kiss From A Rose" erschien auf dem '94er-Album (wieder) "Seal", welches in Deutschland und der Schweiz erst Anfangs 1996 in die Hitparaden vorstieß, als der Musiksender VIVA den Video-Clip zum Song täglich ausstrahlte. "Kiss From A Rose" ist aber auch der ausgekoppelte Song aus dem Soundtrack zum Film "Batman Forever", für den Seal als Interpret und Komponist 1996 in drei Kategorien den Grammy in Empfang nehmen konnte.

Zum Arrangement

Endlich wieder einmal ein Song im 3/4 Takt (auch 6/8 wäre möglich), ohne bajuwarischen Lederhosen-Groove. Die Stärke des Songs liegt sicherlich in den schönen mehrstimmigen Gesangspassagen. Einmal mehr schafft aber der Tonumfang ein Problem für die Interpretation mit einer Band, da Seal teilweise in "gewagte" Tonhöhen vorstößt. Auch dieser Song muß den persönlichen Verhältnissen angepaßt werden. Deshalb wurde die Gesangstimme teilweise eine Oktave tiefer - allerdings stellenweise recht tief - dafür in **zwei Stimmen (zur Auswahl)** notiert. Evtl. den ganzen Song transponieren!
Das Intro mit den verschieden Stimmen eignet sich ausgezeichnet dazu, mit der Klasse eigene Versionen zu probieren! Wie auf dem Original kann die Hauptstimme mal mit der Flöte, der Gitarre (oder einem anderen Instrument), mal vokal interpretiert werden. Auch eigene, nicht notierte Stimmen dazu improvisieren!
Hinweise:

- Es empfiehlt sich, anfänglich die Strophe instrumental einzuüben, um den richtigen Groove zu erhalten. Dabei wird darauf geachtet, daß einerseits die Achtel "fließen" (z.B. gezupfte Gitarre), andererseits Flächen und Einwürfe mit den Keyboards (Original vergleichen) eingestreut werden.
- In der 1. Strophe wird die Fußpauke recht unterschiedlich gespielt, unterstützt meistens die Melodie. Dazu wird die Snare als Rim-Shot (Kantenschlag) auf 2+ gespielt.
- Im Chorus werden mit dem Schellenring (oder der Hi-Hat) Achtelnoten gespielt.

Form
Intro
1. Strophe
Chorus
2. Strophe
Chorus
Intro
Bridge
3. Strophe
Chorus/Chorus
Intro
Freier Schluß

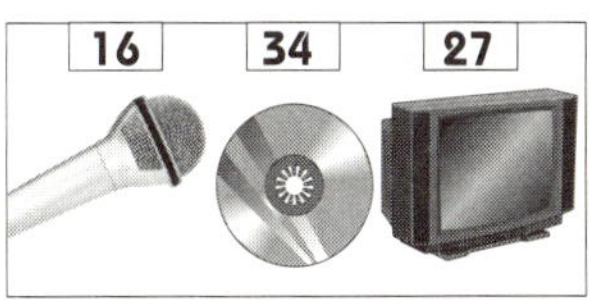

Kiss From A Rose

Text & Musik: Samuel Sealhenri
Transkription: Kurt Rohrbach

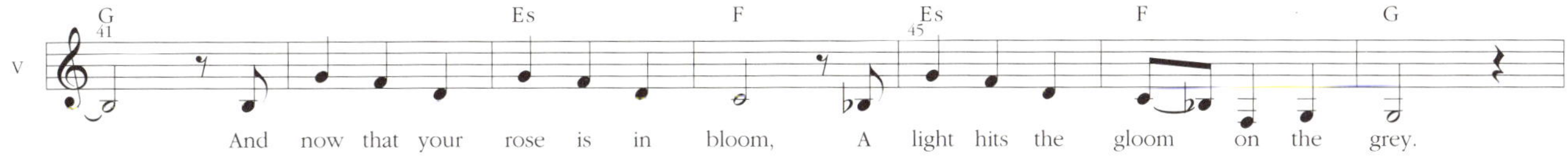

Bridge

Kiss From A Rose

1. Strophe

There used to be a greying tower alone on the sea
You became the light on the dark side of me
but love remains a drug that's the high and not the pill
But did you know that when it snows
My eyes become large and the light that you
shine can't be seen.

Chorus

Baby, I compare you to a kiss from a rose on the grey
The more I get of you the stranger it feels, yeah
And now that your rose is bloom
A light hits the gloom on the grey

2. Strophe

There is so much a man can tell you, so much he can say
You remain my power, my pleasure, my pain, Baby
To me you're like a growing addiction that I can't deny
Won't you tell me, is that healthy babe
But did ...

Chorus

I've been kissed by a rose on the grey

3. Strophe

There is so much a man can tell you,
so much he can say
You remain...
(wie 2. Strohe)

Chorus

...Now that rose is in bloom
A light hits the gloom on the grey.

Kuß einer Rose

Früher war da ein düsterer Turm am Meer
Du wurdest zum Licht auf meiner dunklen Seite
aber die Liebe bleibt eine Droge, die berauscht
Hast du gewußt, daß meine Augen sich weiten,
wenn es schneit, und dann das Licht, das von dir ausgeht,
unsichtbar ist ?

Baby, ich vergleiche dich mit dem Kuß einer Rose in der Düsternis
Je mehr ich davon bekomme, desto eigenartiger kommt's mir vor
Und jetzt wo deine Rose blüht
Fällt ein Licht in die Dunkelheit

Es gibt so vieles, das ein Mann (Mensch) dir erzählen kann,
so viel, was er sagen kann,
Du bleibst meine Kraft, meine Freude und mein Schmerz, Baby,
Für mich bist du eine zunehmende Sucht,
die ich nicht verleugnen kann. Sag' mir, ist das natürlich, Babe

Ich bin von einer Rose in der Düsternis geküßt worden

Jetzt wo die Rose blüht,
fällt Licht in die Dunkelheit/Finsternis.

Stichworte/Worterklärungen

Abtastfrequenz	52
Acid House	226, 236
Acid Jazz	237
Afterhour	Die Party nach der Techno-Nacht. Dauert oft bis in den Nachmittag oder sogar bis zum nächsten Abend. Die Steigerung davon heißt After-Afterhour.
Amplifier	engl.: für Verstärker, abk. Amp.
B-Boys	170
Bpm	Beats per minute (Schläge pro Minute). Diese Tempoangabe wird in den 90er Jahren immer häufiger verwendet und entspricht den früheren Angaben M.M. = 150, oder ♩ = 150
Break	172
Break	engl. für Unterbrechung, 172
Breakbeat	Raffinierter, gesampelter Rhythmus-Loop, meistens von Funk-Titeln (z.B. James Brown). Wird häufig in Jungle-Tracks verwendet.
Breakdance	170
Call and response	➩ "Rockmusik", Seite 318
Cha-Cha-Cha	24
Chicago House	235
Chillout	engl: to chill = abkühlen. Begriff aus der Technoszene. An Raves braucht es auch Ruhepausen zum Abkühlen.
Chorus	30
Compilations	➩ Sampler
Crossover	74
Cyberspace	244
Dancefloor	278
Delay	30
digital	Das analoge Signal (ein Ton oder Klang) wird in digitale Informationseinheiten umgerechnet, 51 f
DJ	172
DJ-Culture	224
Dozens	178
Dub	74
Ecstasy	243
Electro	235
Equipment	engl. für: Ausrüstung, Ausstattung einer Band (Instrumente, Verstärker, Licht u.a.)
Fade Out	Der Fader ist Schieberegler (beim Mischpult) für die Regelung der Lautstärke. Wenn mit dem Fader ausgeblendet wird, wird die Musik leiser.
Fairlight	236
Feedback	142
Flyer	245
Frontpage	Techno-Magazin aus Frankfurt.
Funk	Ursprünglich ein Musikstil der 70er Jahre, geprägt von James Brown ➩ "Rockmusik", Seite 32, 80
Gabber	239
Graffiti	171
Grunge	74
Hard Rock	139
Hardcore	239
Headbanger	140
Heavy Metal	140
HipHop	169
Hitparaden	79
House	225
Hype	Vorübergehende, modische Strömung, auch kurzfristig überbewerteter "Musikstar".
Industrial	235
Jungle	240
Kadenz	21
Kompressor	30
Label	Plattenfirma
Loop	Schleife, wird in der Sample-Technik gebraucht. Samples werden "geloopt".
Love Parade	227
Mainstream	engl. für Hauptstrom. Musikstil, der sich am allgemeinen kommerziellen Haupttrend seiner Zeit orientiert. Ursprünglich stammt der Begriff aus der Jazz-Szene.
Mayday	232
MC	173
MDMA	243
MIDI	➩ "Rockmusik", 82
New Beat	238
Oktaver	30
Pattern	engl. für Muster. Eine musikalische Figur.
pitchen	engl. to pitch = stimmen durch Veränderung der Geschwindigkeit von Schallplatten und CDs.
Plattenspieler	54, 172
Punk	72
Ragga	177
Raggamuffin	Eine Mischung aus Reggae und HipHop, entstand Mitte der 80er Jahre.
Rap	169
Rave	226
Remix	233
Riff	➩ "Rockmusik", 319
Roland 808	Rhythmus-Maschine
Sampler	1. Musikcomputer, 51 2. Zusammenstellung von Songs und Tracks verschiedener Interpreten (auch Compilations).
Samples	Klänge und Geräusche, welche mit einem Sampler aufgenommen worden sind.
Scat	Ein Fluß von perkussiven Silben, eine Methode, die Stimme als Instrument einzusetzen.
Schlagzeug-Notation	41
scratching	173
Slap-Technik	35
Son Montuno	25
Speed Metal	140
Tabulatur	➩ "Rockmusik", 45, 68
Techno	227
Tekkno	238
Toasts	178
Tonleiter	20
Track	engl. für Tonspur, Weg, Route. Auch gebräuchlich für Techno- oder Housestück. (häufig auch: Trax)
Trance	239
Trash Metal	140
Trip-Hop	Soulkantaten, sphärische Ambientklänge, Reggae-Grooves, Popmelodien und HipHop-Rhythmen werden in Bristol vermischt. Der neue Klang wird 1995 Trip-Hop genannt.
Videoclips	78
Vierklang	21
Vocoder	Effektgerät für Stimmenveränderungen, -verdopplung.
Warehouse	235

Songverzeichnis

					Seite
If I Had Possession	Robert Johnson				15
Michael Row The Boat Ashore					66
Come Together	The Beatles	1			82
Come Together	Michael Jackson	2	1		82
Come Together	Aerosmith	3			82
Come Together	Marcus Miller	4			82
Walking In Memphis	Marc Cohn	5			88
Walking In Memphis	Cher	6	2	1	88
Walking In Memphis	Polo Hofer	7		2	88
Keep The Faith	Bon Jovi	8	3	3	94
Come As You Are	Nirvana	9	4	4	101
X Colpa Di Chi?	Zucchero	10	5	5	105
West End Girls	Pet Sho Boys	11	6	6	111
Earth Song	Michael Jackson	12	7	7	117
J'irai où tu iras	Céline Dion	13	8	8	123
Rock 'n' Roll Star	Oasis	14	9	9	130
Let It Rain	East 17	15	10	10	136
Star Spangled Banner	Jimi Hendrix			11	145
Smoke On The Water	Deep Purple	16	11	12	149
Young Lust	Aerosmith	17	12	13	156
Hard As A Rock	AC/DC	18	13	14	165
Pasttime Paradise	Stevie Wonder	19			202
Gangsta's Paradise	Coolio	20		15	202
Höha, schnella, weita	Rödelheim Hartreim Projekt	21		16	208
Give A Man A Fish	Arrested Development	22		17	211
Back On The Block	Quincy Jones u.a.	23	14	18	213
Superrappin'	Grandmaster Flash	24			222
An Accident In Paradise	Sven Väth	25		19	259
Celebration Generation	Westbam	26		20	263
Acid Trax				21	270
You Gotta Say Yes...	Yello	27			270
You Gotta Say Yes...	Jam & Spoon	28		22	270
Hymn	Music Instructor	29		23	270
Bostich	Yello	30		24	271
Bostich	Westbam	31			271
Pump Up The Volume	M/A/R/R/S	32		25	277
Waterfalls	TLC	33	15	26	279
Kiss From A Rose	Seal	34	16	27	283

Literaturverzeichnis (Auswahl)

(⇨ "Rockmusik", Seite 320)

Nicholas Saunders, **Ecstasy**, Verlag Ricco Bilger, Zürich 1994
Philipp Anz/Patrick Walder, **techno,** Verlag Ricco Bilger, Zürich 1995
Thomas Alker, **Das Dance Pattern Buch**, Schott Verlag, Mainz 1995
Thomas Alker, **Das Dancefloor Buch**, Schott Verlag, Mainz 1994
Eric Baback, **Rap, HipHop & Dance-Grooves,** Schott Verlag, Mainz 1994
David Toop, **Rap Attak**, Hannibal, St. Andrä (Oe), 1992
David Dufresne, **YO! Rap Revolution**, Edition Ramsey, Paris
Justus Noll, **Die Hitfabrik,** Hanser Verlag, München 1995
Ulf Poschardt, **DJ-Culture,** Rogner und Bernhard bei Zweitausendeins, Hamburg 1995
Action CH-Rock, **Action Rock,** Zbinden Verlag, Wabern 1996
Rockbüro Süd, **Rockbuch 95,** Con Brio Verlagsgemeinschaft, Regensburg 1995

Namen-/Personenverzeichnis